Constituição, Sistemas Sociais e Hermenêutica

ANUÁRIO
do Programa de Pós-Graduação
em Direito da UNISINOS

MESTRADO E DOUTORADO
n. 8

Anuário do Programa de Pós-Graduação em Direito

UNIVERSIDADE DO VALE DO RIO DOS SINOS

Reitor: Pe. Marcelo Fernandes de Aquino, S.J.
Vice-Reitor: Pe. José Ivo Follmann, S.J.

Diretor da Unidade Acadêmica de Pesquisa e Pós-Graduação
Alsones Balestrin

Coordenador do Programa de Pós-Graduação em Direito
Leonel Severo Rocha

Corpo Docente PPGDIREITO
Alfredo Santiago Culleton, André Luís Callegari,
Anderson Vichinkeski Teixeira, Daniela Mesquita Leutchuk de Cademartori,
Darci Guimarães Ribeiro, Délton Winter de Carvalho,
Fernanda Frizzo Bragato, Jânia Maria Lopes Saldanha,
Jose Luis Bolzan de Morais, Lenio Luiz Streck,
Leonel Severo Rocha, Luciano Benetti Timm, Marciano Buffom,
Sandra Regina Martini Vial, Têmis Limberger, Taysa Schiocchet,
Vicente de Paulo Barretto e Wilson Engelmann.

C758 Constituição, sistemas sociais e hermenêutica: anuário do programa de Pós-Graduação em Direito da UNISINOS: mestrado e doutorado / orgs. André Luís Callegari, Lenio Luiz Streck, Leonel Severo Rocha. Porto Alegre: Livraria do Advogado Editora; São Leopoldo: UNISINOS, 2011.
363 p.; 23 cm.

ISBN 978-85-7348-801-2

1. Direito. 2. Teoria do Direito. I. Streck, Lenio Luiz, org II. Rocha, Leonel Severo, org.

CDU 34

Índices para o catálogo sistemático
Direito
Teoria do Direito

Constituição, Sistemas Sociais e Hermenêutica

ANUÁRIO
do Programa de Pós-Graduação
em Direito da UNISINOS

MESTRADO E DOUTORADO
n. 8

André Luís Callegari
Lenio Luiz Streck
Leonel Severo Rocha
Organizadores

Porto Alegre, 2011

© dos autores, 2011

Capa, projeto gráfico e diagramação
Livraria do Advogado Editora

Revisão
Rosane Marques Borba

Direitos desta edição reservados por
Livraria do Advogado Editora Ltda.
Rua Riachuelo, 1338
90010-273 Porto Alegre RS
Fone/fax: 0800-51-7522
editora@livrariadoadvogado.com.br
www.doadvogado.com.br

Programa de Pós-Graduação em Direito
Universidade do Vale do Rio dos Sinos
Av. Unisinos, 950
93022-000 São Leopoldo RS
Fone/fax (51) 3590-8148
ppgdireito@unisinos.br
(www.unisinos.br/mestrado-e-doutotado/direito)

Impresso no Brasil / Printed in Brazil

Sumário

Apresentação
André Luís Callegari, Lenio Luiz Streck e Leonel Severo Rocha (orgs.)..................................7

I – Direito Penal (d)e Guerra: notas sobre uma (in)distinção conceitual
war penal law: notes on a conceptual (in)distinction
André Luís Callegari e Maiquel Ângelo Dezordi Wermuth...9

II – Entre cronópios e famas: Warat e a democracia
Daniela Mesquita Leutchuk de Cademartori...31

III – Perspectivas epistemológicas do direito subjetivo
Darci Guimarães Ribeiro..57

IV – Aspectos probatórios do dano ambiental futuro: uma análise sobre a construção
probatória da ilicitude dos riscos ambientais
Délton Winter de Carvalho..81

V – O papel dos estudos pós-coloniais para a ressignificação do discurso de fundamentação
dos direitos humanos
Fernanda Frizzo Bragato..105

VI – A dupla face do acesso à justiça:análises iniciais sobre a cultura da eficiência e o
desafio de institucionalização dos Juizados Especiais Federais
Jânia Maria Lopes Saldanha e Jose Luis Bolzan de Morais..121

VII – Crítica hermenêutica às recepções teóricas inadequadas feitas pelo
constitucionalismo brasileiro pós-1988
Lenio Luiz Streck...153

VIII – Sistema da educação e cidadania: os pareceres de Rui Barbosa
Leonel Severo Rocha...183

IX – Globalização e internacionalização do direito concorrencial brasileiro
Luciano Benetti Timm...209

X – Princípio da capacidade contributiva: uma interpretação hermeneuticamente adequada
Marciano Buffon..231

XI – Direito à saúde na sociedade cosmopolita e suas implicações no processo de
transformação social
Sandra Regina Martini Vial...257

XII – O humano entre o direito e a genética:pressupostos para o debate legislativo acerca das implicações jurídicas concernentes à criação de bancos de perfis genéticos para fins de persecução criminal no Brasil
Taysa Schiocchet..285

XIII – Saneamento: remédio preventivo nas políticas públicas de saúde
Têmis Limberger..303

XIV – Entre duas escrituras:multiculturalismo e direitos humanos
Vicente de Paulo Barretto e *Franciele Wasem*...319

XV – Os avanços nanotecnológicos e a(necessária) revisão da Teoria do Fato Jurídico de Pontes de Miranda: compatibilizando "riscos" com o "direito à informação" por meio do alargamento da noção de "suporte fático"
Wilson Engelmann...339

Apresentação

A publicação do Anuário do Programa de Pós-Graduação em Direito – Mestrado e Doutorado – da Universidade do Vale do Rio dos Sinos – UNISINOS "Constituição, Sistemas Sociais e Hermenêutica", do ano de 2011, marca os 14 anos de seu funcionamento e celebra a sua consolidação como um espaço privilegiado de produção científica do Direito de alta qualidade.

O PPGD/Unisinos vem se destacando ano a ano como um centro de excelência da pesquisa jurídica nacional e internacional, sendo o Anuário um dos desaguadouros desta produção docente. Os textos que integram esta edição mostram as possibilidades de investigação albergadas nas duas Linhas de Pesquisa do Programa: Linha de Pesquisa 1 "Hermenêutica, Constituição e Concretização de Direitos" e Linha de Pesquisa 2 "Sociedade, Novos Direitos e Transnacionalização". Estas Linhas de Pesquisa, com a ênfase não exclusiva no Direito Público, são sustentadas por duas matrizes teóricas: a hermenêutica e a sistêmica, que perpassam o conjunto dos textos a seguir apresentados.

O desenvolvimento da Linha de Pesquisa 1 propõe o exame de temas vinculados à questão penal, o neoconstitucionalismo e a expansão do controle social penal no Brasil, ao direito subjetivo processual, uma homenagem a Luis Alberto Warat, o acesso à justiça por meio dos Juizados Especiais Federais, o princípio da capacidade contributiva à luz da Constituição Federal, crítica à recepção das teorias do constitucionalismo pós-1988 e o papel da prevenção nas políticas públicas relativas à saúde. Já no tocante à Linha de Pesquisa 2, este Anuário destaque os resultados parciais das pesquisas referentes ao papel dos pareceres de Rui Barbosa na construção de um sistema de educação e cidadania, aspectos probatórios do dano ambiental futuro, a ressignificação da fundamentação dos direitos humanos a partir dos estudos pós-coloniais, os efeitos da globalização na construção do direito concorrencial brasileiro, o direito à saúde e o seu papel na transformação social, a utilização do banco de perfis genéticos para fins de persecução criminal, um estudo sobre o multiculturalismo e a revisão da Teoria do Fato Jurídico a partir da emergência de novos direitos e deveres produzidos pelas nanotecnologias.

Cada um destes trabalhos representa um esforço à consolidação das duas Linhas de Pesquisa, evidenciando as riquezas e as possibilidades de se construir o fenômeno jurídico no mundo globalizado e complexo, onde não cabem as análises meramente dogmáticas. Pelo contrário, os trabalhos deste Anuário pretendem mostrar que o Direito somente conseguirá posicionar-se como uma área do conhecimento em sintonia com os novos desafios se estiver atento aos movimentos de inovação que ocorrem ao seu redor, os quais deverão gerar, necessariamente, transformações no seu modo de ser e produzir conhecimento. Este é um dos principais objetivos do PPGD/Unisinos, marcado pela profusão de ideias e de análises que reagem aos impactos e impulsos do seu tempo e de seu espaço social, refletindo-se em pesquisas pioneiras à área jurídica, como o leitor encontrará a seguir.

Deseja-se a todos e todas uma ótima leitura!

Os Organizadores

— I —

Direito Penal (d)e Guerra: notas sobre uma (in)distinção conceitual
war penal law: notes on a conceptual (in)distinction

ANDRÉ LUÍS CALLEGARI[1]
MAIQUEL ÂNGELO DEZORDI WERMUTH[2]

> *Contemporâneo é aquele que mantém fixo seu olhar no seu tempo, para nele perceber não as luzes, mas o escuro. Todos os tempos são, para quem deles experimenta contemporaneidade, obscuros. Contemporâneo é justamente aquele que sabe ver essa obscuridade, que é capaz de escrever mergulhando a pena nas trevas do presente.*
> (Giorgio Agamben)

Sumário: 1. Considerações introdutórias; 2. Direito penal e guerra: (in)distinção conceitual?; 3. Direito Penal (d)e Guerra: notas características; 3.1. O retorno (vindicativo) da vítima; 3.2. O legislador "cool" e a politização do Direito Penal; 3.3. A criminologia do fim da história e a derrocada do ideal da reabilitação; 3.4. A antecipação do risco (ou o Direito Penal no pretérito imperfeito do subjuntivo); 3.5. A flexibilização/supressão das garantias e a busca pelas provas indiscutíveis; 4. Considerações finais; Referências.

---

[1] Advogado. Graduado em Ciências Jurídicas e Sociais pela Pontifícia Universidade Católica do Rio Grande do Sul (1989), especialista em Criminologia pela mesma Universidade (1991) e doutor em Derecho Publico y Filosofia Juridica pela Universidad Autónoma de Madrid (2001). Doutor *honoris causa* pela Universidad Autónoma de Tlaxcala (México) e pelo Centro Universitario del Valle de Teotihuacán (México). Vice-Presidente acadêmico do Instituto Iberoamericano de Derecho Penal (México), professor visitante do Centro Universitario del Valle de Teotihuacán (México), professor visitante na Cátedra Latino Americana de Derecho Penal da Universidad Externado de Colombia, professor adjunto da Universidade do Vale do Rio dos Sinos. Coordenador Executivo do Curso de Direito da Universidade do Vale do Rio dos Sinos. e-mail: acallegari@terra.com.br.

[2] Advogado. Mestre em Direito Público pela UNISINOS – Universidade do Vale do Rio dos Sinos. Doutorando em Direito pela UNISINOS. Professor dos Cursos de Graduação em Direito da UNIJUÍ – Universidade Regional do Noroeste do Estado do Rio Grande do Sul – e UNISINOS. E-mail: madwermuth@gmail.com.

1. Considerações introdutórias

A partir de pesquisa empreendida por meio do "método" fenomenológico[3] – compreendido como "interpretação ou hermenêutica universal", isto é, como revisão crítica dos temas centrais transmitidos pela tradição filosófica através da linguagem, como destruição e revolvimento do chão linguístico da metafísica ocidental –, o presente artigo tem por objetivo empreender uma análise da indistinção conceitual a que se chega contemporaneamente entre Direito Penal e guerra, como decorrência inafastável do processo expansivo vivenciado por este ramo do Direito nesta quadra da história. Para a consecução deste objetivo, o trabalho encontra-se dividido em duas partes.

No primeiro momento, discute-se o contexto histórico-sociológico no qual se produz referida indistinção conceitual. Busca-se, então, demonstrar as mudanças operadas no Direito Penal em decorrência do alarmismo em termos de segurança pública que passou a dominar o debate jurídico-penal após os atentados terroristas ocorridos em grandes centros urbanos no início deste século. Referidos eventos são considerados enquanto "mola propulsora" da nova *doxa* punitiva. O aporte teórico que dá sustentação a esse debate introdutório é buscado nas obras de Antonio Negri e Michael Hardt, Giorgio Agamben e Judith Butler.

No segundo momento, procura-se empreender uma análise das principais características que o Direito Penal, quando contaminado pela guerra, apresenta – daí a nomenclatura Direito Penal "de" Guerra. A partir da obra de Antoine Garapon, David Garland, Ana Isabel Pérez Cepeda e José Luís Díez Ripollés – dente outros –, a discussão centra-se, aqui, em aspectos do Direito Punitivo contemporâneo que reafirmam a indistinção conceitual defendida na primeira parte do trabalho.

2. Direito Penal e Guerra: (in)distinção conceitual?

No debate jurídico-penal contemporâneo, verifica-se a presença de um certo alarmismo em relação às novas formas assumidas pela criminalidade no contexto da globalização. Os atentados terroristas ocorridos em grandes centros urbanos no início deste século – a exemplo dos perpetrados em Nova Iorque em setembro de 2001 e em Madri em março de 2004 – deflagraram sinais de alerta nas políticas de segurança dos mais diversos países, suscitando a discussão sobre a capacidade dos poderes públicos em dar respostas efetivas a esses problemas.

---

[3] O "método fenomenológico" aplicado ao Direito vem sendo desenvolvolvido no Programa de Pós--Graduação em Direito da UNISINOS, especialmente na obra *Hermenêutica Jurídica e(m) Crise*, de Lenio Luiz Streck.

Referidos eventos obrigaram ao reconhecimento, segundo Hardt e Negri (2005, p. 22-23), de que se vive na contemporaneidade uma situação de "guerra global":[4] "não há como fugir ao estado de guerra" e "não há um fim à vista", uma vez que a guerra é hoje uma condição geral, visto que "em determinados momentos e lugares, pode haver cessação das hostilidades, mas a violência letal está presente como potencialidade constante, sempre pronta a irromper em qualquer lugar".

Uma análise da alteração verificada no emprego do conceito de guerra entre o fim do século XX e início do século XXI evidencia a veracidade dessa afirmação. Com efeito, a retórica da guerra passa a ser usada para fazer referência a atividades muito diferentes da guerra propriamente dita, ou seja, atividades que não envolvem violência letal ou derramamento de sangue. Usam-se as metáforas da guerra nos esportes, no comércio, na política interna de um país etc., para indicar competição, mas uma competição que não se dá entre inimigos na acepção literal do termo, bem como para chamar a atenção para os riscos e conflitos envolvidos nessas atividades. Por outro lado, também se utiliza a retórica da guerra como manobra política para conseguir adesão de forças sociais em torno de um objetivo de união típico de um esforço de guerra, podendo-se citar como exemplo as "guerras contra a pobreza" (Hardt; Negri, 2005).

No entanto, a partir do momento em que a retórica da guerra passou a ser utilizada também para a mobilização social contra as drogas – no final do século XX – e contra o terrorismo – no início do século XXI –, ela começou a assumir um caráter mais concreto. Ainda que, como no caso da guerra contra a pobreza, os "inimigos" não são apresentados como Estados-nação ou comunidades políticas específicas, ou sequer como indivíduos, e sim como "conceitos abstratos ou talvez um conjunto de práticas", essas guerras "não são assim tão metafóricas, pois, como no caso da guerra tradicional, envolvem combates armados e força letal". Com isso, nessas guerras "é cada vez menor a diferença entre o exterior e o interior, entre os conflitos externos e a segurança interna", razão pela qual se pode falar na passagem "das invocações metafóricas e retóricas da guerra para

---

[4] Segundo Hardt e Negri (2005, p. 21-22), em nossos dias "a guerra transforma-se num fenômeno geral, global e interminável", uma vez que "inúmeros conflitos armados manifestam-se hoje através do planeta, alguns breves e limitados a um lugar específico, outros prolongados e expansivos". Isso leva os referidos autores a argumentarem que esses conflitos não devem mais ser encarados como "casos de guerra", mas sim de "guerra civil", pois "enquanto a guerra, como tradicionalmente entendida pelo direito internacional, é um conflito armado entre entidades políticas soberanas, a guerra civil é o conflito armado entre combatentes soberanos e/ou não-soberanos *dentro de um mesmo território soberano*. Essa guerra civil já não seria entendida agora no contexto de um espaço nacional, pois deixou de ser esta a unidade efetiva de soberania, mas no ambiente global". Como decorrência disso, "cada guerra local não deve ser encarada isoladamente, e sim como parte de uma grande constelação, ligada em graus variados tanto a outras zonas de guerra quanto a áreas que atualmente não se encontram em guerra".

guerras reais contra inimigos indefinidos e imateriais." (Hardt; Negri, 2005, p. 35).

Resultado disso é que o estado de exceção – paradoxalmente – transforma-se na regra, fazendo com que se torne cada vez mais obscura a distinção tradicional entre guerra e política, dado que "a guerra vai-se transformando no princípio básico de organização da sociedade, reduzindo-se a política apenas a um de seus recursos ou manifestações." (Hardt; Negri, 2005, p. 33).

De acordo com Agamben (2004, p. 13), o estado de exceção "tende cada vez mais a se apresentar como o paradigma de governo dominante na política contemporânea". Isso ameaça transformar radicalmente "a estrutura e o sentido da distinção tradicional entre os diversos tipos de constituição", dado que o estado de exceção se apresenta "como um patamar de indeterminação entre democracia e absolutismo".

Para ilustrar o exposto, o autor utiliza as medidas adotadas pelos EUA no período pós-11 de setembro no "combate ao terrorismo" – como a "indefinite detention", o processo perante as "military commissions", bem como o "USA Patriot Act" –, argumentando que "a novidade da 'ordem' do presidente Bush está em anular radicalmente todo estatuto jurídico do indivíduo, produzindo, dessa forma, um ser juridicamente inominável e inclassificável." (Agamben, 2004, p. 14).

Isso porque os homens capturados no Afeganistão e presos em Guantánamo não gozam do estatuto de prisioneiros de guerra segundo a Convenção de Genebra,[5] bem como não são considerados acusados pelas leis norte-americanas. Quer dizer: "nem prisioneiros nem acusados, mas apenas *detainees*, são objeto de uma pura dominação de fato, de uma detenção indeterminada não só no sentido temporal mas também quanto à sua própria natureza, porque totalmente fora da lei e do controle judiciário." (Agamben, 2004, p. 14).

Com efeito, em relação aos "terroristas" capturados em Guantánamo, parece haver uma completa desconsideração do fato de que "a superioridade política e moral de uma sociedade livre e democrática consiste, justamente, em tratar seus inimigos como pessoas com direitos mínimos e não se colocar no mesmo nível deles", razão pela qual "não se leva a cabo uma 'guerra' contra terroristas, mas sim, procura-se combatê-los com os meios do direito penal do Estado de Direito", uma vez que esta é a única forma de se prestar um serviço à justiça e se "criar a base para a superação do injusto terrorista." (Ambos, 2011).

Ao comentar as fotografias dos prisioneiros de Guatánamo divulgadas pelo Departamento de Defesa dos EUA, Butler (2009, p. 104) refere

---

[5] Sobre o tema das "insuficiências" da Convenção de Genebra, uma interessante abordagem é feita por Butler (2007).

que eles se assemelham a animais enjaulados, o que, segundo a autora, representa um processo de "bestialización de lo humano", corroborado pelas afirmações de Donald Rumsfeld no sentido de que os referidos prisioneiros não são como outros seres humanos em guerra, razão pela qual "no son 'castigables' para la ley, sino merecedores de una reclusión forzada inmediata y sustenida". São, portanto, considerados "algo menos que humanos, que de algún modo asumen forma humana", razão pela qual se pode afirmar que eles representam "una equivocación de lo humano, lo que explica en buena parte el escepticismo acerca de la aplicabilidad de leyes e derechos".[6] Afinal, trata-se de vidas que não merecem ser lamentadas.[7]

A violência, nesses casos, é exercida contra sujeitos irreais, considerando-se que não há dano ou negação possíveis a partir do momento que se está tratando de vidas já negadas, de vidas que já estavam perdidas para sempre, ou que nunca "foram", razão pela qual devem ser eliminadas por viverem obstinadamente nesse estado moribundo. Em um contexto tal, a "desrealização" do "outro" quer dizer que não está nem vivo nem morto, mas em uma interminável condição de "espectro". Assim, a paranoia infinita que vê a guerra contra o terrorismo como uma guerra sem fim se justifica incessantemente em relação com a infinitude espectral de seu inimigo, sem considerar se há ou não bases firmes para suspeitar da existência de células terroristas em contínua atividade (Butler, 2009).

Ao se debruçar sobre o caso específico da "indefinite detention"[8] em Guantánamo, Butler (2009) assevera que em nome de alertas de seguran-

---

[6] É impossível, nesse ponto, não fazer pelo menos uma breve menção à obra do jurista alemão Günther Jakobs (2007; 2009), para o qual o combate efetivo a determinadas formas de criminalidade somente se viabiliza na medida em que haja uma diferenciação no trato daqueles que podem ser considerados – ainda que pratiquem eventualmente algum fato delituoso – como *cidadãos*, e aqueles que só podem ser enfrentados enquanto *inimigos* do Estado, pois das suas regras se afastaram definitivamente. Nessa perspectiva, defende o autor a ideia de que também devem existir duas formas de Direito Penal: um para ser aplicado especificamente aos cidadãos – marcado pelas garantias penais e processuais –, e outro para ser aplicado especificamente aos inimigos – no qual há uma extensa antecipação das proibições penais sem nenhuma redução da pena cominada, assim como uma grande restrição das garantias processuais características de um Estado Democrático de Direito. Isso porque, nesta perspectiva, os inimigos não podem ser tratados como pessoas, mas sim *combatidos* como não pessoas, pois o tipo de criminalidade por eles levada a cabo denota que não aceitam participar de uma sociedade civilizada.

[7] Butler (2009, p. 58) reflete a propósito da diferença de tratamento dispensada às mortes provocadas pelos atentados terroristas nos EUA e as mortes perpetradas pelos EUA na luta contra o terrorismo, ou seja, discute o que conta como vida "vivível" e morte "lamentável", afirmando que "la vida se cuida y se mantiene diferencialmente, y existen formas radicalmente diferentes de distribución de la vulnerabilidad física del hombre a lo largo del planeta. Ciertas vidas están altamente protegidas, y el atentado contra su santidad basta para movilizar las fuerzas de la guerra. Otras vidas no gozan de un apoyo tan inmediato y furioso, y no se calificarán incluso como vidas que 'valgan la pena'".

[8] A autora (2009, p. 97) considera a detenção indefinida "un ejercicio ilegítimo del poder" ao mesmo tempo que representa parte de "una táctica más amplia para neutralizar el estado de derecho en nombre de la seguridad". A detenção indefinida, assim, não significa uma circunstância excepcional, mas sim o meio pelo qual o excepcional se converte em uma norma naturalizada.

ça e de um estado de emergência, a lei acaba sendo suspensa em plano nacional e internacional e, juntamente com a suspensão da lei, impõe-se um novo estado de soberania que não somente se exerce fora da lei, mas por meio da criação de uma burocracia administrativa na qual os funcionários, além de decidir quem será julgado e quem será detido, são também os que têm a última palavra acerca da detenção indefinida de uma pessoa.

Nesse casos,

la propia ley queda suspendida, o bien considerada como un instrumento que el Estado puede poner al servicio de constreñir y delimitar una población dada. El Estado no está sujeto al estado de derecho, pero la ley puede suspenderse o desplegarse táctica y parcialmente para cumplir con los requisitos de un Estado que busca cada vez más dotar de un poder soberano al Ejecutivo y a la administración. La ley se suspende en nombre de la 'soberanía' de la nación –entendida como la obligación de cualquier Estado de preservar y proteger su propia territorialidad–. Por este acto de suspender la ley, el Estado queda entonces desarticulado en un conjunto de poderes administrativos que en alguna medida se sitúan en el exterior del aparato del Estado mismo, mientras que las formas de soberania que resucitan en su interior señalan la persistencia de formas de poder para el Ejecutivo previas a la emergencia del Estado moderno (Butler, 2009, p. 85).

Por meio desse ato de suspensão da lei, o Estado "*produce* una ley que no es una ley, una corte que no es una corte, un proceso que no es un proceso", quer dizer, o estado de emergência "retrotrae el funcionamiento del poder de un conjunto de leyes (judiciales) a un conjunto de normas (gubernamentales) que restablecen el poder soberano", sendo que essas normas "no son obligatorias a causa de las leyes establecidas o de modos de legitimación, sino completamente discrecionales, incluso arbitrarias, ejercidas por funcionarios que las interpretan unilateralmente y que deciden las condiciones y la forma en que son invocadas." (Butler, 2009, p. 91-92).

Nesse contexto, a lei não é aquilo a que o Estado está sujeito, tampouco representa um critério de aferição da (i)legitimidade de um ato de governo: ela é compreendida como um mero instrumento, ou seja, um dispositivo de poder que pode ser aplicado ou suspenso à vontade. Por isso, a soberania consiste hoje "na aplicación variable de la ley, en su tergiversación y en su suspensión. Bajo su forma actual, constituye una relación de explotación de la ley, instrumental, desdeñosa, sustitutiva, arbitraria." (Butler, 2009, p. 114).

É o Executivo, nesses casos, que avalia que determinado indivíduo ou grupo constituem um perigo para o Estado. No entanto, dita "avaliação" é realizada em um contexto de emergência, no qual o Estado pode exercer prerrogativas de poder que compreendem a suspensão da lei. Assim, avaliar alguém como perigoso é suficiente para convertê-lo em perigoso e justificar sua detenção indefinida, ou seja, transformá-lo em um mero "objeto" nas mãos do Estado. Afinal, "si una persona es simplemente juzgada peligrosa, entonces deja de ser un problema decidir si cometió algún acto criminal." (Butler, 2009, p. 106-107).[9]

A propósito, cumpre referir que muitos dos detentos de Guantánamo sequer possuíam ligação com o regime talibã. A jornalista americana de origem afegã Mahvish Rukhsana Khan (2008) relata o caso de homens afegãos (dentre eles um pediatra e um idoso de 80 anos com sequelas de um derrame) que foram "vendidos" por desafetos seus – por meio de falsas denúncias, portanto – aos americanos como terroristas ligados à Al-Qaeda, em função do alto valor das recompensas pagas pelo governo americano, alardeadas por meio de panfletos que eram "pulverizados" de avião sobre o Afeganistão após os atentados de 11 de setembro. A partir de relatos da Anistia Internacional, Khan (2008, p. 74) denuncia o fato de que muitos dos homens apreendidos "eram 'preparados' nas prisões locais, para que suas barbas crescessem e parecessem mais com talibãs antes de serem vendidos aos militares americanos".[10]

É por isso que Delmas-Marty (2010) assevera que os eventos terroristas de 11 de setembro de 2001 marcaram uma reviravolta:

> Aux Etats-Unis, la proclamation de l'état de guerre a permis de suspendre l'Etat de droit, ce qui a conduit à légitimer la torture et des formes extrêmes de déshumanisation: on se souvient de ces hommes enfermés dans des cages à Guantánamo, ou des prisonniers tenus en laisse à Abou Ghraib... Certes, l'état d'exception est supposé provisoire. Mais s'agissant d'un terrorisme global, qui n'a ni commencement ni fin, cet état tend à devenir permanent, d'autant que la "suspension" s'accompagne d'un "détournement" de l'Etat de droit, par transfert de pouvoirs à l'armée, voire à des sociétés militaires privées.

Tais constatações, para Agamben (2004, p. 131), não representam, no entanto, nenhuma novidade. A seu ver, o estado de exceção enquanto forma de governo continuou a funcionar quase sem interrupção a partir da I Guerra Mundial, por meio do fascismo e do nacional-socialismo, até nossos dias, quando atinge exatamente seu máximo desdobramento planetário.[11] Hoje, o aspecto normativo do direito pode ser "impunemente eliminado e contestado por uma violência governamental que, ao ignorar no âmbito externo o direito internacional e produzir no âmbito interno um estado de exceção permanente, pretende, no entanto, ainda aplicar o direito".

---

[9] Butler (2009, p. 108) segue referindo que "si una persona o un grupo son considerados peligrosos, y no es necesario probar ningún acto peligroso para establecer la verdad de este hecho, entonces el Estado convierte a esa población detenida en peligrosa, privándola unilateralmente de la protección legal que le corresponde a cualquier persona sujeta a leyes nacionales e internacionales. Se trata ciertamente de personas no consideradas como sujetos, de seres humanos no conceptualizados dentro del marco de una cultura política en la que la vida humana goza de derechos legales y está asegurada por leyes – seres humanos que por lo tanto no son humanos".

[10] Na obra em comento, a autora relata casos de violação extrema dos direitos humanos dos detentos de Guantánamo, notadamente no que se refere à violência física e psicológica, que revitalizam, em pleno século XXI, o tratamento dispensado aos judeus nos campos de concentração nazistas.

[11] Já para Butler (2009, p. 84), *"un tiempo histórico que pensábamos que había pasado vuelve para estructurar el campo contemporáneo con una persistencia que demuestra la falsedad de la historia como cronología"*.

É importante destacar que, em um contexto tal, cada vez mais – lembra Pérez Cepeda (2007) –, são criados "inimigos" com o objetivo único de eliminar toda resistência às estratégias das posições dominantes. A criação de uma atmosfera de medo desses inimigos – personificados ora pelo "terrorista", ora pelo "criminoso contumaz", ora pelo "imigrante" – converte-se, então, em um condicionante importante das políticas de segurança, sendo utilizado como escusa perfeita para evitar a perda de velocidade de projetos neoliberais hegemônicos de um Ocidente que, na linguagem de Chomsky (2002), sempre foi bastante eclético na sua escolha de inimigos, sendo os critérios de escolha, basicamente, a subordinação e o servilismo ao poder.

Afinal, deve-se recordar que o medo alimenta o medo e que há uma porosidade entre o medo que se sente em relação ao outro e o medo de um mudo que é percebido como sendo cada vez mais perigoso em escala global em função, dentre outros fatores, do terrorismo global, da cibercriminalidade etc. Tudo isso se mescla para criar uma "sociedade do medo", potenciada em função da fragilização do Estado: "l'Etat se trouve débordé, au sens propre (les risques devenus planétaires ne s'arrêtent évidemment pas à la frontière de chaque Etat), et au figuré (aucun Etat ne dispose de réponses efficaces à lui seul)." (Delmas-Marty, 2010).

E são exatamente esses fatores os determinantes para se afirmar que, na contemporaneidade, a guerra se transforma em um "*regime de biopoder*, vale dizer, uma forma de governo destinada não apenas a controlar a população, mas a produzir e a reproduzir todos os aspectos da vida social." (Hardt; Negri, 2005, p. 34). Afinal, deve-se considerar o fato de que "uma guerra para criar ou manter a ordem social não pode ter fim. Envolverá necessariamente o contínuo e ininterrupto exercício do poder e da violência". (Hardt; Negri, 2005, p. 35).

Em outras palavras,

la guerra se convierte en un instrumento natural para preservar un orden igualmente natural que se identifica indisolublemente con los intereses neoliberales y con el instrumento decisório de su ideario político: el dominio del mercado mundial o la ideología del liberalismo, reduciendo la mundialización a una dimensión, la económica. (Pérez Cepeda, 2007, p. 126).

Como consequência disso, tem-se uma indeterminação dos limites espaciais e temporais da guerra:

A guerra à maneira antiga contra um Estado-nação tinha claras delimitações espaciais, embora pudesse eventualmente disseminar-se por outros países, e seu fim geralmente era marcado por uma rendição, uma vitória ou uma trégua entre os Estados em conflito. Em contraste, a guerra contra um conceito ou um conjunto de práticas, mais ou menos como uma guerra de religião, não conhece limites espaciais ou temporais definidos. Tais guerras podem estender-se em qualquer direção, por períodos indeterminados. E com efeito, quando os dirigentes americanos anunciaram sua 'guerra ao terrorismo', deixaram claro que deveria estender-se por todo o mundo e por tempo indefinido, talvez décadas ou mesmo gerações inteiras. (Hardt; Negri, 2005, p. 35).

Em um contexto tal, o Direito Penal é eleito como instrumento privilegiado de resposta ao "conjunto de práticas" que se convencionou chamar ora de "terrorismo", ora de "crime organizado", ora, simplesmente, de "imigração irregular". E, no ambiente de "guerra global", passou-se a preconizar a expansão do raio de intervenção do Direito Punitivo, bem como a destacar a importância de se relegarem ao segundo plano princípios e garantias que davam sustentação à sua teorização liberal, em nome de uma maior eficiência no "combate".

Isso tem conduzido, como adverte Pérez Cepeda (2007), em âmbito global, a uma simbiose entre as noções e conceitos que outrora separavam o Direito Penal da guerra, o que fica claro a partir da análise de algumas das principais características que o Direito Penal contemporâneo passa a assumir, como se demonstrará na sequência.

3. Direito Penal (d)e Guerra: notas características

Como assevera Daunis Rodríguez (2005), contemporaneamente o legislador estatal encontra-se disposto a incorporar na legislação penal mais delitos, penas mais duras e regras mais severas, sem atentar para os princípios e garantias penais e processuais clássicos, com o objetivo simbólico de conseguir uma maior eficiência em face da criminalidade e uma maior "segurança cidadã".

Intenta-se fazer a resposta punitiva mais eficiente e mais rápida, limitando ou suprimindo garantias substanciais e processuais estabelecidas a partir da tradição do Direito Penal liberal, o que representa, segundo Baratta (2000, p. 41), um retorno às formas de processo pré-modernas, em que "el proceso crea la prueba, el proceso crea el criminal, el proceso es la pena principal".

Por conseguinte, na ótica do referido autor (2000, p. 41), a partir dessas mudanças, chega-se a um "modelo totalitário de política criminal", a uma espécie de "suave inquisição", em conflito com o sistema liberal e democrático correspondente à legalidade constitucional. Reflexos da acima referida indistinção conceitual entre Direito Penal e guerra, que permite falar em um modelo de Direito Penal "de" Guerra (por mais paradoxal que isto possa parecer), cujas características peculiares serão neste tópico analisadas.

3.1. O retorno (vindicativo) da vítima

Como primeira característica digna de nota do "novo" Direito Penal, pode-se salientar uma cada vez maior identificação/solidarização do Direito Punitivo com as vítimas do crime. Deixa-se de ver no Direito Penal um instrumento de defesa dos cidadãos em face do arbítrio punitivo estatal – ou seja, como Magna Carta do delinquente – e passa-se a percebê-lo como Magna Carta da vítima.

Isso implica um consenso restritivo quanto aos riscos admitidos. O sujeito que se considera vítima potencial de um delito não aceita a consideração de determinados riscos como permitidos, o que resulta em uma definição social-discursiva expansiva do âmbito de incidência do Direito Penal: a identificação social com as vítimas da criminalidade redunda na reivindicação por maior eficiência na sua aplicação e/ou na reparação dos efeitos do delito (Silva Sánchez, 1999).

Silva Sánchez (1999) destaca, nesse sentido, o papel desempenhado pelas associações de vítimas e pelas ONGs enquanto "gestoras atípicas da moral" que encabeçam movimentos que pugnam pela expansão punitiva para a proteção dos interesses que defendem (ecologistas, feministas, consumidores etc.).[12]

Em decorrência disso, o princípio da "neutralização da vítima" – segundo o qual o papel por ela desempenhado no Direito Penal deve ser limitado de forma a não condicionar o interesse público que subjaz à intervenção punitiva – é mitigado. Em parte, pelas pressões exercidas pelas ONGs e associações acima referidas; em parte, porque se descobriu a "importância política" das vítimas.

Com efeito, uma população com "medo" do crime identifica-se antes com a figura das vítimas que com a figura dos delinquentes, razão pela qual, utilizando-se das vítimas como instrumentos de comunicação política, atende-se – de forma politicamente rentável, é claro – aos anseios da sociedade. Na análise de Garland (2005, p. 241),

> si las víctimas fueron alguna vez el resultado olvidado y ocultado del delito, ahora han vuelto para vengarse, exhibidas públicamente por políticos y operadores de los medios masivos de comunicación que explotam permanentemente la experiencia de la víctima en función de sus proprios intereses. La figura santificada de la víctima que sufre se há convertido en un producto apreciado en los circuitos de intercambio político y mediático y se colocan individuos reales frente a las cámaras y se los invita a jugar ese papel, muchas veces conviertiéndose, durante el proceso, en celebridades mediáticas o activistas de movimientos de víctimas.

Nesse sentido, é forte a tendência dos partidos políticos na "instrumentalização" das vítimas para anunciar e promulgar leis penais, as quais assumem, não raras vezes, os seus nomes. No cenário brasileiro, o exemplo mais recente e expressivo desta característica é a Lei Maria da Penha (Lei n. 11.340/06), que instituiu tratamento mais severo para os acusados de "violência doméstica", tendo sido assim nomeada em homenagem a

---

[12] Sobre o papel das ONGs e das associações, Pérez Cepeda (2007, p. 311) refere que elas "actúan como *lobbies* de presión frente a los gobiernos, pero también sensibilizan a la opinión pública sobre determinadas situaciones que hasta el momento de forma interesada se mantienen invisibles".

uma vítima deste tipo de violência, que, agredida pelo marido por anos a fio, acabou ficando paraplégica.[13]

Nesse contexto, a relação entre vítimas e delinquentes representa um jogo de soma zero, pois qualquer expectativa dos segundos, por exemplo, em relação a garantias processuais ou benefícios penitenciários, é compreendida como uma perda para as primeiras, que as veem como agravos ou formas de elidir as consequências da condenação. Por outro lado, todo avanço na melhora da atenção às vítimas do delito implica um agravamento das condições existenciais dos delinquentes (Díez Ripollés, 2007).[14]

Isso resulta, na ótica do sobredito autor (2007, p. 77-78), em uma inversão de papéis:

> Es ahora la víctima la que subsume, dentro de sus propios intereses, los intereses de la sociedad; son sus sentimientos, sus experiencias traumáticas, sus exigencias particulares los que asumen la representación de los intereses públicos; éstos deben particularizarse, individualizarse, en demandas concretas de víctimas, afectados o simpatizantes.

Garapon (2010, p. 122) reflete, a propósito do retorno da vítima ao centro do Direito Penal, que "le sens de la peine n'est plus référé à des valeurs substantielles partagées par tous mais à une attente de reconnaissance individuelle (dont la satisfaction est néanmoins une valeur commune)". Para o autor (2010, p. 125), a pena deixa de ser "sofrimento em retribuição" para se tornar "reconhecimento", no sentido duplo de confissão dos fatos e de aceitação do outro: "puisque le mal est défection de l'imagination du semblable, la justice est la dramatisation de ce face-à-face, la mise en scène de cette 'reconnaissance'".

A esse respeito, deve-se considerar que não existem várias maneiras de regular a violência dentro de uma sociedade, mas essencialmente duas: ou uma integração moral elevada garantida por uma instituição central, ou, ao contrário, por uma grande autonomia deixada aos indivíduos que lhes dá a tarefa de restaurar a ordem. Um é o modelo *retributivo*; o outro, o modelo *restitutivo*. Nesse sentido, ao encontrar seu centro de gravidade não mais dentro da lei, mas na reparação do ultraje feito à vítima, a pena neoliberal nos faz passar do primeiro modelo ao segundo, em que o essencial não é tanto pagar um tributo à lei ou assumir um compromisso de

---

[13] Segundo Garland (2005, p. 241), "los nombres dados a las leyes y medidas penales [...] intentan honrarlas de este modo, aunque indudablemente exista en esto una forma de explotación, ya que el nombre del individuo se utiliza para neutralizar las objeciones a medidas que por lo general no son más que leyes que expresan el deseo de venganza que se aprueban para ser exhibidas públicamente y obtener ventajas políticas".

[14] Sobre o tema, Garland (2005, p. 241) assevera que o "el juego de suma cero que existe entre unos y otros asegura que cualquier demostración de compasión hacia los delincuentes, cualquier mención de sus derechos, cualquier esfuerzo por humanizar su castigo, puede ser fácilmente considerado un insulto a las víctimas y sus familias".

se reformar (porque o mal não é mais produto de uma má intenção), mas sim de restituir à vítima a parte que lhe foi tomada (Garapon, 2010).

3.2. O legislador "cool" e a politização do Direito Penal

Uma outra característica do Direito Penal contemporâneo, que decorre da anterior, é a sua *politização*. Passa-se a utilizar politicamente a noção de segurança, o que pode ser visto como o resultado de um empobrecimento ou simplificação do discurso político-criminal, que passa a ser orientado tão somente por campanhas eleitorais que oscilam ao sabor das demandas conjunturais midiáticas e populistas, em detrimento de programas efetivamente emancipatórios (Pérez Cepeda, 2007).

Como refere Garland (2005, p. 192):

> El *político*, que suele ver las iniciativas de políticas públicas en términos de su atracción política y en relación con otras posiciones políticas, actúa en el marco del horizonte temporal de la competencia eleitoral, a la luz de la publicidad obsesiva de los medios masivos de comunicación y se basa fundamentalmente en un saber 'político'- sobre la opinion pública, las preferências de grupos focales, las tácticas de la oposición y los resultados de la investigación científica. Las iniciativas de políticas públicas son frecuentemente reactivas, desencadenadas por eventos particulares y deliberadamente partisanas. Como consecuencia, tienden a ser apasionadas e improvisadas, construidas en torno a casos impactantes pero atípicos y a estar más preocupadas de ajustarse a la ideologia política y a la percepción popular que al conocimiento experto o a las capacidades comprobadas de las instituciones.

Afinal, nenhuma outra parcela do ordenamento jurídico é mais sensível às variações ideológicas do que o Direito Penal. A influência dos câmbios políticos nas leis punitivas é evidente com uma análise fugaz da história dos povos. O direito de castigar expressa, em grande medida, a ideologia e, por consequência, as convicções ou falta de convicções jurídicas de uma determinada sociedade. O Direito Penal se apresenta como um instrumento a serviço da política criminal e esta é uma parte da política geral do Estado, o que converte o Direito Penal em um instrumento político (Cueva, 2002).

No contexto atual, o Direito Penal passa a ser visto enquanto "arma política", ou seja, como um "instrumento de comunicação" por meio do qual os poderes públicos deixam de se preocupar com o que pode ser *feito* de melhor para se preocupar com o pode ser *transmitido* de melhor. Isso decorre do fato de que, caso os poderes públicos não admitam as demandas populares em prol do recrudescimento punitivo, correm o risco de perderem sua clientela eleitoral e/ou serem vistos como antiquados ou "fora de moda". Agindo de acordo com as demandas, por outro lado, eles conseguem obter capital político por meio da demonstração exemplar da atividade da prática legislativa e da justiça penal – tornam-se, portanto, "cool", na expressão de Zaffaroni (2007).

3.3. A criminologia do fim da história e a derrocada do ideal da reabilitação

Uma terceira característica apresentada pelo Direito Penal contemporâneo é a derrocada do ideal da reabilitação enquanto função da pena. Como assevera Garapon (2010, p. 118), a pena neoliberal não tem mais a ambição de reabilitar os criminosos:

> Peut-être parce que la perspective d'une transformation de l'individu est étroitement liée à um espoir collectif. Le Code pénal, a été redige par des révolutionnaires qui croyaient que la liberté rendrait les hommes meilleurs et qu'elle tarirait nombre de comportements vicieux. Le modèle thérapeutique a eté par l'essor de la médecine, de l'anthropologie et de la psychologie qui fondaient l'attente d'une possible guérison. Le néolibéralisme introduit une rupture par son pessimisme. Désormais c'est dans lês sciences cognitives et le capital génétique que l'on cherche la vérité d'un homme, sa predestination á la vilence, 'car il n'y a destin que là oú il n'y a plus d'histoire.

É por isso que o autor (2010) refere que o modelo neoliberal é caracterizado por uma criminologia do fim da história, que perdeu toda a esperança de mudar o mundo, mas que demanda aos indivíduos apenas *adaptação*. Diferentemente do modelo disciplinar – que era ao mesmo tempo segregativo e assistencialista – o modelo atual repousa sobre um modelo adaptativo-eficientista. O controle preventivo não tem outro propósito além de impedir a ocorrência do evento criminoso. E, em razão disso, "toutes les perspectives d'amélioration des conditions de vie, de transformation de l'individu sont abandonnées, comme des chimères peut-être mais surtout comme des données non mesurables et donc aléatoires, sujettes toujours à discussion". (Garapon, 2010, p. 136).

Alguns exemplos disso podem ser mencionados. Em primeiro lugar, pode-se falar da Lei francesa que trata da Retenção por Segurança (Retention de sûreté), criada em 2008 pelo governo Sarkozy. Referida lei permite a prolongação indeterminada da pena de um criminoso reincidente quando pesa sobre ele a suspeita de "periculosidade". Isso mostra, segundo Delmas-Marty (2010), que "on ne le punit pas pour sa faute mais on le neutralise comme on le ferait d'un animal dangereux".

Da mesma forma, o bracelete eletrônico e a castração química, duas inovações recentes, conduzem àquilo a que Garapon (2010) denomina "coração da pena neoliberal". O primeiro é visto como uma maneira de resolver a equação posta pelo aumento da repressão por um lado e, de outro, para manter as prisões habitáveis, não muito lotadas, contendo, reflexamente, os orçamentos. Isso porque o referido equipamento permite acompanhar um detento em sua residência, além de traçar todos os seus deslocamentos.

A expressão "castração química" designa uma regulação medicamentosa da libido. A expressão tira sua força do cruzamento de dois fantasmas. De uma vingança arcaica, em primeiro lugar (olho por olho, dente por dente, castração dos violadores), que oferece uma revanche para aqueles que não se recuperaram da supressão da pena de morte. A dimensão restitutiva não está totalmente ausente, quer através da ideia de remover algo do delinquente, como se se operasse uma troca obscura entre a diminuição da capacidade de agir que ele infligiu à sua vítima e que agora lhe está sendo imposta. A pena consiste em inibir o centro do poder masculino, mas sem tocar o corpo, porque ela usa para isso – segundo fantasma – a ciência. Opera-se assim uma espécie de retração da pena democrática para a arcaica, mas um arcaico para saciar aos mais modernos. Em realidade, uma neutralização máxima, a castração química cumula as funções repressiva e preventiva da pena: ela é ao mesmo tempo uma medida de segurança e punição (Garapon, 2010).

Segundo o já referido autor (2010, p. 139-140):

> La castration chimique revient à emprisioner le désir à l'interieur du sujet, et uniquement le désir; le strict minimum en quelque sorte. En étant censé neutraliser le siège de la pulsion, le médicament assume l'idée d'une altérité de la pulsion (qui n'est pás si éloignée de l'idée ancienne de possession). Agir sur le comportement, c'est agir sur le désir (comme le confirme le projet imaginé un instant, de lutter contre l'absentéisme scolaire en offrant une prime aus eleves assidus). La peine ne parle plus á la raison, ne fait plus appel au sens moral, mais localise le siège du mal qui sera aussi la cible de la prévention: le désir, mais ramené à sa composante biochimique: ou, plus exactement encore, la pulsion (ce qui montre un point supplémentaire de comparaison avec le vitalisme). La cause du comportement dengereux est recherchée dans um surplus de testostérone, ce qui induit une réponse d'ordre moléculaire. Il n'y a plus aucune dimension morale: le crime est ramené à une strictement physiologique. C'est tout à fait coherent avec le postulat néolibéral qui situe la determination du comportement dans l'organique voire la génétique.

Estas duas penas – bracelete eletrônico e castração química – seguem o rastro do indivíduo, elas aderem à sua pele e até mesmo penetram em seu organismo. São penas *incorporadas*. O sujeito não pode se separar de sua pena. Elas são penas não localizadas e ambulatórias, que seguem o indivíduo, que o acompanham o tempo todo. Elas tendem a otimizar a liberdade e a segurança. Podemos conciliá-las com a biometria: a securitização passa por uma incorporação, ou por uma biologização das medidas de controle (Garapon, 2010).

Referida mudança no pensamento criminológico é acompanha da repristinação da "tese da escolha racional", segundo a qual o crime é concebido como um problema de indisciplina, de falta de autocontrole ou de controle social deficiente:

> El modelo da la elección racional considera los actos delictivos como una conducta calculada que intenta maximizar los benefícios, como consecuencia de un proceso simple de elección individual. Este modelo representa el problema del delito como una cuestión de oferta y demanda, en el marco de la cual el castigo opera como un mecanismo de establecimiento de precios. Considera a los delincuentes como oportunistas racionales o delincuentes profesionales cuya conducta es disuadida o desinhibida por la puesta en marcha de desincentivos, un enfoque que hace da las penalidades disuasivas un mecanismo evidente de reducción del delito. (GARLAND, 2005, p. 220).

Não há, portanto, discutir os motivos que levam alguém a delinquir, uma vez que "a justiça está aí para punir os culpados, indenizar os inocentes e defender os interesses dos cidadãos que respeitam a lei". (Murray *apud* Wacquant, 2001, p. 50).

3.4. A antecipação do risco (ou o Direito Penal no pretérito imperfeito do subjuntivo)

Do exposto no tópico precedente, outra característica que merece destaque é a cada vez maior instrumentalização do Direito Penal no sentido de evitar que os riscos se convertam em situações concretas de perigo. Assim, no lugar de um Direito Penal que reacionava *a posteriori* contra um feito lesivo individualmente delimitado, surge um Direito Penal de gestão punitiva dos riscos em geral, tornando-se possível falar em um processo de *administrativização* do Direito Penal, que traz em seu bojo uma supervalorização e o consequente incremento punitivo de infrações de deveres de cuidado, de forma a dar resposta não só aos delitos de perigo abstrato, mas também aos chamados delitos de acumulação,[15] no marco da luta contra as novas formas de criminalidade (Silva Sánchez, 1999).

Garapon (2010) destaca, a propósito, que não é mais o presente o tempo de referência, mas o futuro, um futuro antecipado e planejado nas suas mais negras possibilidades. Dá má intenção, o Direito Penal neoliberal "glisse vers l'imprudence, le défaut de vigilance, c'est-à-dire l'absence d'anticipation (vertu cardinale du néolibéralisme pour qui l'acteur de marche doit anticiper le comportement des autres)". (Garapon, 2010, p. 115).

Neste contexto, se uma lei é transgredida, o dano objetivo a que visa o Direito Penal contemporâneo é um suposto resultado de uma má avaliação do risco, de uma falta de vigilância. E essa nova penalogia se funda sobre a criminologia atuarial que consiste em encontrar as características recorrentes de um comportamento humano para melhor prevê-lo. Se o perfil do predador sexual é predefinido por uma dezena de características objetivas, a polícia vai se concentrar sobre esses perfis e relaxar a vigilância sobre os outros (Garapon, 2010). Nas palavras de Delmas-Marty (2010), organiza-se "la traçabilité des personnes sur le modèle de la traçabilité des marchandises. Nous pourrions tous devenir des suspects sous surveillance".

---

[15] Os delitos de acumulação são aqueles que, enquanto condutas individuais, não causam, por si sós, lesão ou perigo a bens jurídicos, mas que, considerados em conjunto – ou seja, se praticados por outros sujeitos –, conduzem a uma situação de lesão ao bem jurídico tutelado. Segundo Silva Sánchez (1999, p. 108-109), trata-se, aqui, "de casos en que la conducta individualmente considerada no muestra un riesgo relevante (es *'harmless'*), mientras que, por outro lado, se admite que *'general performance would be harmful'* y que dicha realización por una pluralidad de personas no constituye simplemente una hipótesis, sino que es una realidad actual o inminente".

Ocorre que o método atuarial é baseado em uma completa descontextualização e a-historicização dos eventos. Encontramos a dimensão especular do neoliberalismo que pretende simplesmente devolver de maneira mais fina a realidade do comportamento dos indivíduos. A criminologia atuarial homogeiniza e particulariza ao mesmo tempo. Os dados estatísticos que ela utiliza promovem a dimensão científica e sociológica desta "nova penalogia", em detrimento do humanismo (Garapon, 2010).

Como assevera Garland (2005, p. 52),

las teorías que ahora moldean el pensamiento y la acción oficial son *teorías del control*, de diversas clases, que consideran el delito como un problema, no de privación, sino de control inadecuado. Controles sociales, controles situacionales, autocontroles: éstos son ahora los temas dominantes de la criminologia contemporánea y de las políticas de control del delito a las que han dado origen.

Verifica-se que, ao contrário das teorias criminológicas que viam no delito um processo de socialização insuficiente e que, portanto, reclamavam do Estado a ajuda necessária para aqueles que haviam sido privados de provisões econômicas, sociais e psicológicas necessárias para uma conduta social respeitosa à lei, as teorias do controle partem de uma visão pessimista da condição humana, ao suporem que os indivíduos são atraídos por condutas egoístas, antissociais ou delitivas a menos que sejam inibidos por controles sólidos e efetivos (Garland, 2005).

Assim, "mientras la antigua criminología exigía mayores esfuerzos en las partidas presupuestarias a la ayuda y el bienestar social, la nueva insiste en ajustar los controles y reforzar la disciplina". (Garland, 2005, p. 53). Isso porque se parte da compreensão de que os delinquentes são atores racionais que respondem a desincentivos e são plenamente responsáveis por seus atos delitivos. Nessa lógica, os delinquentes apenas "aproveitam" as oportunidades que lhes são apresentadas para a prática delitiva, razão pela qual as soluções que se apresentam para essas "tentações" transitam por duas vias principais: a) pelo reforço dos efeitos intimidatórios e reafirmadores da vigência das normas, próprios de penas suficientemente graves, a fim de que os delinquentes possam, por meio de um processo racional, incorporar esses "custos" em seus cálculos, desistindo, assim, da prática delitiva; b) pelo desenvolvimento de políticas de prevenção situacional que deslocam a atenção do delinquente do delito, buscando reduzir as oportunidades delitivas e as tornar menos atrativas pela incorporação de medidas de segurança de todo tipo (Díez Ripollés, 2007).

Sintetizando os argumentos centrais do novo pensamento criminológico, Garland (2005, p. 53) sustenta que:

Un rasgo importante de este enfoque es que impulsa que la acción publica desplace su focalización en el delito y el individuo delincuente hacia *el evento delictivo*. El nuevo foco de atención es la existencia de oportunidades delictivas y de "situaciones criminógenas". El supuesto es que las acciones delictivas se darán habitualmente si no existen controles y hay blancos atractivos disponibles, tengan

> o no los individuos una 'disposición delincuente' (que, en el caso de que exista es, de todos modos, difícil de cambiar). Se debe centrar la atención no en los individuos sino en los hábitos de la interacción, el diseño espacial y la estructura de controles e incentivos que está presente en los mismos. La nueva orientación política intenta concentrarse en sustituir la cura por la prevención, reducir la disponibilidad de oportunidades, incrementar los controles situacionales y sociales y modificar las rutinas cotidianas. El bienestar de los grupos sociales desfavorecidos o las necesidades de los individuos inadaptados son mucho menos medulares para este modo de pensar.

Pérez Cepeda (2007) salienta, a propósito, que se vive na contemporaneidade uma autêntica "cultura preventiva", na qual a prevenção acompanha o risco como uma sombra, desde os âmbitos mais cotidianos até os de maior escala, cujo exemplo maior são as guerras preventivas. Para a referida autora (2007, p. 321),

> parece que hoy la preocupación social no es tanto cómo obtener lo que se desea, sino cómo prevenir de daños lo que se tiene. Esto desemboca en una intervención penal desproporcionada, en la que resulta prioritária únicamente la obtención del fin perseguido, la evitación del riesgo en el 'ámbito previo' a la lesión o puesta en peligro, adelantando la intervención penal, o general, suprimiendo garantías en busca de la presunta eficacia.

Este adiantamento da intervenção do Direito Penal ao estágio prévio à lesão do bem jurídico é um dos traços mais marcantes da nova *doxa* punitiva. Na lição de Pérez Cepeda (2007, p. 313), configura-se uma legislação penal no pretérito imperfeito do subjuntivo, a partir da qual "los comportamientos que se van a tipificar no se consideran previamente como socialmente inadecuados, al contrario, se criminalizan para que sean considerados como socialmente desvalorados". Com isso, há uma revitalização da ideia do Direito Penal enquanto força conformadora de costumes, ou seja, passa-se a ver no Direito Penal um mecanismo de orientação social de comportamentos.

Para adiantar a intervenção punitiva são utilizadas estruturas típicas de mera atividade, ligadas aos delitos de perigo abstrato, em detrimento de estruturas que exigem um resultado material lesivo (perigo concreto). Nesse sentido,

> se generaliza el castigo de actos preparatórios específicamente delimitados, se autonomiza la punición de la asociación delictiva, cuando no se integra ésta dentro de las modalidades de autoría y participación, además se aproximan, hasta llegar a veces e neutralizarse, las diferencias entre autoría y participación, entre tentativa y consumación, de la misma manera se considera razonable uma cierta flexibilización de los requisitos de la causalidad o de la culpabilidad. (Pèrez Cepeda, 2007, p. 332).

Na linha do até aqui exposto, cumpre referir – em relação ao controle dos fluxos migratórios na União Europeia – o surgimento dos chamados "delitos de solidariedade". Na França, o governo Sarkozy promoveu a inserção do artigo L 622-1 no Código de Entrada e Residência de Estrangeiros e do Asilo, prevendo que:

> Toute personne qui aura, par aide directe ou indirecte, facilité ou tenté de faciliter l'entrée, la circulation ou le séjour irréguliers, d'un étranger en France sera punie d'un emprisonnement de cinq ans et d'une amende de 30 000 Euros.

Sera puni des mêmes peines celui qui, quelle que soit sa nationalité, aura commis le délit défini au premier alinéa du présent article alors qu'il se trouvait sur le territoire d'un Etat partie à la convention signée à Schengen le 19 juin 1990 autre que la France.

Sera puni des mêmes peines celui qui aura facilité ou tenté de faciliter l'entrée, la circulation ou le séjour irréguliers d'un étranger sur le territoire d'un autre Etat partie à la convention signée à Schengen le 19 juin 1990.

Sera puni de mêmes peines celui qui aura facilité ou tenté de faciliter l'entrée, la circulation ou le séjour irréguliers d'un étranger sur le territoire d'un Etat partie au protocole contre le trafic illicite de migrants par terre, air et mer, additionnel à la convention des Nations unies contre la criminalité transnationale organisée, signée à Palerme le 12 décembre 2000.

Les dispositions du précédent alinéa sont applicables en France à compter de la date de publication au Journal officiel de la République française de ce protocole.[16]

No mesmo sentido, o art. 318 bis do Código Penal espanhol, após redação conferida pela Lei Orgânica 11/2003, comina uma pena de quatro a oito anos de prisão a quem "directa o indirectamente, promueva, favorezca o facilite el tráfico ilegal o la inmigración clandestina de personas desde, en tránsito o con destino a España, o con destino a otro país de la Unión Europea". Em comentário ao referido tipo legal, Martínez Escamilla (2007) refere que se trata de um claro exemplo de expansão do Direito Penal, uma vez que o legislador, dentre todas as condutas de favorecimento que poderia ter optado criminalizar pela sua gravidade – como, por exemplo, a concorrência de ânimo de lucro, a atuação no marco de uma organização delitiva etc. – levou a cabo uma regulação onicompreensiva, o mais ampla possível, com a finalidade de criminalizar, nos termos do dispositivo sob análise, qualquer comportamento relacionado com a imigração irregular que de alguma forma, "direta ou indiretamente", a favoreça. Notas características de um Direito Penal que se antecipa à efetiva lesão dos bens jurídicos!

3.5. A flexibilização/supressão das garantias e a busca pelas provas indiscutíveis

Paralelamente à antecipação da intervenção punitiva, verifica-se um desapreço cada vez maior pelas formalidades e garantias penais e processuais penais características do Direito Penal liberal, que passam a ser consideradas como "obstáculos" à eficiência que se espera do sistema punitivo diante da insegurança da contemporaneidade. A "célebre" afirmação de Donald Rumsfeld de que não se ocupava de aspectos legais, por não ser advogado – ao se referir às denúncias de violação aos direitos humanos dos prisioneiros de Guantánamo –, talvez seja a frase que melhor ilustre isso.

---

[16] Disponível em: <http://www.legifrance.gouv.fr/affichCode.do;jsessionid=1AC7AE3B2EADB8C2DBBF3FB24778E324.tpdjo14v_1?idSectionTA=LEGISCTA000006147789&cidTexte=LEGITEXT000006070158&dateTexte=20080505>. Acesso em: 26 ago. 2010.

Com efeito, a partir do fenômeno expansivo vivenciado pelo Direito Penal, além do incremento dos comportamentos elevados à categoria delitiva por meio da antecipação da intervenção punitiva ao estágio prévio à efetiva lesão dos bens jurídicos, verifica-se um processo de flexibilização das garantias político-criminais materiais e processuais, mediante o desrespeito ao princípio da legalidade penal, à redução das formalidades processuais, à violação ao princípio da taxatividade na elaboração dos tipos penais e à violação ao princípio da culpabilidade.

Atenta a esta realidade, Pérez Cepeda (2007, p. 330-331) assevera que:

> Aparecen significativas modificaciones en el sistema de imputación de responsabilidad y en el conjunto de garantías penales e procesales, en la medida en que se admiten ciertas perdidas en el principio de seguridad jurídica derivadas de la menor precisión en la descripción de los comportamientos típicos y del uso frecuente de la técnica de las leyes penales en blanco, que confia la delimitación del ámbito de lo prohibido a la normativa administrativa, con el consiguiente vaciamiento de la antijuridicidad, que pasa a ser puramente formal; se hace una interpretación generosa de la lesividad real o potencial de ciertos comportamientos, como en la punición de determinadas tenencias o en el castigo de desobediencias.[17]

Isso também resta evidente a partir da análise das novas formas de provas – indiscutíveis – buscadas na contemporaneidade, por meio dos avanços da ciência aplicados ao Direito Penal. Com efeito, a ciência tem melhorado muito a busca de provas, a começar pelo DNA que "inscreve" a presença de um indivíduo a partir de um cabelo, de uma lágrima ou de um vestígio de esperma. Por outro lado, a explosão das neurociências alimenta o sonho de uma verdade humana que pode ser lida a partir da ciência, como é o caso do detector de mentiras. Junte-se a isso a "medical imaging" e o "brain mapping", que representam a esperança humana de poder fotografar os pensamentos (Garapon, 2010).

Com a finalidade de identificar os autores de fatos delitivos têm sido criados bancos de dados genéticos em diferentes países, como nos Estados Unidos, Dinamarca, Noruega, Finlândia, Inglaterra, Escocia, Irlanda do Norte, Suécia, Holanda, França, Itália, Áustria, Eslováquia, República Tcheca, Bélgica, Hungria, Suíça, Croácia, Polônia, Alemanha e Espanha. As experiências até o momento realizadas nesses países em sede de investigação criminal têm apresentado resultados bastante positivos no que

---

[17] Da mesma forma assevera Díez Ripollés (2007, p. 137), que "se admiten ciertas perdidas en el principio de seguridad jurídica derivadas de la menor precisión en la descripción de los comportamientos típicos y del uso frecuente de la técnica de las leyes penales en blanco; se hace una interpretación generosa de la lesividad real o potencial de ciertos comportamientos, como en la punición de determinadas tenencias o en el castigo de apologías; se considera razonable una cierta flexibilización de los requisitos de la causalidad o de la culpabilidad; se aproximan, hasta llegar a veces a neutralizarse, las diferencias entre autoría y participación, entre tentativa y consumación; se revaloriza el principio de disponibilidad del proceso, mediante la acreditación del principio de oportunidad procesal y de las conformidades entre las partes; la agilidad y celeridad del procedimiento son objetivos lo suficientemente importantes como para conducir a una sgnificativa reducción de las posibilidades de defensa del acusado... etc.".

se refere à identificação de pessoas, tanto as desaparecidas, quanto de delinquentes e vítimas (Guerrero Moreno, 2008).

Ocorre que, fora os problemas técnicos, notadamente a fiabilidade dos métodos utilizados, que estão na sua maior parte em estágio experimental, o Direito coloca numerosas outras questões em relação a este tema.

Em primeiro lugar, tem-se a questão da onerosidade da produção dessas provas. Ou seja, que pessoas terão condições de arcar com a produção de provas cada vez mais caras? Colocando-se a mesma questão sob outro viés, também se pode questionar: não serão esses meios de prova responsáveis pelo aumento da desigualdade entre as partes no processo?

Por outro lado, também se pode referir que ditas "provas indiscutíveis" não necessariamente servirão – como assevera Garapon (2010) – para "minguar" o debate judiciário. Isso porque, se elas podem trazer indicações preciosas, não permitirão jamais fazer economia do debate: elas no máximo trocarão o seu objeto, que será colocado sobre a fiabilidade dessas novas ciências. Isso, segundo a ótica do sobredito autor, permite um retorno à tragédia grega: Oreste nunca contestou ter matado sua mãe, mas isso não impediu um debate judiciário; ao contrário, é em "As Eumênides" que Ésquilo melhor o ilustrou.

Além disso, deve-se levar em consideração o fato de que os dados genéticos revelam questões intimamente ligadas ao núcleo da personalidade e da dignidade humana, sendo especialmente relevante sua incidência no exercício das liberdades. Afinal, como assevera Guerrero Moreno (2008, p. 224), a informação genética, juntamente com os avanços científicos, faz com que os seres humanos se tornem mais vulneráveis e transparentes, sendo que essa "transparencia posibilita claramente el control de los individuos, con el consiguiente menoscabo de su autonomía y derechos, fundamentalmente por las posibilidades de utilizar el perfil genético para discriminar a las personas en las más diversas facetas de su vida".

Em função disso, se por um lado, o desenvolvimento das tecnologias da informação e de conhecimento sobre o genoma humano e sua aliança com o Direito Penal pode redundar em resultados positivos no que se refere à identificação de delinquentes e vítimas, por outro lado, se esses dados não forem utilizados de forma adequada, coloca-se em risco os direitos e garantias fundamentais do ser humano – em especial, frise-se, em um momento de expansão do raio de intervenção do Direito Punitivo, profundamente marcado pela flexibilização de garantias.

4. Considerações finais

Procurou-se, ao longo do presente artigo, refletir a respeito dos câmbios sentidos pelo Direito Penal quando da sua aproximação conceitual com a guerra – o que se torna cada vez mais evidente. O Direito Penal de Guerra, orientado ao enfrentamento dos novos riscos, medos e inseguranças da contemporaneidade, configura um modelo de intervenção punitiva que representa um sério risco às liberdades e garantias fundamentais do cidadão, o que se evidencia a partir da análise de algumas características principais que passa a assumir.

Como primeira dessas características, ressaltou-se o fato de que, em decorrência do medo de tornar-se uma delas, verifica-se uma maior identificação da população com as vítimas da criminalidade; olvida-se, assim, do papel do Direito Penal como um instrumento de defesa dos cidadãos em face do arbítrio punitivo estatal para compreendê-lo como uma "Magna Carta da Vítima".

Por outro lado, verifica-se um crescente processo de *politização* do Direito Penal, a partir de uma concepção política da noção de segurança; isso representa uma simplificação do discurso político-criminal, que passa a oscilar ao sabor das demandas conjunturais midiáticas e populistas, em detrimento de programas sérios e efetivos de política criminal.

Além disso, constata-se uma maior instrumentalização do Direito Penal no sentido de evitar que os riscos se convertam em situações concretas de perigo, ou seja, uma utilização do Direito Penal como instrumento preventivo em lugar de um Direito Penal que reacionava *a posteriori* contra um feito lesivo individualmente delimitado; assim, torna-se possível falar em uma gestão punitiva dos riscos em geral.

De outra banda, vislumbra-se uma crescente utilização, na elaboração legislativa, de estruturas típicas de mera atividade, ligadas aos delitos de perigo abstrato, em detrimento de estruturas que exigem um resultado material lesivo, como consequência da concepção do Direito Penal como instrumento de prevenção de riscos.

Por fim, constata-se um desapreço cada vez maior pelas formalidades e garantias penais e processuais penais características do Direito Penal liberal, que passam a ser consideradas como "obstáculos" à eficiência que se espera do sistema punitivo diante da insegurança que permeia as relações sociais na contemporaneidade.

Referências

AGAMBEN, Giorgio. *Estado de exceção*. Trad. Iraci D. Poleti. São Paulo: Boitempo, 2004.

AMBOS, Kai. *Os terroristas também têm direitos*. Disponível em: <http://cnj.myclipp.inf.br/default.asp?smenu=ultimas&dtlh =172057&iABA=Not%EDcias&exp=>. Acesso em 10. ago. 2011.

BARATTA, Alessandro. La política criminal y el derecho penal de la constitución: nuevas reflexiones sobre el modelo integrado de las ciencias penales. *Revista Brasileira de Ciências Criminais*. São Paulo: Revista dos Tribunais, 2000. n. 29. p. 27-52.

BUTLER, Judith. *Vida precária:* el poder del duelo y la violencia. Trad. Fermín Rodríguez. Buenos Aires: Paidós, 2009.

——. O limbo de Guantánamo. *Novos estudos*. CEBRAP, 2007, n. 77, p. 223-231.

CHOMSKY, Noam. *11 de setembro*. Trad. Luiz Antonio Aguiar. 5. ed. Rio de Janeiro: Bertrand Brasil, 2002.

CUEVA, Lorenzo Morillas. Teflexiones sobre el Derecho Penal del futuro. *Revista Electrónica de Ciencia Penal y Criminologia*. Disponível em: <http://criminet.ugr.es>. Acesso em: 22.01.2009.

DAUNIS RODRÍGUEZ, Alberto. Seguridad, derechos humanos y garantías penales: ¿objetivos comunes o aspiraciones contrapuestas? In: GOMEZ DE LA TORRE, Ignacio Berdugo; SANZ MULAS, Nieves. *Derecho Penal de la Democracia vs Seguridad Pública*. Granada: Comares, 2005. p. 213-241.

DELMAS-MARTY, Mireille. *Nous pourrions tous devenir des suspects sous surveillance*. Disponível em: <http://www.lesinrocks.com/actualite/actu-article/t/43845/date/2010-03-19/article/nous-pourrions-tous-devenir-des-suspects-sous-surveillance/>. Acesso em 22 jun. 2011.

DÍEZ RIPOLLÉS, José Luis. *La política criminal en la encrucijada*. Buenos Aires: B de F, 2007.

GARAPON, Antoine. *La raison du moindre état*. Le néolibéralisme et la justice. Paris: Odile Jacob, 2010.

GARLAND, David. *La cultura del control:* crimen y orden social en la sociedad contemporánea. Trad. Máximo Sozzo. Barcelona: Gedisa, 2005.

GUERRERO MORENO, Álvaro Alfonso. La regulación de los datos genéticos y las bases de datos de ADN. *Criterio Jurídico*. V. 8, No. 2. Santiago de Cali, 2008-2, p. 223-244.

HARDT, Michael; NEGRI, Antonio. *Multidão:* guerra e democracia na era do Império. Trad. Clóvis Marques. São Paulo: Record, 2005.

JAKOBS, Günther. La pena estatal: significado y finalidad. In: LYNETT, Eduardo Montealegre (coord.). *Derecho Penal y sociedad:* estudios sobre las obras de Günther Jakobs y Claus Roxin, y sobre las estructuras modernas de la imputación. Tomo I. Bogotá: Universidad Externado de Colombia, 2007. p. 15-61.

——. Direito penal do cidadão e direito penal do inimigo. In: CALLEGARI, André Luís; GIACOMOLLI, Nereu José (org. e trad.). *Direito penal do inimigo:* noções e críticas. 4. ed. atual. e ampl.. Porto Alegre: Livraria do Advogado, 2009. p. 19-70.

KHAN, Mahvish Rukhsana. *Diário de Guantánamo:* os detentos e as histórias que eles me contaram. Trad. Constantino K. Korovaeff. São Paulo: Larousse do Brasil, 2008.

MARTÍNEZ ESCAMILLA, Margarita. *La inmigración como delito*. Un análisis político-criminal, dogmático y constitucional del tipo básico del art. 318 bis CP. Barcelona: Atelier, 2007.

PÉREZ CEPEDA, Ana Isabel. La seguridad como fundamento de la deriva del derecho penal postmoderno. Madrid: Iustel, 2007.

SILVA SÁNCHEZ, Jesús-Maria. *La expansión del Derecho penal:* aspectos de la política criminal en las sociedades postindustriales. Madrid: Cuadernos Civitas, 1999.

WACQUANT, Loïc. *As prisões da miséria*. Trad. André Telles. Rio de Janeiro: Jorge Zahar, 2001.

ZAFFARONI, Eugenio Raúl. *O inimigo no direito penal*. Trad. Sérgio Lamarão. Rio de Janeiro: Revan, 2007.

— II —

Entre cronópios e famas: Warat e a democracia[1]

DANIELA MESQUITA LEUTCHUK DE CADEMARTORI

> *Hay un piso de arriba en esta casa con otras gentes.*
> *Hay un piso de arriba donde vive gente que no sospecha*
> *su piso de abajo, y estamos todos en el ladrillo de cristal.*
> (Cortázar)

> *Cortázar [...] morreu [...] ficando desde agora, só Cortázar nos outros.*
> *Daqui em diante, unicamente de nós dependerá que seu modo de iluminar*
> *tudo o que olhava, descobrindo o que nós não víamos, ou víamos*
> *dentro de lugares-comuns, não se perca como um lugar literário.*
> (Warat)

Sumário: 1. Introdução; 2. A escrita de Cortázar como método: Os fragmentos de "histórias de cronópios e de famas"; 2.1. Cronópios, famas e esperanças; 3. Da escrita de Cortázar à Democracia: o itinerário de Warat; 3.1. O método e o senso comum teórico dos juristas; 4. Democracia: um conceito em construção; 4.1. A conexão entre democracia e direitos fundamentais; 5. A propósito de conclusões; Referências.

1. Introdução

Este é um texto em homenagem ao professor Luis Alberto Warat (1942-2010) e pretende retomar alguns aspectos de sua produção teórica desenvolvida no calor da década de oitenta do século passado, por ocasião dos finais das ditaduras militares no Brasil e na Argentina. É assim que as palavras emocionadas do professor no dia da morte de Júlio Cortázar (1914-1984) servem hoje para introduzir este ensaio que pretende partir de Cortázar, passando por Warat e chegar à ideia de Democracia como espaço de conflito e de um Direito cuja função primordial seja a de garantir além dos direitos fundamentais, a própria existência dos conflitos.

---
[1] Este ensaio tem como ponto de partida a participação da autora, juntamente com os professores Lenio Streck e Daniel Conte, no programa de TV "Direito e Literatura" de número 117 dedicado à obra "História de Cronópios e de Famas". Disponível em: <http:www.unisinos.br/direitoeliteratura/>.

Trata-se de um ensaio transdisciplinar, na medida em que, a iniciar pela literatura, transita pelo Direito e pela Sociologia e termina por refletir sobre a filosofia política.

Como se verá, a realização de Luis Alberto Warat consiste em trabalhar com aquilo que em outro lugar, Marilena Chauí a propósito da obra de Claude Lefort chama de "enigma da obra". No caso, Cortázar, lido por Warat e existir simultaneamente no texto do escritor e no texto de seus leitores, instituindo um debate interminável e fecundo. Tudo isso a partir da compreensão de que uma obra de pensamento é aquela que "ao pensar, dá a pensar" enfatizando-se assim a diferença entre escrita e leitura que em vez de fechar o pensar sobre si mesmo o abre. (Chauí, 1983, p. 13)

A primeira parte deste ensaio, com ênfase na literatura de Cortázar, abordará a obra "História de cronópios e de famas" e as possibilidades da escrita tão típica deste autor, baseada em fragmentos, servindo de "método" para a abordagem de Luis Alberto Warat. Serão acrescentadas ainda neste item as primeiras elaborações teóricas no sentido de desconstrução do discurso jurídico através da classificação de Cortázar. Na sequência, pretende-se demonstrar que a desconstrução do discurso jurídico waratiana irá desembocar, no conceito de senso comum teórico dos juristas e nos seus aportes sobre a Democracia como espaço de conflito. Finalizando, para consolidar esta perspectiva da Democracia são acrescentados as perspectivas de autores da filosofia política bem como da sociologia e da filosofia do direito, Claude Lefort, Alain Touraine e Luigi Ferrajoli.

2. A escrita de Cortázar como método: os fragmentos de "histórias de cronópios e de famas"

O livro de Júlio Cortázar "Histórias de cronópios e de famas", publicado pela primeira vez em 1962, tem como cenário, além das praças e ruas de Buenos Aires, lugares como um *malecón* que avança sobre o mar e a noite no fim da zona costeira de Amalfi, e é composto por uma coletânea variada de fragmentos, fantasias, improvisações e anotações incomuns. Sua escrita reflete um "humor melancólico", irônico, politizado, respira poesia, denunciando um mundo em que o sentido do humano se perdeu pelos hábitos ou práticas repetidas, como na percepção dos movimentos automatizados que se faz quando se sobe uma escada.

> As escadas se sobem de frente, pois de costas ou de lado tornam-se particularmente incômodas. [...] Para subir uma escada começa-se por levantar aquela parte do corpo situada em baixo à direita, quase sempre envolvida em couro ou camurça e salvo algumas exceções cabe exatamente no degrau. (Cortázar, 2011, p. 14-5)

Outras vezes, são fragmentos desconcertantes com uma pitada de ingenuidade calculada, trabalhando com os diferentes sentidos e contextos em que as palavras são enunciadas, como quando ele menciona os jornais já lidos:

> Um senhor pega um bonde após comprar o jornal e pô-lo debaixo do braço. Meia hora depois, desce com o mesmo jornal debaixo do mesmo braço. Mas já não é o mesmo jornal, agora um monte de folhas impressas que o senhor abandona num banco da praça. (Cortázar, 2011, p. 45)

Ao mesmo tempo, Cortázar luta contra a tendência de só se praticar coisas úteis. É possível perceber o antiutilitarismo[2] de Cortázar no fragmento "Simulacros" em que a família[3] se une em torno do objetivo de descobrir sempre novidades dentre as coisas inúteis, sem importância, "em um país em que as coisas são feitas por educação ou fanfarronada". Na ocasião, o objetivo é a construção de um patíbulo. Depois de escolher o local, o jardim da frente, conseguir madeiras, ferros, pregos, discutir a qualidade dos instrumentos de suplício, começa a construção. Com tanta azáfama, acabam por despertar a curiosidade dos vizinhos, sendo interpelados pela polícia. A terceira irmã consegue facilmente convencer o policial de que a família construía dentro de sua propriedade e que se tratava de uma obra que só o uso lhe conferiria um caráter *anticonstitucional*. (Cortázar, 2011, p. 18-21)

A escrita de Cortázar também brinca para denunciar. No fragmento "Comportamento nos Velórios", a família comparece em grupo a velórios, não porque tenha que ir, e sim como uma reação aos comportamentos hipócritas que ocorrem por ocasião da morte de alguém. A prima mais velha é encarregada de investigar a natureza do luto: se for um luto verdadeiro, a família fica em casa e faz companhia de longe. Todavia, se existir alguma suspeita de que "foram armadas as bases de uma encenação" a família toda comparece e acaba por tomar conta do velório, chorando mais que os familiares e comandando todos os rituais da morte. (Cortázar, 2011, p. 34-5)

---

[2] O antiutilitarismo, ou a libertação do homem de sua existência utilitária, é um dos objetivos do Surrealismo, movimento de difícil definição cujos criadores são unânimes em afirmar que se iniciou com um movimento de ideias que pretendeu estender-se a outros campos do pensamento e da atividade humana. Pretendia produzir uma arte que, segundo o movimento, estava sendo destruída pelo racionalismo. Para tanto, humor, sonho e a contra lógica são recursos a serem utilizados, enfatizando o papel do inconsciente na atividade criativa. Segundo os surrealistas, a arte deve se libertar das exigências da lógica e da razão e ir além da experiência cotidiana, buscando expressar o mundo dos sonhos e do inconsciente. No início de seu "Manifesto", André Breton diz "L'homme, ce rêveur définitif, de jour en jour plus mécontent de son sort, fait avec peine le tour des objects dont Il a été amené à faire usage, et que lui a livres sa non chalance, ou son effort presque toujours, car Il a consenti à travailler, tout au moins Il n'a pás repugne à jour sa chance". (BRETON, André. *Manifestes du surréalisme*. Paris: Galimard, 1972, p. 11; FORTINI, Franco. *El Movimiento surrealista*. Traducción de C. Gerhard. Mexico: Unión Tipográfica Editorial Hispano Americana, 1962, p. 32)

[3] No livro, Cortázar constrói uma família, moradora da rua Humboldt em Buenos Aires, como personagem de vários de seus fragmentos. A família se reúne para realizar tarefas coletivas com extremo bom humor, sendo que as referências aos seus integrantes são feitas de acordo com o parentesco com o narrador: minhas irmãs menores, as tias mais velhas, meu pai etc.

Seu texto revela uma escrita altamente comprometida politicamente com o seu tempo histórico. Ele critica o autoritarismo latino-americano, os ditadores e mesmo a sociedade de consumo. No fragmento "Fim do mundo sem fim", Cortázar imagina um futuro em que existirão poucos leitores e muitos escribas, o que fará com que o mundo seja inundado de livros. A solução que o Presidente da República encontra – de modo surrealista e de certa forma capaz de até antecipar preocupações ecológicas nos leitores –, é lançar ao mar o excedente dos livros, conforme se pode observar a seguir:

> O Presidente da República telefona para os presidentes das repúblicas e propõe inteligentemente jogar no mar o excedente de livros, o que se faz ao mesmo tempo em todas as costas do mundo. Assim os escribas siberianos vêem seus impressos jogados no oceano glacial e os escribas indonésios etc. Isso permite aos escribas aumentarem sua produção, porque volta a haver espaço na terra para armazenar livros. Não pensam que o mar tem fundo, e que no fundo do mar começam a amontoar-se os impressos, primeiro em forma de pasta [...] (Cortázar, 2011, p. 50)

Para além do conteúdo, a própria escrita destes pequenos textos conhecidos como fragmentos pode ser vista como uma técnica. Como afirma Julio Silva,[4] todo escritor guarda textos soltos, e no caso de Cortázar eles às vezes são a base de uma história que se desprende depois.

> Creo que el trabajo con Cortázar fue un encuentro, una necesidad y una diversión haciendo algo con una Idea precisa; esos pequeños textos son muy importantes porque a veces son la base de una historia que se despliega después; como un pintor que primero hace un croquis y después lo despliega en un cuadro. Todo escritor guarda textos sueltos [...] Esos textos constituyen la base de esos libros. Es como poner un huevo en una incubadora, y luego sale un pollito, la gallina, el gallo o lo que sea, pero ya estaba en incubación; el hecho de imprimirlo, el texto pasa de la incubadora al ojo del lector que lo recrea. Yo creo que un lector sin pistas no es un lector, toma las cosas digeridas pero sin buscar, hay que dar una llave y con esa llave tratar de encontrar.[5]

Conforme se verá a seguir, os fragmentos serão um instrumento que será percebido e utilizado por Luis Alberto Warat na produção de algumas obras, tais como "A ciência jurídica e seus dois maridos".

2.1. Cronópios, famas e esperanças

Warat percebe a intenção provocativa de Cortázar na classificação dos tipos em cronópios, famas ou esperanças – tidos como "estados de alma"- fazendo sua esta classificação e acrescentando detalhes muitas vezes jurídicos. Sobre a natureza dos cronópios veja-se o que diz Warat:

> Provavelmente sejam os sobreviventes, fragmentos esparsos de alguma horda angelical de antepassados do homem que conseguiram perdurar nos corpos de alguns vírus para tomar, às vezes o sangue de alguns homens, despertando-os para a vida. Esboços de um sonho de loucura. (Warat, 1985, p. 50)

---

[4] Artista, pintor, gráfico e coautor junto com Cortázar de *aventuras literárias y librescas* tais como "Último Round" e "La Vuelta al día en ochenta mundos".

[5] SILVA, Julio; LUNA CHAVES, Marisol. Papeles, trazos y testimonios. *Revista de la Universidad de Mexico*. Disponível em:<http:www.revistadelauniversidad.unam.mx>. Acesso em: 29/04/2011

Os cronópios são "homens" sensíveis, empenhados em redescobrir o sentido da vida, com estranha poesia, humor adstringente, pluriformes e pluricromáticos.

> A forma dos cronópios é a loucura.
>
> Eles cantam como as cigarras, indiferentes aos semio-suicidas coletivos do cotidiano e, quando cantam, esquecem tudo, até a conta dos dias. Os cronópios levam as significações impressas sobre o corpo, pensam que as leis poderiam perder terreno às exceções, acasos e improbabilidades. [...]
>
> Um cronópio possuído de uma imensa alegria por ver o sol é capaz e apertar o tubo de pasta de dentes desde a janela de seu banheiro, convertendo a rua num mar cor de rosa.
>
> Os cronópios entendem que, apelando aos preconceitos, nunca se pode estar no novo.
>
> Dono de um discurso desligado, vale-se dele para não ser militante de nada e nem de coisa alguma. Nem sequer é soldado de sua loucura. [...]
>
> Se algum cronópio tomasse o poder, perdê-lo-ia instantaneamente.
>
> Os vizinhos sempre se queixam dos cronópios.
>
> O tempo só existe para ele quando serve para medir o intervalo que o separa de algo que lhe dá muito prazer.
>
> Os cronópios não são generosos por princípio: eles não olham para quem sofre, estão mais ocupados em seguir a baba do diabo (WARAT, 1985, p. 50)

Já os famas são seres prudentes, acomodados, acinzentados, incapazes de se afastar da semiologia dominante. Diferentemente dos cronópios, os famas sabem tudo da vida prática, suas recordações são embalsamadas, seu presente é igual ao seu passado.

> Quando um cronópio enche a rua de sua casa com pasta de dentes, o fama organiza uma reunião de vizinhos para ir protestar de forma regular e oficial. Os famas não se apuram em mudar o mundo, e deixam que o mundo os dissolva.
>
> Quando uma desigualdade social os toca, gritam com força: que vergonha, filhos de uma má mãe, e vão para seu clube achando-se muito bem, e pensando na maneira como se comprometeram socialmente. Sua profissão predileta é de serem advogados. (WARAT, 1985, p. 50)

Quando Warat afirma que os famas são advogados ele deixa uma primeira "pista" da utilização que pretende dar à classificação de Cortázar: aproveitar o tema para fazer os seus leitores, oriundos do mundo jurídico, refletir sobre a sua prática.[6] Retornando a Cortázar, neste momento cabe lembrar que os famas até podem concordar com os cronópios em que a lei é injusta, mas eles não irão desobedecê-la, conforme pode ser visto no fragmento "Cole o selo no ângulo superior direito do envelope" no livro de Cortázar. Impossível não reconhecer o aspecto fama da sociedade pós-ditatura militar sul-americana quando Warat comenta:

> Estou escrevendo em plena praia Bristol, um lugar onde a classe média argentina *se simula* descansando em meio de barracas cativas, mesas de truco e pôquer, vistas e barracas de outros [...] – sem ver o mar – programadas com um mês de antecipação. [...] É uma conversa sem assunto que vai

---

[6] Logo após, Warat, em tom brincalhão, irá fazer referência a um grupo de alunos e interlocutores brasileiros que o acompanham na década de oitenta em Santa Cruz do Sul (RS). "O fama, como diz o meu amigo Lênio Streck, tem o cotidiano agendado. Se perde sua agenda, perde parte de sua vida. Quando os famas tomam o poder militarizam o cotidiano". (Warat, 1985, p. 1985)

passando de geração a geração, este ano apresentando como variação, para dissimular o tédio, um papo furado e até insultante sobre os desaparecidos. Enfim, uma maneira farmacêutica de relacionar-se com o mar. (WARAT, 1985, p. 24)

Por sua vez, os esperanças, como o próprio significado do termo indica, são como uma promessa que não se cumpre.[7] Não há negociações, é o que afirma Cortázar: não há saídas. É preciso buscar a saída, e não ficar esperando a salvação. Veja-se o que diz Warat,

> Esperanças: As esperanças sedentárias deixam-se viajar pelas coisas e pelos homens, e são como as estátuas. É preciso ir vê-las, porque elas não vem até nós. [...]
>
> As esperanças vivem graças ao espírito cartesiano, não suportam as ingerências, detestam os famas sem admitir que elas, quando fazem seus raciocínios analíticos, os copiam. [...] Quando um esperança leciona em uma universidade, não conhece seus alunos e por isso os trata bem, no final não lhe importam nada.
>
> Quando os esperanças tomam o poder, falam em democracia. (Warat, 1985, p. 51)

Para Ernst Bloch, a esperança é o resíduo de uma "fome originária", característica do momento de indiferenciação entre sujeito e objeto. Quando sujeito e objeto estão separados, é ela que anima o sujeito em seu desejo de reunir-se com o objeto, apontando sempre para o futuro, sendo o constante "ainda não". Esta concepção de esperança está ligada ao materialismo dialético, fundada na realidade e orientada para um futuro ideal e utópico.

> Por la esperanza se va haciendo posible que el sujeto se objetivice y el objeto se subjetivice y que, como Marx indicaba, la historia se naturalice y la Naturaleza se historice. [...] La esperanza, como la libertad, se va creando y haciendo a sí misma, sin completarse jamás en un puro 'objeto' indiferenciado. (Ferrater Mora, 2004, p. 1095)

Esta situação é demonstrada no fragmento de "Histórias de cronópios e de famas" em que Cortázar menciona a "fé" das esperanças na ciência ("Sua fé nas ciências"). Um esperança que acreditava nos tipos fisionômicos, decide fazer a classificação definitiva destes tipos com respeito à característica do nariz achatado. Com o passar do tempo a esperança acaba por perceber que os tipos se subdividem ainda mais, nariz achatado bigodudo, do tipo lutador de boxe, e do tipo contínuo de ministério. Ao final acaba por descobrir – de modo a salientar a própria ingenuidade dos esperanças/cientistas – que a única coisa que os portadores dos tipos fisionômicos tinham em comum era o propósito de continuarem bebendo à sua custa.

---

[7] No primeiro fragmento da obra, Cortázar menciona o sentimento da esperança: "Não pense que o telefone vai lhe dar os números que procura. Por que haveria de dá-los? Virá somente o que você tem preparado e resolvido, o triste reflexo de sua esperança, esse macaco que se coça em cima de uma mesa e treme de frio. Quebre a cabeça do macaco, corra do centro em direção à parede e abra caminho. Oh, como cantam no andar de cima! Há um andar de cima nesta casa, com outras pessoas". (Cortázar, 2011, p. 06)

Neste ponto, Warat, introduz a expressão "piantado"[8] –retornando de certa forma a compreensão original dos cronópios como fragmentos que perduram em corpos de vírus – para designar o estado necessário para ver cronópios e famas.

> Piantado: Em italiano 'mandar-se a mudar'. Neologismo que define um tipo particular de louco, ou maluco que não se crê normal se pensa muito nisto, pois os normais se parecem mais a um juiz de plantão. Para entender um louco convém ser psiquiatra, para entender um piantado basta o bom humor, a loucura é uma saída, piantar-se e ver chegar cronópios. (Warat, 1985, p. 52)

Ao mesmo tempo, introduz também a expressão "ponto vélico", fazendo alusão a um ponto de convergência na estrutura do navio, ponto este misterioso até para o construtor. O "ponto vélico" do fantástico traduz o limite a partir do qual "aprendemos finalmente a não surpreender-nos de nada". (Warat, 1985, p. 51-52)

É possível perceber a partir do uso e da compreensão waratiana da classificação de Cortázar, o futuro desenvolvimento de sua obra em direção ao surrealismo.[9]

3. Da escrita de Cortázar à Democracia: o itinerário de Warat

Warat se pergunta: será que os juristas conseguirão proteger a liberdade das ideias mais que a propriedade? E responde: caso se tenha em mente o saber vulgar ou o senso comum teórico dos juristas, a resposta provavelmente será não. Somente a crítica do discurso jurídico através da conexão entre Direito e Democracia, garantindo a pluralidade no discurso jurídico, poderá oferecer uma solução de sentido ao problema. Assim, a Democracia é vista como forma de governo ou forma de convivência na e da sociedade atual capaz de assegurar a legitimidade do sistema, o Direito e a própria obediência.

> Poderão os juristas, construir uma máscara que lhes provoque uma ardente aspiração à extrema liberdade das idéias? Poderão proteger a liberdade mais que a propriedade?
>
> O saber vulgar que os juristas identificam como a sua ciência nos leva a respostas negativas.

---

[8] Provável alusão à composição musical "Balada para un loco" (música de Astor Piazzola e letra de Horácio Ferrer) de 1966, considerada um dos marcos do *nuevo tango,* bem como um "tango surrealista" pelas inovações musicais e pelo próprio conteúdo da letra. "Las tardecitas de Buenos Aires tienen ese qué sé yo, ¿viste? Salís de tu casa, Arenales. Lo de siempre: en la calle y en vos... Cuando, de repente, de tras de un árbol, me aparezco yo. Mezcla rara de penúltimo linyera y de primer polizonte en el viaje a Venus: medio melón en la cabeza, las rayas de la camisa pintadas en la piel, las medias suelas clavadas en los pies, y una banderita de taxi libre levantada en cada mano. ¡Te reís! ... Pero sólo vos me ves: porque los maniquíes me guiñan; los semáforos me dan tres luces celestes, y las naranjas del frutero de la esquina me tiran azahares. ¡Vení! Que aí, medio bailando y medio volando, me saco el melón para saludarte, te regalo una banderita y te digo ... [cantado] Ya se que estoy piantao, piantao, piantao. No ves que va la luna rodando por Callao; que un corso de astronautas y niños, con un vals, me baila alrededor... ¡Baila! !Vení! !Volá! [...]". Disponível em: <http://musicaesparsa.wordpress.com2011/04/02/balada-para-un-loco>. Acesso em: 15 de maio de 2011.

[9] Nos anos seguintes, Warat lançaria "O Manifesto do Surrealismo Jurídico" (São Paulo: Acadêmica, 1988.).

> A ciência jurídica clássica unicamente serve para descrever os mecanismos que reprimem o eu. Por tabela ela reforça os mecanismos simbólicos da militarização do cotidiano. [...]
> [...] poderíamos pensar o direito como um espaço para garantir o plural dos desejos. (Warat, 1985, p. 37)

O Direito na sociedade contemporânea corre sempre o risco de assemelhar-se ao que Cortázar conta no fragmento "O particular e o universal", em que o cronópio em seu terraço, "possuído de imensa alegria ao ver o sol da manhã e as maravilhosas nuvens que corriam no céu", começa a apertar a pasta de dentes que cai nos chapéus dos famas que estavam na rua. "Os pedaços de pasta cor-de-rosa caíam nos chapéus dos famas, enquanto lá em cima o cronópio cantava e esfregava os dentes cheio de contentamento". Os famas indignados, nomeiam uma delegação que além de exigir uma indenização por ele ter estragado seus chapéus, também pretende disciplinar o comportamento do cronópio, eis que acrescentam o seguinte detalhe: "- Cronópio, você não devia desperdiçar a sua pasta de dentes!" (Cortázar, 2011, p.84)

A leitura de Cortázar havia gerado em Warat o que ele confessou como sendo "a liberdade de usurpar sem culpa" e de fazer o autor "estalar o sentido precário de um romance sobre o imaginário". A partir de então, seu ponto de partida para criticar o discurso jurídico será o da linguagem, a percepção de que a sociedade contemporânea caracteriza-se pelo consumo de "significados castrados". Trata-se de uma cultura em que o que há de mais vital não é a falta, e sim o excesso. "Os homens estão tão repletos de estereótipos, de prêt-à-parler [...] que não há espaço dentro deles para a criatividade". (Warat, 1985, p. 15, 17)

E a linguagem ocupa papel chave neste processo,

> Qualquer dominação começa por proibir a linguagem que não estava prevista e sancionada. [...] É um imaginário onde se produz um frágil equilíbrio entre castrações e sublimações e que faz crer que roto, o homem tende ao autoritarismo. Nesse sentido o discurso jurídico existe para fazer crer que há menos autoritarismo. (WARAT, 1985, p. 18)

Em Cortázar isto fica evidente no fragmento "Como vai, López?" quando ele denuncia a repetição de ações preestabelecidas para demonstrar sentimentos.

> E os gestos de amor, esse doce museu, essa galeria de figuras de fumaça. Console-se a sua vaidade: a mão de Antônio procurou o que sua mão procura, e nem aquela nem a sua procuravam nada que já não tivesse sido encontrado desde a eternidade. Mas as coisas invisíveis precisam encarnar-se, as idéias caem no chão como pombas mortas.
>
> O verdadeiramente novo assusta ou deslumbra. Essas tuas sensações, igualmente perto do estômago, acompanham sempre a presença de Prometeu; o resto é o conforto, o que sempre sai mais ou menos bem; os verbos ativos contém o repertório completo.
>
> Hamlet não duvida: procura a solução autêntica e não as portas da casa ou os caminhos já percorridos por mais atalhos e encruzilhadas que eles proponham. Quer a tangente que destrói o mistério, a quinta folha do trevo. Entre sim e não, que infinita rosa-dos-ventos. Os príncipes da Dinamarca, esses falcões que preferem morrer de fome a comer carne morta. (Cortázar, 2011, p. 54)

No fragmento, Cortázar denuncia uma linguagem sempre pobre para expressar ideias e sentimentos. As pessoas – diferentemente do Hamlet de Shakespeare – usam fórmulas prontas.

O mesmo pode ser observado no fragmento "Acefalia" (3ª parte de "Material Plástico"), no caso o personagem é um corpo decapitado que lembra as palavras finais do capelão do cárcere:

> Só lhe faltava ouvir e justamente então ouviu, e foi como uma lembrança, porque o que ouvia era de novo as palavras do capelão do cárcere, palavras de conforto e de esperança, muito bonitas em si, pena que com certo ar de usadas, de ditas muitas vezes, de gastas à força de soar e ressoar. (Cortázar, 2011, p.51-2)

Por sua vez, em a "Pequena história destinada a explicar como é precária a estabilidade dentro da qual acreditamos existir, ou seja, que as leis poderiam ceder terreno às exceções, acasos ou improbabilidades, e aí é que eu quero ver...", Cortázar brinca com o tema de um mesmo significante para muitos significados e a confusão que isso pode acarretar. Com a desaparição trágica de todos os integrantes de um organismo econômico, um "acaso do destino" ou coincidência, faz com que todos os seus substitutos tenham o nome de Félix, situação que leva a uma "horrível confusão" e ao descrédito da mídia. (Cortázar, 2011, p. 47-8)

Warat refere-se também a "comodidade do lugar comum" dos discursos jurídicos. Será necessário atingir o "ponto vélico", isto é, aquele momento inesperado capaz de produzir a faísca capaz de questionar o discurso e a prática jurídicas, visto que "A ciência jurídica clássica unicamente serve para descrever os mecanismos que reprimem o eu. Por tabela ela reforça os mecanismos simbólicos da militarização do cotidiano". (Warat, 1985, p. 47).

Existe uma semiologia dominante que apelando para a linguagem acaba por determinar modelos de desejos em que

> [...] gozar é igual a possuir. Por meio destes modelos o homem não só aceita a hierarquia, como também aprende a amá-las. Todos somos proprietários burgueses de nossos desejos. [...] devemos recuperar a significação desejante, pré-significativa.
>
> A história do desejo é inseparável – leio em Guattari – da história da repressão dos sistemas de significação que estabelecem a realidade dominante. [...] O capitalismo para acomodar os indivíduos em seu proveito, impõe modelos de desejo. Assim circulam modelos de infância, de pai, de casamento, todos construídos em nome do dever e da verdade. Desta forma, no centro do desejo, fica instalada, a propriedade. (Warat,1985, p. 30)

Neste ponto, Warat afirma categoricamente: reconhecer a existência do conflito na sociedade é duro, é difícil, não leva a uma visão idílica do futuro. A caminhada é cheia de incertezas, só que não existe opção, eis que o final feliz é uma mentira. (Warat, 1985, p. 27)

O mesmo é percebido no texto de Cortázar que ao comentar o encontro de dois amigos, conta:

> Um senhor encontra um amigo e o cumprimenta, estendendo-lhe a mão e inclinando um pouco a cabeça.
> Isto é pensa que o cumprimenta, mas o cumprimento já foi inventado e este bom homem não faz mais do que repeti-lo. [...] Quando os sapatos apertam, é bom sinal. Alguma coisa muda aí, alguma coisa que nos mostra, que surdamente nos põe, nos suscita. Por isso é que os monstros são populares e os jornais se extasiam com os bezerros bicéfalos. Que oportunidade, que esboço de grande salto para outra coisa! López vem chegando.
> Como vai, López?
> Como vai, cara?
> E é assim como eles acham que estão se cumprimentando. (Cortázar, 2011, p. 54)

No auge da década de oitenta na América do Sul, quando o subcontinente recém despertava de décadas de ditaduras autoritárias, Warat observa, "A democracia não pode ser uma coisa tão incolor como sonham Alfonsín e Tancredo. Que pouco radical é o destino Radical. Que velha me parece a nova república. É a comodidade do lugar comum." (Warat, 1985, p. 38).

Só que suas análises sobre a Democracia – nas pegadas de Lefort – vão além da mera "representação na esfera da governabilidade".[10] Se o cerne da questão democrática reside na obtenção do controle social e coletivo da prática política, é preciso ampliar: "A participação deve ser situada no bairro, na Escola, na Igreja e no lazer; enfim, na vida cotidiana. Dessa forma é que se pode combinar representatividade com democracia de base." (Warat, 1985, p. 38, 106).

3.1. O método e o senso comum teórico dos juristas

Neste ponto, é importante lembrar que Luis Alberto Warat se apropria do texto de Cortázar a fim de pensar o Direito e a Democracia. A apropriação envolve a percepção de que através da literatura de Cortázar é possível apreender as realidades através de enigmas, "como para poder transmutar em loucas as razões, para poder sobreviver socialmente a tantos monstros que, nobre, militar e sensatamente nos governam". Desse modo este jurista latino-americano recorre a Cortázar por reconhecer que esta é uma leitura inspiradora, são textos que "transpiram por todos seus poros, uma vitalidade ardentemente exposta e comprometida". E reco-

---

[10] O autor também tece críticas ao saber oficial acadêmico, fazendo sugestões, conforme se pode perceber no seguinte trecho: "Na Universidade convivi com muitos adeptos de uma prática de rotulação filosófica impiedosa; aqueles filósofos, os que estavam fora da ortodoxia teórica que reconheciam como boa, eram, por este motivo, classificados como vulgares e desclassificados academicamente por simples. Mas é preciso ver que quando estamos em busca de uma sociedade aberta, à procura de linguagens democráticas, devemos tentar preservar-nos dos modos de produção das distinções sociais. Por certo, cultivando as ambiguidades, torna-se bastante improvável classificar hierarquicamente os homens. Na vida universitária resulta bastante recomendável a extinção das práticas de classificação hierarquizantes. Elas oferecem a segurança de princípios absolutos de inteligibilidade, mas cancelam os riscos da decifração. Sem este risco, o pensamento fica autoritário". (Warat, 1985, p. 105)

nhece que ao lado de Barthes, Cortázar é o autor mais anonimamente citado em seus trabalhos. (Warat, 1985, p. 52-53)

Não é que Cortázar fale diretamente sobre o Direito – o que não descarta uma possível percepção indireta deste objeto em seu texto –, o que se salienta aqui é a sua utilização instrumental no sentido de auxiliar a desconstrução do discurso jurídico, de mostrar as frustrações e os recalques das ditas "verdades científicas". E isso foi feito por Warat na obra a *A Ciência jurídica e seus dois maridos:* "Mostrando a ilusão, o mundo muda algo. Sou portador de uma geração que necessita do sonho e da fantasia para não converter seus membros em bobos da corte." (Warat, 1985, p. 53).

Se na esfera do conhecimento, da investigação ou de qualquer raciocínio, método significa a trajetória, as atitudes que são adotadas com vistas a um fim determinado, é possível então afirmar que no caso de Warat, a escrita de Cortázar faz parte de uma "estratégia de investigação".[11]

Como o discurso jurídico tem como meta fazer crer que existe menos autoritarismo, ele acaba por tentar esconder que participa da chamada "cultura detergente", isto é, uma cultura que pretende apresentar o mundo "sem sujeiras", fazendo com que os homens fiquem plenos de estereótipos ou de significados castrados. E os textos literários de Cortázar acabam por revelar-se como uma estratégia para a desconstrução deste discurso, conforme afirma Warat:

> Como os jogos infantis, a linguagem de Cortázar não é brincadeira, aparece como procedimento que tem a ver com a convicção de quebrar a obrigação moral de viver segundo as convenções estabelecidas. Assim é que Cortázar penetra na literatura, jogando com todas as possibilidades da linguagem. [...] Não se termina nunca de saber se um cronópio, quando ensina, constrói ou destrói. Provavelmente construa para destruir ou destrua para construir. Talvez a destruição seja o dobro da construção [...] as verdades jurídicas precisam estar sempre atraídas pelo caos, desafiando a tentação suicida da linguagem. Sempre vale mais um suicida que um zumbi. [...] A vida renasce nas artes. (Warat, 1985, p. 44, 46-7)

É uma investigação que do mesmo modo confessado por Bobbio, faz uma aproximação ao seu objeto girando ao seu redor, "com uma manobra que na linguagem militar receberia o nome de ataque pelos flancos". (Bobbio, 2000b, p. 307-8) Na marcha de aproximação de Warat, cronópios e famas são parte dos instrumentos usados para desconstruir o cotidiano dos discursos jurídicos.

O problema a ser enfrentado residia em como lidar com as verdades escritas com maiúsculas, os sentidos "congelados" do direito. Neste sentido, a "iluminação" propiciada pela leitura – e mesmo a adaptação – de

---

[11] Além do recurso a obras literárias como o que está sendo explanado neste ensaio, Warat utilizou-se também de outros recursos, tais como a "carnavalização". A propósito da carnavalização do ensino do direito, o autor afirma "A carnavalização da sala de aula atrai, seduz como um lugar de transgressão; é um 'jardim suspenso' no irreal mundo da universidade que abre uma brecha, para que se sintam queridos em seus impulsos vitais aqueles que nele se instalam". (Warat, 1985, p. 114)

Cortázar ao mundo dos discursos jurídicos era capaz de tornar evidente estas situações para, em um momento posterior, possibilitar a desconstrução. Tudo isso é possível de ser percebido a partir das seguintes observações do autor:

> [...] Cortázar fala de nossos imobilismos, dos engarrafamentos de nossa vida, de como nossas ilusões, nossos costumes, nossos lugares-comuns que nos paralisam, nos deixam atolados enquanto dura a vida. Por que não pensar então também em como as leis, como as verdades que escrevemos com "maiúscula" [...] com o sentido adquirido da ordem é o uso juridicista da palavra democracia, imobiliza-nos e deixa-nos politicamente atolados. (Warat, 1985, p. 53)

Será essa mesma preocupação – a necessidade de contar com um conceito operacional que servisse para designar a dimensão ideológica das "ditas verdades jurídicas" e de denunciar a impossibilidade de eliminar este campo da verdade em si – que mobilizará o autor a cunhar o neologismo "senso comum teórico dos juristas". Conforme ele próprio esclarece, esta ideia depende de aceitar-se uma outra ideia anterior, a de que aquilo que filósofos e cientistas chamam de real é "um complexo, um fluxo, de significações, uma rede de signos, um grande tecido de escrituras intercaladas infinitamente". Assim, no pensamento ocidental o termo realidade é empregado para designar "o traçado polifônico das versões interpretativas". (Warat, 1994, p. 13- 4, p. 17-8)

O "senso comum teórico dos juristas" compreende "as condições implícitas de produção, circulação e consumo das verdades nas diferentes práticas de enunciação e escritura do Direito". No seu cotidiano, ao realizar atividades teóricas, práticas e acadêmicas, os juristas são influenciados "por uma constelação de representações, imagens, pré-conceitos, crenças, ficções, hábitos de censura enunciativa, metáforas, estereótipos e normas éticas" que acabam por anonimamente governar suas decisões e enunciações. (Warat, 1994, p. 13)

Tais significações são também um instrumento de poder, eis que

> Aceitando-se que o Direito é uma técnica de controle social não podemos deixar de reconhecer que seu poder só pode se manter estabelecendo-se certos hábitos de significação. Existe portanto um saber acumulado – difusamente presente nas redes dos sistemas institucionais – que é condição necessária para o exercício do controle jurídico da sociedade. Com isto, estamos ressaltando as dimensões políticas dos sistemas de enunciação. (Warat, 1994, p. 15)

Um sistema autoritário irá produzir versões do mundo capazes de abstrair as pessoas da história porque necessita "solidificar artificialmente as relações sociais" através da centralização das produções de sentido que enfatizam o Estado através de sublimações semiológicas.

Em suma, a ênfase é dada nos costumes intelectuais tidos como "verdades de princípios" que escondem a esfera política da investigação sobre as verdades ou um conjunto de opiniões comungadas e manifestadas como "ilusão epistêmica".

> A epistemologia do Direito não passa de uma 'doxa' politicamente privilegiada. Dito de outra forma, detrás das regras do método, dos instrumentos lógicos, existe uma mentalidade difusa (onde se mesclam representações ideologias, sociais e funcionais) que constitui a vigilância epistemológica pela Servidão do Estado. (Warat, 1994, p. 16)

É possível então afirmar que isto ocorre em razão da dificuldade em separar nas funções sociais da ciência jurídica as razões teóricas de justificação. E neste nível a verdade está relacionada sempre com processos persuasivos. São as opiniões de sentido comum que conferem confiabilidade as conclusões das argumentações.

Além disso, o senso comum teórico dos juristas atua de modo a questionar a literatura epistemológica padrão das ciências jurídicas. São opiniões aceitas como "imaculadas" sob o invólucro de questões de método que insistem na necessidade de que seja feita a distinção entre ciência e ideologia, mantendo a distinção clássica entre "doxa" e "episteme". (Warat, 1994, p. 16)

4. Democracia: um conceito em construção

É assim que, na caminhada teórica de Warat, envolvendo a desconstrução do discurso jurídico, pode-se perceber que o conceito de Democracia ocupa um lugar central.

Por sua vez, Marilena Chauí, comentando a "invenção democrática" de Lefort, lembra que a Democracia se situa entre duas formas históricas do político: o Antigo Regime e o Estado totalitário. No primeiro, "o político devora o social como um órgão do corpo régio; poder, lei e saber, personificados pela unidade corpórea, são identificados e indiferenciados". No segundo, também o social e o político estão unidos de modo indiferenciado, revelados pelas metáforas orgânicas do Gulag, através do partido-Estado, cujas células passam a constituir o social e "cuja cabeça, Guia Supremo, recoloca o novo nome do UM: o Egocrata." (Chauí, 1983, p. 11).

Nesta perspectiva é que a invenção da Democracia representará a instituição do político como uma novidade: a instituição do social através da "desincorporação" ou perda da eficácia simbólica e pragmática da unidade. Neste sentido ela é um acontecimento extraordinário e "uma revolução que corre pelos séculos". A Democracia irá instituir a alteridade na espessura do social através do reconhecimento da divisão social e da diferenciação do social e do político, apresentando a capacidade de questionar-se a si mesma enquanto poder e contrapoder sociais. Ela irá pela primeira vez instituir a ideia dos direitos, diferenciando Poder, Lei e Saber, "que ficam expostos aos conflitos das classes, dos grupos e dos indivíduos e, assim, impedidos de se petrificarem". Assim, "A Democracia é invenção porque, longe de ser a mera conservação de direitos, é a criação ininterrupta de novos direitos, a subversão contínua do estabelecido, a reinstituição permanente do social e do político." (Chauí, 1983, p. 11).

O significado e a dimensão do totalitarismo para a compreensão da política e da Democracia contemporânea revela-se fundamental a partir da perspectiva de Lefort: "Penso que não se dará um único passo no conhecimento da vida política de nosso tempo sem nos interrogarmos sobre o totalitarismo". E para o seu aprofundamento é decisiva a compreensão das contradições da Democracia, em especial os fantasmas da revolução e do reformismo. (Lefort, 1983, p. 19)

Já para Olgária Matos,[12] a compreensão de Democracia de Lefort parte da constatação de que em política não existem soluções definitivas. Em seu funcionamento a política produz a Democracia, bem como "o exercício de direitos e a criação de novos direitos, sempre no sentido de que privilégios e carências não podem se universalizar". A "democracia selvagem", mais do que evocar a experiência originária do povo, evoca todas as forças sociais presentes, enfatizando o elemento de indeterminação do presente: ele é o espaço de liberdade radical, de criação política. A percepção lefortiana de Democracia – justamente porque salienta o aspecto de convivência social e de resolução de conflitos – indica que a Democracia está sempre em busca de sua própria definição, afirmando a legitimidade do conflito.

Assim como Kelsen,[13] o filósofo francês deixa evidente que a Democracia "não necessita da ideia de líder" e acrescenta: "a política democrática não necessita [...] de guia, de partido consciência de classe, porque a invenção democrática não depende nem das virtudes, nem dos vícios dos governantes, mas da qualidade de suas instituições".[14]

Em sociedades complexas, de massa, altamente tecnológicas e despolitizadas, a politização obedece à forma do convencimento por "ideologias" que por sua própria natureza trabalha com estratégias de "doutrinamento" através de fórmulas prontas.

Nisso a sociedade atual difere daquela posterior à Revolução Francesa, em que prevalecia uma compreensão da "educação humanista", capaz de instituir os laços sociais:

---

[12] MATOS, Olgária. Uma discussão sobre progresso, laços afetivos e política. Entrevista especial concedida em 05/07/2006. *Notícias do Dia*. Disponível em: <http:www.ihu.unisinos.br>. Acesso em: 09/09/2011

[13] Ver KELSEN, Hans. Essência e valor da democracia. *Arquivos do Ministério da Justiça*. Ano 40, n. 170, p. 63-127, out.-dez. 1987; CADEMARTORI, Daniela Mesquita Leutchuk de. *O Diálogo democrático: Alain Touraine, Norberto Bobbio e Robert Dahl*. Curitiba: Juruá, 2006, 120-131

[14] MATOS, Olgária. Uma discussão sobre progresso, laços afetivos e política. Entrevista especial concedida em 05/07/2006. *Notícias do Dia*. Disponível em: <http:www.ihu.unisinos.br>. Acesso em: 09/09/2011

> [...] o professor era chamado de *instituteur* porque ele "instituía" a sociedade; e estudante é *eleve* porque a educação eleva a criança e sublima o povo. Esta educação dita republicana garantia que todo cidadão era portador de "sabedoria política" porque seria o agente em exercício da crítica que vinha do mundo "letrado", quer dizer, que passava pela qualidade de sua escolarização. Assim o repertório da discussão política e a livre faculdade de julgar estariam garantidos não só pelas condições materiais da existência, mas sobretudo pela "vida do espírito".[15]

Antes do século XVIII a Democracia afirmava a correspondência entre vontade individual e vontade geral (ou do Estado). A ideia de Democracia de Rousseau passava pela formação de uma associação que fosse capaz de defender e proteger os associados e seus bens de toda força comum, em que cada um só tivesse que obedecer a si mesmo, permanecendo tão livre quanto antes.[16] Touraine lembra que Kelsen criticará tal raciocínio afirmando que a ideia de contrato social baseia-se em uma vontade subjetiva, enquanto a vontade geral não é a vontade de todos e muito menos da maioria. Em resumo, a noção de povo termina por dissimular a unidade do Estado, não existindo correspondência entre ele e os indivíduos.

> Tendo estado bastante perto dos social-democratas austríacos após a Primeira Guerra Mundial, Kelsen deduz daí que os partidos são indispensáveis para a democracia; no entanto, ainda mais importante é sua recusa do Estado identificado com o povo e recebendo assim, uma autoridade sem limites sobre as vontades individuais. (TOURAINE, 1996, p. 59-60)

O marxismo contribui para desfazer de vez esta ideia, ao afirmar que a realidade social é formada por grupos de interesse, categorias e classes sociais, sendo a vida política dominada pela pluralidade dos grupos sociais e não pela unidade do Estado. Naquele momento cabia aos democratas lembrar aos defensores de um poder popular, que se considerava como a emanação de um povo ou nação, que não há Democracia sem pluralismo político e sem eleições livres. Hoje, um democrata deve preocupar-se com a situação de muitos países tendo em vista a fragilidade dos elos entre atores sociais e agentes políticos. Em suma, uma definição atual de Democracia precisa proteger as liberdades dos indivíduos e grupos contra a onipotência do Estado.[17] (Touraine, 1996, p. 59)

Já, explanando sobre a compreensão de Democracia de Lefort, comenta Olgária Matos que frente à realidade da sociedade de massa, o seu

---

[15] MATOS, Olgária. Uma discussão sobre progresso, laços afetivos e política. Entrevista especial concedida em 05/07/2006. *Notícias do Dia*. Disponível em: <http:www.ihu.unisinos.br>. Acesso em: 09/09/2011

[16] Hostil ao parlamento inglês, Rousseau pretendia "Encontrar uma forma de associação que defenda e proteja a pessoa e os bens de cada associado com toda a força comum, e pela qual cada um, unindo-se a todos, só obedece contudo a si mesmo, permanecendo assim tão livre quanto antes". (ROUSSEAU, Jean-Jacques. *Do Contrato social ou Princípios do direito político*. Tradução de L. S. Machado. São Paulo: Abril S.A. Cultural, 1983. p 32 e TOURAINE, Alain. *O que é a democracia?* Tradução de Guilherme J. de S. Teixeira. Petropolis: Vozes, 1996, p. 49)

[17] "Hoje, na Europa, os democratas reconhecem-se por serem adversários da purificação étnica. [...] O que se passa na Bósnia demonstra que a democracia não se define pela participação, nem pelo consenso, mas pelo respeito das liberdades e da diversidade". (TOURAINE, 1996, p. 25)

resultado pode ser tanto a Democracia compreendida como exercícios de criatividade social, ética, estética e científica, como ditaduras. Isto porque

> [...] o presente é contingente e o futuro incerto, essa brecha de nossa indeterminação necessita de "sabedoria prática", "presença de espírito" para que escolhas sejam feitas no sentido de ampliação do espaço público e do bem-estar material, moral, cultural, e possam ser compartilhadas.[18]

No mesmo sentido, a compreensão de Democracia de Alain Touraine parte da constatação de que na definição de Democracia, são mais importantes os inimigos que ela combate do que os princípios que defende. Um conceito que veja a Democracia como um sistema de mediações entre Estado e atores sociais – que admita a influência mútua – pode ser responsável pelo seu fortalecimento. "Nossas liberdades democráticas degradam-se porque deixaram de tratar dos problemas sociais agudos." (Touraine, 1996, p. 25, 87).

Atualmente é preciso combater o pensamento liberal, que privilegia uma definição política da Democracia, e que ao observar a sociedade, nega a existência de conflitos estruturais entre interesses opostos. Ao contrário, o pensamento liberal vê a sociedade

> [...] como uma espécie de maratona: no centro, um pelotão que corre cada vez mais depressa; na frente, algumas estrelas que atraem a atenção do público; atrás, aqueles que, mal alimentados e mal equipados, vítimas de distensões musculares ou crises cardíacas, estão excluídos da corrida. (Touraine, 1996, p. 25)

A teoria democrática liberal, enquanto "gestão racional da sociedade", reduz a gravidade dos problemas, acabando por colocar a própria Democracia em perigo.[19]

Nos tempos atuais, no momento em que muitos países já não se caracterizam pelo domínio da oposição típica da sociedade industrial entre empregadores e assalariados, este perigo é particularmente grande, eis que se está frente a um enfraquecimento e mesmo, fragmentação dos atores sociais. Nestes países a maior parte da população ativa já não faz mais parte do mundo operário mas também não passou para o mundo empresarial. São sociedades que não são só definidas pela produção industrializada. Podem também ser definidas pelo consumo e comunicação de massa, mobilidade social e migrações, variedade de costumes, e mesmo a defesa do meio ambiente. Assim, torna-se impossível reduzir a vida política a atores que só correspondem parcialmente à realidade. (Touraine, 1996, p. 79-80)

---

[18] MATOS, Olgária. Uma discussão sobre progresso, laços afetivos e política. Entrevista especial concedida em 05/07/2006. *Notícias do Dia*. Disponível em: <http:www.ihu.unisinos.br>. Acesso em: 09/09/2011

[19] E Touraine, a propósito dos acontecimentos da década de 90 do século passado na Bósnia, ainda acrescenta que uma Democracia "renuncia a si mesma quando se contenta com sentimentos humanitários no momento em que seria necessário intervir diretamente, como na Bósnia, para pôr fim a uma política que destrói os fundamentos da democracia". (Touraine, 1996, p. 87).

A relação de dependência entre as forças políticas e sociais, embora não tenha deixado de existir, encontra-se em fase de transformação. Fala-se hoje em uma crise da representação política, responsável pela participação, que pode implicar a degradação da Democracia, reduzida a uma concepção puramente institucional, isto é, de mercado político aberto. (Touraine, 1996, p. 83)

Veja-se o que ocorre com a concepção corrente de partidos políticos[20] que os considera como detentores do monopólio de sentido da ação coletiva, ou seja, são "a expressão concreta da 'consciência por si' das classes sociais".

> Inversamente, quando a ação social é definida como a reivindicação da liberdade, a defesa do meio ambiente, a luta contra a 'comercialização' de todos os aspectos da vida, torna-se responsável pelo seu próprio sentido, pode, até mesmo, se transformar em partido político ou, pelo menos, impor suas prioridades a um partido reforçado por ela. (Touraine, 1996, p. 80)

Se os partidos que representavam as classes sociais devem passar a representar "projetos de vida coletiva, por vezes, até mesmo, movimentos sociais", *os* atores sociais, por sua vez, devem deixar de legitimar suas ações com o reconhecimento dos partidos políticos e serem capazes de, autonomamente, dar-lhes sentido. É quando a concepção de pensamento democrático, aqui considerada, "se opõe o mais diretamente possível ao jacobinismo à maneira francesa e ainda mais claramente ao leninismo: ambos devem ser considerados como forças antidemocráticas tanto por sua orientação geral, como por suas práticas históricas". Neste ponto, Touraine estabelece claramente o vínculo entre um governo que deve representar os interesses da maioria com os seus reais interesses, combatendo uma concepção puramente procedimental de Democracia. Para que este governo represente, realmente, as "classes mais numerosas" e também as mais dependentes das decisões tomadas pelas elites, é preciso que se "defina em favor de seu elo com os interesses das categorias populares". Ora, "o que dá uma tonalidade 'popular' à ideia democrática é que esta opõe um princípio de igualdade às desigualdades sociais". De nada serviria fa-

---

[20] Uma compreensão diversa do papel dos partidos na sociedade atual é a de Norberto Bobbio. Este autor utiliza expressão "partidocracia" – sem qualquer conotação negativa – para referir-se a uma das características do poder soberano de decidir sem vínculo de mandato o que faz com que a soberania se transfira para os partidos. Será a diretriz política dos partidos que irá orientar o grupo parlamentar. "A soberania dos partidos é o produto da democracia de massa, onde 'de massa' significa simplesmente com sufrágio universal". À "cracia" ou o poder na democracia de massa é dos grupos relativamente organizados nos quais a massa, exatamente porque informe, se articula expressando seus interesses. Em Estados com uma Constituição, a soberania dos partidos não é absoluta. "De qualquer ponto de vista a partir do qual consideramos a situação dos partidos, parece evidente, a desforra da representação dos interesses sobre a representação política, seja no que se refere à decadência do instituto típico da representação política, que é o mandato não-vinculado, seja no que se refere, em uma democracia altamente competitiva, à pressão através dos partidos dos interesses fracionários. Isso pode explicar por que o tradicional e recorrente debate sobre as instituições por representação dos interesses particulares e representação política tornou-se cada vez mais evanescente e menos visível".(Bobbio, 2000a, p. 470-1)

larmos em igualdade de direitos se tal igualdade não se traduzisse – como quer Rousseau – "em pressões em vista da igualdade de fato, ou seja, em vista de uma 'certa igualdade de condições'". (Touraine, 1996, p. 81-90)

E as posições da esquerda, compreendida enquanto forças políticas que fazem apelo ao povo, continuam a ser democráticas? A esta questão Touraine responde negativamente. A evolução histórica da ideia de Democracia na esquerda mostra que ela muitas vezes acabou por ser destruída, em seu próprio nome ou em nome da classe operária. Este tema provocou divisões profundas e até mesmo violentas no debate da esquerda europeia e latino-americana.

> Durante muito tempo e em muitos países, essa palavra foi condenada. Falou-se em democracia burguesa ou formal e os partidos comunistas lutaram em favor da ditadura do proletariado, enquanto as guerrilhas na América Latina ou África recusavam a ação de massa e concentravam sua ação, não na mobilização popular nem tampouco, na criação de um partido de vanguarda de inspiração leninista, mas no ataque direto do Estado considerado como o elo mais frágil da dominação imperialista. As guerrilhas urbanas européias, à maneira italiana ou alemã, adotaram as mesmas análises e procuraram causar terror aos dirigentes no sentido de os enfraquecer e permitir assim a libertação de uma hipotética vontade revolucionária das massas.(Touraine, 1996, p. 90-1)

Todas estas situações mostram que assim como "o caminho" da Democracia esteve afastado das ditaduras ele também esteve afastado da via revolucionária. Todas as vezes que o "apelo ao povo", quer ele tenha sido feito pela esquerda, quer pela direita, passou a colocar o Estado numa posição superior a dos atores sociais e de suas relações (conflitivas ou mesmo negociadas), deixou de ser democrático. Para fazer esta mudança de planos, os regimes autoritários sempre invocaram "a falta de maturidade de suas sociedades ou as ameaças exteriores e interiores que pesavam sobre elas." (Touraine, 1996, p. 254 e 92).

Quando o sistema político, que é um elo entre a sociedade civil e o Estado, privilegia este em detrimento daquela, está-se frente ao autoritarismo, em todas as suas formas, burocrática, repressiva ou militar. Caso ele privilegie a sociedade civil, pode ocorrer que ela perca sua capacidade de vincular-se ao Estado, o que pode "provocar neste uma reação antidemocrática, oligárquica, tecnocrática ou militarista". Para estar-se frente a um regime democrático é preciso que simultaneamente ocorra "a liberdade das escolhas políticas e a representação pelos dirigentes dos interesses da maioria. É inútil e perigoso dar a prioridade a um desses elementos." (Touraine, 1996, p. 92).

Outro problema que a esquerda precisa enfrentar é o "esquerdismo cultural". Ainda hoje, muitos países não conseguiram construir sua unidade nacional nem conheceram tal integração de modo forte, apesar de sobreviverem identificações com coletividades particulares ou minorias. Nestas situações os indivíduos definem-se mais pelo que são do que por sua concepção de vida coletiva. Nestes casos, é desejável que as minorias sejam reconhecidas em uma sociedade democrática, com a condição de que reconheçam a lei da maioria e não sejam absorvidas pela afirmação e defesa de sua identidade. A postura das minorias, favorável a uma ruptura com a maioria, por considerá-la como "alienada e manipulada", ameaça a Democracia que "pressupõe uma certa confiança no voto da maioria".

> A democracia se apóia na idéia de conflito social, mas é incompatível com a crítica radical de toda a sociedade – não só com o multiculturalismo extremo, mas também com o foquismo – que, em nome de uma teoria extrema da dependência, rejeitava toda ação de massa e apenas acreditava na violência dirigida contra um Estado pseudonacional, agente do imperialismo. (Touraine, 1996, p. 94-5)

Refletir criticamente sobre a Democracia só tem utilidade se contribuir para alimentar o processo democrático, associando-a aos movimentos sociais. É preciso descobrir os conflitos mais importantes de nossa sociedade e a natureza dos novos movimentos sociais que deverão ser levados à consideração dos partidos políticos.

Lembrando o conceito de Lefort de Democracia, Warat reconhece que é o "uso juridicista da palavra democracia" que nos imobiliza, que nos deixa "politicamente atolados". Se para Cortázar a Democracia precisa ser uma vivência, Warat acrescenta que o primeiro gesto em uma prática democrática, é o reconhecimento da existência de conflito na sociedade. É preciso assegurar a procura do confronto, e não a solução. A partir daí, chega-se 'a constatação de que não existe Democracia sem marginalidade e de que "A democracia precisa do confronto com as leis do submundo para que não vire uma montagem de relações ocas, um punhado de liberdades de papel". (Warat, 1985, p. 26, 30)

Para Alain Touraine, a descoberta destes novos desafios sociais e culturais é tarefa dos intelectuais, muito mais do que de políticos. O sistema político precisa receber as "reivindicações, contestações e utopias" capazes de tornar nossa sociedade mais consciente de suas orientações e seus conflitos. Se o sistema político imagina que a sociedade está pacificada é porque acabou por transformar aquilo que eram reivindicações internas em ameaças exteriores criando uma aparência de "ausência de conflitos" geradora de uma "cintura de violência" em torno de si. A defesa da Democracia só se dará se ela aumentar suas capacidades de reduzir a injustiça e a violência. Uma sociedade que se diz "rica, aberta e diversificada", não pode deixar fora do espaço público as reivindicações mais importantes. Isto foi o que ocorreu nos debates políticos do século XIX entre conservadores e liberais, laicos e católicos, monarquistas e republicanos, que enfraqueceram a Democracia por não considerarem às demandas operárias e as primeiras reivindicações femininas. (Touraine, 1996, p. 95, 87-8)

O imigrante é a figura emblemática da sociedade moderna: está integrado e ao mesmo tempo é estranho 'a sociedade em que vive. Cabe 'a sociedade "viver sua experiência como o retorno de uma parte da experiência humana de que ela se tinha privado ou perdido". O elemento que a define como sociedade democrática é

> [...] a qualidade das diferenças reconhecidas, administradas por ela, a intensidade e profundidade do diálogo entre experiências pessoais e culturas diferentes umas das outras e que dão outras tantas respostas, todas particulares e limitadas, às mesmas interrogações gerais. (Touraine, 1996, p. 262)

Em suma, a Democracia só existe se estiver "produzindo-se e recriando-se constantemente". Muito mais do que uma ideia, ela é um processo:

> A democracia só existe pela combinação de princípios diversificados e, em parte, opostos, pelo fato de que ela não é o sol que ilumina toda a sociedade, mas uma mediação entre o Estado e a sociedade civil. Se se inclina demasiadamente para um lado, vai reforçá-lo de forma perigosa em detrimento do outro. (Touraine, 1996, p. 103-4)

Os constitucionalistas e juristas conseguem compreender melhor do que os "fundadores" da filosofia política que busca o "espírito" da Democracia, que ela é em primeiro lugar um conjunto de garantias de procedimentos instituidoras de relações entre o poder legítimo e a pluralidade dos atores sociais.

4.1. A conexão entre democracia e direitos fundamentais

As denúncias dos excessos da Democracia liberal levaram a propostas como a que será apresentada a seguir, de Democracia constitucional, a partir dos aportes de Luigi Ferrajoli. Em questão, a garantia jurídica de um espaço para que os conflitos possam acontecer no espaço atual, através dos Direitos.

Esta necessidade foi evidenciada por Alain Touraine quando acrescentou que a Democracia deve combinar três mecanismos institucionais básicos: associar direitos fundamentais à definição da cidadania propiciada pelos instrumentos constitucionais; respeitar os direitos fundamentais com a representação dos interesses, objeto dos códigos jurídicos; e a fusionar a representação com a cidadania, função exercida pelas eleições parlamentares livres. (Touraine, 1996, p. 103)

A propósito da conexão entre Democracia e direitos fundamentais, Luigi Ferrajoli parte do pressuposto de que hoje o debate se divide entre os que defendem a Democracia majoritária (setores da direita e da esquerda) e os que defendem a Democracia constitucional. Para os defensores da Democracia majoritária ou plebiscitária a Democracia é a onipotência da maioria, isto é, há uma rejeição do sistema de mediações e limites que são a substância da Democracia constitucional. (Ferrajoli, 2008, p. 25)

Esta oposição pode ser observada em uma polêmica dos anos trinta do século XX, entre Hans Kelsen e Carl Schmitt.[21] Para Kelsen, a Demo-

---

[21] Ver SCHMITT, Carl. Teoría de la Constitución. Traducción de F. Ayala. Madrid: Alianza, 1982. 380p.

cracia é a ausência de chefes. Schmitt defendia o presidencialismo – um órgão único – e posicionava-se contra o parlamentarismo. Por seu turno, Kelsen contestava a possibilidade de um único órgão monocrático representar da mesma maneira que um parlamento a pluralidade de forças e de interesses em conflito na sociedade: no presidencialismo só está representada a parte vencedora nas eleições. (Ferrajoli, 2008, p. 26)

Ocorre que historicamente a Democracia liberal levou a excessos: excesso da liberdade de mercado e da onipotência da maioria. Isso determina, a partir do final da Segunda Guerra Mundial, a necessidade da superação deste modelo através da Democracia constitucional. A essência desta nova abordagem, isto é, do constitucionalismo e do garantismo, reside em um conjunto de limites que as Constituições estabelecem a todos os poderes, como instancia defensora de uma compreensão da Democracia

> [...] como sistema frágil y complejo de separación y equilibrio entre poderes, de límites de forma y de sustancia a su ejercicio, de garantías de los derechos fundamentales, de técnicas de control y de reparación contra sus violaciones. Un sistema en el cual la regla de la mayoría y la del mercado valen solamente para aquello que podemos llamar esfera de lo discrecional, circunscrita y condicionada por la esfera de lo que está limitado, constituida justamente por los derechos fundamentales de todos: los derechos de libertad, que ninguna mayoría puede violar, y los derechos sociales – derecho a la salud, a la educación, a la seguridad social y a la subsistencia – que toda mayoría está obligada a satisfacer. Es ésta la sustancia de la democracia constitucional [...] (Ferrajoli , 2008, p. 27)

A Democracia constitucional é uma consequência da mudança de paradigma que envolve o papel do direito, produzida nos últimos cinquenta anos. Uma mudança que até hoje ainda não se conseguiu tomar totalmente consciência: com suas formas e técnicas de garantias ainda não elaboradas e asseguradas. É fato fundamental para a mudança de paradigma o movimento antifascista, eis que a Democracia moderna nasce das ruínas da 2ª Guerra Mundial, momento histórico no qual alguns valores como a paz, a igualdade de todos os homens e mulheres do planeta e a tutela dos direitos fundamentais são fortalecidos.

Sobre esse ponto Ferrajoli faz uma afirmação enfática: a verdadeira invenção deste século reside no caráter rígido da Constituição, ou melhor, na garantia desta rigidez. Trata-se do reconhecimento de que as Constituições são normas supraordenadas à legislação ordinária através da previsão, por um lado, de procedimentos especiais para a sua reforma e, por outro lado, da instituição do controle de constitucionalidade das leis por parte dos tribunais constitucionais. Com isso, todos os poderes sujeitam-se ao direito, inclusive o Legislativo.

É assim que o princípio da soberania se dilui na presença de Constituições em que não existem sujeitos soberanos. Deixa de existir a soberania interna, visto que todos os poderes públicos – inclusive o Legislativo e a chamada soberania popular – estão sujeitos à Constituição. Também não existe mais a soberania externa, visto que os Estados se submetem a um novo ordenamento internacional nascido com a Carta das Nações Unidas e com a proibição da guerra e a obrigação do respeito as direitos fundamentais estabelecida pela mesma.

No paradigma paleopositivista a lei era considerada a fonte suprema e ilimitada de todo o direito. É certo que em todos os ordenamentos as Constituições estavam ao lado da lei, só que na cultura deste paradigma elas não eram instituídas como vínculos rígidos ao legislador, e sim como documentos políticos ou, no máximo como simples leis ordinárias. Os juristas da época não conseguiam imaginar uma lei acima das leis, um direito acima do direito, uma lei que limitasse a lei. A lei era a única e onipotente fonte, fruto da vontade do soberano ou legitimada como expressão da maioria parlamentar. Assim, o próprio legislador era concebido como onipotente. Como consequência tinha-se uma concepção formal e procedimental de Democracia, identificada como poder do povo. (Ferrajoli, 2008, p. 30)

Com a rigidez constitucional, a legalidade muda de natureza: passa a ser disciplinada e condicionada por vínculos jurídicos, não só formais como também substanciais. Neste ponto, Ferrajoli afirma que o direito acaba positivado não só em seu "ser", também em seu "dever ser". Este novo direito – acima do direito – pode ser chamado de modelo "paradigma garantista" em oposição ao paleopositivista. A Constituição neste novo paradigma não é outra coisa que a estipulação das normas que são direitos fundamentais, isto é, dos direitos elaborados na tradição jusnaturalista – na origem do Estado moderno – como inatos ou naturais, convertidos, na medida em que incorporados aos contratos sociais escritos que são as modernas Constituições. (Ferrajoli, 2008, p. 30)

Esta mudança revolucionária no paradigma do direito envolve uma série de mudanças. Inicialmente, mudam as condições de validade das leis e a própria natureza da jurisdição que passa a estar submetida à Constituição: o juiz deve criticar as leis inválidas através de uma reinterpretação em sentido constitucional ou denunciá-las em sua inconstitucionalidade. Também se altera o papel da ciência jurídica que deixa de ser só descritiva e deve passar a ser crítica, projetando o seu objeto: deve criticar as antinomias e lacunas da legislação vigente com respeito à Constituição e introduzir técnicas de garantias capazes de superar as antinomias e lacunas. Altera-se natureza da Democracia de formal para substancial. Muda a relação entre a política e o direito, já que a política se converte em instrumento de atuação do direito, submetida aos limites impostos pelos princípios constitucionais. E finalmente, muda a relação entre política e mercado: a esfera do decidível fica limitada rigidamente pelos direitos fundamentais. (Ferrajoli, 2008, p. 31-2)

Desse modo, a Constituição

> [...] consiste precisamente en ese sistema de reglas, sustanciales y formales, que tiene como destinatarios propios a los titulares del poder. [...] Constituyen también un programa político para el futuro: la imposición a todos los poderes de imperativos negativos y positivos como fuente para su legitimación, pero además – y diría sobre todo – para su deslegitimación. Constituyen utopías de derecho positivo, que a pesar de no ser realizables perfectamente, establecen de todos modos, en cuanto derecho sobre el derecho, las percepciones de transformación del derecho mismo en dirección de la igualdad en los derechos fundamentales. (Ferrajoli, 2008, p. 32-3)

Por outro lado, atualmente os fundamentos da Democracia encontram-se na esfera cultural. Por cultura democrática deve-se entender uma concepção do ser humano que oponha uma sólida resistência ao poder absoluto, mesmo que validado por uma eleição, e que provoque o desejo de criar e preservar as condições institucionais da liberdade pessoal, já que:

> [...] os dois princípios elementares de uma cultura democrática são a importância central da liberdade do sujeito pessoal e a consciência das condições públicas dessa liberdade privada. A identificação do homem com o cidadão, libertadora no final do século XVIII, tornou-se perigosa. (Touraine, 1996, p. 156)

Em uma sociedade de massa, o simples apelo à participação política do cidadão pode acarretar muito mais do que a ampliação das liberdades de cada um a exclusão do estrangeiro, além da obsessão pela homogeneidade tornar-se um fator de exclusão.

5. A propósito de conclusões

Um dos desenvolvimentos teóricos mais importantes do jurista latino-americano Luis Alberto Warat, se dá a partir da obra de Júlio Cortázar (Histórias de cronópios e de famas). Seu objetivo será pensar e fazer os seus leitores pensarem criticamente sobre um discurso jurídico pleno de verdades absolutas.

Se os fragmentos de Cortázar deveriam funcionar como uma "chave" para que o leitor "se buscasse", pode-se constatar que o que o jurista encontrou o levou a uma crítica do discurso jurídico que passou pela elaboração do conceito – hoje, patrimônio da ciência jurídica – de "senso comum teórico dos juristas". Neste sentido, é impossível abstrair o fato de que esta construção teórica tem na Democracia – como espaço de conflitos – e no Direito – como garantidor dos conflitos – o seu núcleo.

Embora, tenha sido a utilização da classificação de Cortázar entre cronópios, famas e esperanças, o que mais tenha sido reconhecido como apropriação waratiana, o fato é que o tema não se esgota aí. Da leitura conjunta das duas obras é possível perceber que Cortázar é um autor decisivo para outras construções teóricas de Warat. Será a vitalidade exposta e comprometido do autor de "Histórias de cronópios e de famas" que encantará o jurista fazendo com que ele construa, a partir destas leituras, uma compreensão especial do discurso jurídico.

Como este discurso insere-se em uma cultura, Luis Alberto Warat irá deixar evidente a consequência que o ocultamento promovido pela especificidade do discurso jurídico em um contexto que ele chama, de "cultura detergente", provoca: o autoritarismo. Em seu cotidiano os operadores do direito são influenciados por esta cultura através de representações, pré-conceitos, e mesmo imagens, que acabam por governar suas enunciações, isto é, pelo que ele conceitua como "senso comum teórico dos juristas".

As implicações do "senso comum teórico dos juristas" vão muito além da esfera jurídica, visto que estas significações são também um instrumento de poder. Partindo da premissa de que o Direito é uma técnica de controle social visto está que este poder irá acabar por se manter estabelecendo certos "hábitos de significação". A acumulação deste saber, presente de modo difuso nas instituições, será a condição necessária para o exercício do controle jurídico na sociedade.

De outro lado, as teorizações waratianas sobre o senso comum teórico dos juristas atuará questionando a literatura epistemológica padrão das ciências jurídicas, as opiniões aceitas sem questionamento, que insistem na distinção entre ciência e ideologia ou entre "doxa" e "episteme".

Preocupado com a proteção da liberdade das ideias pelo Direito, Warat percebe que caso se tenha em mente o "senso comum teórico dos juristas", ela provavelmente não irá se concretizar. Será a crítica do discurso jurídico, conectando Direito e Democracia, que poderá propiciar reflexões de sentido sobre o problema. E a linguagem ocupa um papel-chave neste processo, visto que a dominação inicia interditando a linguagem inesperada.

No auge da década de oitenta na América do Sul, quando o subcontinente recém despertava de décadas de ditaduras, Warat pretendia uma Democracia que fosse além da compreensão liberal, além da mera representação política: falava em Democracia como controle coletivo da prática política e na importância da participação da marginalidade neste processo, para não virar uma montagem de "relações ocas".

Neste sentido a compreensão de Democracia de Warat aproxima-se de a invenção democrática de Claude Lefort. Se a Democracia situa-se entre o Antigo Regime e o Estado totalitário, seu significado de invenção está em permanentemente criar direitos novos, reinstituindo o social e o político, evocando com isto todas as forças sociais. Refletir sobre ela em sociedades de massa como as atuais – que politizam através do convencimento ideológico, doutrinando a partir de fórmulas prontas – é vital eis que se está sempre frente à possibilidade de que ela seja substituída por uma ditadura.

No mesmo sentido a compreensão de Democracia de Alain Touraine partirá da constatação de que a definição dos inimigos da Democracia é mais importante que os princípios que ela defende. É preciso combater uma definição política da Democracia que nega a existência de conflitos estruturais entre interesses opostos na sociedade. Já Lefort considera que a reflexão crítica sobre a Democracia cumpre o papel de contribuir com o processo democrático na descoberta, em cada momento, dos conflitos que estão latentes na sociedade, associando-os aos movimentos sociais que deverão ser considerados pelos partidos políticos.

Neste sentido, este ensaio acrescentou aos aportes sobre a Democracia a atual compreensão de Democracia constitucional desenvolvidos por Luigi Ferrajoli. Os excessos da Democracia liberal – denunciados amplamente por Lefort, Touraine e Warat – levaram a necessidade de superar este modelo. A "Democracia constitucional" tem pretensões de, aliando à Democracia um conjunto de limites estabelecidos pelas Constituições a todos os poderes, garantir juridicamente as possibilidades de que os confrontos que não tem voz na sociedade possam dar-se. Esta nova compreensão da Democracia, para além da Democracia liberal, é fruto de uma mudança de paradigma envolvendo o papel do Direito, mesmo que ainda não se tenha uma total consciência da grandeza da mudança, diz Ferrajoli. A sujeição de todos os poderes ao Direito, incluindo-se o próprio Legislativo só pode ser assegurada através do caráter rígido da Constituição, este a grande invenção do século XX.

Finalizando, acrescenta-se a necessidade de uma cultura democrática, isto é de uma concepção do ser humano que se constitua em um obstáculo ao poder absoluto, capaz de desejar e criar permanentemente as condições institucionais garantidoras da liberdade pessoal. Em outro lugar, Bobbio havia dito que o remédio para os problemas da Democracia consiste sempre em mais Democracia. Aqui, para finalizar acrescentam-se as "contra-indicações" de Warat: não se enganem, reconhecer que existem outras vozes não levará de modo alguma a uma visão idílica do futuro, todavia, qualquer outra perspectiva diferente desta é mentirosa, eis que o "final feliz não existe".

Referências

BOBBIO, Norberto. A Democracia. In: ——. *Teoria geral da política*. A Filosofia e as lições dos clássicos. Organizado por M. Bovero. Tradução de D. B. Versiani. Rio de Janeiro: Campus, 2000a. p. 470-1

——. Sobre a noção de justiça. In: ——. *Teoria geral da política*. A Filosofia e as lições dos clássicos. Organizado por M. Bovero. Tradução de D. B. Versiani. Rio de Janeiro: Campus, 2000b. p. 306-319

BRETON, André. *Manifestes du surréalisme*. Paris: Galimard, 1972.

CADEMARTORI, Daniela Mesquita Leutchuk de. *O Diálogo democrático:* Alain Touraine, Norberto Bobbio e Robert Dahl. Curitiba: Juruá, 2006, 120-131

CHAUÍ, Marilena. Apresentando o livro de Lefort. In: LEFORT, Claude. *A Invenção democrática.* Os limites do totalitarismo. Tradução de Isabel Marva Loureiro. São Paulo: Brasiliense, 1983. p. 9-14

CORTÁZAR, Júlio. Historia de cronopios y de famas. Disponível: http://www.librodot.com. Disponível em: 29 de abril de 2011.

——. História de cronópios e de famas. Tradução de Glória Rodriguez. Rio de Janeiro: Civilização Brasileira, 2011.

FERRAJOLI, L. La Democracia constitucional. In: ——. *Democracia y garantismo.* Traducción de Perfecto Andrés Ibañez et al. Madrid: Trotta, 2008. p. 25-41

FERRATER MORA, José. *Diccionario de filosofía.* Nueva edicción revisada, aumentada y actualizada por J.-M. Terricabras. Barcelona: Ariel, 2004, T.II, p. 1093-1096

FORTINI, Franco. *El Movimiento surrealista.* Traducción de C. Gerhard. Mexico: Unión Tipográfica Editorial Hispano Americana, 1962. 188p.

KELSEN, Hans. *Essência e valor da democracia.* Arquivos do Ministério da Justiça. Ano 40, n. 170, p. 63-127, out.-dez. 1987;

LEFORT, *A Invenção democrática.* Os limites do totalitarismo. Tradução de Isabel Marva Loureiro. São Paulo: Brasiliense, 1983.

MATOS, Olgária. Uma discussão sobre progresso, laços afetivos e política. Entrevista especial concedida em 05/07/2006. Notícias do Dia. Disponível em: <http:www.ihu.unisinos.br>. Acesso em: 09/09/2011

ROUSSEAU, Jean-Jacques. *Do Contrato social ou Princípios do direito político.* Tradução de L. S. Machado. São Paulo: Abril S.A. Cultural, 1983.

SCHMITT, Carl. *Teoría de la Constitución.* Traducción de F. Ayala. Madrid: Alianza, 1982. 380p.

SILVA, Julio; LUNA CHAVES, Marisol. Papeles, trazos y testimonios. *Revista de la Universidad de Mexico.* Disponível em:<http:www.revistadelauniversidad.unam.mx>. Acesso em: 29/04/2011

TOURAINE, Alain. *O que é a democracia?* Tradução de Guilherme J. de S. Teixeira. Petropolis: Vozes, 1996. 286p. Título original: Que'est-ce que la démocratie?

WARAT, L. A. A Ciência jurídica e seus dois maridos. Santa Cruz do Sul: FISC, 1985.

——. *Introdução geral ao direito. Interpretação da lei.* Temas para uma reformulação. Porto Alegre: Sergio Fabris, 1994. v.I

— III —

Perspectivas epistemológicas do direito subjetivo

DARCI GUIMARÃES RIBEIRO[1]

> Ma 'in rerum natura' non esistono diritti soggettivi, esistono interessi, che sorgono da determinati fatti, e che, in quanto la legge li riconosca e li garantisca, noi chiamamo diritti"
> (SATTA)[2]

Sumário: 1. Direito subjetivo e poder; 2. Guillermo de Ockham e o moderno conceito de direito subjetivo; 3. Direitos subjetivos mediatos e direitos subjetivos imediatos; 3.1. Considerações preliminares; 3.2. Direitos subjetivos mediatos e limitação da esfera jurídica; 3.3. Direitos subjetivos imediatos.

1. Direito subjetivo e poder

O ordenamento jurídico, ao mesmo tempo que apresenta uma solução abstrata dos conflitos de interesse, "direito" em sentido objetivo,[3] também favorece o interesse de uma pessoa, "direito" em sentido subjetivo,[4-5] pois, como já afirmei em outra oportuinidade: a função principal

---

[1] Advogado. Doutor em Direito pela Universitat de Barcelona. Especialista e Mestre pela PUC/RS. Professor Titular de Direito Processo Civil da UNISINOS e da PUC/RS. Professor do Programa de Pós-Graduação em Direito da Unisinos (Mestrado e Doutorado). Membro do Instituto Brasileiro de Direito Processual Civil. Membro do Instituto Iberoamericano de Direito Processual Civil. Membro representante do Brasil no Projeto Internacional de Pesquisa financiado pelo Ministério da Educação e Cultura – MEC – da Espanha.

[2] SATTA, *Diritto processuale civile*, 10ª ed. Padova: Cedam, 1987, nº 73, p. 131

[3] Para A. ROCCO, "il diritto obiettivo non solo riconosce efficacia alla volontà individuale per l'esercizio della funzione giurisdizionale civile da parte dello Stato, ma fa 'dipendere', almeno di regola, interamente dalla volontà individuale questo esercizio", *La sentenza civile*, Milano: Giuffrè, 1962, nº 42, p. 98.

[4] De igual modo, DÍEZ-PICAZO, ao dizer que: "La norma, en cuanto que favorece el interés de una persona, le concede un <derecho>. Se habla entonces – así se dice en las primeras páginas de todos los libros jurídicos – de derecho en su sentido subjetivo o de derecho subjetivo", *Experiencias jurídicas y teoría del derecho*, Barcelona: Ariel, 1993, p. 64; e também PONTES DE MIRANDA, *Tratado das ações*, São Paulo: RT, 1972, t. I, § 4, p. 29 e 30, entre tantos outros. Para KELSEN, "sólo en tanto que las normas determinan 'mi propia' conducta como una obligación o derecho debe ser llamada 'mi' derecho; y esto es precisamente lo que significa el término derecho en el sentido subjetivo", *Introducción a la*

do ordenamento jurídico é hierarquizar os interesses em sociedade,[6] razão pela qual necessariamente surgem interesses subordinantes e subordinados.[7]

---

teoría pura del derecho. Trad. Emilio O. Rabasa. México: Nacional, 1974, p. 26. Para aprofundar melhor o estudo das relações entre direito objetivo e direito subjetivo, vid. CARNELUTTI, *Teoria generale del diritto*, Roma: Foro Italiano, n° 66, p.13.

[5] A respeito, DUGUIT ressalta que o "'droit', on désigne deux choses qui, sans doute, se pénètrent intimement, mais qui sont cependant tout à fait différentes, le 'droit objectif' et le 'droit subjectif'", *Manuel de droit constitutionnel*, Paris: Anciennes Maison Thorin et Fontemoing, 1923, 4ª ed., n° 1, p. 1. Em sentido contrário, KELSEN, para quem: "La Teoría Pura del Derecho disuelve el dualismo tradicional de Derecho en el sentido subjetivo y Derecho en el sentido objetivo, al enseñar que lo que se llama derecho en el sentido subjetivo, no es nada diferente del llamado derecho en el sentido objetivo, esto es, el Derecho como norma", *Introducción a la teoría pura del derecho*, ob. cit., p. 25. Vale dizer, para o autor da teoria pura do direito, o dualismo entre direito objetivo e direito subjetivo se resolve da seguinte maneira: "Para ella ambos derechos son de la misma naturaleza. El segundo no es más que un aspecto del primero y toma, ya sea la forma de un deber y de una responsabilidad cuando el derecho objetivo dirige una sanción contra un individuo determinado, ya la de un derecho subjetivo cuando el derecho objetivo se pone a disposición de un individuo determinado. Esta reducción del derecho subjetivo al derecho objetivo, esta absorción del uno por el otro, excluye todo abuso ideológico de estas dos nociones y, sobre todo, la definición del derecho no queda ligada a la técnica de un orden jurídico particular, pues tiene en cuenta el carácter contingente de los órdenes jurídicos capitalistas", *Teoría pura del derecho*. Trad. Moisés Nilve. Buenos Aires: Universitária de Buenos Aires (Eudeba), cap. VIII, n° 3, letra 'b', p. 122 e 123. A absorção do direito subjetivo pelo direito objetivo pode ser analisada também em *Compendio esquemático de una teoría general del estado*. Trad. Luis Recaséns Siches e Justino de Azcárate Florez. Barcelona: Núñes y Comp. S. en C, 1927, n° 13, p.43 e 44; n° 30, p. 69; e n° 33 e 34, p. 72 e 73. Em termos similares, OLOF EKELÖF, também disse que estas afirmações de Kelsen são um pouco obscuras porque o autor se expressa "in senso solo figurato e non si è preoccupato di analizzare più da vicino la sua definizione. Ma esa va intesa nel senso che un fatto giuridico complesso e il corrispondente complesso di effetti giuridici costituiscono 'insieme' il contenuto di un diritto soggetivo", *Il concetto di diritto soggettivo*. In: JUS, 1955, fasc. IV, p. 498 e 499.

[6] Neste particular, consultar obrigatoriamente *La pretensión procesal y la tutela judicial efectiva*, Barcelona: Bosch, 2004, p. 32 a 35, bem como *Esboço de uma teoria processual do direito*. In: Da Tutela Jurisdicional às Formas de Tutela, Porto Alegre: Livraria do Advogado, 2010, Cap. 1°, n° 1, p. 29 a 34. A finalidade pela qual se hierarquiza os interesses em sociedade, é evitar que eles estejam em mesmo nível pois, *quod plerumque accidit*, estes interesses quase sempre são incompatíveis, razão pela qual, "la jurisdicción habrá de establecer cuál es el interés protegido por el ordenamiento jurídico", segundo palavras de MONTERO AROCA, *Introducción al derecho procesal*, Madrid: Tecnos, 1976, cap. I, p. 111.

[7] Sobre este particular, a doutrina discute sobre o nascimento do direito objetivo ser anterior ou simultâneo com os direitos subjetivos. Merece destaque, por seu acerto, a primeira concepção. *a)* Para esta doutrina, o primeiro a surgir foi o direito objetivo. Assim, para SAVIGNY, "siempre que la existencia de un derecho (en sentido subjetivo) se revela a la inteligencia de la persona humana, aparece sometido a una regla preexistente. (...) Considerado el derecho general como anterior a todos los casos dados se le llama derecho positivo", *Sistema de derecho romano actual*. Trad. Jacinto Mesía e Manuel Poley. Madrid: Góngora, 1878, t. I, § VII, p. 29. De igual modo, THON destaca que, "il diritto obbiettivo è la volontà generale. Su questo fundamento è da cercar di determinare ulteriormente ciò che siamo sòliti denotare come il diritto del singolo o il diritto soggettivo", *Norma guiridica e diritto soggettivo*. Trad. Alessandro Levi. Padova: Cedam, 1951, p. 113; CARNELUTTI, afirma: "il diritto oggettivo operava in prevalenza mediante il diritto soggettivo", *Teoria generale del diritto*, ob. cit., n° 66, p.155; ALF ROSS, indica que: "El concepto de derecho subjetivo es un concepto del derecho positivo", *Sobre el derecho y la justicia*. Trad. Genaró R. Carrió. Buenos Aires: Eudeba 1997, cap. X, n° LV, p. 306; DABIN, afirma que, "el derecho subjetivo no existe más que por la decisión del derecho objetivo", *El derecho subjetivo*. Trad. Francisco Javier Osset. Madrid: Revista de Derecho Privado, 1955, p. 106; e em *Droit subjectif et subjectivisme juridique*. In: Arch. Ph. Dr., n°9, Paris, 1964, n° II, p. 19 e n° III, p. 24; e em *Teoría general del derecho*. Trad. Francisco Javier Osset. Madrid: Revista de Derecho Privado, 1955, n° 4, p. 15. Vid. también KALINOWSKI, *Logique et philosophie du droit subjectif*. In: Arch. Ph. Dr., n° 9, 1964, p. 42; LONGCHAMPS, *Quelques observations sur la notion de droit subjectif dans la doctrine*. In: Arch. Ph. Droit,

O direito subjetivo, mesmo sendo de natureza "ideal",[8] é uma categoria fundamental para a construção de qualquer doutrina jurídica,[9] tanto no campo do direito privado com no domínio do direito processual civil,[10] e para que se possa compreender sua problemática[11] e suas implicações no processo civil, devemos ter presente, em primeiro lugar, o significado original atribuído pelos jurisconsultos romanos à palavra direito ou *"ius"*.

---

n° 9, 1964, p. 58; MOTULSKY, *Le droit subjectif et l'action en justice*. In: Arch. Ph. Dr., n° 9, 1964, p. 219, e em *Écrits-Études et Notes de Procédure Civile*, Paris: Dalloz, 1973, p. 89; BRULLIARD, *Procédure civile*, Paris: Presses Universitaires de France, 1944, p. 24 e 25; SATTA, *Introduzione allo studio del diritto processuale civile*, Milano: Giuffrè, 1939, p. 21; RECASÉNS SICHES, *Tratado general de filosofía del derecho*, México: Porrúa, 1975, p. 234; GARCÍA MÁYNEZ, *Introducción al estudio del derecho*, México: Porrúa, cap. XIII, n° 105, p. 194; CESARINI-SFORZA, *Filosofía del derecho*. Trad. Marcelo Cheret. Buenos Aires: Ejea, 1961, n° 61, p. 203; MORÓN PALOMINO, Sobre el concepto del derecho procesal. In: *Revista de Derecho Procesal Iberoamericana*, 1962, n° 3, p. 516. Na doutrina brasileira, devemos destacar a opinião de PONTES DE MIRANDA, ao dizer: "Não há direito subjetivo sem regra jurídica (direito objetivo), que incida sôbre suporte fáctico tido por ela mesma como suficiente. Portanto, é êrro dizer-se que os direitos subjetivos existiram antes do direito objetivo; e ainda o é afirmar-se que foram simultâneos. A regra jurídica é 'prius', ainda quando tenha nascido no momento de se formar o primeiro direito subjetivo", *Tratado das ações*, ob. cit., t. I, § 4, p. 39; e a de OVÍDIO B. DA SILVA, que entende que: "O direito subjetivo, para quem o analise na perspectiva dogmática, corresponde a uma técnica de que o legislador lança mão, portanto, no plano do direito positivo, há de ser, sempre, um 'posterius' em relação ao direito objetivo. Não pode haver direito subjetivo anterior ao momaento da 'positivação' do direito", Direito subjetivo, pretensão de direito material e ação. In: *Ajuris*, n° 29, p. 100. *b)* No sentido do nascimento simultâneo de ambos direitos, ENNECCERUS, para quem, "es indudable que el poder ha existido antes que el derecho objetivo, pero sólo se ha convertido en poder jurídico, en derecho subjetivo, en virtud del ordenamiento jurídico que lo protege. Por tanto, el nacimiento del derecho subjetivo y del derecho objetivo son simultáneos", *Tratado de derecho civil*, por L. ENNECCERUS, T. KIPP y M. WOLFF. Trad. Hans Carl Nipperdeg. Barcelona: Bosch, 1953, t. I, § 65, p. 281, nota 1.

[8] Segundo RECASÉNS SICHES, o direito subjetivo é de natureza ideal porque "no es una cosa real, sino una entidad perteneciente al mundo de lo jurídico", *Tratado general de filosofía del derecho*, ob. cit., p. 233. Para nós, diversamente do que conclui o autor, o direito subjetivo não pertence ao mundo propriamente jurídico, mas sim ao ético-social, que é a base sobre a qual o mundo jurídico se nutre quando o fato é relevante para a sociedade, salvo se concluíssemos que o direito é uma parte do jurídico que engloba os princípios, os costumes e as regras jurídicas.

[9] Para um estudo mais aprofundado sobre o desenvolvimento do direito subjetivo nas doutrinas jurídicas, especialmente na francesa, vid. por todos LONGCHAMPS, *Quelques observations sur la notion de droit subjectif dans la doctrine*, ob. cit., p. 47 e78 ss.

[10] A vinculação do direito subjetivo com o processo pode ser percebida, *e. g.*, na relação que existe, segundo CARNACINI, entre principio dispositivo (*Dispositionsprinzip*) e direito subjetivo, pois, de acordo com o autor, "se il 'Dispositionsprinzip' in senso stretto (cioè in antitesi al 'Verhandlungsprinzip') non è altro che rispetto del diritto subbiettivo anche quando si ricorra alla tutela giurisdizionale e con ciò allo strumento processo civile, ed, anzi, se non è altro che il manifestarsi anche in tale contingenza della caratteristica piú saliente di questo diritto subbiettivo sí da chiudere il sistema, non vedo come sia il caso di ravvisarvi un principio per sé stante, ancorché sostanziale", *Tutela guirisdizionale e tecnica del processo*. In: *Studi in Onore di Enrico Redenti*, Milano: Guiffrè, 1951, v. II, n° 15, p. 752, (este artigo também foi traduzido ao castelhano por A. Romo. In: *Revista de la facultad de Derecho de México*, 1953, v. 12, n° 15, p. 160).

[11] Para aprofundar melhor o estudo da problemática do direito subjetivo dentro da dogmática jurídica, vid. por todos LUHMANN, *Sistema jurídico y dogmática jurídica*. Trad. Ignacio de Otto Pardo. Madrid: Centro de Estudios Constitucionales, 1983, cap. V, n° 4, p. 107 e ss; e ORESTANO, *Azione. Diritti soggettivi. Persone giuridiche*, Bologna: Il Mulino, 1978, p. 130 e ss.

A definição básica da palavra *direito* é encontrada nos textos de Ulpiano y Paulo. Para o primeiro *ius* significa: "... *ut eleganter Celsus definit, ius est ars boni et aequm*".[12] E para o segundo: "...*quod semper aequum ac bonum est, ius dicitur, ut est ius naturale*".[13] Estas definições contêm em comum o "*iustum et aequm*",[14] isto é, o direito é a arte do justo e do bom,[15] que tem por base, segundo esclarece Vallet de Goytisolo, "la naturaleza de cada cosa, su 'natura rei', observada por la 'ratio naturalis' era la base para la determinación de lo justo natural, y de la 'aequitas nayuralis'".[16]

Esta definição de *ius* como uma situação justa e boa, tomando-se por base a natureza das coisas,[17] sofreu uma transformação durante a Idade Média como consequência da polêmica entre os franciscanos e o Papado.[18]

Os franciscanos tinham como regra o voto de pobreza, porém como sua ordem religiosa se estendeu rapidamente e muitos de seus seguidores eram possuidores de bens importantes, Villey destaca que "il y avait quelque discordance entre cette pratique et la régle".[19] Preocupado com esta discordância entre a regra e a prática, e temendo que esta ordem religiosa ficasse sem os bens de seus seguidores, o Papa João XXII habilmente inventou uma solução baseada na opinião de ilustres especialistas em direito canônico e romano da época. Conforme Villey, a questão se resolveu da seguinte maneira:

---

[12] *Digesto*, 1, 1, 1, pr.

[13] *Digesto*, 1, 1, 11.

[14] Para uma análise pormenorizada da evolução histórica do conceito de direito subjetivo, vid. por todos, AVELINO FOLGADO, Evolución histórica del concepto del derecho subjetivo: Estudio especial en los teólogos-juristas españoles del siglo XVI. In: *Anuario Jurídico Escurialense*, I (1960), Madrid, especialmente p. 22 e ss, 73 a 145; e 189 a 296.

[15] Esta concepção de direito como algo justo e bom se encontra hoje plenamente recuperada na obra de VALLET DE GOYTISOLO, para quem direito é "el justo legal referido al hecho tipo de la ley", *Las definiciones de la palabra derecho y los múltiples conceptos del mismo*, Madrid: Real Academia de Jurisprudencia y Legislación, 1998, p. 192. Para aprofundar melhor o estudo do desenvolvimento do direito atendendo à '*naturaleza de la cosa*', vid. por todos, KARL LARENZ, *Metodología de la ciencia del derecho*. Trad. Marcelino Rodríguez Molinero. Barcelona: Ariel, 1994, p. 414 e ss.

[16] *Las definiciones de la palabra derecho y los múltiples conceptos del mismo*, ob. cit., p. 20.

[17] É interessante notar que no direito inglês ainda se mantém intacta a base do conceito de *ius*, pois, de acordo com a opinião de RADBRUCH: "El jurista inglés está convencido de que el juicio jurídico está más orientado a la naturaleza de la cosa que a la idea de derecho", *El espíritu del derecho inglés*. Trad. Juan Carlos Peg Ros. Madrid: Marcial Pons, 2001, p. 73 e 74. Vale dizer, as transformações ocorridas com o conceito de direito durante os séculos, não afastaram os juristas ingleses do verdadeiro fundamento do direito nascido com os romanos.

[18] Transformação que foi muito bem demostrada por AVELINO FOLGADO, *Evolución histórica del concepto del derecho subjetivo: Estudio especial en los teólogos-juristas españoles del siglo XVI*, ob. cit., p. 96 até 146; e por VILLEY, em *La genèse du droit subjectif chez Guillaume d'Occam*. In: Arch. Ph. Dr., nº 9, 1964, p. 111 e ss.

[19] *La genèse du droit subjectif chez Guillaume d'Occam*, ob. cit., p. 112.

lês biens dês communautés franciscaines resteront à leur disposition; elles em auront du moins "l'usage". Mais ces biens seront théoriquement *in jus et proprietatem Beati Petri;* "jus", "proprietas", "dominium", seront officiellement au Saint-Siége.²⁰

Com isto, o Papa queria forçar os franciscanos a terem o título de proprietários, utilizando as seguintes argumentações: se eles têm o usufruto, é como se eles tivessem o *ius utendi* e os *ius fruendi*,²¹ sendo esta ideia corroborada pelo emprego

correct de terme "jus" son sens romain: *id quod justum est*, la part juste, lê bien dont on jouit – au total – conformément à la justice, que cette justice procède au reste de l'ordre naturel ou de cette source complémentaire, lá législation positive.²²

Neste momento, Guillermo de Ockham²³ interveio na discussão a favor dos franciscanos e contra o Papa. Conforme destaca Villey, para ele: "Le droit, au sens technique du mot, cesse donc de désinger lé 'bien qui vous revient selon la justice (id quod justum est), il signifie cette notion beaucoup plus étroite: *lê pouvoir qu'on* a sur um bien",²⁴ ou seja, o *ius* não é o bem de que desfrutamos segundo a justiça, e sim o poder,²⁵ o poder

---

²⁰ La genèse du droit subjectif chez Guillaume d'Occam, ob. cit., p. 112.

²¹ Assim VILLEY, na La genèse du droit subjectif chez Guillaume d'Occam, ob. cit., p. 114; DÍEZ –PICAZO, Experiencias jurídicas y teoría del derecho, ob. cit., p. 65.

²² La genèse du droit subjectif chez Guillaume d'Occam, ob. cit., p. 116.

²³ Para aprofundar melhor o estudo das ideias de OCKHAM, vid. por todos, WELZEL, Introducción a la filosofía del derecho. Trad. Felipe González Vicen. Madrid: Aguilar, Madrid, 1979, 2ª ed., cap. II, p. 81 e ss.

²⁴ La genèse du droit subjectif chez Guillaume d'Occam, ob. cit., p. 117.

²⁵ Para saber o significado da palavra *poder* e sua distinção do direito subjetivo, recorremos a SANTI ROMANO que, sem lugar a dúvidas, é um dos autores que estudou com maior profundidade estes conceitos. Para ele, "poder en sentido estricto (o potestad: sobre la terminología preferible, véase más adelante) y derecho subjetivo entrarían en el 'commune genus' de los poderes en sentido amplio, atribuido por el ordenamiento jurídico en orden a bienes o intereses protegidos por él, y serían, por consiguiente, ambos, manifestaciones y explicaciones de capacidad; pero el primero se desenvolvería en una dirección o aspecto genérico, no tendría objeto singularmente determinado, no se resolvería en pretensiones hacia otros sujetos y, por tanto, no sería correlativo a obligaciones, mientras que el derecho subjetivo se desenvolvería siempre en una concreta y particular relación jurídica con una determinada cosa o frente a determinadas personas que, por el contrario, tendrían obligaciones correspondientes", *Fragmentos de un diccionario jurídico*. Trad. Santiago Santís Melendo y Marino Ayerra Redín. Buenos Aires: Ejea, 1964, p. 299 e 300. Em igual sentido, PUGLIATTI, ao dizer: "in generale il potere è il 'genus' che comprende: potere in senso tecnico o ristretto e diritto subbiettivo", *Esecuzione forzata e diritto sostanziale*, Milano: Giuffrè, 1935, cap. II, nº 5, p. 23. E acrescenta como características distintivas entre poder e direito subjetivo que: "il diritto subbiettivo include in se medesimo il proprio fine, è una entità compiuta e piena; il potere invece ha carattere strumentale: è il mezzo destinato alla realizzazione di un dato fine, e costituisce soltanto uno degli aspetti nei quali si specifica la funzione del soggetto che ne è investito", *Esecuzione forzata e diritto sostanziale*, ob. cit., cap. II, nº 5, p. 24, e principalmente no nº 18, p. 72 a 75; e CARNELUTTI, quando afirma que: "l'elemento identico consiste nel 'iubere'; e la diferenza, invece, nel coincidere o nel divergere del soggetto dell'"ussum' e del soggetto dell'interesse, nella cui tutela l'"ussum' si risolve", *Teoria generale del diritto*, ob. cit., nº 66, p. 161. Desde esta perspectiva, pois, é interessante notar a posição conciliadora de CARNELUTTI, quando referindo-se ao direito subjetivo como "*potestà di volere*" ou como "*interesse garantito o tutelato*", para ele, "dovevano combinarsi dicendo: 'interesse tutelato mediante una posibilità di comando' oppure 'possibilità di comando per la tutela di un proprio interesse', dove l'interesse non entra già a costituire, ma a qualificare il potere, che senza di esso dagli altri non si distinguerebbe", Teoria generale del diritto, ob. cit., nº 66, p.156.

que se tem sobre este bem.²⁶. Por isso, Avelino Folgado destaca que, "los derechos subjetivos no son voluntad, sino creación de la voluntad; no son libertad natural que la ley cercena o protege, son libertad moral que la ley funda e introduce".²⁷

Para Vallet de Goytisolo, a partir desta concepção de direito criada por Ockham, a palavra

> "ius" derecho, no puede corresponder a lo que es justo conforme la cosa misma – a '*quod iustum est ex ipsa natural rei*'. Entonces, el derecho se reduce a ser el reflejo de las leyes positivas (divinas o humanas), a su contenido; y se confunde con las propias leyes (concepto del derecho objetivo) o bien con el poder o la facultad de las voluntades subjetivas que reclaman lo que es o debe ser suyo (concepción del derecho subjetivo).²⁸

Por tudo isso, Avelino Folgado chega à conclusão de que:

> En el principio está el Derecho objetivo, la ley. De la ley nace el derecho subjetivo. La conexión entre el Derecho objetivo, ley y el derecho subjetivo no es ni de límite ni de mero acogimiento, sino de constitución, de dato necesario para la existencia del último.²⁹

2. Guillermo de Ockham e o moderno conceito de direito subjetivo

O direito subjetivo, como hoje é concebido, nasceu com Ockham, pois, como indica Villey, "la notion de droit s'y trouve résollument 'vi-

---

[26] A ideia de poder associada ao direito a levado, por exemplo, Nietzsche, a destacar que: "El ejercicio del poder acarrea muchos disgustos y exige mucho valor. Por eso hay tantas personas que renuncian a hacer valer su derecho, porque éste es una 'especie de poder' y son demasiado perezosas y demasiado cobardes para ejercitarlo", *El viajero y su sombra*. Trad. Enrique Eideslrein, Miguel Ángel Garrido y Carlos Palazón. In: Obras Inmortales. Barcelona: Edicomunicación, 2000, t. I, n° 250, p. 121.

[27] *Evolución histórica del concepto del derecho subjetivo: Estudio especial en los teólogos-juristas españoles del siglo XVI*, ob. cit., p. 145 e 146.

[28] *Las definiciones de la palabra derecho y los múltiples conceptos del mismo*, ob. cit, p. 36. De igual modo, OVÍDIO B. DA SILVA, ao referir-se à Ockham, quando diz: "O direito deixa de ser um *bem*, atribuído segundo o merecimento de cada um, para tornar-se o *poder que se tem sobre os bens*, ou o poder de impô-lo à observância dos demais. Subjetiva-se, portanto, o conceito, ao mesmo tempo em que se elimina dele qualquer relação com a moral, posto que, agora, a questão do merecimento *formaliza-se*, passando a decorrer necessariamente da lei, enquanto norma estatal", *Jurisdição e execução na tradição romano-canônica*, São Paulo: RT, 2ª ed., 1997, p. 138. A este respeito, merece aprovação o exposto por ALF ROSS, quando afirma que no século XVIII "se consideró al derecho natural como un conjunto de derechos y deberes que tienen una aplicación válida directa a los ciudadanos en sus relaciones recíprocas, tal como ocurre con el derecho positivo. El derecho natural dejó de ser una disciplina moral y se transformó en una genuina disciplina jurídica. (...). De acuerdo con esta idea se llegó a una distinción tajante ende el derecho y la moral. El concepto de derecho subjetivo, cabe recordar, está unido a la experiencia del poder ejercido mediante la maquinaria estatal de compulsión. El concepto de derecho subjetivo es un concepto del derecho positivo. Sin embargo, puesto que el derecho natural era ahora también concebido como formado por derechos subjetivos, la consecuencia fue que todo el derecho, tanto el natural como el positivo (en contraste con la moral), fue caracterizado por el poder de compulsión", *Sobre el derecho y la justicia*, ob. cit., cap. X, n° LV, p. 305 e 306.

[29] *Evolución histórica del concepto del derecho subjetivo: Estudio especial en los teólogos-juristas españoles del siglo XVI*, ob. cit., p. 145.

rer au sens de pouvoir".³⁰ E como também destaca Cesarini-Sforza, esta concepção "há accentuato l'emento della volizione individuale nel suo valore originário e autônomo, cioè independente dalla 'volontà della legge'".³¹

A ideia de direito relacionado a poder que foi criada pelo monge franciscano no século XIV, teve importante reflexo nas doutrinas jurídicas posteriores, principalmente a partir do movimento pandectista alemão do século XIX, que tinha por preocupação doutrinal o estudo do desenvolvimento do direito subjetivo.³²

Principalmente a partir do século XIX, a ideia de direito vem sempre associada a poder,³³ e não ao justo conforme a coisa mesma, isto é, a *quos*

---

³⁰ *La genèse du droit subjectif chez Guillaume d'Occam*, ob. cit., p. 117; e conclui o autor dizendo: "C'est ici que Guillaume d'Occam a eu l'occasion de définir explicitement le droit subjectif et, probablement le premier, d'en édifier la théorie", *La genèse du droit subjectif chez Guillaume d'Occam*, ob. cit., p. 111. Seguindo a ideia de Villey, OVÍDIO B. DA SILVA, *Jurisdição e execução na tradição romano-canônica*, ob. cit., p. 138; e DÍEZ-PICAZO, *Experiencias jurídicas y teoría del derecho*, ob. cit., p. 64 e 65. Também parece ser o sentido de VALLET DE GOYTISOLO, ao dizer: "Es especialmente interesante, aquí, destacar como a tono con esa última orientación, trataron de matizar los nominalistas del siglo XV su acepción de 'ius' en el significado de lo que hoy se denomina derecho subjetivo", *Las definiciones de la palabra derecho y los múltiples conceptos del mismo*, ob. cit., p. 37. Entendendo que o direito subjetivo nasceu do direito romano BATAGLIA, ao dizer: "Porque no dudaremos en escribir que en su acepción científica, el derecho nace con los jurisconsultos romanos, cuando éstos descubren la voluntad en el derecho, o sea el derecho subjetivo", *Curso de filosofía del derecho*. Trad. Francisco Elías de Tejada e Pablo Lucas Verdú. Madrid: Reus, v. II, 1951, p. 183. E, contra este ponto de vista, vid. VILLEY, para quem: "A notre avis, la notion de droit subjectif ne joue à peu près aucun rôle dans la systématique ordinaire du droit romain classique", em L'idée du droit subjectif et les systèmes juridiques romains. In: *Rev. Hist. Dr. Fr. Étr.*, t. XXIV, Paris, 1946-1947, p. 221, e mas adiante conclui dizendo: "La notion de droit subjectif, reléguée au second plan, n'est pas l'objet à Rome d'une véritable élaboration scientifique", ob. cit., p. 226; VON TUHR, *Derecho civil*. Trad. Tito Ravá. Madrid: Marcial Pons, 1998, v. I, § 1, p. 57; PUGLIESE, na introdução ao livro *Polemica intorno all'actio*, de WINDSCHEID y MUTHER, Firenze: Sansoni, 1954, p. XXXVI; RAMOS MÉNDEZ, *Derecho y proceso*, Barcelona: Bosch, 1978, cit., nº 11, p. 55; PONTES DE MIRANDA, *Tratado das ações*, ob. cit., t. I, § 4, p. 29; VATTIER FUENZALIDA, Observaciones críticas en tema de derecho subjetivo. In: *Anuario de Derecho Civil*, t. XXXIV, Madrid, 1981, p. 14. Também existe o ponto de vista segundo o qual o direito subjetivo nasceu na escola do direito natural, pois para FROSINI: "Nello Stato liberale dell'Ottocento, succeduto allo Stato delle monarchie assolute, è logico che la personalità umana, configurata come soggetto del diritto, acquisti il massimo rilievo, e che pertanto il diritto soggettivo venga posto al centro dell'indagine e dei dibattiti", Diritto soggettivo. In: *Novissimo Digesto Italiano*. Torino: Torinese, 1960, t. V, p. 1.049; COING, para quem, "C'est l'Aufklärung (le racionalisme) et la conception du droit naturel qu'elle développe qui firent de l'idée du droit subjectif un concept central du droit", Signification de la notion de droit subjectif. Trad. N. Poulantzas. In: *Arch. Ph. Dr.*, nº 9, Paris, 1964, p. 1, e mais adiante conclui dizendo que direito subjetivo, "est, plus particulièrement, un résultat de l'Aufklärung", ob. cit., p. 15; e VATTIER FUENZALIDA, *Observaciones críticas en tema de derecho subjetivo*, ob. cit., p. 3.

³¹ Diritto soggettivo. In: *Enciclopedia del diritto*, Milano: Guiffrè, 1964, XII, p. 672.

³² Segundo AVELINO FOLGADO, "desde el punto de vista formal, el concepto franciscano del derecho subjetivo – elaborado con pasión para defender el privilegio de no poseer ninguno – es casi perfecto, casi técnico: Ni los mismos civilistas de nuestros días tienen mucho más que añadir", *Evolución histórica del concepto del derecho subjetivo: Estudio especial en los teólogos-juristas españoles del siglo XVI*, ob. cit., p. 146.

³³ Para FAIRÉN GUILLÉN esse poder também é a base da ação, Acción, derecho procesal y derecho político. In: *Revista de Derecho Procesal*, ano VII, 1951, nº 3, p. 423 e 426.

iustum est ex ipsa natura rei. Tanto é assim que Savigny, um dos representantes da teoria voluntarista,[34] dizia que o direito,

considerado en la vida real, abrazando y penetrando por todos lados nuestros ser, nos aparece como un poder del individuo. En los limites de este poder, reina la voluntad del individuo, y reina con el consentimiento de todos. A tal poder ó facultad lo llamamos nosotros 'derecho', y algunos derecho en su sentido subjetivo.[35]

E Windscheid, que foi o maior representante desta teoria, definia o direito subjetivo como uma "potestà o signoria della volontà impartida dall'ordine guiridico".[36]

Destes conceitos se podem extrair basicamente duas consequências:

a) a primeira, que o *poder* concedido pela ordem jurídica (direito subjetivo), de fazer valer ou não um preceito que estabelece um determinado comportamento, depende única e exclusivamente, salvo raras exceções, tais como a representação legal dos incapazes e a figura do substituto processual, da vontade do titular deste poder.[37]

---

[34] A este respeito, é acertada a crítica realizada por LUHMANN à teoria voluntarista. Para ele, "De hecho, sin embargo, la referencia a la voluntad del sujeto y a su interés en disponer no aclaran suficientemente ni la función del concepto ni las causas por las que es adecuado a la sociedad. Individuos e intereses de disposición individualizados existen desde hace mucho tiempo", *Sistema jurídico y dogmática jurídica*. Trad. Ignacio de Otto Pardo. Madrid: Centro de Estudios Constitucionales, 1983, cap. V, n° 4, p. 107.

[35] *Sistema de derecho romano actual*, ob. cit., t. I, Cap. II, § IV, p. 25. Para WIEACKER, a conhecida definição de Savigny de direito subjetivo, "corresponde justamente a la exigencia de Kant de aquella libertad que pueda coexistir con la mayor libertad posible de los demás", *Historia del Derecho Privado de la edad moderna*. Trad. Francisco Fernández Jardón. Granada: Comares, 2000, § 19, p. 353. Para uma análise crítica das teorías de Savigny, vid. por todos, WIEACKER, *Historia del Derecho Privado de la edad moderna*, ob. cit., § 20, p. 357 e ss.

[36] *Diritto delle pandette*. Trad. Carlo Fadda e Paolo Emilio Bensa. Torino: Torinese, 1930, v. I, § 37, p. 108. Sobre este ponto, em sentido crítico, vid. WIEACKER, *Historia del Derecho Privado de la edad moderna*, ob. cit., § 22, p. 404 e ss. Também pertence à teoria voluntarista, entre muitos outros autores, VON TUHR, para quem: "Existe un derecho subjetivo cuando es decisiva la voluntad de un individuo para producir cierto efecto jurídico", *Derecho civil*, ob. cit., § 6°, p. 137; CARNELUTTI, quando conceitua o direito subjetivo como: "Un poder atribuido a la voluntad de una persona para el prevalecimiento de su interés", *Sistema de derecho procesal civil*. Trad. Niceto Alcalá Zamora y Castillo e Santiago Sentís Melendo. Buenos Aires: Uthea, 1944, v. I, § 11, p. 30; e MERRYMAN, ao dizer: "se define el derecho subjetivo como la primacía de la intención, como el poder de actuar para la satisfacción de nuestros propios intereses, protegidos por el orden legal", *La tradición jurídica romano-canonica*. Trad. Eduardo L. Suárez. México: Fondo de Cultura Económica, 1994, cap. XI, p. 141. Para uma crítica a esta teoria, vid. principalmente IHERING, *El espíritu del derecho romano*. Trad. Enrique Príncipe y Satorres. Granada: Comares, 1998, t. IV, § 70, p. 1025 e ss; CESARINI-SFORZA, *Diritto soggettivo*, ob. cit., t. XII, p. 685 e ss; ENNECCERUS, *Tratado de derecho civil*, ob. cit., t. I, v. I, § 65, p. 282 e ss; THON, *Norma guiridica e diritto soggettivo*, ob. cit., p. 209 e 210; BARBERO, Il diritto soggettivo. In: *Foro Italiano*, Roma, 1939, parte IV, n° 11, p. 32 e ss; RECASÉNS SICHES, *Tratado general de filosofía del derecho*, p. 233; e resumindo quase todas as críticas existentes CASTÁN TOBEÑAS, El concepto del derecho subjetivo. In: *Revista de Derecho Privado*, año XXIV, n° 281, 1940, p. 125 e 126; e também en Derechos subjetivos. In: *Nueva Enciclopedia Jurídica, Barcelona*: Seix, 1955, t. VII, p. 166, onde acrescenta uma crítica a mais ao seu escrito anterior.

[37] A respeito, merece aprovação o exposto por PUGLIATTI, quando diz que "la volontà (del soggetto) e l'interesse, che entrano a far parte del diritto soggettivo sono certamente elementi metagiuridici, ma appunto tutto il sistema giuridico ha radice e base nei fatti: è un 'Sollen' (per usare la terminologia del Kelsen) che è condizionato al 'Sein', e, come oggetto, anch'esso appartiene al Sein", *Esecuzione forzata e*

b) a segunda, e a mais importante para o nosso estudo, é a de que o direito subjetivo é um *status jurídico* de que goza o titular do poder, não implicando necessariamente a ideia de exercício deste poder que se refere à pretensão ou a ação material, como se verá mais adiante, pois, conforme destaca Ovídio B. da Silva, "poderá haver direito subjetivo sem que haja, ainda, ou não mais exista, a faculdade reconhecida ao titular de poder existir a observância e realização de seu direito".[38] Esta noção de direito subjetivo é corroborada por Kalinowski, quando afirma "le droit subjectif n'est pás une relation entre un sujet de droit et un objet de droit, mais entre un sujet d'action et una action".[39] O direito subjetivo é somente um *status jurídico* de que goza o titular do poder porque sua relação é *"entre um sujeito que age e uma ação"*, portanto, uma relação *intrassubjetiva*. Quando a relação se dá entre o sujeito da ação e o objeto do direito, isto pressupõe a ideia de exercício deste *status* jurídico (*rectius*, poder) porque leva consigo necessariamente a exteriorização da conduta do sujeito sobre o objeto, razão pela qual esta relação denomina-se *extrassubjetiva* e é exercida mediante a pretensão material ou a ação material.[40] Quando se

---

diritto sostanziale, ob. cit., cap. II, n° 13, p. 54. Assim mesmo, MANDRIOLI, quando afirma: "Anzitutto, il rilievo attribuito alla volontà del soggetto appare riferito ad un momento prima del quale il diritto soggettivo ha già potuto manifestare alcuni suoi effetti propriamente giuridici", *L'azione esecutiva*, Milano: Giuffrè, 1955, n° 2, p. 14. Para este autor, o conceito de interesse "non entra già a 'costituire', ma a 'qualificare' il potere, che, senza di esso, dagli altri non si distinguerebbe", portanto, "il diritto soggettivo si avvicina alla facoltà e si risolve in una sintesi di potere e facoltà", *L'azione esecutiva*, ob. cit., n° 4, p. 22.

[38] *Curso de processo civil*, São Paulo: RT, 1998, v. 1, 4ª ed., p. 76. No mesmo sentido, GARCÍA MÁYNEZ, quando diz: "El derecho subjetivo es una 'posibilidad' porque la atribución del mismo a un sujeto no implica el ejercicio de aquél", *Introducción al estudio del derecho*, ob. cit., cap. II, n° 9, p. 17; e PONTES DE MIRANDA, *Tratado das ações*, t. I, § 4, p. 33, § 6, p. 54 e 55, entre tantos outros. Em sentido contrário, CESARINI-SFORZA, afirma que: "En la definición de cualquier derecho subjetivo se hallan siempre presentes, necesariamente, los dos elementos de la licitud (facultad) y de la pretensión, a cada uno de los cuales resulta dado, según los casos, un distinto relieve", *Filosofía del derecho*, ob. cit., n° 56, p. 191. Porém, o autor parece contradizer sua afirmação anterior quando demonstra que o 'ilícito' é lesão de uma pretensão, e não de um direito subjetivo, pois, "el derecho subjetivo, como atribución o pertenencia de una pretensión, continúa subsistiendo íntegramente aun cuando la obligación correspondiente no fuese cumplida, más aún, por este hecho, su existencia alcanza la máxima relevancia", *Filosofía del derecho*, ob. cit., n° 72, p. 235; e também quando afirma que: "El titular del derecho puede, si quiere, no desarrollar su pretensión, dejarla sin efecto al no intensificar la presión de su querer o hacer valer su autoridad sobre el sujeto pasivo", *Filosofía del derecho*, ob. cit., n° 73, p. 239.

[39] *Logique et philosophie du droit subjectif*, ob. cit., p. 42.

[40] Também fazem a distinção entre direito subjetivo e pretensão RECASÉNS SICHES, quando afirma que "tres son, pues, los distintos tipos de situaciones que suelen designarse con el nombre de 'derecho subjetivo': (...); b) facultad de exigir una conducta de otro", vale dizer, "Se trata, en este tipo de casos, de ser sujeto titular de una 'pretensión' de determinada conducta de otro, que puedo exigir impositivamente, poniendo en movimiento el mecanismo coercitivo del Derecho", *Tratado general de filosofía del derecho*, ob. cit., p. 233; e GARCÍA MÁYNEZ, quando diferencia direito subjetivo e o exercício do mesmo, afirmado que o primeiro *"no es un hecho, sino una posibilidad cuya realización está 'jurídicamente permitida', lo cual significa que el facultado puede, si quiere, reclamar lo que se le adeuda"*; enquanto que no exercício do direito subjetivo, "la conducta desplegada por él es un 'hecho', pero un hecho que ostenta el signo positivo de la 'licitud', precisamente porque constituye el ejercicio de una facultad legal", *Introducción al estudio del derecho*, ob. cit., cap. II, n° 9, p. 17. Em sentido contrário, ANGELOTTI, para quem: "la nozione del diritto subiettivo senza pretesa è doppiamente inesatta: sia

confunde direito subjetivo com pretensão ou ação material, na realidade se está confundindo a relação *intrassubjetiva*, que resulta do próprio direito subjetivo, com a relação *extrassubjetiva*, que resulta do exercício deste direito pela pretensão ou ação material.

Para ter mais clara a ideia de que o direito subjetivo é somente um estado jurídico, uma vantagem objetiva concedida pela ordem jurídica de que goza o titular do poder,[41] não confundindo-a com a ideia de pretensão material, nem ação material, necessitamos responder a seguinte pergunta: Pode existir direito subjetivo sem que haja para o titular do poder a possibilidade de exigir a realização do seu direito? A esta pergunta devemos responder afirmativamente, e para isso daremos dois exemplos em que o titular do poder, não obstante ter direito subjetivo, não poderá exigi-lo, porque ainda lha falta a pretensão material que ainda não tem.

a) Imaginemos que Demócrito no dia três de março empresta uma determinada quantidade de dinheiro a Heráclito, e que este se compromete juridicamente a restitui-la somente no dia 3 de abril, que é quando receberá o dinheiro de seu salário. Do dia três de março até o dia três de abril: o que é que tem Demócrito? Será titular de um direito de crédito? Ou somente terá uma expectativa de direito? Creio que Demócrito tem um direito subjetivo de crédito e não uma expectativa de direito, porque ele e Heráclito fizeram todo o necessário para a constituição do direito, que agora não depende mais de sua vontade, uma vez que todo o suporte fático contido na norma já foi cumprido, sendo assim, os requisitos essenciais previstos abstratamente pelo ordenamento jurídico para que um possa ter uma vantagem e a partir dela seu titular *poder gozá-la*, e *não exigi-la*, foram satisfeitos. Portanto, o direito subjetivo existe, independentemente do exercício que possa ter o titular do poder, porque não existe nenhuma causa pendente para a formação de direito como uma categoria jurídica, tanto que seu titular pode cedê-lo sem ainda ter a possibilidade de exigi-lo. O vencimento não é um requisito essencial para que o direito subjetivo exista, é um requisito essencial para que o mesmo *possa ser exercido*, é um elemento externo na configuração do direito mesmo que pode nascer junto ou depois dele, mas não se confunde com ele, servindo

---

perchè parte da una nozione del diritto subiettivo impropria, sia perchè sotto altro nome, riproduce lo stesso concetto del diritto potestativo", *La pretesa giuridica*, Padova: Cedam, 1932, nº 72, p. 104.

[41] Nesta mesma linha, OVÍDIO B. DA SILVA, quando conceitua o direito subjetivo como o "'status' jurídico de que goza seu titular", *Curso de processo civil*, ob. cit., v. I, nº 4.1, p. 75; e também PONTES DE MIRANDA, ao dizer: "é a vantagem que veio a alguém, com a incidência da regra jurídica em algum suporte fáctico", *Tratado das Ações*, ob. cit., t. I, § 4, p. 29 e 30. E acrescenta, corretamente, mais adiante que: "Todo direito subjetivo, como producto da incidência de regra jurídica, é 'limitação' à esfera jurídica de outro, ou de outros possíveis sujeitos de direito", *Tratado das ações*, ob. cit., t. I, § 4, p. 38. De igual modo, GÓMEZ ORBANEJA, para quem "el derecho subjetivo, de una u otra clase, consiste en la atribución de una situación favorable a una determinada persona, mediante normas dirigidas a otra u otras personas", *El ejercicio de los derechos*, Madrid: Cívitas, 1975, p. 35.

somente para que possa existir a pretensão.⁴² Assim se expressa o artigo 131 do Código Civil, que estabelece: "*O termo inicial suspende o exercício, mas não a aquisição do* direito",⁴³ e o art. 189 do mesmo diploma, quando diz: "*Violado o direito, nasce para o titular a pretensão, a qual se extingue , pela prescrição, nos prazos a qua alude os arts. 205 e 206*". Sendo assim, segundo este preceito, a obrigação já existe porque foram satisfeitos todos os pressupostos contidos na norma, é valida porque foram feitas por pessoas capazes, sendo o objeto lícito e a forma prescrita em lei,⁴⁴ faltando somente a exigibilidade que se produzirá quando o dia do vencimento chegar. E para corroborar estes argumentos, o artigo 882 do Código Civil, diz que: "*Não se pode repetir o que se pagou para solver dívida prescrita, ou cumprir obrigação judicial inexigível*", e por que não se poderá repetir? Porque ainda que a pessoa não tenha o dever de pagar, a dívida existe e é válida e se

---

⁴² Se orienta neste sentido ENNECCERUS, ao dizer: "Derechos no vencidos o a plazo, en particular los créditos no vencidos (a plazo). El derecho existe ya, pero su contenido no se dirige al señorío o al crédito inmediato, sino al señorío o al crédito en cuanto llegue el término del vencimiento. El acreedor tiene ya un derecho, el deudor ya está obligado, pero el contenido de la deuda no consiste en 'pagar ahora' sino en pagar 'al llegar el vencimiento", *Tratado de derecho civil*, ob. cit., t. I, v. I, § 75, p. 315; PONTES DE MIRANDA, para quem: "A pretensão pode surgir depois da existência do crédito; não depende da simultaneidade de nascimento; crédito não vencido é, exatamente, crédito a que ainda não nasceu pretensão; não se pode dizer, portanto, que a existência da pretensão nada tem com o vencimento", *Tratado das ações*, ob. cit., t. I, § 18, p. 88 e OVÍDIO B. DA SILVA, *Curso de processo civil*, ob. cit., v. I, nº 4.1, p. 76. Um problema muito conhecido é saber se o crédito existe ou não antes do vencimento. A resposta mesma reside exclusivamente no conceito de direito subjetivo, pois aqueles autores que sustentam que o crédito não existe antes do vencimento, tendem a conceituar o direito subjetivo mesclando-o com os conceitos de pretensão e/ou de ação de direito material. Incorrem em tal equívoco VON THUR, ao dizer: "Existe un derecho subjetivo cuando es decisiva la voluntad de un individuo para *producir* cierto efecto jurídico", (grifamos), *Derecho civil*, ob. cit., § 6, p. 137. Acrescenta o autor, à concepção tradicional de *poder da vontade*, o elemento '*produzir certo efeito jurídico'*, que é a possibilidade que o titular da vontade tem de exercer este poder conferido pelo ordenamento jurídico (pretensão). Lógicamente, para ele, haverá expectativa de direito e não direito subjetivo nos "*negócios a prazo ou sob condição*", *Derecho civil*, ob. cit., § 9, p. 188, já que faltando a pretensão não poderá haver direito subjetivo. Também incorre nesta confusão conceitual THON, pois para ele, "Il diritto soggettivo viene fondato per mezzo della promessa di eventuali pretese; esso consiste nella prospettiva delle stesse. O più esattamente, esso (diritto) sorge, per il (soggetto) tutelato dalle norme, dalla disposizione del diritto obbiettivo, secondo la quale, nel caso di trasgressione delle norme stesse, viene assicurato al esso (soggetto) un mezzo, la pretesa, allo scopo di realizzare ciò ch'era stato comandato o di rimuovere ciò ch'era stato vietato", *Norma guiridica e diritto soggettivo*, ob. cit., p. 206 e 207. A confusão entre direito subjetivo, pretensão e ação de direito material é muito clara neste autor, tanto que OVÍDIO B. DA SILVA, quando trata do tema, reproduz uma acertada crítica, realizada por PONTES DE MIRANDA, segundo a qual: "O direito subjetivo não é só o que é dotado de pretensão, a que algo se ponha de lado, ou exclua, ou se desfaça a contrariedade a direito, tal como o definia A. Thon (Rechtnorm und subjektives Recht, 218, 223, 282 et seq.), porque isso é secundário, como o seria, e ainda mais, o defini-lo pela ação. *Também o é, e primariamente o é, o existir e o se exercer todo o poder que se contêm no direito e o realizar* (grifado por nós). Sem esse elemento a mais, o direito subjetivo confundir-se-ia com a pretensão, ou com a ação, ou com as duas. (Tratado de direito Privado, t. V, § 565, 6)", *Jurisdição e execução na tradição romano-canônica*, ob. cit., p. 143.

⁴³ No direito espanhol, o art. 1.125.1º do Código Civil, estabelece que: "*Las obligaciones para cuyo cumplimento se haya señalado un día cierto, sólo serán <u>exigibles</u> cuando el día llegue*" (grifamos).

⁴⁴ A validade dos atos jurídicos está prevista no art. 104 do Código Civil, que diz: "*A validade do negócio jurídico requer: I – agente capaz; II – objeto lícito, possível, determinado ou determinável; III – forma prescrita ou não defesa em lei*.

por um ato voluntário do devedor a mesma for satisfeita, a obrigação está resolvida, não podendo repeti-la.[45]

b) Imaginemos que Demócrito no dia três de março empresta uma determinada quantidade de dinheiro a Heráclito, e este se compromete juridicamente a devolvê-lo somente no dia 03 de abril, que é quando receberá dinheiro de seu salário. É certo que a partir do dia 3 de abril, nascerá para Demócrito a pretensão, e que a partir de então poderá exigir a soma de dinheiro emprestada a Heráclito, porém se deixar de exigir o crédito durante dez anos, prescreverá o direito de exigir o pagamento, segundo estabelece o artigo 205 do Código Civil.[46] E estando prescrita para Demócrito a *faculdade de exigir* o pagamento, ele ainda terá direito subjetivo? Cremos sinceramente que sim,[47] pois a perda da *faculdade de exigir* se refere à pretensão material, como bem esclarece o art. 189 do Código Civil, anteriormente citado, e consequentemente, também à perda da ação material[48] (que são momentos posteriores na vida do direito subjetivo), e não ao direito subjetivo, porque quando ocorre a perda do direito subjetivo estamos diante da decadência, e não da prescrição, sendo assim, prescrição e decadência são coisas distintas, que não devem ser confundidas.[49] Além disso, Demócrito também terá direito subjetivo, porque ainda que este se encontre desprovido de pretensão material, ele *pode pedir* o cumprimento a Heráclito, não lhe pode *exigir* e nem lhe pode acioná-lo. Aqui não podemos confundir *pedir* com *exigir* e *acionar*.[50] E como foi dito ante-

---

[45] Para PONTES DE MIRANDA, nesta situação: "Pagou, solveu; porque devia. O que êle entregou, 'animo solvendi', entregue está, e não se há de pensar em negócio jurídico gratuito", *Tratado das ações*, ob. cit., t. I, § 20, p. 96. No direito espanhol, o art. 1.126.1° do código civil, indica que: *"Lo que antecipadamente se hubiese pagado en las obligaciones a plazo, no se podrá repetir".*

[46] No direito espanhol, o prazo de prescrição para as ações pessoais é de 15 anos, segundo art. 1.964 do Código Civil.

[47] Se orienta neste sentido PONTES DE MIRANDA, ao dizer: "Deve-se, mesmo quando a dívida não é exigível, ou ainda não é exigível, ou *não é mais exigível*", (grifamos) *Tratado das ações*, ob. cit., t. I, § 6, p. 54 e OVÍDIO B. DA SILVA, *Curso de processo civil*, ob. cit., v. I, n° 4.1, p. 76.

[48] Assim PONTES DE MIRANDA, quando afirma: "direito não prescreve; prescreve a pretensão ou a ação", *Tratado das ações*, ob. cit., t. I, § 7, p. 57. Em sentido contrário SANTI ROMANO, ao dizer: "La prescripción determina la extinción de un derecho; la decadencia, no la extinción de un poder, sino la imposibilidad de ejercitarlo en un caso singular, pese a que dicho poder continúe en vida para todos los demás casos en que se presente", *Fragmentos de un diccionario jurídico*, ob. cit., p. 124.

[49] O próprio Código Civil distingue prescrição de decadência, tratando da primeira nos arts. 189 ao 206 e da segunda nos arts. 207 a 211. De uma maneira muito esclarecedora quanto a distinção entre prescrição e decadência é a sentença do Tribunal Supremo Espanhol (STS), de 9 de fevereiro de 1988, ao dizer: "La Sala en sus Sentencias de 21 de abril de 1986 (RJ 1986/2213), y 22 de enero de 1977 (RJ 1977/109) ha señalado que la caducidad, como medida excepcional del ordenamiento que, para proteger el interés derivado de la pronta estabilidad y certidumbre de situaciones jurídicas pendientes de modificación, impone *la decadencia de determinados derechos* o *facultades* por el mero transcurso del tiempo" (grifamos); em igual sentido a STS de 21 de noviembre de 1988, f.j. 2° (RJ 1988/8838).

[50] Em termos similares, PONTES DE MIRANDA, quando nos diz que não se pode confundir: "exigir e acionar com 'pedir': se há crédito, sem pretensão e sem ação, o credor pode pedir, porém não exigir ou acionar o devedor", *Tratado das ações*, ob. cit., t. I, § 18, p. 86.

riormente, se Heráclito voluntariamente paga, ele não pode voltar a ter o dinheiro pago, porque a dívida ainda existe e segue sendo válida.

Também se pode acrescentar que o direito subjetivo não implica necessariamente na ideia de que o exercício deste poder seja realizado diretamente através da pretensão, pois em algumas hipótese, o exercício deste poder pode ser realizado diretamente através da ação material, como ocorre, *v. g.*, nos direitos potestativos.[51]

Desde esta perspectiva puramente dogmática, se pode dizer que o direito subjetivo é, sem dúvida, uma técnica que o legislador utiliza para tornar efetivo o enunciado contido em uma norma jurídica,[52] sendo assim, denota a função do ordenamento jurídico que em outra oportunidade denominei psicológica.[53] Por isso, Pontes de Miranda corretamente o define como: "a *vantagem* que veio a alguém, com a incidência da regra jurídica em algum suporte fáctico".[54] (o sublinhado é nosso). Como veremos posteriormente, na fase anterior ao processo não existe propriamente *direito subjetivo mediato*, mas somente *direito subjetivo imediato*. O direito subjetivo 'mediato', como costuma ser concebido pelos autores, não é mais que uma *vantagem objetiva:*[55] é uma *vantagem* porque o ordenamento jurídico, através de sua função principal de hierarquizar os interesses em sociedade, favorece o interesse de uma pessoa em detrimento de outra;[56] e é *objetiva* porque está prevista no próprio ordenamento jurídico.[57] Esta

---

[51] Neste particular, consultar o que escrevi em *La pretensón procesal y la tutela judicial efectiva*, Barcelona: Bosch, 2004, n° 4.2.2.3, p. 61 e 62.

[52] Assim, OVÍDIO B. DA SILVA, *Curso de processo civil*, ob. cit., v. I, n° 4.1, p. 74. Para aprofundar melhor o estudo da doutrina da norma jurídica, vid. por todos, KARL LARENZ, *Metodología de la ciencia del derecho*. Trad. Marcelino Rodríguez Molinero. Barcelona: Ariel, 1994, p. 242 e ss.

[53] Para entender melhor o que quero dizer por função psicológica do ordenamento jurídico, ver o que escrevi em Esboço de uma teoria processual do direito. In: Da tutela jurisdicional às formas de tutela, ob. cit., p. 17 a 34.

[54] *Tratado das ações*, ob. cit., t. I, § 4, p., 29 e 30.

[55] Em termos similares, FAZZALARI, quando conceitua direito subjetivo como: "un 'posterius' rispetto alle posizioni semplici, un punto di riferimento, che la norma positiva fissa contemplando l'aggregato di quelle posizioni dalla parte del soggetto che, per loro mezzo, è posto in preminenza rispetto al 'bene' (cioè rispetto all'oggetto di quelle posizioni)", o como: "la posizione di preminenza (individuata dalla norma positiva e che l'interprete dalla norma astrae) rispetto ad un 'bene' (nell'accezione tecnica di 'oggetto' del comportamento valutato); posizione realizzata mediante le facoltà del titolare e/o i doveri degli altri", *Note in tema di diritto e processo*, Milano: Guiffrè, 1957, cap. II, n° 12, p. 86 e 87.

[56] Analogamente, RAMOS MÉNDEZ, quando afirma que: "En todos estos casos, tener derecho, significa también por sí mismo tener una posición de hecho ventajosa, que es legítimo aprovechar al máximo", *El sistema procesal español*, Barcelona: Bosch, 1999, p. 91.

[57] Esta previsão não implica necessariamente na existência de uma norma jurídica que conceda a vantagem, senão especialmente em que não esteja proibida pelo ordenamento jurídico, vale dizer, a vantagem não necessariamente deve estar prevista em uma regra jurídica, mas sim no ordenamento jurídico, composto por regras e princípios que podem ser explícitos ou implícitos. A previsão a que estamos nos referindo deve ser entendida em um sentido amplo, como uma *não proibição*, pois resulta de aplicação do princípio de direito privado segundo o qual *o que não está proibido está permitido*. Por isso, é possível fundamentar uma demanda independentemente da existência de uma vantagem con-

vantagem objetiva, ou como prefere Lois Estevéz, uma "proteção formal provisória",[58] para que seja um *'direito subjetivo'*, adquirindo o verdadeiro *status* de proteção definitiva, no sentido estritamente técnico da palavra, necessita ser confirmada por uma sentença,[59] posto que, como assinala Ihering:

cedida por uma regra jurídica, pois basta com que o ordenamento jurídico não proíba tal vantagem para que o interessado possa sustentá-la dentro do próprio ordenamento através dos diversos princípios existentes, que podem não estar 'positivados' em uma norma jurídica em concreto. Ésta é a razão pela qual a jurisprudência se desenvolve fora dos estreitos limites impostos pelas regras jurídicas.

[58] La teoría del objeto del proceso. In: *Anuario de Derecho Civil*, 1949, t. II, fasc. I, p. 625. Na terminologia de JAUERNIG, um direito subjetivo é um "mero poder de acción (Klagebefugnis)", *apud* PEDRAZ PENALVA, El objeto del proceso civil. In: *El objeto del proceso civil*. Cuadernos de Derecho judicial. Madrid: CGPJ, 1996, p. 34.

[59] Se orienta neste sentido, KELSEN, ao afirmar que: "En este sentido, el acreedor tiene un derecho en relación con el deudor si la ley confiere al acreedor el poder jurídico de iniciar, por una acción, el procedimiento judicial que finalmente conduzca a una resolución judicial, es decir, a una norma individual por medio de la cual se ordene una ejecución civil sobre la propiedad del deudor que no pagó su deuda. Entonces, y sólo entonces, 'A' tiene el derecho en el sentido estrictamente técnico de la palabra. El conferir este poder jurídico a un individuo significa que se le está autorizando a participar en la creación del derecho. Este poder jurídico es del mismo tipo que el poder jurídico conferido por la Constitución a un individuo o grupo de individuos para crear normas jurídicas generales, como es el caso del Poder Legislativo", *Introducción a la teoría pura del derecho*, ob. cit., p. 24; FRANK, que de forma brilhante descreve esta realidade, afirma que: "La única consistencia de los derechos subjetivos de A contra B ha de fundarse en la posibilidad de que A convenza al Tribunal de que dicte una sentencia a su favor en la contienda contra B. Sólo puede afirmarse que A tiene un derecho subjetivo si obtiene sentencia favorable. En caso contrario, es ocioso hablar de derecho subjetivo que pudiera tener. Sólo en el mundo de la letra impresa y no en la auténtica realidad donde los intereses acucian a los hombres puede hablarse de derechos subjetivos en otro sentido", *apud* PUIG BRUTAU, *La jurisprudencia como fuente del derecho*, Barcelona: Bosch, s. d., p. 56; SATTA, para quem: "Ma 'in rerum natura' non esistono diritti soggettivi, esistono interessi, che sorgono da determinati fatti, e in quanto la legge li riconosca e li garantisca, noi chiamamo diritti", *Diritto processuale civile*, Padova: Cedam, 1987, 10ª ed., nº 73, p. 131; ALLORIO, quando assevera que temos que falar das "concepciones del derecho subjetivo que no tienen nada de jurídico y (me atrevería a decir) no aspiran tampoco a ser concepciones jurídicas. (...). El derecho subjetivo se entiende a menudo, fuera de la técnica del derecho propriamente considerada, como bandera del individualismo jurídico, concepto, por tanto político más que jurídico", *El ordenamiento jurídico en el prisma de la declaración judicial*. Trad. Santiago Sentís Melendo. Buenos Aires: Ejea, 1958, nº 18, p. 106; REDENTI, quando afirma que "en la vida práctica ni aun siquiera los derechos subjetivos sustanciales primarios (como la propiedad u otros derechos sobre la cosa, los derechos de crédito etc.), están asistidos de una certeza legal. (...) Así, para poner un ejemplo, la certeza de que existe un crédito, sólo se tendrá extrajudicialmente (...) cuando pague el deudor", *Derecho procesal civil*. Trad. Santiago Sentís Melendo e Marino Ayerra Redín. Buenos Aires: Ejea, 1957, t. I, p. 51; e LOIS ESTÉVEZ, quando escreve: "Es por esto que resulta contradictorio referirse al derecho subjetivo con anterioridad a la resolución judicial. El sistema jurídico positivo es uno solo y por ello no puede suponerse edificado sobre el contrasentido que supondría que hubiera un derecho antes y otro después del proceso. El Derecho positivo es un todo y en el todo no cabe la contradicción. Sería la más garrafal de las imprevisiones dejar subsistente este dualismo tan peligroso como fundamental. Lo que pasa es que el sistema yuspositivo condiciona toda atribución discutida a lo que diga el juez que dice la norma, esto es, a la decisión jurisdiccional, de última instancia, naturalmente", *Proceso y forma*, Santiago de Compostela: Porto, cap. II, p. 55. Com um ponto de vista bastante original, EUGENIO BULYGIN, que afirma: "Il più corrente dei procedimenti che i giudici usano per creare norme nuove è il ragionamento analogico. (...) La creazione giudiziaria di norme generali per analogia è una creazione che parte da altre norme e sotto questo aspetto differisce sostanzialmente dalla creazione legislativa", Sentenza giudiziaria e creazione di diritto. In: *Rev. Int. Fil. Dir.*, 1967, p. 171 e 172. Também merece ser destacada as originais conclusões de ASIS ROIG sobre a força normativa (criação judicial do direito) dos 'enunciados judiciais' desde a perspectiva do ordenamento: os enunciados normativos individuais (a sentença) e os enunciados normativos gerais

> El derecho existe para realizarse. La realización es la vida del derecho, y la verdad del derecho es el derecho en sí mismo. Lo que no sucede nunca en realidad, lo que no existe más que en las leyes y sobre el papel, es sólo un fantasma de derecho, meras palabras y nada más.[60]

Com outras palavras, se o direito existe para realizar-se, com anterioridade à sentença não pode existir *direito subjetivo mediato*, porque antes dela sua realidade é questionável[61] e sua realização depende exclusivamente da vontade das pessoas, é uma regra social de conduta[62] (*Verhaltungsrecht*), já que o Estado somente pode *obrigá-las* a realizar o direito[63] através de uma sentença, ou seja, com a sentença existe a concreção de uma sanção abstrata através da coação[64] que pode ser *atual* ou *potencial*,[65]

(fundamentos jurídicos ou *ratio decidendi*), *Jueces y normas (La decisión judicial desde el ordenamiento)*, Madrid: Marcial Pons, 1995; entre outros. E por último, cabe citar a obra de RAMOS MÉNDEZ, *Derecho y proceso*, ob.cit., principalmente nº35 e 40, que concede excelentes argumentos a teoría monista do ordenamento jurídico.

[60] *El espíritu del derecho romano*, ob. cit., t. III, § 43, p. 533. No mesmo sentido, CASTANHEIRA NEVES, ao dizer que "o direito não pode bastar-se com uma validade simplesmente normativa, exige simultâneamente uma 'validade fáctica' – pelo que à sua função imediatamente prescritiva, enquanto princípio de acção, acresce na verdade a função sancionatória, enquanto critério de sanção", *Curso de introdução ao estudo do direito*, Coimbra: Coimbra, 1976, p. 22.

[61] De igual modo RAMOS MÉNDEZ, que afirma: "No es posible, por definición, objetivar <derechos> que están, por así decirlo, cuestionados o que incluso se ignora si son tales", *El sistema procesal español*, ob. cit., p. 299.

[62] Segundo destaca KAUFMANN, estas regras sociais de conduta "constituyen una forma preliminar de moral y derecho" e podem ser entendidas, como "un acuerdo tácito de comportarse de tal forma como si tras la exteriorización de la observancia de la regla se encontrara la respectiva interiorización; tras la apariencia, el ser; tras el saludo, el aprecio. Empero, precisamente a través del medio de la ficción, de la 'mentira convencional', obtiene la regla social la doble fuerza del modo de obligar externo e interno, es más poderosa que la moral y a veces también, que el derecho", *Filosofía del derecho*. Trad. Luis Villar Borda e Ana María Montoya. Bogotá: Universidad Externado de Colombia, 1999, cap. 14, nº IV, p. 397.

[63] De igual modo, SANTO TOMÁS, ao dizer que: "esta fuerza coactiva la tiene únicamente la comunidad o la persona pública a la que pertenece infligir penas", *Suma teológica*. Trad. Fr. Teofilo Urdanoz. Madrid: Biblioteca de Autores Cristianos, MCMLIV, t. VI, p. 41 (numeração no original: Iª, IIæ, q. 90, artígo 3, *ad 2m*); especialmente para o direito de castigar, ver *Suma teológica*, ob. cit., t. VI, p. 76 (Iª, IIæ, q. 92, artígo 2, *ad 3m*).

[64] Sobre o estudo das sanções e suas consequências no Estado Democrático de Direito, consultar o que escrevi em "Contribuição ao estudo das sanções desde a perspectiva do Estado Democrático de Direito". In: *Da Tutela Jurisdicional às formas de Tutela*, ob. cit., 47 a 59. Não podemos confundir *sanção* com *coação*. Em primeiro lugar porque são termos etimologicamente diferentes, com significados diferentes, pois, enquanto a sanção, segundo CASTANHEIRA NEVES, vem do latim, "'*sancio*', de '*sanciere*', implica consagrar, tornar '*sanctum*', confirmar algo no seu valor autêntico", *Curso de introdução ao estudo do direito*, ob. cit., p. 18, a coação segundo CARNELUTTI, vem do latim "'*cogere*' essendo un composto di '*com*' e '*agere*', a proposito di che si ricordi che '*com*', forma arcaica di '*cum*', è la radice di '*contra*', onde '*cogere*' vale anche '*contra agere*'", *Teoria generale del diritto*, ob. cit., nº 13, p. 31. Em segundo lugar, porque, de acordo com DABIN, "toda regla de conducta va acompañada de sanción, sin que esta sanción tenga, sin embargo, el carácter de la coacción inherente al derecho", *Teoría general del derecho*. Trad. Francisco Javier Osset. Madrid: *Revista de Derecho Privado* 1955, nº 27, p. 48 (no mesmo sentido, LOPEZ DE OÑATE, *Compendio di filosofía del diritto*, Milano: Giuffrè, 1955, § 42, p. 183). Neste ponto devo advertir que toda regra de conduta tem suas sanções: as regras morais, as regras de conveniências sociais, assim como também as regras jurídicas (no mesmo sentido, BOBBIO, *Teoría general del derecho*. Trad. Eduardo Rozo Acuña. Madrid: Debate, 1996, nº 40, p. 120 e ss; DABIN, *Teoría general del derecho*, ob. cit., nº 27, p. 48; e LOPEZ DE OÑATE, *Compendio di filosofía del diritto*, ob. cit., § 42, p. 182 e 183). Contudo, só estas últimas têm o caráter distintivo da coação que é inerente as sen-

tenças judiciais, ao mesmo tempo em que é indispensável para a adequada compreensão do direito, já que o direito, de acordo com DEL VECCHIO, "es esencialmente 'coercible'", *Filosofía del derecho*. Trad. Luis Legaz y Lacambra. Barcelona: Bosch, 1969, p. 356; em consequência, toda sentença (creiadora de direito que é) será *atual* ou *potencialmente* coercitível, como depois veremos. Por isso, podemos dizer que a sanção não é um conceito exclusivamente jurídico (vid. também os argumentos contidos em meu escrito "Esboço de uma teoria processual do direito". In. *Da Tutela Jurisdicional às formas de Tutela*, ob. cit., nota 60, principalmente a postura de Allorio), enquanto que a coerção além de ser um conceito jurídico é também um elemento indispensável para a criação dos direitos subjetivos mediatos. Em terceiro lugar, porque a sanção é abstrata e genérica, consequentemente não se caracteriza como uma ação direta contra uma pessoa, além de necessitar fundamentalmente da cooperação espontânea dos obrigados para realizá-la (vid. *infra* nota 69), enquanto que a coação exige uma *constrição externa* através de *meios externos*, porque, segundo ARISTÓTELES, "lo forzoso es aquello cuyo principio es externo, sin que el hombre forzado intervenga en nada", *Ética Nicomáquea*. Trad. Julio Pallí Bonet. Madrid: Gredos, 2000, L. III, n° 1110b-15, p. 74. Daí concluir acertadamente CASTANHEIRA NEVES, que a coação "exprime juridicamente o uso da força", *Curso de introdução ao estudo do direito*, ob. cit., p. 30 e ss, e se caracteriza, nas palavras de CARNELUTTI, por ser "un'azione diretta contro una persona, cioè in opposizione a ciò che essa farebbe per sè. (...) è un *'agere contra'*", *Teoria generale del diritto*, ob. cit., n° 13, p. 31. Para MIGUEL REALE, a coação é "a sanção concreta", ou seja, é "a sanção enquanto se concretiza pelo recurso à força que lhe empresta um órgão, nos limites e de conformidade com os fins do Direito", *Filosofia do direito*, São Paulo: Saraiva, 1969, v. II, n° 239, p. 591, ou, como indica DABIN, "la ejecución material del precepto violado", *Teoría general del derecho*, ob. cit., n° 27, p. 49. No mesmo sentido, GARCÍA MÁYNEZ, *Introducción al estudio del derecho*, ob. cit., cap. XXI, n°155, p. 298; e MANDRIOLI, *L'azione esecutiva*, ob. cit., n° 27, p. 181. De acordo com MIGUEL REALE, é correto afirmar que a "idéia mesma de 'coação', no âmbito jurídico, implica no encontro necessário de dois elementos: uma 'pressão' de ordem física ou psíquica manifestada segundo uma 'forma ou estrutura'", *Filosofia do direito*, ob. cit., v. II, n° 239, p. 592. Por isso, só a sentença traz em sí a coação, porque contém principalmente, além da 'forma ou estrutura' necessária, a possibilidade de exercer *efetivamente* uma pressão de ordem física ou psíquica sobre o querer volitivo do obrigado, enquanto que a lei, por seu caráter geral, se contenta únicamente com a sanção. É a sentença, através da coação, que dá vida, que proporciona realidade à inanimada sanção. Estas distinções são importantes inclusive para o processo, pois, de acordo com CHIARLONI, "le misure coercitive o di esecuzione indiretta possono venir classificate secondo un criterio che tenga conto dei diversi modi in cui opera la sanzione", *Misure coercitive e tutela dei diritti*, Milano: Giuffrè, 1980, p. 17. É oportuno ressaltar, para evitar confusões, que a coação é a força legitimada, disciplinada e aplicada única e exclusivamente pelo detentor do monopólio da jurisdição que é o Estado, pelo que não se deve confundir com a força 'bruta' que além de ser ilegítima, por encontrar-se desautorizada pela sociedade organizada, pode ser aplicada por particulares. Com razão KELSEN, ao dizer que: "La fuerza y el derecho no se excluyen mutuamente. El derecho es una organización de la fuerza", *La paz por medio del derecho*. Trad. Luis Echávarri. Buenos Aires: Losada, 1946, p. 33. Sobre este particular, é conveniente destacar que para mim não pode existir sanção jurídica sem coação, o que existe é sanção jurídica com coação potencial ou com coação atual (vid. *infra*, nota 64), contudo, se a sanção não permite nenhum tipo de coação não poderá levar o nome de sanção jurídica, e portanto não existirá direito (como o concebemos), como ocorre, *e. g.*, nas obrigações naturais. Assim mesmo CESARINI-SFORZA entende que não pode existir sanção jurídica sem coação, pois "la sanción asume siempre forma coactiva porque sólo se realiza 'constriñendo' al sujeto, respecto del cual se ejerce, a seguir un comportamiento dado, positivo o negativo", *Filosofía del derecho*, ob. cit., n° 73, p. 238. No mesmo sentido, entendendo que as obrigações naturais não são direitos, DEL VECCHIO, *Filosofía del derecho*, ob. cit., p. 364; DABIN, que afirma: "una *'Schuld'* (debitum) sin *'Halftung'* (obligatio) no constituye un lazo jurídico", *Teoría general del derecho*, ob. cit., n° 31, p. 53, nota 86; e KELSEN e COSSIO, quando dizem: "En las condiciones determinadas de acuerdo a la primera constitución, deben ejecutarse actos de coerción en conformidad a dicha constitución, entonces una *'obligatio naturalis'* no es una obligación jurídica. Solamente es la significación subjetiva de un acto al cual no se podría prestar ninguna significación jurídica objetiva", *Problemas escogidos de la teoría pura del derecho*. Trad. Carlos Cossio. Buenos Aires: Guillermo Kraft Ltda, 1952, cap. III, n° 5, p. 66; e também na *Teoría pura del derecho*, cap. IV, n° 1, p. 80. Em sentido contrário, e com um ponto de vista contraditório, GARCÍA MÁYNEZ, quando afirma que a obrigação natural não pode ser exigida, porém o titular do direito "tiene únicamente el derecho a determinada prestación", *Introducción al estudio del derecho*, ob. cit., cap. XIII, n° 105, p. 195. Nos casos das nulidades, das dissoluções de vínculos ou pessoas jurídicas, que a doutrina afirma existir sanção sem coação, na realidade existe sanção com coação potencial, na medida em que o comando contido na sentença exerce uma pressão psicológica sobre a vontade do obrigado (vid. *infra*, nota 64). Para aprofundar melhor no estudo das chamadas 'sanções sem coação', vid. por todos, HART, *El concepto de derecho*. Trad. Genaro R. Carrió. México: Editora Nacional, 1980, cap. III, p. 33 e ss; e CASTANHEIRA NEVES, *Curso de introdução ao estudo do direito*, ob. cit., p. 25 e ss, principalmente p. 30 e ss. A relação existente entre coação e sanção assume uma fisionomía própria na teoria de PEKELIS, uma vez que o autor utiliza o termo "'*coazione*' solo in senso proprio; nel senso di un'azione che modifica forzatamente uno stato di fatto. In quanto alle azioni che agendo sulla psiche umana la possono indurre mediante un calcolo di convenienza a determinati atti, le indicheremo col termine '*sanzione*'", *Il diritto come volontà costante*, Padova: Cedam, 1930, p. 109 e 110. Então para o autor, "l''azione' dunque vista come causa (naturale) è 'coazione'; vista come motivo (psicologico) è sanzione", *Il diritto come volontà costante*, ob. cit., p. 111.

[65] A coação pode ser *atual* (*exercida*) ou *potencial* (*virtual*). Existirá coação atual ou exercida quando a sentença produza uma pressão física direta sobre a vontade do obrigado de maneira concreta e real, modificando, segundo PEKELIS, "forzatamente uno stato di fatto", *Il diritto come volontà costante*, ob. cit., p. 109, como por exemplo, as sentenças dos interditos de manutenção ou de reintegração da posse. Ao contrário, existirá coação potencial ou virtual quando a sentença exerça uma pressão psíquica sobre a vontade do obrigado de forma condicional, o seja, é "la 'posibilidad jurídica de la coacción' en potencia, no en acto", nas palavras de DEL VECCHIO, *Filosofía del derecho*, ob. cit., p. 359, e ocorre, *e. g.*, nas verdadeiras sentenças condenatórias no civil (sobre esta classe de senteça consultar o que escrevi em *La pretensión procesal y la tutela judicial efectiva*, ob. cit. nº 9.5.3.1.3, p. 182 a 186). De igual modo W. GOLDSCHMIDT, quando afirma que nas sentenças judicias, a diferença das arbitrais, "no sólo disponen de coacción psíquica, sino también, y directamente, de coacción física", Guerra, duelo y proceso. In: *Revista de Estudios Políticos*, v. XXXIV, nº 54, p. 93. Por issoo, afirma corretamente HENKEL: "Como la forma de actuación del Derecho no consiste en aplicar continuamente la coerción actual, el momento coercitivo que se pone en relación con el Derecho ha de ser entendido, por regla general, como coerción potencial; y ésta, a su vez, no como coerción fácticamente posible, sino como 'coerción jurídicamente posible'", *Introducción a la filosofía del derecho*. Trad. Enrique Gimbernat Ordeig. Madrid: Taurus, 1968,, § 12, p. 163. O direito esta íntimamente ligado à coação, seja física ou psíquica, posto que, segundo LOPEZ DE OÑATE, "il diritto non solo si serve della forza per farsi rispettare, ma organizza e prevede tale uso della forza", *Compendio di filosofia del diritto*, ob. cit., § 42, p. 181. No mesmo sentido, admitindo como característica do ordenamento jurídico tanto a coação atual como a coação potencial, KANT, quando afirma: "sólo puede llamarse derecho 'estricto' (restringido) al derecho completamente externo. (...) que se apoya por tanto en el principio de la posibilidad de una coacción exterior, que puede coexistir con la libertad de cada uno según leyes universales", *La metafísica de las costumbres*, ob. cit., p. 41 (na edição do original alemão [VI, 232]); CARNELUTTI, *Teoria generale del diritto*, ob. cit., nº 13, p. 32 e 33; DEL VECCHIO, *Filosofía del derecho*, ob. cit., p. 359; MIGUEL REALE, porém, afirmando que o direito é "'lógicamente coercível', por haver possibilidade ou compatibilidade de execução forçada, e não 'juridicamente coercível' como se expressa Del Vecchio", *Filosofia do direito*, ob. cit., v. II, nº 241, p. 600; HART, quando afirma: "dondequiera haya un sistema jurídico es menester que exista alguna persona o cuerpo de personas que emitan órdenes generales respaldadas por amenazas y que esas órdenes sean generalmente obedecidas, y tiene que existir la creencia general de que estas amenazas serán probablemente hechas efectivas en el supuesto de desobediencia", *El concepto de derecho*, ob. cit., cap. II, p. 32; LOPEZ DE OÑATE, ao dizer: "essa non vuol dire che il diritto si attua 'sempre' per mezzo della coazione, ma semplicemente che è insita al diritto la possibilità di coazione, ossia che il diritto è coercibile", *Compendio di filosofia del diritto*, ob. cit., § 42, p. 185; CASTANHEIRA NEVES, que adota as posições dos autores anteriores quando a norma jurídica não exige uma sanção concreta, *Curso de introdução ao estudo do direito*, ob. cit., p. 22, nota 22; BONSIGNORI, quando afirma que na execução forçosa "la coerzione non significa esclusivamente impiego di forza materiale, ma attività di organi giurisdizionali contro un privato obbligato, per procacciare al credor un bene a lui dovuto", Esecuzione forzata in genere. In: *Estrattodal Digesto*, Torino: Utet, 1992, v. VII, p. 8; e, em certo sentido, BOBBIO, que caracteriza o ordenamento jurídico tanto pela existência de sanções negativas como pela existência das sanções positivas, *Contribución a la teoría del derecho*, Trad. Alfonso Ruiz Miguel. Valência: Fernando Torres, 1980, p. 383 e ss. Em sentido contrário, admitindo como característica do ordenamento jurídico só a coação atual, KELSEN, quando afirma: "En este sentido, el término coerción no debe confundirse con la coerción en el sentido psicológico de la palabra, es decir, con el hecho de que la idea que los hombres tienen del Derecho es un motivo suficiente o efectivo para obligarlos a comportarse de acuerdo con la ley. En lo que se refiere a esta

e além de garantir a existência do direito, despreza a vontade de obrigação que já não tem importância para a realização do direito,[66] porque, de acordo com Miguel Reale:

> Há *coação* quando a conduta de alguém não resulta espontaneamente de uma escolha decorrente do valor intrínseco do objeto escolhido, mas é ditada pelo cotejo de dois objetos, ambos só suscetíveis de *serem queridos* no âmbito de uma alternativa irremediável, posta por outrem.[67]

Em consequência, toda sentença é intrínseca e objetivamente coercitiva,[68-69] porque além de concretizar a existência do direito às partes, se

---

coerción, el Derecho no difiere de otros órdenes sociales. El orden moral también puede y, en verdad, ejerce coerción en el sentido psicológico de la palabra sobre aquellos cuyo comportamiento regula", *Introducción a la teoría pura del derecho*, ob. cit., p. 22; e também em *Problemas escogidos de la teoría pura del derecho*, ob. cit., cap. III, nº 3, p. 62; PEKELIS, ao dizer que, "solo quella detta '*fisica*' è veramente coazione; ne occorre aggiungervi alcun aggettivo. L'altra, la '*coazione*' psichica non è veramente coazione: l'aggettivo '*psichico*' basta per dimostrarlo", por isso o autor utiliza a palavra "'*coazione*' solo in un senso proprio; nel senso di un'azione che modifica forzatamente uno stato di fatto. In quanto alle azioni che agendo sulla psiche umana la possono indurre mediante un calcolo di convenienza a determinati atti, le indicheremo col termine '*sanzione*'", *Il diritto come volontà costante*, ob. cit., § 20, p. 109 e 110; e DABIN, para quem "o la regla está sancionada por la coacción, o no lo está. 'Tertium non datur'. Sólo la coerción efectiva de la respuesta. La <tendencia a la coerción> deja la regla sin coacción, y desde ese momento, y frente a la regla sancionada por la coacción, no es más que una regla de otra especie o, al menos, una regla jurídica imperfecta", *Teoría general del derecho*, ob. cit., nº 32, p. 54. Para o autor, a justificação de tal solução é evidente: "se busca defender, de este modo, el concepto de un derecho 'natural' diferente de la regla moral, que se caracterizaría por la simple exigibilidad, independientemente de la intervención de la regla positiva", *Teoría general del derecho*, ob. cit., nº 32, p. 54. Também em sentido contrário, porém admitindo como característica do ordenamento jurídico só a coação, por nós, denominada 'potencial', DUGUIT, quando afirma: "Or il n'y a pas de puissance au monde qui puisse contraindre directement une volonté à vouloir ou à ne pas vouloir une certaine chose. Donc, en réalité, il n'y a jamais de force contraignante susceptible d'assurer directement l'application de la loi", *Traité de droit constitutionnel*, Paris: Ancienne Librairie Fontemoing & Cie, 1927, t. II, § 19, p. 205.

[66] De igual modo SATTA, para quem "un diritto cioè in tanto è tale, in quanto può farsi rispettare anche se l'obbligato non vuole. Nella normalità della vita il diritto è volontariamente rispettato: ma ciò che lo rende diritto è la possibilità che gli è intrinseca di superare questa volontà", *Introduzione allo studio del diritto processuale civile*, ob. cit., p. 22, salvo naquelas situações excepcionais onde a vontade do obrigado, é o elemento central para a realização do direito, como ocorre, por exemplo, nas obrigações de fazer não fungíveis.

[67] *Filosofia do direito*, ob. cit., v. II, nº 239, p. 593.

[68] A este respeito, merece aprovação o exposto por IHERING, quando diz: "La coacción ejercida por el Estado constituye el criterio absoluto del derecho; una regla de derecho desprovista de coacción jurídica es un contrasentido; es un fuego que no quema, una antorcha que no alumbra. Poco importa que esta coacción sea ejercida por el juez (civil o criminal) o por la autoridad administrativa", *El fin en el derecho*, Buenos Aires: Heliasta, 1978, v. I, nº 145, p. 159 e 160. O autor, de maneira correta, se refere à coação e não à sanção, porque, como afirmamos *supra*, nota 63, a sanção não é um conceito exclusivamente jurídico, enquanto que a coação além de ser um conceito jurídico é também um elemento indispensável para a criação dos direitos subjetivos mediatos. De igual modo, KELSEN, para quem: "El orden estatal se diferencia, ante todo, de los demás órdenes sociales, en que es 'coactivo'", *Compendio esquemático de una teoría general del estado*, ob. cit., nº 11, p. 40, vale dizer, "el derecho se distingue de otros órdenes normativos por el hecho de que vincula a conductas determinadas la consecuencia de un acto de coacción", *Teoría pura del derecho*, ob. cit., cap. III, nº 3, letra 'c', p. 74. A mesma ideia está reproduzida em seu livro *Introducción a la teoría pura del derecho*, ob. cit., p. 21; e *Problemas escogidos de la teoría pura del derecho*, ob. cit., cap. III, nº 1, p. 59 e 60. Para KELSEN, "la característica esencial del derecho como un orden coercitivo consiste en establecer un monopolio de la fuerza común", *La paz por medio del derecho*, ob. cit., p. 28. Então que, para ele, "el derecho es una técnica de coacción social estrechamente ligada a un orden social que ella tiene por finalidad mantener", *Teoría pura del derecho*,

impõe à vontade das mesmas, pois traz em si a alternativa de uma escolha, com a exclusão de outras escolhas possíveis, principalmente, por parte do obrigado, consequentemente o querer volitivo do obrigado para a realização do direito subjetivo mediato é um elemento secundário.[70] Se realmente existe 'direito subjetivo mediato' antes da sentença, sua realização não pode depender do querer volitivo do obrigado, pois, se isto fosse certo, somente existiria direito subjetivo mediato quando o obrigado voluntariamente concordasse, o que é um absurdo. Como resultado disto, o direito subjetivo mediato sem uma sentença que obrigue as partes a realizá-lo é *'um fantasma de direito, meras palavras e nada mais'* como diria Ihering, e representa uma *"visión metafísica del derecho"*,[71] porque *"solo la*

---

cap. III, nº 3, letra 'b', p. 74. E o Estado moderno é o modo mais perfeito para garantir a ordem social, exatamente porque "su perfección se debe a la centralización del empleo de la fuerza", *La paz por medio del derecho*, ob. cit., p. 29. Sem lugar para dúvidas, um dos primeiros autores que vinculou o direito à força, à coação foi KANT, (o primeiro foi Christian Thomasius, vid. nota 54, do meu artigo "Esboço de uma Teoria Processual do Direito". In: *Da Tutela Jurisdicional às formas de Tutela*, ob. cit., p. 31) quando disse: "Si un determinado uso de la libertad misma es un obstáculo a la libertad según leyes universales (es decir, contrario al derecho (unrecht)), entonces la coacción que se le opone, en tanto que 'obstáculo' frente a 'lo que obstaculiza la libertad', concuerda con la libertad según leyes universales; es decir, conforme al derecho (recht): por consiguiente, al derecho está unida a la vez la facultad de coaccionar a quien lo viola, según el principio de contradicción", *La metafísica de las costumbres*, ob. cit., p. 40 e 41 (na edição do original alemão [VI, 231]). Por isso, afirma o autor que "derecho y facultad de coaccionar significan, pues, una y la misma cosa", *La metafísica de las costumbres*, ob. cit., p. 42 (na edição do original alemão [VI, 232]). Nesta ordem de ideias, MANDRIOLI, quando afirma que: "La tutela giurisdizionale, nelle sue forme concrete poste dall'ordinamento giuridico, è il mezzo per la realizzazione delle sanzioni, ma è mezzo – fuori dei casi di legittima autotutela – esclusivo e concretamente limitato", *L'azione esecutiva*, ob. cit., nº 27, p. 187. De acordo com MANDRIOLI, a teoría de Chiovenda também poderia ser interpretada neste sentido, na medida em que "la attuazione effettiva della volontà della legge implica già, *'in quanto avviene in via giurisdizionale'*, la caratteristica di realizzarsi indipendentemente dalla volontà della persona che la subisce, ossia mediante coazione (*in senso ampio*)", *L'azione esecutiva*, ob. cit., nº 109, p. 563. No que se refere à força, convém matizar, de acordo com ROUSSEAU, que "el más fuerte no es, sin embargo, lo bastante para ser siempre el amo, si no convierte su fuerza en derecho y la obediencia en deber", *El contrato social*. Trad. María José Villaverde. Madrid: Tecnos, 2000, L. I, cap. III, p. 7.

[69] De igual modo, CHIOVENDA, quando afirma que: "Con esto la declaración de certeza ha adquirido una importancia por sí propria; es ella misma actuación de derecho, en cuanto, por obra de un órgano público, la voluntad colectiva es, no concretada, como suele decirse inexactamente, sino expresada como voluntad concreta: y en cuanto tal, *la misma ejercita ya por sí un grado más o menos grande de coacción sobre el ánimo del obligado*, tanto que a menudo el mismo basta para determinar el cumplimiento", (grifamos) *La acción en el sistema de los derechos*. Trad. Santiago Sentís Melendo. Bogotá: Temis, 1986, p. 54 e 55, nota 7.

[70] Deste modo, e ao lado de outras diferenças que anteriormente apontamos, também diferenciamos sanção de coação a partir da função que ocupa o *querer volitivo* do obrigado na realização do direito, pois, enquanto que na coação a vontade do obrigado ocupa uma função acessória e por tanto é elemento secundário para a realização do direito, na sanção a vontade do obrigado ocupa uma função fundamental e por tanto é elemento primário para a realização do direito. Note-se que estou classificando o querer volitivo e não dispensando-o, apesar do princípio romano que diz: "*Nemo praecise ad factum cogi potest*" (não se pode obrigar ninguém a realizar um ato determinado, se não o quer). Por isso, o direito, criado através da sentença, se vale da coação psíquica ou física para submeter à vontade ou libertade das pessoas em sociedade.

[71] A tese de que o direito subjetivo é um conceito metafísico, como hoje é concebido pela doutrina, isto é, que não denota nenhuma relação direta com fatos empíricos, é defendida, entre outros, por OLIVECRONA, que diz: "La conclusión es que la función directiva de las afirmaciones acerca de la existen-

fuerza" de uma sentença *"realiza las reglas del derecho y hace de éste lo que debe ser"*.[72] Com estas afirmações não queremos dizer que o juiz possa, ao seu arbítrio, criar o "direito subjetivo mediato" pois, quando analisamos a função judicial do ordenamento jurídico,[73] e indicamos que a sentença é objetivamente coercitiva, estamos afirmando, juntamente com Heck, que:

> La misión del juez no es crear a su arbítrio um nuevo ordenamiento jurídico, sino cooperar a la realización de ideales previamente estabelecidos, dentro de un ordenamiento jurídico dado",[74] em donde este ordenamiento juridico sirve de límite para la actuación del juez.[75]

Assim afirma corretamente Kelsen, que "la norma superior es así um marco abierto a varias possibilidades y todo acto de aplicación es conforme a la norma si no sale de este marco y en cambio lo llena de alguna de las maneras posibles".[76]

Em definitivo, a finalidade da lei é criar para as pessoas uma regra de conduta mais segura, e ao mesmo tempo vale como diretriz ao juiz quando este seja chamado a criar o direito para o caso concreto, sendo assim, uma vez que a regra de conduta esteja positivada no ordenamento jurídico pode, de forma mais discreta, determinar e influir nas condutas

---

cia de derechos puede ser explicada suficientemente sin suponer que la expresión 'derecho subjetivo' denota una realidad", *Lenguaje jurídico y realidad*. Trad. Ernesto Garzón Valdés. México: Fontamara, 1998, 4ª ed., cap. VI, p. 52; e por DUGUIT, para quem: "la noción de derecho subjetivo se encuentra totalmente arruinada y con razón puedo afirmar que es una noción de orden metafísico, que no puede sostenerse en una época de realismo y de positivismo como la nuestra", *Las transformaciones del derecho – público y privado*. Trad. do direito público por Adolfo G. Posada e Ramón Jaén, e do direito privado por Carlos G. Posada. Buenos Aires: Heliasta, 1975, p. 175; e mais adiante conclui dizendo que hoje o sistema jurídico "descansa en una concepción exclusivamente realista, que elimina poco a poco la concepción metafísica del Derecho subjetivo: es la noción de función social", *Las transformaciones del derecho – público y privado*, ob. cit., p. 178. Esta ideia de DUGUIT também está desenvolvida em *Traité de droit constitutionnel*, ob. cit., t. I, § 2, p. 14 e ss, e principalmente no § 28, p. 295 e ss.

[72] IHERING, *El fin en el derecho*, ob. cit., p. 126 e 127. De igual modo, KELSEN, que apesar de partir de um pressuposto distinto do nosso chega à mesma conclusão. Para ele, o ordenamento jurídico por ser um marco aberto não decide qual é o interesse que tem maior valor, esta função está reservada a "un nuevo acto creador de derecho, como el fallo de un tribunal", *Teoría pura del derecho*, ob. cit., cap. X, nº 4, p. 169.

[73] Vid. *supra*, nº 2.

[74] Jurisprudencia de intereses. Trad. Manuel Gonzales Enrique. In: *Rev. Anales de la Academia Matritense del Notariado*, t. IV, 1948, p. 524.

[75] De igual modo, DUGUIT, ao dizer: "la loi positive est un document pour le juriste, elle est un limite pour le juge et l'administrateur", *Traité de droit constitutionnel*, ob. cit., t. I, § 16, p. 174.

[76] *Teoría pura del derecho*, ob. cit., cap. X, nº 3, p. 166. O autor assevera que "la interpretación de una norma no conduce, pues, necesariamente, a una solución única que sería la exclusivamente justa. Puede presentar varias soluciones que desde el punto de vista jurídico son todas de igual valor si están de acuerdo con la norma por interpretar", *Teoría pura del derecho*, ob. cit., cap. X, nº 3, p. 166 e 167. Em sentido contrário, o precursor da tese segundo a qual só pode existir uma interpretação correta e justa, HOBBES, quando, referindo-se às leis civis, disse: "En todas las Cortes de justicia es el soberano (que personifica el Estado) quien juzga. Los jueces subordinados deben tener en cuenta la razón que motivó a su soberano a instituir la ley, a la cual tiene que conformar su sentencia; sólo entonces es la sentencia de su soberano; de otro modo es la suya propia, y una sentencia injusta, en efecto", *Leviatán*,. Trad. M. Sánchez Sarto. Madrid: Tecnos, 1999, 5ª ed., cap. XXVI, p. 173.

das pessoas em sociedade, e ao mesmo tempo servir de pauta para que o juiz crie, frente a um caso concreto, o direito através de uma norma individual.

De forma diferente ocorre com os direitos subjetivos imediatos, pois, como veremos seguidamente, seu exercício não se dá frente a ninguém, pelo que sua existência não afetará a esfera jurídica de nenhuma pessoa, e, portanto não há necessidade de uma sentença para submeter, atual e potencialmente, o querer volitivo de um obrigado que não existe. Esta é a razão pela qual é possível sustentar dentro do ordenamento jurídico a existência deste tipo de direito de uma sentença.

Desta perspectiva, pois, é oportuno salientar que a doutrina analisa o direito do ponto de vista da teoria tridimensional, sendo assim, o direito se compõe de ato, valor e norma. Sendo assim é que, para nós, a compreensão do direito subjetivo possa ser descrita da seguinte maneira: o ato é trazido ao processo através da pretensão processual deduzida pelo ator;[77] o valor se encontra intrínseco nas leis que compõe o ordenamento jurídico; e o direito subjetivo (a saber, a norma individual) é criado pela sentença do juiz a partir dos atos proporcionados pelo ator e dos valores providos pelo ordenamento jurídico.

Em definitivo, sempre que nos referirmos a expressão *direito subjetivo*, sem nenhuma referência especial, estaremos designando, através dela, o que concebemos por vantagem objetiva.

3. Direitos subjetivos mediatos e direitos subjetivos imediatos

3.1. Considerações preliminares

A análise do moderno conceito de direito subjetivo levado a cabo, principalmente, pelos autores que mantinham uma postura dualista do ordenamento jurídico é insuficiente quando este conceito é aplicado pelos defensores da teoria monista e confrontado com a realidade cotidiana, pois, de acordo com a teoria monista, como é sabido, não existe direito subjetivo antes da sentença. Como consequência, é muito difícil para os defensores desta teoria contestar coerentemente certas perguntas, como por exemplo: Existe um direito subjetivo para a vida antes da sentença e necessitamos da sentença para que o direito à vida exista? Também se pode perguntar: Existe um direito subjetivo para a liberdade antes da sentença e necessitamos da sentença para que exista o direito à liberdade? E por fim, cabe perguntar-se: Existe um direito subjetivo de ação processual ou não? E, se existe, qual é a diferença entre estes direitos subjetivos e os outros que dependem de uma sentença?

---

[77] Vid. *infra*, nº 9.2 y 9.3.

Para a doutrina dualista do ordenamento jurídico estas questões se fazem relativas, uma vez que estes direitos, como todos os demais, existem entes do processo. Sem embargo, as resoluções de tais questões adquirem uma transcendência especial para a doutrina monista, já que para ela não pode existir nenhum direito previamente à sentença.

O desenvolvimento atual do conceito de direito subjetivo atende única e exclusivamente às expectativas da teoria dualista, mas não à da teoria monista. Este é o principal motivo que me levou a enunciar a diferença entre direitos subjetivos mediatos e direitos subjetivos imediatos.

3.2. Direitos subjetivos mediatos e limitação da esfera jurídica

Como se afirmou anteriormente, a função principal do ordenamento jurídico é hierarquizar os interesses da sociedade, e isso sempre comporta que uns prevaleçam sobre outros, surgindo assim interesses subordinantes e interesses subordinados.

Os direitos subjetivos que denomino *mediatos* são exercidos sempre frente a alguém, pois a todo direito deve corresponder um dever[78] jurídico[79] que o garante, motivo pelo qual a existência de um direito subjetivo mediato afetará a esfera jurídica de outros. Assim afirma Pontes de Miranda, que: "*Todo direito subjetivo, como producto da incidência de regra jurídica, é 'limitação' à esfera jurídica de outro, ou de outros possíveis sujeitos de direito*".[80] Sendo assim, se é certo que todo direito subjetivo mediato afeta

---

[78] O estudo do conceito de *dever* é muito amplo e extremamente revelador. Sem dúvida, é conveniente que desde o princípio tenhamos muito presente seu significado. A ideia de dever exige obrigatoriamente uma análise objetiva e subjetiva do conceito, com a finalidade de evidenciar a diferênça entre obrar *conforme al deber* y *por mor del deber*. O autor que melhor usou ou manifestou esta diferença através do conceito de dever é, sem lugar à dúvida, KANT. Para ele, "el concepto de deber exige 'objetivamente' a la acción una concordancia con la ley, pero a su máxima le demanda 'subjetivamente' un respeto hacia ella como único modo para determinar la voluntad merced a esa ley. Y en esto estriba la diferencia entre ser consciente de haber obrado 'conforme al deber' y 'por mor del deber', o sea, por respeto hacia la ley, siendo así que lo primero (la legalidad) es posible aun cuando simplemente las indicaciones hubieran oficiado como fundamentos para determinar la voluntad, mientras lo segundo (la 'moralidad') el valor moral, ha de quedar cifrado con exclusividad en que la acción tenga lugar por deber, esto es, simplemente en virtud de la ley", *Crítica de la razón práctica*, ob. cit., p. 174 (na edição do original alemão [A 144] e na paginação da Academia <AK. V,81>). Vid. também do mesmo autor, *supra*, nota 50.

[79] Uma vez analisado o conceito de dever em seu sentido genérico, teremos que comprender-lô desde uma dimensão jurídica. Por *dever jurídico* entendemos, segundo palavras de GARCÍA MÁYNEZ, "la restricción de la libertad exterior de una persona, derivada de la facultad, concedida a otra u otras, de exigir de la primera cierta conducta, positiva o negativa", o, de forma más escueta, "tenemos el deber de hacer (o de omitir algo), si carecemos del derecho de optar entre hacerlo y omitirlo", *Introducción al estudio del derecho*, ob. cit., cap. XIX, nº 141, p. 268. Em igual sentido, DÍEZ-PICAZO, *Experiencias jurídicas y teoría del derecho*, ob. cit., p. 69.

[80] *Tratado das ações*, ob. cit., t. I, § 4, p. 38. Assim mesmo, FERRAJOLI, quando diferencía dos direitos fundamentais os direitos patrimoniais, afirmando que estes "son siempre situaciones de poder cuyo ejercicio consiste en actos de disposición a su vez productivo de derechos y de obligaciones en la

a esfera jurídica de outro, não é possível sustentar dentro do ordenamento jurídico a existência deste tipo de direito antes da sentença, porque a esfera jurídica de uma pessoa somente pode sofrer restrições por determinação legal ou por resolução judicial e nunca pelo simples exercício de um direito subjetivo mediato. Não pode existir dentro do ordenamento jurídico a possibilidade de uma pessoa aprofundar-se na esfera jurídica de outra se não é única e exclusivamente através do processo, sob pena de gerar o caos na sociedade. Esta é a razão pela qual Liebman destaca que, "la acción (procesal) es un derecho al médio y no al fin, porque la Ley no reconoce a cada uno en particular el poder de imponer a la parte contraria el efecto juridico apetecido; corresponde al Estado y sólo a él la potestad de imponer aquel efecto (o, como otros prefieren decir, de aplicar la sanción)".[81]

Estes direitos subjetivos são mediatos exatamente porque sua existência depende de uma sentença, sendo assim, não se formam no momento em que o ordenamento jurídico concede a vantagem objetiva para seu titular, de outro modo que necessitam ser declarados em uma sentença.

3.3. Direitos subjetivos imediatos

À diferença dos anteriores, os direitos subjetivos imediatos não necessitam ser exercidos frente a ninguém, consequentemente sua existência não afetará a esfera jurídica de nenhuma pessoa, portanto não há necessidade de ser submetido a uma sentença, atual ou potencialmente, o querer volitivo de um obrigado que não existe. Por esta razão é possível sustentar dentro do ordenamento jurídico a existência deste tipo de direito sem necessidade de uma sentença.

Nos direitos subjetivos imediatos, como por exemplo, o direito à vida, a liberdade ou a ação judicial, a simples vantagem objetiva concedida pelo ordenamento jurídico é suficiente para que o mesmo possa existir, na medida que sua existência não comporta nenhuma *limitação* à esfera jurídica de outra pessoa. O simples exercício de direito subjetivo imediato é suficiente para que ele mesmo possa produzir efeitos independentes de uma sentença judicial.[82]

Em definitivo, os direitos subjetivos são imediatos porque sua formação não depende de uma sentença, sendo assim, existem em um mo-

---

esfera jurídica propia o ajena", *Derechos y garantías*. Trad. Perfecto Andrés Ibáñez e Andrea Greppi. Madrid: Trotta, 1999, p. 49.

[81] La Acción en la teoría del proceso civil. Trad. Víctor Fairén Guillén. In: *Revista Legislativa y Jurisprudencial (Foro Gallego)*, La Coruña, 1951, n° 73, p. 12.

[82] Aqui estamos diante do que se pode chamar *direito subjetivo fundamental*. Na terminología de DUGUIT, "l'homme possède, en sa qualité d'homme, certains pouvoirs, certains droits subjectifs qui sont des 'droits individuels naturels'", *Manuel de droit constitutionnel*, ob. cit., n° 3, p. 3.

mento em que o ordenamento jurídico concede a vantagem objetiva para seu titular, e surtem efeitos imediatamente depois de seu exercício.

A diferença essencial entra as duas modalidades de direito subjetivo é a seguinte: sempre que o exercício do direito subjetivo vá de encontro a alguém, é mister a intervenção do Estado através da sentença judicial, permitindo com isso a produção dos efeitos jurídicos, do contrário, o direito subjetivo se bastará para si mesmo, uma vez que não afetando a esfera jurídica de ninguém não há a necessidade de intervenção do Estado para declarar a existência do direito. No primeiro suposto, estamos diante do *direito subjetivo mediato* e no segundo suposto estamos diante do *direito subjetivo imediato*. Outra diferença entre os direitos subjetivos mediatos e imediatos reside na que os titulares dos primeiros, uma vez reconhecidos no processo, são determinados, ao contrário, os titulares dos direitos subjetivos imediatos são sempre indeterminados, na medida em que todas as pessoas possuem o direito a vida, e são igualmente livres, podem acessar a tutela jurisdicional etc.

De modo similar a minha classificação entre Direito subjetivo mediato e imediato encontramos a efetuada por Ferrajoli entre direitos fundamentais e patrimoniais.[83] Ambas classificações coincidem em que os direitos subjetivos imediatos (ou fundamentais) são universais, indisponíveis, inalienáveis, invioláveis, intransigíveis, personalíssimos, além de terem seu título imediatamente em lei, enquanto que os direitos subjetivos mediatos (ou patrimoniais) são singulares, disponíveis, negociáveis, alienáveis,[84] e tem por título atos jurídicos do tipo negocial, entre outras distinções.

---

[83] *Derechos y garantías*, ob. cit., p. 46 a 50. Os direitoss patrimoniais são singulares, segundo o autor, "en el sentido asimismo lógico de que para cada uno de ellos existe un titular determinado (o varios cotitulares, como en la copropiedad) con exclusión de todos los demás", *Derechos y garantías>*, ob. cit., p. 46.

[84] Asssim, ROUBIER, Délimitation et intérêts pratiques de la catégorie des droits subjectifs. In: *Arch. Ph. Dr.*, nº 9, Paris, 1964, p. 92.

— IV —

Aspectos probatórios do dano ambiental futuro: uma análise sobre a construção probatória da ilicitude dos riscos ambientais

DÉLTON WINTER DE CARVALHO[1]

Sumário: 1. Direito e Ciência; 1.1. A ênfase da prova pericial na análise jurisdicional da prova do risco ambiental; 2. A formação de critérios de ponderação para análise judicial da prova científica: entre credibilidade científica e validade jurídica da prova científica; 2.1. Critérios substanciais; 2.2. Critérios procedimentais; 3. Padrões de exigibilidade probatória para declaração jurisdicional de ilicitude de riscos ambientais (configuração probatória do dano ambiental futuro); 4. Elementos probatórios para avaliação e a gestão jurisdicional dos riscos ambientais; 4.1. Probabilidade; 4.2. Magnitude; 4.2.1. Irreversibilidade como critério de análise interpretativa da magnitude dos riscos ambientais; 4.2.2. A vulnerabilidade local e microrregulação como elemento de amplificação da magnitude; Considerações finais.

1. Direito e Ciência

Na Sociedade Contemporânea, tem-se a diferenciação funcional desta em vários diálogos e racionalidades específicas, havendo, assim, uma *descontinuidade interativa* em relação às formas de assimilação e operacionalização das alterações estruturais existentes nesta em razão das irritações ecológicas globais contemporâneas. Os sistemas encontram-se *operativamente fechados* e *cognitivamente abertos*, havendo, contudo, *diferenças* na *intensidade* de cada sistema na operacionalização desta *dúplice racionalidade*.

Alguns sistemas (ciência, economia e técnica) encontram-se orientados estruturalmente sob o primado de *expectativas cognitivas*.[2] Diante deste *primado cognitivo* (em detrimento do normativo), as estruturas do sistema da ciência apresentam-se mais disponíveis a mudanças em caso de frustrações de suas expectativas. Isto se dá em virtude do código cien-

---
[1] Doutor em Direito UNISINOS. Mestre em Direito Público UNISINOS. Professor do Programa de Pós-Graduação em Direito – PPGD da UNISINOS. Advogado e consultor jurídico.
[2] TEUBNER, Günther; DÍEZ, Carlos Gómez-Jara (ed.). *El derecho como sistema autopoiético de la sociedad global*. Bogotá: Universidad Externado de Colombia, 2005, p. 115; NEVES, Marcelo. *Transconstitucionalismo*. São Paulo: Martins Fontes, 2009, p. 31.

tífico (verdade/falsidade) estar direcionado para a aquisição constante de conhecimentos científicos novos (inovação).[3]

Assim, quando uma investigação produz resultados até então desconhecidos, o conhecimento científico se modifica na mesma medida, aprendendo com a frustração da expectativa anteriormente vigente.[4] A alternância nas expectativas vigentes na ciência são dotadas de grande dinâmica e mutabilidade, em conformidade com a evolução das investigações e pesquisas sobre determinados assuntos.

Não se quer dizer que a ciência não detenha uma autonomia operacional, contudo, as estruturas da ciência são formadas por expectativas de tipo cognitivo, habilitando a capacidade deste sistema em aceitar alterações estruturais mais rapidamente. Em razão do primado cognitivo, há uma maior *dinâmica no processo de legitimação de novas informações e resultados nas estruturais da ciência*. Por esta razão, o conhecimento científico é percebido como frágil, por sua sujeição às contínuas revisões e aperfeiçoamentos.[5]

Esta maior aptidão cognitiva pode, também, ser encontrada na economia e na técnica. Desta forma, os acoplamentos entre estes sistemas (ciência, técnica e economia) são simplificados e atuam mais facilmente em nível global, gerando processos de estímulos financeiros a pesquisas científicas que gerem expectativas mercadológicas positivas. A maior capacidade estrutural cognitiva destes sistemas (em apreender com as inovações) desencadeia uma maior abertura e capacidade de intersecções, acelerando, assim, processos de produção e consumo de inovações científicas pelo mercado global. Há, portanto, uma nítida discrepância entre tais sistemas quando comparados ao direito e a política, vez que estes apresentam um primado estrutural normativo, sendo, por tais razões, mais limitados territorialmente estes sistemas.

O direito, neste mesmo sentido, apesar de apresentar uma capacidade de *abertura cognitiva* para observar os demais sistemas sociais, opera em uma clausura normativa, encontrando-se mais lento na legitimação das inovações científicas e na absorção de suas consequências para a saúde pública e para o meio ambiente ecologicamente equilibrado. Isto ocorre em razão do direito temporalizar a sua complexidade por processos administrativos ou jurisdicionais, nos quais os Princípios da ampla defesa, do contraditório e do devido processo legal ganham destaque constitucional (art. 5º, LIV e LV CF).

---

[3] LUHMANN, Niklas. *Ecological Communication*. Cambridge: University of Chicago Press, 1989, p. 78.

[4] CORSI, Giancarlo; ESPOSITO, Elena; BARALDI, Claudio. *Glosario sobre la teoria social de Niklas Luhmann*. Guadalajara: Universidad Iberoamericana, 1996, p. 38

[5] GOMES, Carla Amado. *A prevenção à prova no Direito do Ambiente*. Coimbra: Coimbra, 200, p. 98.

Distintamente da ciência, o direito, que é materializado pelo processo judicial, exige, pois, decisões, devendo ser *limitado temporalmente*. Assim, um cientista, em face da ausência de evidências científicas conclusivas, continuaria a pesquisar, enquanto que no direito, o processo de tomada de decisão baseia-se na prova produzida nos autos e deve ter uma decisão mesmo diante da *"ausência de provas"* (conclusivas). Portanto, há, no direito, uma constante *limitação temporal* do processo, sem que a decisão do juiz no processo judicial possa ser postergada na espera por maiores provas[6] (em virtude de uma atual incerteza científica).

Neste sentido, pode-se observar, por exemplo, que a ciência detém uma maior capacidade em lidar com a incerteza científica do que o próprio direito, mesmo por que sua função sistêmica consiste em produzir pesquisas e métodos que demonstrem resultados verdadeiros ou falsos. O direito, diferentemente, tem sua função o controle social, a generalização congruente de expectativas normativas, e, desta forma, tem que solucionar conflitos sob uma racionalidade normativamente enclausurada (ex. Princípios Constitucionais, normas infraconstitucionais, institutos dogmáticos etc.)

Assim, o direito realiza um constante processo de *desconstrução dos elementos científicos provenientes* dos expertos e de *educação cívica* das partes e da comunidade em geral acerca dos riscos ambientais e à saúde pública oriundos da técnica. Este processo, no entanto, é realizado sob a égide de sua racionalidade (coerência jurídica e adequação social). Em havendo ameaça a direitos intrageracionais (direitos subjetivos e interesses transindividuais presentes) e a interesses intergeracionais ambientais (futuras gerações), o direito detém a função de desencadear processos, nos termos de José Joaquim Gomes Canotilho, de *democratização do conhecimento dos efeitos secundários das decisões de risco.*[7]

1.1. A ênfase da prova pericial na análise jurisdicional da prova do risco ambiental

O sistema jurídico depende de resultados científicos para solucionar os conflitos ambientais,[8] estes cada vez mais constantes no Poder Judiciário. Em razão da *tecnicidade* que caracteriza as informações ambientais,[9] a prova pericial (exame, vistoria ou avaliação), os documentos e testemu-

---

[6] JASANOFF, Sheila. *Science at the Bar: Law, Science, and Technology in America*. Cambridge: Harvard University Press, 1995, p. 9.

[7] CANOTILHO, José Joaquim Gomes. *Direito Constitucional e Teoria da Constituição*. 7ª ed. Coimbra: Almedina, 2003, p. 1355.

[8] LUHMANN, Niklas. *El derecho de la sociedad*. México: Universidad Iberoamericana, 2002, p. 142.

[9] MACHADO, Paulo Affonso Leme. *Direito à Informação e Meio Ambiente*. São Paulo: Malheiros, 2006, p. 91.

nhos dos expertos exercem um papel destacado na análise jurisdicional dos danos e riscos ambientais. As declarações periciais podem conter apenas descrições fáticas e suas respectivas deduções, tendo por base *regras de experiência técnica ou científica*.[10]

Notório que a prova pericial tem lugar quando for necessário e possível a elucidação de fatos relevantes à causa que, para tanto, dependam de conhecimentos especiais de técnicos.[11] Esta vem fornecer informações multidisciplinares necessária à *textura aberta* de diversas expressões jurídicas existentes no Direito Ambiental. Assim, a atribuição de sentido a um evento *como* dano ou risco ambiental dependerá, por evidente, de um processo de integração de informações multidisciplinares que, por sua vez, atuarão como condição de possibilidade probatória para a formação da convicção judicial.

Em razão da racionalidade específica do direito e de seu fechamento operacional normativo, deve-se lembrar, contudo, que o julgador não estará adstrito ao conteúdo do laudo pericial ambiental.[12] Assim, as informações científicas serão analisadas segundo os critérios de validade autolegitimados pelo direito que procura, seletivamente, nestes elementos informações que lhe sirvam operacionalmente para a construção de sentido jurídico.

Da mesma forma, a transdisciplinaridade das informações que envolvem a configuração probatória de um dano ambiental ou a ilicitude (intolerabilidade socioambiental) de um risco ambiental, frequentemente, ensejará a realização de exames altamente complexos que, por sua vez, exigem uma abrangência lançada sobre várias áreas do conhecimento. Trata-se da chamada *perícia complexa*,[13] que já existia na prática forense e que agora se encontra normatizada, a fim de permitir a nomeação de diversos peritos sempre que a solução de um processo judicial depender e envolver conhecimentos especializados pertinentes a diversas áreas técnico-científicas. A perícia complexa ou multidisciplinar tem sua justificativa na relevância que o próprio processo civil (art. 145, §1º) e o Direito Ambiental (subsistema jurídico marcado pela transdisciplinaridade) atribuem à *especialidade (trans)disciplinar* inerente às diversas áreas do conhecimento bem como à necessidade de sua *integração* em processos decisórios que versem especialmente sobre *novos direitos*.

---

[10] CINTRA, Antonio Carlos de Araujo. *Comentários ao Código de Processo Civil*. 3 ed. vol. IV. Rio de Janeiro: Forense, 2008, p. 207.

[11] Neste sentido, prevê o art. 420 do CPC.

[12] Conforme prevê art 436 do CPC: "O juiz não está adstrito ao laudo pericial, podendo formar a sua convicção com outros elementos ou fatos provados nos autos".

[13] "art. 431-B. Tratando-se de perícia complexa, que abranja mais de uma área de conhecimento especializado, o juiz poderá nomear mais de um perito e a parte indicar mais de um assistente técnico".

Despiciendo mencionar que a relevância dos conhecimentos técnicos é potencializada num contexto de *sociedade de riscos globais,* na qual a globalidade, a transtemporalidade e a invisibilidade dos riscos ambientais justificam uma necessidade de antecipação e controle à ocorrência de danos futuros. A prova acerca de riscos ambientais, por evidente, faz-se ainda mais complexa do que a prova de um dano desta natureza, isto em razão do primeiro estar ligado a uma necessária descrição do futuro, enquanto que a prova do dano consiste na descrição do passado. Assim, as descrições periciais que integram um processo judicial, na condição de prova científica, auxiliam a decisão judicial ao cumprimento da ordem constitucional de assegurar às presentes e futuras gerações um meio ambiente ecologicamente equilibrado e sadio (art. 225, CF).

2. A formação de critérios de ponderação para análise judicial da prova científica: entre credibilidade científica e validade jurídica da prova científica

Os conflitos que envolvem riscos e desastres ambientais são cada vez mais comuns ao Judiciário e às esferas administrativas competentes, o que acaba emanando a consolidação de um *novo paradigma regulatório*. A formação de uma regulação para situações de riscos ambientais terá a relação direta com *a expansão das categorias de análise de prova científica*, legitimando decisões sem a necessidade de prova conclusiva, mediante a análise probabilística e a inserção da incerteza científica como elementos de ponderação probatória e decisão.

Os tribunais, ao seu turno, situados no centro gravitacional do direito,[14] ao enfrentarem a análise das provas científicas, passam a ter que exercer um processo *(i)* de *(des)construção discursiva* da autoridade do *expert*, com a finalidade de tornar transparente os valores, os preconceitos e as suposições sociais envolvidas em litígios que envolvam prova científica e tecnológica; *(ii)* de *educação cívica* sobre a ciência e a tecnologia" pelo procedimento jurisdicional, capaz de produzir informações (aos litigantes, comunidade, sistema jurídico, instituições governamentais e não governamentais) acerca dos dilemas epistemológicos, sociais e morais que acompanham as mudanças tecnológicas; *(iii) eficaz*, sob o ponto de vista temporal e regulatório.[15]

A exemplo da prova do dano ambiental, a análise probatória do risco ambiental é possível em razão da confecção de "observações de segunda ordem" (observações cibernéticas), ou seja, das observações que um sis-

---

[14] LUHMANN, Niklas. "A Posição dos Tribunais no Sistema Jurídico". *Revista Ajuris.* n° 49, ano XVII, julho, 1990.

[15] JASANOFF, Sheila. *Science at the Bar: Law, Science and Tecnology in America.* Cambridge: Harvard University Press, 1995, p. 20-21. (tradução livre do autor)

tema observador (direito) realiza, a partir de sua lógica e racionalidade, sobre as observação de outro (laudo técnico, perícia, testemunho científico etc.).[16] Destarte, este processo de *decodificação* de informações não jurídicas para a produção de sentido jurídico (de dano e risco) deve ser racionalizado a partir de critérios valorativos que atuam como *sensores cognitivos*. Tais critérios acabam por facilitar este processo de *sensibilização* (cognitiva) do direito às informações científicas ou técnicas, desencadeando um processo de sopesamento das provas a partir da relação entre *credibilidade científica e validade jurídica*.

Para tanto, fundamental a existência de *critérios reflexivos* que sirvam de parâmetros interpretativos capazes de fornecer maior *sensibilidade cognitiva* ao processo *filtragem jurídica* das informações científicas (conclusivas ou não), a fim de permitir a função constitucional de tutela ambiental para as presentes e futuras gerações.

Tais critérios para valoração da prova científica na formação da convicção judicial podem ser distinguidos em critérios substanciais e critérios procedimentais. Enquanto os primeiros apresentam um destaque em relação ao conteúdo e ao mérito da opinião técnica que fará parte do processo judicial de diagnóstico de danos e riscos ambientais, os critérios procedimentais destacam a necessidade e a valoração jurídica de instrumentos probatórios aos quais tenha sido garantido um devido processo (legal, ambiental e científico) para a gestão de risco ambiental.

2.1. Critérios substanciais

Este processo de absorção e assimilação da complexidade ambiental,[17] pelo aprofundamento e intensificação das intersecções entre direito e ciência, revela a importância da existência de *critérios substanciais* que têm por função servirem de elemento para análise e ponderação da prova científica. Tais critérios servem para análise da coerência da decisão (administrativa ou judicial) seja na descrição de um dano ou risco ambiental e seus respectivos nexos causais.

Partindo de uma reflexão pragmática, passamos a analisar alguns critérios existentes na prática jurídica que servem de estímulos recíprocos entre credibilidade científica e validade jurídica, na interpretação e convicção judicial nas provas científicas.

---

[16] CARVALHO, Délton Winter de. *Dano ambiental futuro: a responsabilização civil pelo risco ambiental*. Rio de Janeiro: Forense universitária, 2008, p. 106.

[17] Acerca da tridimensionalidade da complexidade nas decisões jurídicas ambientais ver: CARVALHO, Délton Winter de. "Aspectos Epistemológicos da Ecologização do Direito: reflexões sobre a formação dos critérios para análise da prova científica". *Scientia Iuridica*. nº 324, tomo LIX, Braga: Universidade do Minho, 2010, p. 727-751.

(i) A análise da metodologia científica adotada, nos moldes do padrão decisional Daubert (Daubert standard). No *leasing case* "Daubert *versus* Merrell Dow Pharmaceuticals" da Suprema Corte Americana, firmaram-se os requisitos de admissibilidade do testemunho científico, determinando a validade e a relevância deste a partir dos seguintes critérios de análise: (i) que a teoria ou técnica seja capaz de submissão a verificação científica; (ii) que tenha sido submetida a revisão científica e objeto de publicação; (iii) que se tenha conhecimento do nível de incerteza ou erros em potencial, bem como dos padrões para controlá-los e; (iv) que haja amplo reconhecimento (*general acceptance*) perante a comunidade científica. Tais critérios servem como elementos de ponderação acerca da admissibilidade da prova. A principal influência deste padrão consiste no fato da prova científica não depender apenas de sua aceitação geral na comunidade científica para sua admissibilidade probatória em juízo, em superação ao precedente "Frye v. United States" da Corte do Distrito de Columbia.[18]

(ii) o credenciamento do laboratório utilizado para a análise científica junto a órgãos ambientais ou de certificação para tais exames. A realização de credenciamento, a princípio, atestaria a existência de uma análise preliminar acerca da credibilidade e da idoneidade do laboratório para fins de seu credenciamento e a condição contínua do órgão administrativo competente para fiscalizar a sua competência técnica;

(iii) a área de formação e especialização do perito (currículo e autoridade científica) que confecciona um parecer, relatório, estudo ou laudo.[19] Assim, "além da idoneidade, o perito deve contar com o conhecimento técnico suficiente", isto é, se a prova pericial exigir conhecimento técnico abrangido por uma determinada "área universitária", este deve ser escolhido entre os profissionais de nível universitário regularmente inscritos no órgão de classe da respectiva área do saber."[20] Há uma nítida orientação normativa limitando a abrangência e, consequentemente, a valoração da prova técnica no Direito Processual brasileiro. Primeiramente, quando uma perícia tiver por objeto uma determinada área universitária, o perito deverá, obrigatoriamente, deter formação (em nível universitário) e estar devidamente inscrito no órgão de classe competente da respectiva área. Além disto, a norma processual permite e induz a aplicação do critério da autoridade. Segundo este, deve haver um sopesamento da prova pericial e dos laudos dos assistentes técnicos

---

[18] Daubert v. Merrell Dow Pharmaceuticals, Inc., 43 F.3d 1311 (9th Cir. 1995); acerca de comentários doutrinários sobre o *Daubert standard*: JASANOFF, Scheila. *Science at the Bar*, p. 61-63.

[19] Neste sentido aponta o § 1º do art. 145 do CPC: "Os peritos serão escolhidos entre profissionais de nível universitário, devidamente inscritos no órgão de classe competente, respeitando o disposto no Capítulo VI, seção VII, deste Código".

[20] MARINONI, Luis Guilherme; ARENHART, Sérgio Cruz. *Prova*. São Paulo: Revista dos Tribunais, 2010, p. 771.

a partir de uma análise do nível de especialização do perito e a maior adequação de sua formação ao objeto da perícia. Haverá, provavelmente, uma maior valoração de sua opinião técnica quanto maior o seu grau de especialização dentro da área abrangida pelo objeto da perícia. Por evidente, o mesmo servirá para a valoração dos laudos e impugnações promovidas pelos assistentes técnicos das partes, seja num processo judicial ou mesmo na esfera administrativa.

(iv) a adoção de normas técnicas vigentes acerca de metodologias a serem utilizadas para a realização de avaliações de impactos (presentes ou futuros) ambientais. A metodologia utilizada deve ser aquela utilizada como padrão normativo em uma determinada área do conhecimento.[21] Caso a matéria não seja objeto de nenhuma normatização técnica, tem-se a necessidade de análise da metodologia com maior adequação às especificidades (científicas e do objeto da demanda) do caso em concreto, devendo ser esta objeto de maio justificativa e aprofundamento nas razões da escolha metodológica adotada.

(v) ao lado da excelência (autoridade), já mencionada no item v acima, a independência e a transparência dos pareceres científicos são critérios determinantes para análise da maior ou menor credibilidade científica de uma prova desta natureza.[22]

(vi) a maior proximidade temporal da análise técnica em relação ao evento gerador do impacto ambiental ou da geração do risco. Este critério se dá em virtude do raciocínio lógico no sentido de ser evidente que, quanto menor o transcurso de tempo em relação aos elementos objeto de análise técnica, menor o número de fatores adjacentes ambientais ou artificiais que possam produzir influência sobre os resultados.

A tais elementos de convicção, trazidos aqui exemplificativamente, reputamos uma importante função de fornecer maior *capacidade cognitiva* ao direito às informações científicas ou técnicas, servindo estes elementos de critérios para atribuir uma valoração probatória na construção do sentido jurídico de danos ou riscos ambientais.

---

[21] Um bom exemplo do que pretendemos trazer aqui consiste nos critérios analíticos determinados, normativa e tecnicamente, pela NBR 9898/87 para a *"Preservação e técnicas de amostragem de efluentes líquidos e corpos receptores"* emitida pela ABNT – Associação Brasileira de Normas Técnicas. Assim, o atendimento ou não às normas técnicas deve ser utilizado como critério de análise e ponderação da credibilidade científica da informação científica fornecida e da valoração jurídico-probatória desta no conjunto probatório.

[22] A favor de tais critérios, denominados então de princípios, se manifestou o Tribunal de Primeira Instância das Comunidades Europeias para fins de orientação dos critérios adotados para análise das provas científicas em contexto de grande incerteza científica acerca das consequências de um antibiótico administrado em animais (virginiamycin) para a saúde humana (Processo T-13/99 – Pfizer Health S/A contra Conselho da União Europeia, acórdão de 11.09.2002).

2.2. Critérios procedimentais

Já os *critérios procedimentais* devem resguardar um *devido processo legal, ambiental*[23] *e de análise científica* (proporcionar um procedimento adequado à obtenção das melhores informações científicas), a fim de permitir a instrução e a elucidação probatória dos fundamentos acerca da produção e credibilidade da prova (devido processo legal, contraditório e ampla defesa, cfe. art. 5º, LIV e LV CF), bem como a produção processual de estudos de avaliação de impactos e riscos ambientais.

Em outras palavras, os critérios procedimentais têm a finalidade de observar se as provas científicas trazidas à análise judicial ou mesmo na esfera administrativa foram submetidas a um contexto garantidor (i) do direito de participação das partes e de terceiros interessados;[24] (ii) do contraditório, abrindo-se a possibilidade de uma dialética que, por meio da contestação ou reflexão, permita um aprofundamento das análises técnicas; (iii) do devido processo legal, assegurando uma atenção ao rito previsto para processos de tomada de decisão judicial ou administrativa; (iv) o devido processo ambiental, que, por sua vez, consiste na necessidade de ser assegurado a qualquer processo ou procedimento de produção ou instrução probatória uma orientação para a garantidora de um rito com a função de ser eficaz e temporalmente adequado para a ordem constitucional de assegurar às presentes e futuras gerações um meio ambiente ecologicamente equilibrado; (v) o devido processo científico deve ser adotado sempre com o escopo de obtenção das melhores e mais atuais informações científicas.

Assim, tais critérios servem para tornar mais equilibrado e sensível o convencimento judicial às informações científicas e técnicas, permitindo a ponderação mais atenta da maior ou menor credibilidade de uma prova técnica e sua consequente preponderância na persuasão da convicção judicial.

---

[23] BENJAMIN, Antonio Herman V. "Constitucionalização do ambiente e ecologização da constituição brasileira". In: José Joaquim Gomes Canotilho; José Rubens Morato Leite. *Direito Constitucional Ambiental Brasileiro*. Saraiva: São Paulo, 2007, p. 67.

[24] Ellen K. Silbergeld destaca a relevância de que sejam assegurados espaços de participação pública tanto em procedimentos de avaliação de riscos como naqueles para a gestão de riscos SILBERGELD, Ellen K. "Risk Assessment and Risk Management: na uneasy divorce". In: Deborah G. Mayo; Rachelle D. Hollander (Eds.). *Acceptable Evidence: Science and Values in Risk Management*. New York: Oxford University Press, 1991, p. 99-114.

3. Padrões de exigibilidade probatória para declaração jurisdicional de ilicitude de riscos ambientais (configuração probatória do dano ambiental futuro)

A construção probatória em matéria de danos e, principalmente, riscos ambientais exige uma resignificação da *Teoria Geral das Provas*, adicionando uma estrutura compatível hipercomplexidade inerente à matéria ambiental e sua *ênfase preventiva*,[25] a fim de potencializar institutos tradicionais tais como as *provas judiciais*, especificamente *as provas indiretas*.

Um sistema de regulação de riscos (*risk-based regulation*) tem como uma de suas principais dificuldades a ausência de provas diretas acerca das lesões à saúde ou ao meio ambiente.[26] Tal dificuldade decorre da distinção entre a operacionalidade da ciência e do direito. Enquanto a primeira, detém uma profunda aptidão para aceitação de incertezas, o Direito, em sua função jurisdicional de declarar um *vencedor*, tende a apresentar uma menor tolerância e maior dificuldade em decidir em contextos de incerteza científica.[27] A constante inaptidão científica em demonstrar, com segurança probatória direta, a existência de danos presentes ou futuros (riscos ilícitos) lança destaque sobre as *provas indiretas* em processos jurisdicionais coletivos (ou mesmo em decisões na administração ambiental).

A distinção entre prova direta e indireta, primeiramente assinalada por Francesco Carnelutti, funda-se na "*coincidência* ou na *divergência* do fato a provar (objeto da prova) e do fato percebido pelo juiz (objeto de percepção da prova)".[28] Na prova direta o juiz relaciona a *prova* com o *fato* de maneira linear (análises laboratoriais que atestam a contaminação de um recurso hídrico, por exemplo), enquanto que na prova indireta o juiz *deduz* que o fato indireto provado (mortandade de animais) atesta a ocorrência do fato direto (contaminação de um ecossistema próximo).

Em outras palavras, quando o objeto da percepção não coincide com o objeto da prova, mas por aquele (objeto da percepção por meio de uma prova) pode deduzir a ocorrência do fato direto, estar-se-á diante da prova indireta. Nesta, há a necessidade de um *raciocínio dedutivo* (devidamente fundamentado) que leve à convicção de que se está diante da ocorrência do fato direto, aqui provado indiretamente.

Neste sentido, "o fato indireto serve para permitir que o juiz, a partir da sua prova (indiciária), raciocine para estabelecer uma presunção. O fato indireto permite que o juiz forme uma presunção sobre o fato dire-

---

[25] Expressão que tomamos emprestada de MATEO, Ramón Martín. *Tratado de Derecho Ambiental*. v. I. Madrid: Trivium, 1991, p. 93.

[26] JASANOFF, Sheila. *Science at the Bar: Law, Science, and Technology in America*. Cambridge: Harvard University Press, 1995, p. 72.

[27] Idem, ibidem, p. 10.

[28] CARNELUTTI, Francesco. *A prova civil*. São Paulo: Bookseller, 2001, p. 83.

to".[29] A *prova indiciária*, que se liga a um fato da causa por um *raciocínio indutivo lógico* e, por isto, detém um caráter indireto,[30] apoia a formação de presunções. É certo dizer que a prova indiciária deve ser analisada no conjunto probatório em razão da maior possibilidade de divergências e contrapontos em face da relação indireta desta com o objeto da causa. Diante das possíveis polarizações do sistema jurisdicional de adversários, os indícios atuam para a formação um juízo de análise da *verossimilhança preponderante*, construída a partir do processo de intersecção entre a credibilidade científica para a validade jurídica da prova.

As presunções desencadeadas pelas provas indiciárias poderão ser orientadas (i) pela própria lei (*presunções legais*) que, neste sentido, "estabelece a base da imputação", ou (ii) por *presunções judiciais*, oriunda do fenômeno interpretativo de fundamentos probatórios indiciários (máximas da experiência, demonstração estatística indireta, dentre outros).[31]

Eventos futuros, por evidente, lançam um grande destaque sobre as presunções, *sendo estas um poderoso aliado do processo para a prova de fatos de difícil verificação,[32] considerando que eventos futuros somente podem ser provados indiretamente.[33]* O futuro é, sob o ponto de vista epistemológico, sempre incerto.[34] Assim, eventos futuros sempre serão, em maior ou menor grau, incertos, mesmo diante da necessidade de uma racionalização judicial e na análise das provas. Mesmo eventos inquestionáveis como a morte, por exemplo, podem apresentar uma série de variáveis (motivos, tempo, conceito religioso ou médico-científico, morte cerebral, eutanásia etc.). Tradicionalmente, os danos futuros são descritos e juridicizados pelo direito apenas como danos certos. Esta consiste numa análise redutora de complexidade para que o sistema possa operacionalizar a observação do futuro de forma mais próxima às suas estruturas tradicionais dogmáticas. Por tanto, esta afirmação é possível apenas em um plano dogmático (inegabilidades juridicamente construídas para reduzir a complexidade e incertezas apresentadas pela ciência às decisões jurídicas), uma vez que, epistemologicamente, o futuro é inatingível por meio da construção de

---

[29] MARINONI, Luiz Guilherme; ARENHART, Sérgio Cruz. *Prova*. São Paulo: Revista dos Tribunais, 2010, p. 99.

[30] MELENO, Santiago Sentis. *La Prueba*. Buenos Aires: EJEA, 1979, p. 108

[31] OLIVEIRA, Ana Perestrelo de. *Causalidade e Imputação na Responsabilidade Civil Ambiental*. Coimbra: Almedina, 2007, p. 89-90.

[32] MARINONI, Luiz Guilherme; ARENHART, Sérgio Cruz. *Prova*, p. 132.

[33] Idem, ibidem, p. 220.

[34] BECK, Ulrich. *Risk Society: towards a new modernity*. London: Sage, 1992, p. 171; OST, François. *O Tempo do Direito*. Lisboa: Piaget, 2001, p. 328; LUHMANN, Niklas. *Risk: a sociological theory*. New Jersey: Aldine Transactions, 2002, p. 48-49.

juízos de certeza.[35] O futuro só pode ser percebido por meio da probabilidade.[36]

Neste sentido, a análise jurisdicional da prova científica acerca dos danos ambientais futuros deve avançar para além da exigência de certeza probatória. Caso em contrário, estar-se-á a defender a certeza do dano futuro como condição de possibilidade para declaração de ilicitude de riscos ambientais, cingindo-se a um percentual mínimo de eventos (passíveis de consenso científico acerca das consequências futuras de uma atividade ou produto e que, mesmo assim, sempre poderão ser objeto de confrontação em razão dos próprios limites de prognose). Trata-se de um paradoxo: os eventos futuros serão, com maior ou menor intensidade, incertos, sendo assim, qualquer exigência jurisdicional probatória construída sobre juízos de certeza é, racionalmente, inviável e redundará na impossibilidade de caracterização probatória deste.

O que se pretende quando se menciona, doutrinariamente, que um *dano futuro é certo*, a partir de eventos e situações já experimentadas, é exatamente considerar *uma* variável que, por sua *destacada probabilidade* e pelo alto grau de consenso (científico) acerca de sua ocorrência futura, é tida como *verdade jurídica* (ficção operacional necessária). Não se pode olvidar, contudo, que as descrições acerca do futuro permitem *apenas* juízos de probabilidade, pois nestes casos (descrições do futuro), sempre haverá a possibilidade de que uma determinada convicção seja frustrada *faticamente* em diversas variáveis, previsíveis ou imprevisíveis no momento do diagnóstico (agravamento, abrandamento, surgimento de novos conhecimentos científicos que alterem um diagnóstico tido como certo etc.). A exigência de um padrão probatório de certeza para riscos ambientais consiste, paradoxalmente, na inviabilização indireta de sua atenta análise jurisdicional. Assim, a inserção da incerteza e de juízos de probabilidade é condição para a identificação e gestão do risco ambiental, mediante a análise e a valoração jurisdicional da prova científica.

A gestão dos riscos ambientais é orientada, principiologicamente, pela prevenção e pela precaução. Enquanto a prevenção "opera com base na previsibilidade",[37] a precaução vai além atuando em contextos de riscos sem *base comprobatória* segura. Neste sentido, o primeiro orienta um *padrão de prova* (*standard of proof*) próximo da certeza consensual (probabilidade em grau máximo, isto é, previsibilidade), enquanto que a precaução serve de instrumento interpretativo (programa de decisão) apto a lidar com maior grau de incerteza. Assim, clara está a impossibilidade descritiva de uma linha decisiva na transição da prevenção para a precau-

---

[35] Neste sentido, *"não se pode conhecer o futuro (do contrário não seria futuro)"*. (tradução do autor) LUHMANN, Niklas. *Risk: a sociological theory*. New Jersey: Aldine Transactions, 2002, p. 48.
[36] LUHMANN, Niklas. *Risk*, p. 48.
[37] LORENZETTI, Ricardo Luis. *Teoria Geral do Direito Ambiental*. São Paulo: RT, 2010, p. 99.

ção, sendo a primeira uma matriz principiológica que é aplicada em casos em que há uma *"certeza"* ou *concretude causal* (consenso de uma probabilidade máxima, a ponto de ser *previsível*) de ocorrência futura, enquanto que a precaução estabelece um padrão de prova menos exigente, mais amplo e *orientado contextualmente* para a gravidade do risco.

A presunção de um *dano ambiental futuro* (por meio de uma declaração jurisdicional da ilicitude de um risco ambiental) se dá pela existência de uma *racionalização das incertezas* inerentes ao futuro. Considerando a impossibilidade de se provar de forma conclusiva o que irá, exatamente, ocorrer no futuro em virtude de um evento presente (ou na sua iminência), o *risco* serve como elemento de comunicacional para este fim (racionalizar a incerteza acerca do futuro, formando vínculos como o por vir). Por esta razão, o futuro, em muitos casos, pode ser apenas *presumido*, por provas indiciárias, capazes de atestar um prognóstico futuro que seja suficientemente provável e/ou grave a fim de permitir a imposição de medidas preventivas.

O "grau de prova"[38] exigido em casos de riscos ambientais deve levar a uma "probabilidade razoável" (*reasonable probability*, na *Common Law*),[39] constituído num ancoramento científico que seja capaz de demonstrar os prognósticos e as dúvidas científicas que envolvem um determinado *evento-fonte* de risco ambiental (prova indiciária da probabilidade e magnitude do evento). Na jurisdição civil, o *padrão de prova* (grau de prova) em contextos de incidência da *precaução* deve observar, ainda, os *fatores contextuais* que envolvem um determinado risco, devendo haver uma *satisfação razoável* (*reasonable satisfaction*) da necessária comprovação da existência de probabilidade de ocorrência de um dano futuro e da sua magnitude (grave ou irreversível),[40] a fim de justificar a imposição de medidas de antecipatórias.

Num padrão probatório preventivo, de riscos conhecidos (concretude causal), os danos futuros dotados de um nível próximo da certeza (probabilidade em grau máximo) devem ser evitados objetivamente. Aqui, a capacidade probatória (conhecimentos disponíveis no *estado da arte*) justifica uma postura exigente a título de provas, sem que, contudo, seja olvidado o fato de se estar falando em eventos futuros e, portanto, incertos quanto à incidência de inúmeras variáveis. Assim, fala-se em um padrão de *probabilidade razoável*. Já num contexto de incertezas científicas, que dão margem a *um padrão precaucional de prova* (*precautionary standard*

---

[38] OLIVEIRA, Ana Perestrelo de. *Causalidade e Imputação na Responsabilidade Civil Ambiental*, p. 85.
[39] Idem, ibidem, p. 86.
[40] JONES, Judith; BRONITT, Simon. "The burden and standard of proof in environmental regulation: the precautionary principle in na Australian administrative context". In: *Implementing the Precautionary Principle: perspectives and prospects*. Elizabeth Fisher; Judith Jones; René Von Schomberg. Cheltenham: Edward Elgar, 2006, p. 142-143.

of proof), sugere-se que as cortes tenham uma postura diferenciada quanto à exigência da convicção probatória de acordo com a gravidade das consequências que estejam em questão em um determinado risco (*reasonable satisfaction*).[41] A hipótese futura, aqui, não pode ser meramente especulativa, mas sim cientificamente ancorada em provas que *satisfaçam* de forma *razoável* o juízo competente acerca da sua probabilidade e magnitude, como elementos que justifiquem a imposição de medidas antecipatórias.

As provas indiciárias, portanto, devem ser analisadas a partir do conjunto probatório, auferindo-se fatores contextuais do risco. Num padrão de prova precaucional, mesmo diante de uma baixa probabilidade, uma destacada magnitude, poderá justificar a incidência de medidas obrigacionais preventivas. Em contextos de incerteza científica há um maior antagonismo possível na instrução probatória, por esta razão o padrão de prova precaucional atribui ao nível de satisfação da prova exigida em direção de uma *verossimilhança preponderante*. Esta poderia significar "em algo menos do que a probabilidade e mais do que uma remota possibilidade".[42]

No caso dos riscos ambientais, em razão da existência de uma complexidade potencializada, há uma constante de dados científicos imprecisos, deficientes, precários e até mesmo inexistentes acerca dos *elementos constitutivos de processos de análise e gestão de risco*[43] *para formação de um juízo antecipatório* (probabilidade e magnitude). Assim, a probabilidade e a magnitude são analisadas jurisdicionalmente a partir de um conjunto probatório formado, frequentemente, por provas indiciárias de que um risco deve ser declarado ilícito por haver a capacidade sistêmica (normativa e judicial) de presunção do dano ambiental futuro. Justifica-se assim a declaração jurisdicional da ilicitude do risco. Esta presunção é orientada pelas possíveis observações acerca o risco que, seja por sua probabilidade e/ou magnitude, justificam uma postura antecipatória (preventiva ou precaucional).

Tal cenário lança sobre os indícios e às presunções não apenas um protagonismo na formação do conjunto probatório e na convicção do *raciocínio judicial* como passa a exigir deste a adesão de *novas feições*, a fim de se adequá-los a um novo *parâmetro constitucional*[44] (de formação de vín-

---

[41] JONES, Judith; BRONITT, Simon. "The burden and standard of proof in environmental regulation: the precautionary principle in na Australian administrative context". p. 142.

[42] Idem. p. 153.

[43] Acerca da distinção entre a avaliação de risco (*risk assessment*) e a gestão de risco (*risk management*) no Direito Americano e a necessidade de uma procedimentalização integrativa entre ciência e política para a gestão das incertezas científicas, ver SILBERGELD, Ellen K. "Risk Assessment and Risk Management: na uneasy divorce". In: Deborah G. Mayo; Rachelle D. Hollander (Eds.). *Acceptable Evidence: Science and Values in Risk Management*. New York: Oxford University Press, 1991, p. 99-114.

[44] Reflexões sobre o parâmetro constitucional para regulação do risco no Direito Ambiental brasileiro, ver: CARVALHO, Délton Winter de. "Sistema constitucional brasileiro para o gerenciamento dos

culos intergeracionais pelo art. 225) e à nova função do Direito assumida ante uma *sociedade de riscos globais*, qual seja, a gestão de riscos ambientais.

4. Elementos probatórios para avaliação e a gestão jurisdicional dos riscos ambientais

Após uma análise dos critérios para absorção da credibilidade científica, como critério probatório de convencimento judicial, para a validação jurídica das informações científicas (enfrentada no item 2 do presente trabalho), e da pesquisa sobre o "grau de prova" exigida na *regulação de situações risco* (apresentada no item 3), faz-se necessário um aprofundamento sobre os elementos racionalizadores das análises e processos de gestão de risco. Em outras palavras, pode ser dito que os riscos podem ser observados a partir de uma equação, de um binômio, sendo este equacionado de forma *dinâmica*. Está-se falando aqui do binômio que atua como condição de possibilidade para a análise, a construção probatória e, consequentemente, gestão do risco ambiental: probabilidade/magnitude. Com grande destaque na aplicação processual dos princípios da prevenção e precaução, como fontes obrigacionais, as tutelas de urgência fazem uso de expressões compatíveis com este binômio (probabilidade/magnitude), tais como *"verossimilhança e perigo de dano irreparável"*[45] e *"fumus boni iuris e periculum in mora"*.[46]

4.1. Probabilidade

Ainda que incerto o futuro, a *probabilidade* consiste num fundamento racionalmente seguro,[47] vez que, apesar de ser uma *ficção operacional* (descrição argumentativa do futuro), deve ser transparente quanto aos critérios analisados, de maneira controlada e não arbitrária.[48] Sua utilida-

---

riscos ambientais". *Revista de Direito Ambiental*. n. 55, 2009.

[45] No Código de Processo Civil, em seu art. 273 há a previsão das condições para antecipação de tutela nos seguintes termos: "O juiz poderá, a requerimento da parte, antecipar, total ou parcialmente, os efeitos da tutela pretendida no pedido inicial, desde que existindo prova inequívoca, se convença da *verossimilhança da alegação* e: I – haja fundado receio de *dano irreparável ou de difícil reparação*" (grifos nossos).

[46] As condições para a concessão de ordem geral de cautela, previstas no art. 798 do Código de Processo Civil assim encontram-se previstas: "Além dos procedimentos cautelares específicos, que este Código regula no Capítulo II deste Livro, poderá o juiz determinar as medidas provisórias que julgar adequadas, quando houver fundado receio de que uma parte, antes do julgamento da lide, cause ao direito da outra lesão grave e de difícil reparação".

[47] ESPOSITO, Elena. *Probabilità Improbabili: La realtà della finzione nella società moderna*. Roma: Meltemi, 2008, p. 26.

[48] Idem, ibidem, p. 41.

de singular consiste não em eliminar obscuridade do futuro, mas em fazer desta uma fonte produtiva de informações específicas.[49]

Em se tratando de futuro, o fator imprevisibilidade estará sempre presente,[50] podendo apenas ser comunicado, observado e demonstrado a partir de análises determinísticas (riscos concretos) ou probabilísticas (riscos abstratos).[51]

A probabilidade pode ser avaliada quantitativa ou qualitativamente. A avaliação quantitativa da probabilidade é aquela que se reflete em números, por intermédio de percentuais, enquanto que a avaliação qualitativa se dá através de critérios de razoabilidade, "em função da capacidade de antevisão". As probabilidades não quantificadas se exprimem a partir de ideia de verossimilhança, "entendida como probabilidade não quantificada de que, no futuro, possam vir a ocorrer danos".[52]

Neste fio condutor, poder-se-ia aderir, apenas para fins didáticos, a uma graduação da intensidade de confiabilidade em descrições sobre o futuro, tais como a *possibilidade* (demonstração racionalizada, porém, realizada unilateralmente acerca de um prognóstico futuro), a *probabilidade* (demonstração racional prognóstica submetida ao contraditório) e *verossimilhança* (aparência de verdade, via de regra, vinculada na dogmática de Direito Processual Civil a juízos provisórios).[53]

A probabilidade consiste num critério de racionalização das incertezas descritivas que marcam os processos de decisão tomados no presente, porém, orientados ao futuro, cujo escopo consiste em produzir uma comunicação de risco a fim de evitar a ocorrência de danos indesejados no futuro.

4.2. Magnitude

A magnitude consiste no potencial lesivo de uma determinada atividade, conduta ou produto. Está, portanto, relacionada com a intensidade

---

[49] Idem, ibidem, p. 45-46.

[50] GOMES, Carla Amado. *Risco e Modificação do Acto Autorizativo Concretizador de Deveres de Protecção do Ambiente*. Coimbra: Coimbra, 2007, p. 228.

[51] Neste sentido deve ser esclarecido que, diante da constante incerteza que envolve os prognósticos do futuro, tem-se uma tendência de deslocamento das análises determinísticas de risco para análises probabilísticas (LUHMANN, Niklas. *Risk: a sociological theory*, p. 19). Assim, mesmo em casos de riscos concretos (passíveis de descrição pelo "estado da arte" científica, com altos índices de probabilidade), a constante possibilidade de ocorrência de variáveis mostra uma maior adequação das análises probabilísticas ao processo de racionalização de incertezas. Mesmo que muito provável, é difícil dizer, nos tempos atuais, que um risco é certo, diante da hipercomplexidade de tais cenários.

[52] ARAGÃO, Alexandra. "Princípio da Precaução: manual de instruções". *Revista do CEDOUA*. n. 22, ano XI, 2008, p. 30.

[53] Sobre este tema ver MARINONI, Luiz Guilherme; ARENHART, Sérgio Cruz. *Prova*, p. 50.

do impacto futuro e com a profundidade da lesão dos valores protegidos.⁵⁴ Acessar uma análise à magnitude de um risco ambiental é fundamental em processos de gerenciamento de riscos (se for possível, inclusive com números demonstrativos), pois se torna muito mais difícil o seu controle e a ponderação acerca das medidas preventivas (*lato sensu*) a serem impostas sem que se tenha a noção do seu potencial.⁵⁵

A magnitude pode ser qualificada em razão de suas características temporais, espaciais, do próprio objeto e da sua intensidade. O *critério temporal* leva a um cálculo lançado sobre o período de incidência dos efeitos do evento lesivo, podendo ser instantâneo ou duradouro, repetido ou único. Já o *critério espacial* para análise da magnitude consiste na delimitação da "incidência geográfica dos efeitos lesivos". O *critério do objeto* tem por escopo a análise dos bens ou sujeitos afetados pelos efeitos desencadeados pelo evento indesejado, tais como seres humanos ou não, bens passíveis de regeneração ou não,⁵⁶ gerações presentes ou futuras etc.

Em alguns casos, a magnitude pode ter sua intensidade medida por meio de padrões de medição tais como decibéis (impactos sonoros), nanogramas ou partes por milhão – ppm (poluição atmosférica), béqueres (poluição por radioatividade),⁵⁷ entre outros.

Uma análise da *jurisprudência brasileira* demonstra que a análise e a ponderação acerca da magnitude, como elemento formador do convencimento acerca ilicitude de riscos ambientais, recai, principalmente, sobre dois elementos de convicção: (i) a análise sobre o potencial de irreversibilidade negativa dos riscos analisados judicialmente; e (ii) de que riscos produzidos em espaços territoriais especialmente protegidos ou em áreas vulneráveis ambientalmente ganham uma maior preponderância na tutela preventiva.

Em síntese, pode ser dito, que os riscos ambientais produzidos em áreas sensíveis ou especialmente protegidas ou aqueles com potencial de irreversibilidade tendem a deter um *menor limiar de tolerabilidade nas decisões judiciais*. Automaticamente, se está dentro de uma estrutura que admite indícios, presunções, sob um padrão de *satisfação razoável da prova de risco* (justificado pela sua gravidade, cientificamente estruturada).

Passa-se a enfrentar tais elementos de formação da convicção jurisdicional da magnitude como elemento desencadeador da declaração de

---

[54] ARAGÃO, Alexandra. "Princípio da Precaução: manual de instruções". *Revista do CEDOUA*. n. 22, ano XI, 2008, p. 30.

[55] SUNSTEIN, Cass. *Risk and Reason: Safety, Law, and the Environment*. New York: Cambridge University Press, 2002, p. 27

[56] GOMES, Carla Amado. *Risco e Modificação do Acto Autorizativo Concretizador de Deveres de Protecção do Ambiente*, p. 235.

[57] Exemplos fornecidos por ARAGÃO, Alexandra. "Princípio da Precaução: manual de instruções". *Revista do CEDOUA*. n. 22, ano XI, 2008, p. 30.

ilicitude de riscos ambientais, justificando medidas processuais antecipatórias.

4.2.1. Irreversibilidade como critério de análise interpretativa da magnitude dos riscos ambientais

A magnitude diz respeito à gravidade de um evento ambientalmente relevante, detendo como grau máximo um estado de *irreversibilidade*. Em uma perspectiva geral, o passado não pode ser alterado ou objeto de reversão, sendo assim, qualquer decisão é um fenômeno irreversível pelo simples passar do tempo.[58] Desta forma, poder-se-ia falar em irreversibilidades positivas ou negativas.[59] A irreversibilidade consiste na constatação da impossibilidade de se retornar ao passado, não sendo isto, num primeiro momento, nem positivo nem negativo.

Contudo, para o Direito Ambiental e para a regulação dos riscos, o sentido atribuído à *irreversibilidade*, como critério de análise e interpretação desencadeador de imposição de medidas antecipatórias (mesmo em contextos de incerteza científica) é mais específico.[60]

---

[58] SUNSTEIN, Cass. "Irreversibility". *Law, Probability and Risk*. v. 9, 3-4, set-dec. London: Oxford University Press, 2010, p. 235.

[59] ARAGÃO, Alexandra. "Princípio da Precaução: manual de instruções". *Revista do CEDOUA*. n. 22, ano XI, 2008, p. 22.

[60] Acerca da especificidade do sentido jurídico de irreversibilidade, pode-se demonstrar o julgamento abaixo, cuja expectativa de um dano ambiental futuro grave justifica a antecipação jurídica e a impoisção de medidas preventivas "AMBIENTAL. AGRAVO DE INSTRUMENTO. INSTALAÇÃO DE COMPLEXO MINEIRO-INDUSTRIAL. IMINÊNCIA DE DANOS AMBIENTAIS IRREVESSÍVEIS. SUSPENSÃO DA LICENÇA AMBIENTAL. Afigura-se justificada a aplicação do princípio da precaução no sentido de suspender a licença ambiental dada a *magnitude do empreendimento e a irreversibilidade de eventuais danos ambientais causados se o empreendimento for implantado*, aguardando-se a realização de perícia que confira maior segurança quanto à observância da legislação e baixo ou adequado impacto ambiental do empreendimento". (Tribunal Regional Federal (3. Turma). Agravo de instrumento 2009.04.00.038102-3/SC. Agravante: Município de Antitápolis. Agravado: Associação Montanha Viva. Relatora: Desa. Federal Maria Lúcia Luz Leiria. Porto Alegre, 20.04.2010) (grifos nossos). Ainda: "AGRAVO DE INSTRUMENTO. AÇÃO CIVIL PÚBLICA. LICENÇAS AMBIENTAIS CONCEDIDAS PELA FATMA. *RISCOS AO MEIO AMBIENTE*. PREVISIBILIDADE. 1 O licenciamento ambiental está fundado no princípio da proteção, da precaução ou da cautela, basilar do direito ambiental, que vejo estampado na Declaração do Rio, de 1992 (princípio 15). Faz parte da tutela impactos negativos ao meio ambiente,seja mitigando-os ao máximo com a imposição de condicionantes ao exercício da atividade ou a construção do empreendimento, de molde a atingir o primeiro objetivo da Política Nacional do Meio Ambiente, ou seja, conciliar o desenvolvimento econômico com a preservação. 2 A necessidade de profissionais habilitados para o licenciamento ambiental é medida que se impõe em casos que tais, *ante a importância de ser resguardados os potenciais naturais. O mero risco de dano ao meio ambiente é suficiente para que sejam tomadas todas as medidas necessárias e evitar sua concretização*. Isso decorre tanto da importância que o meio ambiente adquiriu no ordenamento constitucional inaugurado com a Constituição de 1988 *quando a paralisação de empreendimentos que, pela sua magnitude, possam implicar em significativo dano ambiental, ainda que este não esteja minuciosamente comprovado pelos órgãos protetivos*". (Tribunal Regional Federal (3. Turma). Agravo de Instrumento 2007.04.00.020136-0. Agravante: Fundação de Amparo a Tecnologia e ao Meio Ambiente – FATMA. Agravado: Ministério Público Federal Relator Juiz Federal Alcides Vetorazzi. Porto Alegre, 18.02.2009) (grifamos). Também, no que diz respeito ao sentido de irreversibilidade específico ao Direito ver: SUNSTEIN, Cass. *"Irreversibility" Law, Probability adn Rick*, v. 9. 3-4, set-dec. London: Oxford University Press, 2010.

Primeiramente, este diz respeito às *irreversibilidades ambientalmente negativas*, por óbvio, tendo sido objeto de referência, inclusive, em textos normativos para justificar, via de regra, a incidência do *Princípio da Precaução*. Este é o caso do texto do Princípio 15 da Declaração do Rio de 1992,[61] por exemplo.

A irreversibilidade tem desenvolvido um papel importante na regulação dos riscos ambientais e à saúde pública. Neste sentido, a irreversibilidade adquire, em processos de regulação de risco, um sentido motivador (*i*) de salvaguarda da flexibilidade de opções para as futuras gerações (*option value*), na qual a irreversibilidade refere-se à disposição de arcar com o *valor* (temporal ou financeiro) associado à adoção de medidas precaucionais a fim de resguardar uma maior flexibilidade quanto às *opções* (decisões) possíveis em um futuro incerto (com o escopo de evitar o comprometimento permanente de determinadas opções);[62] (*ii*) de gravidade (*seriousness*), em que "a irreversibilidade opera como uma espécie de amplificador da magnitude".[63]

Assim, mesmo que se possa dizer que "não há uma linha que separa a reversibilidade da irreversibilidade" e que "[a] questão não é se um efeito pode ser revertido, mas ao invés a que custo",[64] tem-se, simultaneamente, a constatação de que alguns bens e valores não podem ser objeto de quantificação apenas como meros custos financeiros, pois são marcados por incomensurabilidade ou infungibilidade.[65]

Neste sentido, deve-se atentar para a atribuição de uma consideração constitucional acerca do meio ambiente, como *bem de uso comum do povo essencial à sadia qualidade de vida de titularidade das presentes e futuras gerações*. A irreversibilidade percebida na lesão de bens ambientais consiste em elemento anímico para justificar a adoção de "passos precaucionais", estando este sentido ligado ao sentimento de que o que está a se perder permanentemente não encontra similar na métrica monetária, mas trata-se de algo único, não apreciável em uma métrica linear.[66]

A intangibilidade dos bens ambientais encontra relação direta com a *função ambiental* exercida por estes, frequentemente inconmensurável sob o ponto de vista econômico. Neste sentido é que a irreversibilidade é, à semelhança das áreas especialmente protegidas, constantemente um fator

---

[61] Princípio 15 da Declaração do Rio de Janeiro de 1992: "Quando houver ameaça de danos sérios ou irreversíveis, a ausência de absoluta certeza científica não deve ser utilizada com razão para postergar medidas eficazes e economicamente viáveis para prevenir a degradação ambiental".

[62] SUNSTEIN, Cass. "Irreversibility". *Law, Probability and Risk*. v. 9, 3-4, set-dec. London: Oxford University Press, 2010, p. 244.

[63] Idem, ibidem, p. 235.

[64] Idem, ibidem, p. 234.

[65] Idem, ibidem, p. 238.

[66] SUNSTEIN, Cass. op. cit, p. 237-238.

de estímulo para a imposição de medidas antecipatórias mesmo diante de uma probabilidade baixa[67] ou mesmo quando os dados desta são desconhecidos para o conhecimento vigente.

A incomensurabilidade dos danos ambientais, como justificativa para a utilização argumentativa da irreversibilidade como elemento desencadeador da adoção de medidas preventivas (mesmo diante de incertezas científicas) tem relação direta com as funções ambientais e ecológicas exercidas por determinados bens ambientais que, de forma contínua, exercem funções vitais a todos os seres vivos e às condições de qualidade ambiental em nível planetário.

4.2.2. A vulnerabilidade local e microrregulação como elemento de amplificação da magnitude

Em diversos casos a análise da magnitude de um risco ambiental tem sua tolerabilidade diminuída, com uma postura mais sensível do judiciário frente aos riscos ambientais de determinadas atividades, em razão de diversas "camadas" protetivas que incidem sobre a área em que o risco está sendo produzido.[68]

Exemplificativamente, uma mesma área geográfica pode ser, simultaneamente, área de preservação permanente (art. 2º, Lei nº 4.771/65), macro região especialmente protegida (§4º, art. 225 CF) e unidade de conservação (Lei nº 9.985/00). Cada uma destas *camadas de proteção* exerce uma maior sensibilização do judiciário à proteção ambiental, diminuindo a tolerância aos riscos ambientais ali produzidos.[69]

---

[67] SUNSTEIN, Cass. op. cit, p. 232.

[68] "AGRAVO DE INSTRUMENTO. DIREITO PÚBLICO NÃO ESPECIFICADO. AÇÃO CIVIL PÚBLICA. POLUIÇÃO HÍDRICA. ABASTECIMENTO DE PULVERIZADOR DE AGROTÓXICOS DIRETEMENTE NO RIO GUABIROBA, CAUSANDO MORTANDADE DE PEIXES. LIMINAR DEFERIDA. REQUISITOS PARA SUA CONCESSÃO PRRENCHIDOS. *ÁREA DE PRESERVAÇÃO PERMANENTE. RISCO DE DEGRADAÇÃO AMBIENTAL*. Todos têm direito ao meio ambiente ecologicamente equilibrado, bem de uso comum do povo e essencial à sadia qualidade de vida, impondo-se ao Poder Público e à coletividade.o dever de defendê-lo e preservá-lo para os presentes e futuras gerações. Presentes os requisitos para a concessão liminar, pois, para proteger o meio ambiente, *medidas de precaução devem ser tomadas sempre que houver risco de danos graves ou irreversíveis, a fim de impedir a degradação ambiental*. AGRAVO PROMOVIDO". (Tribunal de Justiça do Estado do Rio Grande do Sul (21.Câmara Cível). Agravo de Instrumento nº 70034056036. Agravante José Calderan Sobrinho. Agravado: Ministério Público do Estado do Rio Grande do Sul. Relator: Des. Francisco José Moesch. Porto Alegre, 31.03.2010).

[69] "PROCESSUAL CIVIL E AMBIENTAL. AÇÃO CIVIL PÚBLICA. ANTECIPAÇÃO DOS EFEITOS DA TUTELA. PROJETOS DE CARNICICULTURA. IMPLANTAÇÃO. LICENÇA AMBIENTAL. COMPETÊNCIA DO IBAMA. BENS DA UNIÃO. ZONA COSTEIRA. 1. A implantação de projetos de carnicicultura no Município de Laguna, assim como eventual ampliação dos empreendimentos já existentes, deve se dar mediante licenciamento do IBAMA e observadas os requisitos postos na Resolução nº 312 do CONAMA e a proposta de zoneamento ambiental elaborado pela Universidade Federal de Santa Catarina – UFSC. 2. Os empreendimentos de carcinicultura são realizados por meio da construção de tanques artificiais abastecidos com a água de lagoas que interagem com o mar, localizando-se em terrenos de marinha ou no mar territorial, os quais são bens da União, a teor do

Considerações finais

A contemporaneidade tem sido, constantemente, descrita a partir da globalização de vários processos sociais. Dentre eles, destaca-se uma fluidez e integração (em nível global) entre processos econômicos, científicos e a técnica. Isto se dá em razão do *primado cognitivo* que caracteriza as estruturas destes sistemas, o que favorece a aptidão destes não apenas para influências recíprocas, mas também facilitando a absorção estrutural das inovações tecnológicas reciprocamente. De outro lado, política e direito, apesar de atingirem, também, instâncias internacionais e globalizadas, encontram nítidas limitações estruturais sob o ponto de vista territorial, em razão da própria normatividade em que operam.

Tal contexto desencadeia uma sociedade que aproxima o desenvolvimento de novas tecnologias e o seu consumo massificado, sem que se tenham processos democráticos e científicos suficientes para estabelecer padrões de segurança ou mesmo a *pulverização democrática* de tais informações. Numa sociedade produtora de riscos, cada vez mais globais e interligados, o direito passa a desenvolver uma função de controle de conflitos que tenham por objeto a produção e a distribuição de posições de riscos.

Diante da *tecnicidade* das informações ambientais, as perícias ganham um destacado papel na assimilação jurídica da prova científica. Tais perícias servem como fonte de informações que, uma vez filtradas pelo direito em processos judiciais, permitem aos tomadores de decisão que estes

---

art. 20, incisos VI e VII, da Constituição Federal. 3. *Tratando-se de condutas que atingem bens da União, fragiliza-se a ideia de que os danos em potencial* (e, bem assim, os já causados) restringir-se-iam ao âmbito local para fins de fixação da competência para o poder de polícia ambiental. Em casos tais, é precípua a atribuição do órgão de fiscalização federal (IBAMA) para a expedição de licenças de exploração, observando-se, de resto o disposto na Resolução CONAMA n° 237/97. 4. *Ainda é de se considerar que os ambientes naturais localizam-se na chamada Zona Costeira*, onde se insere o próprio Município de Laguna. É de rigor recordar que *os ecossistemas da Zona Costeira foram elevados, pela dicção da Constituição da República, à condição de patrimônio nacional, na forma do art.* 225, § 4°. 5. *A Lei 7.661, de 16/05/1988*, que instituiu o Plano Nacional de Gerenciamento Costeiro, estabeleceu a necessidade de que fosse feita previsão do zoneamento de usos e atividades nesse espaço, tendo em vista a priorização a conservação e proteção, entre outros, dos 'sistemas fluviais, estuarinos e lagunares' (art. 3°, I), *a fim de se controlar e manter a qualidade do meio ambiente.* 6. *Por outro lado, as águas do manguezal que*, por sua salinidade, igualmente são utilizadas para a atividade de criação do camarão marinho em Laguna/SC, foram incluídas pela *Resolução CONAMA n° 303, de 20 de março de 2002, no rol das Áreas de Preservação Permanente* (art. 3°, inc. X). 7. Por se tratar de *área de proteção especial* e que sofre constante influência das marés, aliada ao fato de estar localizada igualmente na Zona Costeira, notório o interesse federal na sua preservação, exigindo a presença do órgão federal no respectivo licenciamento. 8. A consignar que a carcinicultura é cultivada no interior de *Área de Proteção Ambiental Federal – APA da Baleia Franca*, instituída pelo Decreto Presidencial de 14.09.00, exarado em atenção à Lei 9.985/2000 e ao art. 225, II, da CRFB/88. 9. Não se pode aceitar que a continuidade das atividades de carcinicultura, cujo *potencial de prejudicialidade ao meio ambiente é notório, possa ser autorizada por razões de ordem econômica sem que se avalie a necessidade de prevenir futuros danos ambientais* e, sem dúvida, econômicos, tendo em vista que tais práticas poderão, mais adiante, interferir em outros setores da economia do Município atingido". (AI n° 2003.04.01.036955-8/SC; TRF 4ª Região; rel. Des. Federal Marga Inge Barth Tessler; data da decisão 03.10.2007; data da publicação no DE 22.10.2007) (grifos nossos).

construam os sentidos (jurídicos) de danos e riscos ambientais em cada caso em concreto.

Esta construção processual do sentido jurídico de riscos ambientais ilícitos depende de uma integração entre direito e ciência, mediada por critérios (que atuam como *sensores cognitivos*) que permitem ao direito uma maior sensibilidade para a valoração das provas científicas, a partir de sua maior ou menor credibilidade. Estes critérios analíticos, para valoração da prova científica na análise dos riscos ambientais e sua declaração processual de ilicitude, permitem uma maior sensibilização do direito às informações científicas. Tais critérios, contudo, fazem parte da racionalidade jurídica em seu fenômeno de valoração das provas e formação do conjunto probatório. Tais critérios podem ser descritos e sistematizados substancial ou processualmente.

Além dos critérios analíticos, os padrões probatórios, com suas graduações de exigibilidade probatória, formam uma estrutura orientadora para a valoração da prova científica em processos que envolvam regulação de situações de risco (*risk-based regulation*). Os sistemas de regulação de riscos ambientais lançam destaque sobre as provas indiciárias e as presunções, tendo em vista a impossibilidade de eventos futuros serem provados de maneira direta. Neste diapasão, a prevenção e a precaução servem de orientação principiológica para a graduação da exigibilidade probatória. Casos de *riscos ambientais concretos* encontram-se submetidos a um padrão de concretude causal e de *razoável probabilidade* (probabilidade e magnitude demonstradas com segurança causal a partir do estado da arte científica), enquanto que os casos que envolvem *riscos ambientais abstratos* devem ser analisados contextualmente, mediante uma *satisfação razoável* da probabilidade e da magnitude. Não obstante a proximidade de tais expressões (razoável probabilidade e satisfação razoável da prova), a primeira exige o atendimento de uma prova compatível com o estado da técnica, visto que este é suficiente para a demonstração da concretude causal do risco sob observação jurisdicional. Já um padrão probatório de satisfação razoável, em razão das incertezas quanto à probabilidade e magnitude do risco, exige uma análise mais contextual destes elementos, absorvendo as incertezas existentes nos processos descritivos periciais.

A análise dos riscos ambientais, concretos e, principalmente, abstratos, dependerá de uma dinâmica entre probabilidade ou magnitude, como elementos probatórios formadores da análise de risco. A dinâmica deste binômio permite às análises judiciais condições estruturais de decisão sobre a licitude e a ilicitude dos riscos ambientais por sua intolerabilidade socioambiental. O futuro apenas pode ser ponderado e observado a partir de um juízo de probabilidade que, neste sentido, consiste num elemento de racionalização das incertezas inerentes ao futuro. Diante desta incontornável incerteza do que, efetivamente, irá ocorrer (em virtude de uma nova tecnologia, atividade ou produto), a probabilidade serve, probatoriamente, de critério para uma análise transparente (e, portanto, democrática) dos elementos utilizados para tal prognóstico. Isto permite uma elucidação dos riscos ambientais, permitindo uma desmistificação de processos de percepção social do risco que, em muitos casos, acabam distorcendo (amplificando ou minimizando) a real dimensão de um risco ambiental.

A magnitude de um risco ambiental, por seu turno, irá exercer um papel decisivo na valoração da licitude ou não de um risco ambiental. Uma análise lançada sobre o sentido normativo e jurisprudencial da magnitude dos riscos ambientais é capaz de demonstrar que esta exerce um papel de destaque no processo de reflexão sobre tolerabilidade ou não de um risco. Em razão da constante incerteza que envolve os riscos ambientais, sobre tudo em casos em que incida o padrão de satisfação razoável da prova, destaca-se a análise probatória contextual, isto é, o contexto (social, econômico, político, ambiental) em que se dá um risco. Neste sentido, mesmo que pouco provável, um risco com grande magnitude pode gerar a imposição jurisdicional de medidas preventivas (obrigações de fazer ou não fazer, cfe. art. 3º, da Lei nº 7.347/85). Uma pesquisa lançada sobre as estruturas contemporâneas do Direito Ambiental é elemento suficiente para demonstrar que, nesta análise probatória dinâmica da equação probabilidade/magnitude, dois fatores atuam como amplificadores deste último (magnitude), isto é, a expectativa de irreversibilidade e a vulnerabilidade ou proteção normativa especial do local aonde o risco é produzido.

A relevância da análise de todos estes elementos probatórios que envolvem a descrição e a judicialização do risco ambiental decorre não apenas de uma ordem constitucional de tutela intergeracional do meio ambiente, mas também, da necessidade de democratização das informações que digam respeito aos efeitos secundários dos processos tecnológicos numa sociedade produtora de riscos globais, invisíveis e transtemporais. A atuação jurisdicional exercerá, assim, uma função essencial não apenas de controle dos riscos ambientais, mas também uma *elucidação pedagógica de uma comunidade global* exposta aos riscos contemporâneos (mudanças climáticas, nanotecnologias, desastres naturais, buraco na camada de ozônio, poluição industrial transfronteiriça ou biocumulativa, entre outros exemplos possíveis).

— V —

O papel dos estudos pós-coloniais para a ressignificação do discurso de fundamentação dos direitos humanos

FERNANDA FRIZZO BRAGATO[1]

> *Queremos a Revolução Caraíba. Maior que a Revolução Francesa.*
> *A unificação de todas as revoltas eficazes na direção do homem.*
> *Sem nós a Europa não teria sequer a sua pobre*
> *declaração dos direitos do homem.*
> *(Oswald de Andrade. Manifesto Antropófago)*

Sumário: Introdução; 1. Os direitos humanos em sua versão (dominante) eurocêntrica; 2. Os estudos pós-coloniais e a crítica à dominação eurocêntrica; 3. Contribuições dos estudos pós--coloniais para a reinvenção do discurso dos direitos humanos; Considerações finais; Referências bibliográficas.

Introdução

Em relação à fundamentação dos direitos humanos, existe um discurso hegemônico, segundo o qual a sua gênese remonta às lutas políticas burguesas da modernidade ocidental e às suas respectivas declarações de direitos. A produção de conhecimento no campo dos direitos humanos ecoa uma lógica que pode ser considerada eurocêntrica e que tem, como consequência, considerá-los como produtos exclusivos da cultura e do esforço político do Ocidente. Por outro lado, os estudos pós-coloniais abrangem um amplo espectro de análises que têm em comum o fato de propor alternativas aos discursos e às formas de conhecimento dominantes a partir da visão de quem sempre foi apenas objeto de conhecimento: os povos colonizados. Defende, com isso, uma mudança na postura epistêmica, afirmando a necessidade de que estes produzam, e não apenas

[1] Doutora em Direito

reproduzam conhecimento e assumam os impactos do colonialismo para a própria constituição de suas sociedades.

O presente artigo tem por objetivo discutir em que medida os estudos pós-coloniais podem contribuir para a ressignificação do discurso dos direitos humanos, que, mesmo após 1948, quando assumiram uma dimensão muito mais abrangente que a de seus primos do século XVIII, ainda se ressentem de uma teoria que apreenda adequadamente o potencial emancipatório e libertador desses direitos. A irrestrita vinculação dos direitos humanos a pressupostos eminentemente moderno-ocidentais e a consequente falta de uma justificação sólida têm levado à elaboração de contundentes críticas vindas de todas as partes e criado imensas dificuldades para a compreensão do que contemporaneamente representam esses direitos, sobretudo para aqueles que os tiveram historicamente negados.

1. Os direitos humanos em sua versão (dominante) eurocêntrica

Sobre a fundamentação teórica dos direitos humanos, há quem sustente que se trate de um tema extensivamente investigado e, de certa forma, resolvido, sugerindo que dito tema já tenha sido exaurido e que, portanto, não vale a pena investir em sua pesquisa.[2] De fato, um breve olhar sobre a maioria dos trabalhos acerca dos fundamentos dos direitos humanos revela, facilmente, que esses direitos são entendidos como um desdobramento natural do pensamento liberal europeu e, mais particularmente, como a versão universalizada dos direitos naturais do homem. Em outras palavras, são consequências naturais do desenvolvimento do iluminismo e de suas ideias subjacentes: individualismo, cristianismo, capitalismo e imperialismo. Após terem sido suficientemente amadurecidos, foram exportados para o resto do mundo de modo que eles têm pouco ou nada a ver com as histórias e as racionalidades dos povos não ocidentais. Direitos humanos são simplesmente entendidos como transplantes de um projeto moral, legal e político inventado e maturado na modernidade ocidental. Nesse contexto, a América Latina tende a ser incorporada na categoria de "outras sociedades ocidentais", em razão da história colonial que a liga à Europa, ou simplesmente ignorada.

---

[2] "Quando digo que o problema mais urgente que temos que enfrentar não é problema da fundamentação, mas o das garantias, quero dizer que consideramos o problema da fundamentação não como inexistente, mas como – em certo sentido – resolvido, ou seja, como um problema cuja solução já não devemos mais nos preocupar. Com efeito, pode-se dizer que o problema da fundamentação dos direitos humanos teve sua solução atual na Declaração Universal dos Direitos Humanos, aprovada pela Assembleia Geral da ONU, em 10 de dezembro de 1948". (BOBBIO, Norberto. *A Era dos Direitos*. Rio de Janeiro: Campus, 1992, p. 26).

Estas são as bases do discurso hegemônico dos direitos humanos que domina a enunciação a respeito do que eles são e de onde eles se enraízam. Por outro lado, isso atribui aos povos não ocidentais ou àqueles que lhes são periféricos, como é o caso da América Latina, um papel totalmente secundário na construção e no desenvolvimento desta ideia. Graças a essa estreita ligação, a ideia de direitos tem sido criticada e a sua validade, rejeitada.

Há, assim, uma difícil e intrincada relação entre o discurso dos direitos humanos e os pressupostos filosóficos do moderno liberalismo na medida em que a própria modernidade é um fenômeno ambivalente. A data de nascimento da modernidade coincide exatamente com o surgimento do paradigma antropocêntrico que inaugurou uma nova imagem de ser humano: um ser cuja intrínseca dignidade o faz superior a todos os outros seres. Este fenômeno foi crucial para a emergência do moderno discurso dos direitos naturais do homem uma vez que a característica distintiva desses direitos é precisamente seu sujeito ou seu titular: o homem racional.

O antropocentrismo, no entanto, permite leituras antagônicas. Por um lado, pode ser lido como pressuposto do humanismo e de concepções emancipatórias que buscam a construção de uma sociedade que não oprima ou avilte nenhum ser humano. Por outro, como a condição de possibilidade de sociedades individualistas, onde cada indivíduo humano é encorajado a defender seus direitos sob qualquer custo. De fato, o que se observou nos últimos dois séculos foi a exacerbação de práticas individualistas que fundaram sociedades baseadas em valores como competição, agressividade e dominação e em que a maioria dos seres humanos têm se convertido mais em objetos do que em sujeitos de sua própria existência.

A principal razão para que os direitos humanos venham sendo interpretados como expressão desta visão de mundo individualista reside no fato de que a centralidade ou a dignidade do indivíduo humano foram atribuídas à comum racionalidade humana, ao mesmo tempo em que esta foi identificada à capacidade de conhecer para dominar. Com isso, o critério de pertença à humanidade passou a ser a presença não da razão de que falavam os gregos, mas de uma particular racionalidade segundo os padrões europeus. É na modernidade que a racionalidade se transforma em fator de exclusão daqueles que se diferenciavam do padrão do homem branco, europeu e proprietário.

O direito moderno, que consagrou a ideia de direito subjetivo ou procedente do arbítrio individual, acabou por reconhecer nesta particular ideia de pessoa humana o sujeito de direitos e excluir desta condição todo o resto. Como os documentos jurídicos considerados pioneiros no reconhecimento dos direitos humanos – Declaração de Direitos da Virgínia e Declaração dos Direitos do Homem e do Cidadão francesa – consagraram justamente uma figura de sujeito de direito extremamente restrita e abstrata, os direitos humanos passaram a ser identificados ao conjunto de valores e práticas ocidentais modernas. Portanto, muitos críticos, dentro e fora do ocidente, alegam serem eles a expressão do individualismo liberal-burguês, comprometendo definitivamente suas possibilidades de universalização.

Por outro lado, quando a validade dos direitos humanos é aceita e seu potencial universalizante e emancipatório é defendido, nem por isso se deixa de fundamentá-los como produtos incontestáves da modernidade europeia. Sendo o palco da reforma protestante, do desenvolvimento da ciência, da revolução industrial e francesa, da democracia e do capitalismo, o papel da Europa e dos EUA é exaltado e estes movimentos históricos são automaticamente identificados como as datas de nascimento dos direitos humanos. A valorização da dignidade humana é vista como uma invenção e uma prática puramente intraeuropeia, porque a própria modernidade é considerada um fenômeno puramente intraeuropeu.[3]

Ocorre que compreender a importância da ideia de direitos humanos para além das fronteiras do Ocidente sem, no mínimo, questionar as premissas sob as quais se assenta seu discurso predominante e, ainda, pretender que as pessoas engajem-se seriamente em defendê-los é profundamente improvável. Costuma-se pensar que apenas os povos genericamente chamados de "orientais" rejeitam a validade desses direitos como critérios éticos universais de legitimação do direito e da política, como se dentro das sociedades latino-americanas não se continuasse negando a sua validade baseado em profundos desentendimentos.

Portanto, um dos maiores desafios a serem respondidos por uma teoria crítica dos direitos humanos deve considerar as seguintes questões. Quão aceitável é a ideia segundo a qual os direitos humanos nasceram graças à moderna sociedade europeia, sob cujos auspícios iniciou-se a era do iluminismo e da emergência do sujeito livre e racional? Qual concepção de história subjaz a esta particular visão e qual concepção de história adequa-se a uma compreensão mais abrangente que corresponda à ideia contemporânea de direitos humanos? É possível reformular o discurso dos direitos humanos desde o resgate da história e da racionalidade latino-americanas de modo a torná-lo mais adequado a realidades não europeias? Estes elementos teriam o potencial de ressignificar a ideia de dignidade humana e de igual respeito pelos seres humanos para além do moderno individualismo egocêntrico? Em que medida o esforço de revisitar os fundamentos e a justificação do discurso dos direitos humanos

---

[3] DUSSEL, Enrique. *Ética da libertação na idade da globalização e da exclusão*. Petrópolis: Vozes, 2000, p. 51-8

desde outras perspectivas pode constituir uma condição de efetividade para os mecanismos legais de proteção dos direitos humanos ao redor do mundo?

2. Os estudos pós-coloniais e a crítica à dominação eurocêntrica

Pós-colonialismo é uma categoria conceitual originada nas discussões sobre a descolonização das colônias africanas e asiáticas após a Segunda Guerra Mundial. Nesse contexto, o termo *pós-colonial* era usado mais frequentemente como um adjetivo, por sociólogos e cientistas políticos, para caracterizar as mudanças nos Estados e nas economias das ex--colônias que passaram a fazer parte do "Terceiro Mundo", uma categoria criada neste mesmo período.[4] Como explica Mellino, a expressão *pós-colonial* difundiu-se, neste período, dentro da sociologia do subdesenvolvimento, com o objetivo de compreender e analisar as causas e motivos do atraso socioeconômico destas sociedades. A difusão dos processos de descolonização favoreceu a consolidação da disciplina, que passou a tratar essencialmente da situação social, política e econômica dos Estados recém descolonizados.[5]

Aliado ao crescente processo de descolonização, a obra de Frantz Fanon contribuiu significativamente para a configuração dos estudos pós-coloniais. Segundo a análise de Fanon, o processo de colonização da África, como de resto em todas as partes do mundo, produziu o que o autor chama de um mundo cindido em dois compartimentos:

> Este mundo dividido em compartimentos, este mundo cindido em dois, é habitado por espécies diferentes. A originalidade do contexto colonial reside em que as realidades econômicas, as desigualdades, a enorme diferença dos modos de vida não logram nunca mascarar as realidades humanas. Quando se observa em sua imediatidade o contexto colonial, verifica-se que o que retalha o mundo é, antes de mais nada, o fato de pertencer ou não a tal espécie, a tal raça. Nas colônias a infraestrutura econômica é igualmente uma superestrutura. A causa é consequência: o indivíduo é rico porque é branco, é branco porque é rico. (...) Nas colônias, o estrangeiro vindo de qualquer parte se impôs com o auxílio de seus canhões e de suas máquinas. A despeito do sucesso da domesticação, malgrado a usurpação, o colono continua sendo um estrangeiro. Não são as fábricas nem as propriedades nem a conta no banco que caracterizam em primeiro lugar a "classe dirigente". A espécie dirigente é, antes de tudo, a que vem de fora, a que não parece com os autóctones, "os outros".[6]

Tendo como pano de fundo a luta de independência da Argélia nos anos cinquenta e sessenta, Fanon denuncia as formas de produção de aniquilamento da subjetividade dos povos negros e árabes, levadas a cabo pelo empreendimento colonialista na África, caracterizado por um mun-

---

[4] CORONIL, Fernando. Elephants in the Américas? Latin America Postcolonial studies and Global Decolonization. In: DUSSEL, Enrique et al. *Coloniality at large*: Latin America and postcolonial debate. Durham, USA: Duke University Press, 2008, p. 396-8.

[5] MELLINO, Miguel. *La crítica poscolonial*: descolonización, capitalismo y cosmopolitismo en los estudios poscoloniales. Buenos Aires: Paidós, 2008, p. 33.

[6] FANON, Frantz. *Os condenados da terra*. Rio de Janeiro: Civilização Brasileira, 1968, p. 29.

do dividido em dois compartimentos. Isto teve como consequência a disseminação das formas mais brutais de violência, como a única alternativa capaz de propiciar a estes povos o resgate da sua humanidade. Diante da situação específica da Argélia, Fanon chamou a atenção não somente para a amplitude dos efeitos do colonialismo e dos processos de descolonização, mas sobre os traços fundamentais do que seria o mundo pós-colonial constituído a partir da marca da violência.

Daí por diante, o escopo dos estudos pós-coloniais foi-se tornando cada vez mais amplo e variado: vai desde a crítica literária até os estudos sociais, a história e a antropologia. Além disso, a sua natureza interdisciplinar denota uma variedade de interesses e temáticas. Isso, no entanto, não pode induzir à falsa ideia de que estes estudos possam se referir a qualquer coisa. O primeiro critério que vem à mente na hora de delimitar o significado equívoco do termo pós-colonial é o histórico-cronológico, porém, como adverte Mellino, tomá-lo exclusivamente em consideração implica mal entendidos. Segundo referido critério, pós-colonial designa o período sucessivo ao processo de descolonização formal das colônias modernas, marcado pelas profundas mudanças nas relações globais. Todavia, o período subsequente à descolonização ou à liberação formal do poderio metropolitano ocidental é extremamente longo, pois teve seu início nos primórdios do século XIX (no caso das colônias americanas), enquanto, na década de setenta, muitas colônias africanas recentemente estavam obtendo sua independência. Deste modo, designar o escopo dos estudos pós-coloniais somente a partir do critério histórico-cronológico não é suficiente, seja pela extensão do período, seja porque ele não significou o fim da hegemonia política e econômica das metrópoles coloniais ocidentais. Ou seja, limitar o pós-colonialismo à expressão de um dado período pode sugerir que os fenômenos relativos ao colonialismo e à dependência já fazem parte do passado. Nas palavras de Aschroft, Griffiths e Tiffin, pós-colonial designaria não apenas um período que sucedeu a outro, mas toda a cultura condicionada pelo processo colonial desde o momento da colonização até o presente, uma vez que existe uma continuidade nos temas e nas preocupações durante todo o processo iniciado com a expansão imperial europeia.[7] Assim:

> Definir como poscoloniales a ciertas situaciones o condiciones históricas, o a ciertos sujetos, autores o literaturas no significa colocarlos en un período histórico cronológicamente posterior al del colonialismo. El adjetivo poscolonial se presenta bajo otros ropajes epistemológicos: el objetivo es mantener viva la memoria del colonialismo, evitar su remoción en algunas áreas de las disciplinas humanísticas, en cuanto fenómeno central de la historia, vale decir en cuanto acontecimiento fundamental en la historia de las relaciones entre Occidente y el resto del mundo.[8]

---

[7] MELLINO, Miguel. *La crítica poscolonial*: descolonización, capitalismo y cosmopolitismo en los estudios poscoloniales. Buenos Aires: Paidós, 2008, p. 25-26.

[8] Ibidem, p. 53.

Esta perspectiva permite que os estudos pós-coloniais não fiquem circunscritos apenas ao âmbito da situação das ex-colônias que adquiriram sua independência após a Segunda Guerra Mundial, para cuja análise, efetivamente, surgiram, mas alargá-los de modo a incluir em seus objetivos também o contexto latino-americano. Apesar de a América Latina ter sido considerada parte do Terceiro Mundo e a despeito de uma longa história das reflexões críticas sobre o moderno colonialismo originadas em reação à conquista e à colonização da América, foi apenas tangencialmente mencionada nessas discussões sobre descolonização, que, inicialmente, se centraram nas nações cujas independências haviam sido mais recentes (na Ásia e na África). Neste período, a palavra-chave no pensamento social latino-americano não era, portanto, pós-colonialismo, mas dependência. Apesar de focar a análise nas causas do subdesenvolvimento econômico e em pensar formas de modernização para a América Latina, que constitui um escopo mais estreito que o dos estudos pós-coloniais, Coronil entende que os estudos latino-americanos sobre dependência deram significativos aportes para a configuração do pós-colonialismo.[9]

O pensamento pós-colonial inicia uma segunda fase em torno de três décadas após o fim da Segunda Guerra Mundial, no campo acadêmico do mundo anglo-saxônico, em conexão com estudos de colonialismo e de literatura colonial sob a influência de perspectivas pós-modernas. As causas da emergência deste novo campo acadêmico se devem, segundo Coronil, a uma série de fatores, a saber: a crescente deficiência dos projetos de desenvolvimento nacional do Terceiro Mundo; o ocaso do socialismo; a ascendência da política conservadora no Reino Unido (Thatcherismo) e nos Estados Unidos da América (Reaganismo); e o irresistível aparecimento do capitalismo neoliberal como o único horizonte histórico viável. A distintiva identidade adquirida por estes estudos é marcada pela incomum combinação entre a localização metropolitana de sua produção e a postura anti-imperial de seus autores, muitos deles ligados ao Terceiro Mundo por laços pessoais ou por opção política. Mas apesar do impacto da colonização na América Latina e de inúmeros trabalhos nesta área, desenvolvidos por pensadores como Enrique Dussel, Aníbal Quijano e Walter Mignolo, foi só tardiamente que ela foi formalmente incluída como objeto dos estudos pós-coloniais. Por isso, ainda não há, na academia latino-americana, um conjunto de trabalhos comumente reconhecidos como pós-coloniais, mas estes vêm sendo desenvolvidos, inclusive no que respeita ao contexto da América Latina, precipuamente na academia anglo-saxônica.[10]

---

[9] CORONIL, Fernando. Elephants in the Américas? Latin America Postcolonial studies and Global Decolonization. In: DUSSEL, Enrique et al. *Coloniality at large*: Latin America and postcolonial debate. Durham, USA: Duke University Press, 2008, p. 396-8.

[10] Ibidem.

O pensamento pós-colonial propõe uma alternativa aos discursos estabelecidos (sobretudo eurocêntricos), não com o propósito de contestá-los ou de desconstruí-los, mas de ampliar o conhecimento com outra perspectiva: a daqueles que, até agora, foram apenas objeto de conhecimento, e não seus protagonistas. No entanto, o pós-colonialismo é uma categoria fluida e polissêmica, cujo poder deriva em parte de sua habilidade de condensar múltiplos significados e de se referir a diferentes localizações.[11] A proposta do pós-colonialismo é abrir novas possibilidades para o conhecimento, de modo a liberá-lo da necessidade de se referir a um *locus* privilegiado e pré-concebido de enunciação, a saber, ocidental, como condição para sua legitimidade. Trata-se de "descolonizar" o conhecimento, no sentido de permitir a inclusão de outras falas, variadas visões de mundo, histórias esquecidas, outros valores que não somente os ocidentais, e, assim, propor alternativas ao eurocentrismo. A respeito disso, Quijano observa:

> Eurocentrismo é, tal como o utilize aqui, o nome da perspectiva de conhecimento cuja sistemática formação começou na Europa Ocidental antes do meio do século XVII, muito embora algumas de suas raízes seja, sem dúvida, muito mais antigas. Nos séculos seguintes, esta perspectiva tornou-se globalmente hegemônica, percorrendo o mesmo curso percorrido pela dominação da classe burguesa europeia. Sua constituição foi associada à específica secularização do pensamento europeu e com as experiências e necessidade do modelo global capitalista (colonial/moderno) e o poder eurocêntrico estabelecido desde a colonização da América. [...] É uma racionalidade específica ou perspectiva de conhecimento que se tornou globalmente hegemônica, colonizando e conquistando outras formações conceituais prévias ou diferentes e seus respectivos conhecimentos concretos, tanto na Europa, quanto no resto do mundo.[12]

Lyotard observa que saber e poder são as duas faces de uma mesma questão e que, por isso, o conhecimento é objeto de disputa,[13] ao mesmo tempo em que as formas de dominação estão e estiveram, ao menos desde o início da colonização da América, ligadas ao poder de produzir, difundir e decidir o que é e o que não é conhecimento. Por isso, a intenção de Lyotard é, como observa Mellino, destacar o caráter mitológico das grandes narrativas da Modernidade. Por outro lado:

---

[11] CORONIL, Fernando. Elephants in the Américas? Op. cit., p. 416.

[12] Eurocentrism is, as used here, the name of a perspective of knowledge whose systematic formation began in Western Europe before the middle of the seventeenth century, although some of its roots are, without doubt, much older. In the following centuries this perspective was made globally hegemonic, traveling the same course as the domination of European bourgeois class. Its constitutions was associated with the specific bourgeois secularization of European thought and with the experiences and necessities of the global model of capitalist (colonial/modern) and Eurocentered power established since the colonization of America. [...] It is a specific rationality or perspective of knowledge that was made globally hegemonic, colonizing and overcoming other previous or different conceptual formations and their respective concrete knowledges, as much in Europe as in the rest of the world. In: QUIJANO, Aníbal. Coloniality of power, eurocentrism, and social classification. In: DUSSEL, Enrique et al. *Coloniality at large*: Latin America and postcolonial debate. Durham, USA: Duke University Press, 2008, p. 197.

[13] LYOTARD, Jean-François. *A condição pós-moderna*. Tradução de Ricardo Corrêa Barbosa. 8. ed. Rio de Janeiro: José Olympio, 2004, p. 14.

La teoría poscolonial, según Spivak, concentra su mirada crítica en los mitos del colonialismo occidental, en el proceso de "violencia espistemológica" condensado en la (re)escritura occidental de Sí, del Outro y por lo tanto de la Historia. Una tarea que, desde la óptica de los proprios autores poscoloniales, no puede ser considerada de hecho como secundaria o atinente a áreas restringidas o especializadas de la teoría social.[14]

Assumir o paradigma pós-colonial é assumir reservas quanto à racionalidade ocidental, por ser ela uma matriz uniformizante (pois se arroga na condição de única possível), mas não universal, já que ignora a existência de outras formas de pensamento, racionalidades e valores. Trata-se da necessidade de diversificar o *locus* epistemológico de enunciação, substituindo-o por um campo interdiscursivo e intercultural complexo, ocupado por muitos atores (não apenas o império e seus sujeitos ou o centro e suas periferias).[15] Isso porque, de acordo com Mellino, o objetivo fundamental da crítica pós-colonial não é uma mera descrição do contexto sociopolítico das ex-colônias, mas o de, um lado, "restituir la subjectividad y autoridad a la voz del otro rechazando su sujeción em las proprias categorias cognitivas" e, de outro, "descentrar e descolonizar tanto el discurso imperialista estructurado a partir de la contraposición nosotros/ellos, com la relación centro/periferia en torno a la cual se há configurado el saber occidental".[16]

3. Contribuições dos estudos pós-coloniais para a reinvenção do discurso dos direitos humanos

Como se pode observar, existe, em relação aos direitos humanos, um discurso hegemônico em que a visão ocidental é predominante e, como tal, vincula a sua gênese e o seu desenvolvimento aos movimentos políticos e filosóficos produzidos no contexto europeu moderno. Sobre a constituição de discursos hegemônicos, Eduardo Mendieta observa que a produção de conhecimento pressupõe a existência de sujeitos autorizados a enunciá-los e outros que são sujeitados, isto é, que ocupam a posição de espectadores ou que são relegados à condição de objetos do conhecimento. Nesse contexto, alguns têm credibilidade epistêmica e outros não possuem legitimação para reflexões teóricas válidas. Deste modo, quem fala e quem está autorizado a falar sobre os outros ocupa um lugar epistemologicamente privilegiado, cujo conhecimento, por sua vez, é posto

---

[14] MELLINO, Miguel. *La crítica poscolonial*: descolonización, capitalismo y cosmopolitismo en los estudios poscoloniales. Buenos Aires: Paidós, 2008, p. 50.

[15] CHANADY, Amaryll. The Latin American postcolonialism debate in a comparative context. In: DUSSEL, Enrique et al. *Coloniality at large*: Latin America and postcolonial debate. Durham, USA: Duke University Press, 2008, p. 424.

[16] MELLINO, op. cit., p. 50.

à disposição para uso.[17] É possível observar que a produção do conhecimento no campo dos direitos humanos reflete justamente esta lógica que se pode designar como eurocêntrica, razão por que se convencionou pensá-los como produto da cultura e do esforço político do ocidente.

Para exemplificar melhor esse processo, Wallerstein analisa um conceito que é central para a lógica eurocêntrica e que impacta diretamente na construção da credibilidade epistêmica de que fala Mendieta. Trata-se do universalismo. Desde já, é preciso advertir que Wallerstein não rechaça a ideia de que possa haver valores universais globais, entretanto, entende que ainda se está distante de saber quais são eles, pois eles não são dados, mas criados por nós, desde que sobre uma base muito mais igualitária do que a que foi construída até hoje.[18] A tese de Wallerstein é a de que quando nos referimos ao universalismo, estamos falando em algo que não é universal, mas europeu, e que foi promovido por líderes e intelectuais pan-europeus na tentativa de defender os interesses do estrato dominante do sistema-mundo moderno. A história do sistema-mundo moderno compreende, em grande parte, a história da expansão dos povos e dos Estados europeus pelo resto do mundo. Segundo Wallerstein, há uma retórica básica que subjaz a este sistema-mundo, pelo menos desde o século XVI. Esta retórica é composta pelos conceitos de democracia e direitos humanos, de superioridade da civilização ocidental, porque baseada em valores universais, e da inexorabilidade da submissão às regras do mercado.[19] O autor observa que o que se usa, hoje, como critério, não é o universalismo global, mas o universalismo europeu, que consiste em um conjunto de doutrinas e pontos de vista éticos que derivam do contexto europeu e ambicionam ser valores universais globais.[20] A mesma concepção pode ser observada quando Sartre, ao prefaciar "Os Condenados da Terra", de Frantz Fanon, e comentar as reflexões sobre o genocídio europeu do colonialismo, denunciou "o *strip-tease*" do humanismo europeu: "ei-lo inteiramente nu e não é nada belo: não era senão uma ideologia mentirosa, a requintada justificação da pilhagem; sua ternura e seu preciosismo caucionavam nossas agressões".[21]

A impossibilidade de compreender razoavelmente o porquê dos direitos humanos, dentro deste paradigma, leva ao questionamento dos seus pressupostos, os quais vêm sendo frequentemente reproduzidos pela literatura jurídica nacional e internacional. Ou bem os direitos hu-

---

[17] MENDIETA, Eduardo. Remapping Latin American studies: postcolonialism, subaltern studies, post-occidentalism, and globalization theory. In: DUSSEL, Enrique et al. *Coloniality at large*: Latin America and Postcolonial Debate. Durham, USA: Duke University Press, 2008, p. 293.

[18] WALLERSTEIN, Immanuel. *O universalismo europeu*. São Paulo: Boitempo, 2007, p. 60.

[19] Ibidem, 2007, p. 27.

[20] Ibidem, p. 60.

[21] SARTRE, Jean-Paul. Prefácio. In: FANON, Frantz. *Os condenados da terra*. Rio de Janeiro: Civilização Brasileira, 1968, p. 15.

manos não têm sentido entre nós ou bem esta forma de compreendê-los é inadequada. Há quem possa sustentar que os direitos humanos realmente não fazem sentido entre nós e que a ineficácia das normas que os preveem são a prova disto; ocorre que a ineficácia do direito é um problema difundido no ordenamento jurídico brasileiro e não afeta somente a realização desta espécie de direitos, senão todos. Por outro lado, a positivação dos direitos humanos neste mesmo ordenamento jurídico é um fenômeno que vem se reproduzindo em proporções geométricas, desde 1988. Portanto, a cultura jurídica brasileira é permeada pelo discurso hegemônico dos direitos humanos que, por sua vez, não fornece elementos adequados para compreender a sua razão de ser na Constituição de 1988 e a consequente proliferação no ordenamento jurídico do país.

Desde os estudos pós-coloniais, pode-se inferir que o modelo que assume a irrestrita conexão do discurso dos direitos humanos com pressupostos do pensamento moderno-ocidental apenas obscurece e limita as possibilidades de compreensão de uma ideia que está muito além dos propósitos do individualismo estandardizado e do liberalismo clássico. Nesse sentido, An'Naim[22] argui que a ênfase em uma reivindicação exclusiva de algumas sociedades da autoria do conceito moderno de direitos humanos enfraquece a própria natureza e os objetivos desses direitos como uma causa comum para toda a humanidade. Por isso, a perspectiva histórica é essencial para concretizar a universalidade dos direitos humanos, pois ela revelará que todas as sociedades e comunidades humanas podem-se identificar com o conceito e contribuir para a especificação de seu conteúdo normativo, precisamente porque já é parte de sua própria história e de suas experiências atuais.

A visão pós-colonial implica, portanto, ver os direitos humanos como uma construção global na qual há mais de um agente, de uma sociedade que aceita e que pratica essa ideia, ou de alguém específico que inaugurou ou acelerou esse processo. Esta construção envolve uma pluralidade de agentes, tanto cultural, quanto social que transforma, de modo imprevisível, as direções e as finalidades dos direitos humanos. Porém, há uma história da oposição a essa retórica. Como observa Wallerstein,[23] desde o início da construção da retórica universalista, no século XVI, ela foi envolvida igualmente por um profundo debate sobre a sua própria moralidade, quando, na conquista da América, Las Casas questionou a legitimidade dos espanhóis em ocupar e dominar os povos americanos.

É neste sentido que outras histórias e outras racionalidades permanecem esquecidos, sobretudo desde a segunda metade do século XX, re-

---

[22] AN-NA'IM, Abdullahi. A proteção legal dos direitos humanos na África: como fazer mais com menos. In: BALDI, César Augusto (Org.). *Direitos humanos na sociedade cosmopolita*. Rio de Janeiro: Renovar, 2004, p. 453.

[23] WALLERSTEIN, Immanuel. *O universalismo europeu*. São Paulo: Boitempo, 2007, p. 27-31.

forçando visões estreitas e unilaterais acerca dos direitos humanos. Uma longa tradição tem se consolidado na América Latina desde os eventos da colonização, quando eclodiram destacados debates filosóficos e lutas políticas em defesa dos povos colonizados. Um primeiro exemplo são as teorias de Bartolome De Las Casas[24] sobre a dignidade dos índios americanos durante o processo da conquista hispânica da América, que constituiu, nas palavras de Carozza,[25] o primeiro anúncio claro da moderna linguagem dos direitos humanos que antecipou a dinâmica como esses direitos se desenvolveriam no século XX. Em segundo lugar, o índio inca do século XVII, Felipe Guaman Poma de Ayala,[26] também verteu importante contribuição para a consolidação do discurso dos direitos humanos na América Latina, apresentando uma concepção política permeada pela ideia de limitação do poder e de respeito pelo direito dos outros. Além disso, é marcante, embora praticamente esquecido, o pioneirismo latino-americano em relação à proclamação de uma declaração internacional de direitos humanos, na medida em que a Declaração Americana sobre os Direitos e Deveres do Homem de abril de 1948 precede a Declaração Universal proclamada pela ONU em dezembro de 1948 e, diferentemente desta, estabelece, a cada indivíduo, uma série de deveres. A diplomacia latino-americana também desempenhou importante papel nos debates que precederam a proclamação da Declaração Universal da ONU. Foi por conta de seus esforços para introduzir direitos sociais no texto da declaração que se chegou a um consenso entre os pólos socialista e capitalista que, então, se digladiavam para ver sua visão prevalecer.[27]

Estes e muitos outros eventos, teorias e narrativas desvelam uma diferente perspectiva para a ideia contemporânea de direitos humanos. Ainda que alguns autores defendam que o dilema dos direitos humanos

---

[24] Sobre a contribuição de Las Casas para a construção da ideia de direitos humanos, consultar: CASAS, Bartolomé De Las. Historia de las Indias II. México: Fondo de Cultura Economica, 1986; JOSAPHAT, Carlos. *Las Casas*: todos os direitos para todos. São Paulo: Loyola, 2000; BRUIT, Héctor Hernan. *Bartolomé de Las casas e a simulação dos vencidos*. São Paulo: Iluminuras, 1995; POUMARÉDE, Jacques. Enfoque histórico do direito das minorias e dos povos autóctones. In: ROULAND, Norbert. *Direito das minorias e dos povos autóctones*. Brasília: Universidade de Brasília, 2004; TODOROV, Tzvetan. A conquista da América: a questão do outro. Tradução de Beatriz Perrone-Moisés. 3. ed. Sao Paulo: Martins Fontes, 2003; RUIZ, Castor M. M. Bartolomé. Os direitos humanos no descobrimento da América: verdades e falácias de um discurso. Estudos Jurídicos, São Leopoldo, v. 40, n. 2, p. 60, jul./dez. 2007.

[25] CAROZZA, Paolo. From conquest to Constitutions: retrieving a Latin American tradition of the idea of human rights. Human Rights Quarterly, Baltimore/USA, v. 25, n. 2, May, 2003. Disponível em: <http://www.jstor.org/stable/20069666>. Acesso em: 18 ago. 2009, p. 292.

[26] POMMA DE AYALA, Felipe Guaman. *The first new chronicle and good government*. Translated by David Frye. Indianápolis/Cambridge: Hackett Publishing Company, 2006.

[27] CAROZZA, ob. Cit.; GLENDON, Mary Ann. The Forgotten Crucible: The Latin American influence on the universal human rights idea. Harvard Human Rights Journal, v. 16, Spring, 2003. Disponível em: <http://law.harvard.edu/students/orgs/hrj/iss16/ glendon.pdf>. Acesso em: 02 nov. 2009; LUTZ, Ellen L.; SIKKINK, Kathryn. International human rights Law and practice in Latin America. International Organization, v. 54, n. 3, Summer, 2000. Disponível em: <http://www.jstor.org/stable/2601347>. Acesso em: 11 fev. 2009.

não seja o problema da fundamentação, o qual teria sido resolvido pela Declaração Universal em 1948, mas sim a sua falta de eficácia e observância, esta visão negligencia a necessária relação de causa e efeito entre o discurso e a prática. Conor Gearty observa que, apesar de os direitos humanos serem uma das maiores realizações da era moderna, a sua base filosófica tem sido cada vez mais questionada, o que constitui um sério desafio para sua implementação.[28] Neste sentido, Nino entende que os direitos humanos necessitam, para seu efetivo reconhecimento, da formação de uma consciência moral da humanidade em torno do valor desses direitos e da aberração inerente a toda ação dirigida a desconhecê-los. Segundo o autor, isso se conecta com outro fator que impede a consolidação dos direitos humanos; tratam-se dos interesses que se veem frustrados quando tais direitos são observados, os quais estão por trás dos abusos praticados, muito embora esses interesses não possam se defendidos abertamente, senão que se cobrem de um disfarce ideológico. Desse modo, a difusão de certas ideologias, defendidas por interesse ou mesmo por convicção, é uma das fontes mais importantes de atitudes de desprezo aos direitos humanos. A desconstrução desses discursos é, segundo o autor, outra razão para se concentrar na difusão de uma consciência moral que imunize os direitos humanos contra as concepções ideológicas que concebem os homens como simples recursos.[29]

O problema da justificação dos direitos humanos não é um problema de segunda ordem. Foucault ensina que a questão da verdade resulta de um processo de construção histórica e é situada em relação a um certo discurso. É permeada pelos interesses daqueles que a formulam, refletindo mais um conhecimento construído que um conhecimento óbvio e universal. Todavia, uma vez definido e aceito, o discurso adquire um poder autônomo para legitimar práticas e saberes, tornando-se o eixo do poder.[30] Como Foucault observa, a verdade está ligada a sistemas de poder, que a produzem e a apoiam, e a efeitos de poder que ela induz e que a reproduzem.[31] Os discursos de fundamentação formam o substrato necessário à legitimação de uma prática. Em relação aos direitos humanos, há importantes e variados documentos jurídicos que reconhecem a sua validade, mas, apesar disso, ressentem-se de um reconhecimento fático e são, por consequência, sistematicamente desrespeitados. Com isso, verifica-se quão necessário é um discurso de legitimação que ofereça boas razões para que se reconheça no outro um igual e, por isso, se passe a respeitá-lo.

---

[28] GEARTY, Conor. *Can human rights survive?* New York: Cambridge University Press, 2006, p. 11.
[29] NINO, Carlos Santiago. *Ética y Derechos Humanos*. 2. ed. Buenos Aires: Astrea, 1989, p. 4-5.
[30] FOUCAULT, Michel. *A ordem do discurso*. São Paulo: Loyola, 1996, p. 49.
[31] FOUCAULT, Michel. *Microfísica do Poder*. São Paulo: Graal, 2004, p. 14.

Considerações finais

Ao final deste ensaio, é possível inferir que o discurso dos direitos humanos exige uma profunda ressignificação que leve em conta, de um lado, a necessidade de aprofundar a discussão e o questionamento dos seus pressupostos hegemônicos e, de outro, a recuperação do papel latino-americano. A gênese dos direitos humanos não pode ser compreendida sem que o papel histórico da América Latina seja devidamente resgatado e considerado, pois os direitos humanos são, de fato, um produto moderno, mas não exclusivamente europeu ou eurocêntrico. Se no contexto europeu surgiram como resultado das demandas do individualismo burguês, na América Latina expressaram o motivo subjacente às lutas dos povos colonizados e dominados por afirmação de uma dignidade oprimida e negada desde a conquista da América.

Daí a importância dos estudos pós-coloniais, no sentido de fomentar pensamentos alternativos ao discurso hegemônico dos direitos humanos, que compromete suas possibilidades de aceitação tanto para o contexto brasileiro e latino-americano, quanto para o resto do mundo. Adotar a perspectiva pós-colonial não implica a desconstrução do discurso dos direitos humanos sob a alegação de serem eles a genuína expressão do imperialismo ocidental e, portanto, de discursos eurocêntricos. Antes, pelo contrário, pois a hipótese é a de que estes direitos fazem muito sentido entre nós e, portanto, a tese de que foram simplesmente transplantados em contextos não ocidentais é altamente questionável.

Ao invés de seguir a trilha do eurocentrismo, o paradigma pós-colonial contesta que haja um lugar epistêmico mais legitimado que outro e se mostra, portanto, contextualizado ao mundo contemporâneo, marcado pela emergência de pluralidades e diferenças que não admitem visões de mundo uniformizantes. Em relação aos direitos humanos, permite, assim, questionar falsos pré-conceitos e construir outras formas de compreensão, que privilegiem o resgate de elementos esquecidos na construção deste discurso.

Referências bibliográficas

AN-NA'IM, Abdullahi. A proteção legal dos direitos humanos na África: como fazer mais com menos. In: BALDI, César Augusto (Org.). *Direitos humanos na sociedade cosmopolita*. Rio de Janeiro: Renovar, 2004. p. 429-464.

BOBBIO, Norberto. *A Era dos Direitos*. Rio de Janeiro: Campus, 1992.

CAROZZA, Paolo. From conquest to Constitutions: retrieving a Latin American tradition of the idea of human rights. *Human Rights Quarterly*, Baltimore/USA, v. 25, n. 2, May, 2003. Disponível em: <http:// www.jstor.org/stable/20069666>. Acesso em: 18 ago. 2009.

CHANADY, Amaryll. The Latin American postcolonialism debate in a comparative context. In: DUSSEL, Enrique et al. *Coloniality at large*: Latin America and postcolonial debate. Durham, USA: Duke University Press, 2008.

CORONIL, Fernando. Elephants in the Américas? Latin America Postcolonial studies and Global Decolonization. In: DUSSEL, Enrique et al. *Coloniality at large:* Latin America and postcolonial debate. Durham, USA: Duke University Press, 2008.

DUSSEL, Enrique. Ética da libertação na idade da globalização e da exclusão. Petrópolis: Vozes, 2000.

FANON, Frantz. *Os condenados da terra.* Rio de Janeiro: Civilização Brasileira, 1968.

FOUCAULT, Michel. *A ordem do discurso.* São Paulo: Loyola, 1996.

———. *Microfísica do Poder.* São Paulo: Graal, 2004.

GEARTY, Conor. *Can human rights survive?* New York: Cambridge University Press, 2006.

GLENDON, Mary Ann. The Forgotten Crucible: The Latin American influence on the universal human rights idea. Harvard Human Rights Journal, v. 16, p. 27-40, Spring, 2003. Disponível em: <http://law.harvard.edu/students/orgs/hrj/iss16/glendon.pdf>. Acesso em: 02 nov. 2009.

LUTZ, Ellen L.; SIKKINK, Kathryn. International human rights Law and practice in Latin America. International Organization, v. 54, n. 3, p. 639, Summer, 2000. Disponível em: <http://www.jstor.org/stable/2601247>. Acesso em: 11 fev. 2009.

LYOTARD, Jean-François. *A condição pós-moderna.* Tradução de Ricardo Corrêa Barbosa. 8. ed. Rio de Janeiro: José Olympio, 2004.

MELLINO, Miguel. *La crítica poscolonial:* descolonización, capitalismo y cosmopolitismo en los estudios poscoloniales. Buenos Aires: Paidós, 2008.

MENDIETA, Eduardo. Remapping Latin American studies: postcolonialism, subaltern studies, post-occidentalism, and globalization theory. In: DUSSEL, Enrique et al. *Coloniality at large:* Latin America and Postcolonial Debate. Durham, USA: Duke University Press, 2008.

NINO, Carlos Santiago. *Ética y Derechos Humanos.* 2. ed. Buenos Aires: Astrea, 1989.

POMMA DE AYALA, Felipe Guaman. *The first new chronicle and good government.* Translated by David Frye. Indianápolis/Cambridge: Hackett Publishing Company, 2006.

QUIJANO, Aníbal. Coloniality of power, eurocentrism, and social classification. In: DUSSEL, Enrique et al. *Coloniality at large:* Latin America and postcolonial debate. Durham, USA: Duke University Press, 2008.

SARTRE, Jean-Paul. Prefácio. In: FANON, Frantz. *Os condenados da terra.* Rio de Janeiro: Civilização Brasileira, 1968.

WALLERSTEIN, Immanuel. *O universalismo europeu.* São Paulo: Boitempo, 2007.

— VI —

A dupla face do acesso à justiça: análises iniciais sobre a cultura da eficiência e o desafio de institucionalização dos Juizados Especiais Federais[1]

JÂNIA MARIA LOPES SALDANHA[2]
JOSE LUIS BOLZAN DE MORAIS[3]

> Vai por cinquent'anos
> Que lhes dei a norma
> Reduzi sem danos
> A forma (ô) a forma (ó).
> (Os sapos. Manuel Bandeira)

Sumário: Introdução; Parte 1 – Da cultura de acesso à justiça de base convencional e constitucional; 1.1. Da cultura convencional e constitucional de acesso à justiça às circunstâncias da cultura de acesso; 1.2. Das circunstâncias da cultura do acesso à justiça: uma derivação das crises do Estado; Parte 2 – Da cultura do "processo eficiente" à construção da cultura dos Juizados Especiais: Desafios e perspectivas; 2.1. Da cultura do processo eficiente: A sedução do canto da sereia ou de quando o enfermo se cobre de boas razões; 2.2. Da cultura dos Juizados Especiais: Perguntas feitas, respostas em construção; Considerações finais.

Introdução

O tema do acesso à justiça, desde, sobretudo, a inauguração dos Estados de Bem-Estar, ganhou uma transcendência própria, passando a com-

---

[1] Este artigo foi produzido como resultado parcial e inicial de pesquisa realizada no âmbito do Projeto de Pesquisa intitulado "Juizados Especiais, Turmas Recursais e Turmas de Uniformização da Justiça Federal: os 10 anos dos Juizados Especiais Federais e os principais problemas no processo de revisão das decisões judiciais", desenvolvido sob os auspícios da CAPES/CNJ Acadêmico, desenvolvido em parceria pelos PPGs em Direito da UNISINOS e da UNIVALI. Sua laboração contou com a competente participação de Julia Lafayette Pereira (mestranda) e Marcelo Oliveira de Moura (doutorando), bolsistas do Projeto.

[2] Pós-Doutorado em Internacionalização do Direito no Collège de France. Doutora em Direito da UNISINOS. Professora do PPG em Direito da UNISINOS.

[3] Pós-Doutorado em Direito do Estado na Universidade de Coimbra. Doutor em Direito da UFSC. Professor do PPG em Direito da UNISINOS.

por a pauta dos direitos humanos no âmbito internacional e repercutindo nas suas fórmulas constitucionais. Visto inicialmente como apenas uma liberdade de não impedimento, passa a ser percebido e reconhecido como um direito de acessar as estruturas estatais incumbidas de tratar conflitos e delas receber uma resposta – de qualidade e em tempo razoável. A emergência desta nova dimensão explicitou as deficiências e insuficiências dos mecanismos tradicionais para o tratamento dos conflitos sociais, bem como das fórmulas adotadas, impondo transformações profundas e evidenciando os limites que as circunscrevem.

É neste contexto que se insere o debate que ora se inaugura no âmbito do projeto de pesquisa intitulado "Juizados Especiais, Turmas Recursais e Turmas de Uniformização da Justiça Federal: os 10 anos dos Juizados Especiais Federais e os principais problemas no processo de revisão das decisões judiciais".

De outro lado, ainda há que se considerar que concomitante ao movimento de democratização do acesso à justiça e da efetivação dos direitos humanos – garantias amparadas em bases constitucionais e convencionais – o atual cenário contemporâneo – neste contexto de "pós-modernidade" – apresenta a sua face hipermoderna, consistente no avanço da tecnologia, no surgimento de novos riscos e das relações massificadas, gerando novos e mais complexos conflitos, quantificando e qualificando a atuação dos sistemas de justiça tradicionais, inflacionando as demandas, desnivelando os fluxos e desqualificando as respostas.

Além disso, não se pode desconsiderar uma forte característica presente nos países de modernidade tardia, no qual o Brasil está inserido, qual seja: a incapacidade do Estado em cumprir as promessas de Bem-Estar Social, o que ocasiona, igualmente, a inflação das demandas, visando à efetivação das promessas constitucionais, em particular daquelas de natureza prestacional, tais como: direito à saúde, ao meio ambiente saudável, à previdência, entre outras.

Diante disso, os Governos têm promovido reformas profundas nos e dos sistemas de justiça, seja das estruturas jurisdicionais, seja dos seus mecanismos de atuação, seja pela reintrodução em cena daqueles instrumentos deixados de lado pela modernidade jurídico-jurisdicional – tais como a mediação e a arbitragem – com vistas a absorver a crescente e complexificada demanda, com procedimentos mais céleres e sistemas de filtragem dos contenciosos.

Dentre eles, os Juizados Especiais Federais (JEFs) constituem uma importante via alternativa de Acesso à Justiça. Criados pela Lei 10.259 de 2001, foram não só incentivados pelo movimento de democratização dos Estados em resposta aos modelos totalitários e autoritários de toda a espécie, como também expressivamente pelo modelo econômico neoliberal, cujos atores privados e órgãos de fomento desempenham uma forte influência paranormativa.

Nesse sentido, o presente trabalho – circunscrevendo este universo – tem como principal inquietação questionar em que medida a criação e o funcionamento dos JEFs se orientam para a efetivação dos direitos humanos e a democratização do Acesso à Justiça, e, por outro lado, têm-se pautado pela lógica utilitarista, ou econômica, mais preocupada com a eficiência (rapidez) com que responde as demandas massificadas do que com a qualidade das decisões, ou em outras palavras, com a efetivação dos direitos dos cidadãos.

Para enfrentar o problema da pesquisa, de uma forma não reducionista, há que se incorporar ao debate um conjunto de questionamentos inaugurais que permitam seja o mesmo identificado em suas dimensões mais exatas, bem como delimitem o cenário no qual se desenvolverá o trabalho, promovendo um diálogo permanente entre academia e mundo prático, entre reflexão teórica e demonstração sustentada em referenciais relacionados às práticas judiciárias.

Este texto divide-se em duas partes. Na primeira, a cultura de acesso a justiça será compreendida como algo incorporado a textos constitucionais e convencionais. Na segunda, o acesso será analisado de uma dupla perspectiva, qual seja, da cultura da eficiência, então marcadamente neoliberal e da experiência dos Juizados Especiais Federais.

Parte 1 – Da cultura de acesso à justiça de base convencional e constitucional

Se tomada a parte do Século XX que pode ser considerada, com Hobsbawm, "a era de ouro", é possível afirmar, no que diz com a previsão de proteção de direitos, ter a humanidade, pela primeira vez, ousado demarcar em textos legislativos alguns direitos humanos que, o evento da Segunda Guerra Mundial, tratou de mostrar quão frágeis eram e, por isso, como tão facilmente foram vilipendiados e violados. Desde então, dois fenômenos podem ser avistados. O primeiro diz respeito ao surgimento paulatino de novos direitos derivados das conquistas dos movimentos sociais, do avanço da tecnologia e do surgimento em curto tempo, da sociedade de massa, bem como dos novos riscos daí decorrentes, sobretudo a partir do modelo de desenvolvimento adotado hegemonicamente. O segundo decorrente da necessidade não só de prevê-los como também de assegurar sua efetividade, tanto no e pelo Estado, quanto nas e pelas relações entre particulares, tendo-se em conta as violações produzidas pelas duas Guerras mundiais e pelas diversas guerras parciais, como também pelos regimes autoritários – e, maximizadamente, pelos regimes totalitários – em várias partes do mundo, sem desconsiderar, ainda, aquelas incorporadas às diferenças sociais, à pobreza, à marginalização, entre outros.

E, nesta trajetória pode-se inserir a assunção do direito de acesso à justiça como um dos direitos humanos, afirmado, inclusive, como um dos mais básicos deles, como sugerem Cappelletti e Garth. No campo específico do direito de acesso à justiça – foco deste trabalho –, é importante lembrar que o mesmo está previsto em inúmeros textos internacionais de base convencional[4] integrando, assim, o direito internacional dos direitos humanos e, na generalidade dos textos constitucionais, compondo o quadro do *neoconstitucionalismo* contemporâneo. Há que se considerar, ainda, que os textos normativos de base convencional foram objeto de ratificação e incorporação por inúmeros Estados. Consistem na afirmação jurídica da preocupação que surgiu na segunda metade do Século XX, sobre a garantia de acesso à justiça por meio do juiz natural, imparcial, de um processo transparente, com garantia do contraditório e vias adequadas de recurso.[5]

Essa percepção remete ao reconhecimento de que a afirmação normatizada do direito humano de acesso à Justiça é apenas parte, não menos importante, do amplo cenário do movimento de internacionalização dos direitos que resultou de esforços em favor da reconstrução dos direitos humanos como "paradigma e referencial ético a orientar a ordem internacional contemporânea".[6]

Utilizando-se da metáfora do "fio de Ariadne" para tentar explicar o labirinto do processo da globalização, diante das inumeráveis questões e facetas que apresenta, é possível afirmar-se que a internacionalização das garantias processuais, inseridas naquele processo, denota um fenômeno não apenas novo, mas, antes, de extrema relevância para a efetivação dos direitos que é o da "processualização do Direito".[7]

Com efeito, os direitos humanos passaram a ocupar um lugar central dentre os que deveriam ter proteção e concretização. Dentre eles, o direito a participar de um processo equitativo converteu direitos processuais em

---

[4] Declaração Universal dos Direitos do Homem, artigos VII, X e XI. Pacto de Direitos Civis e Políticos, artigo 2º, alínea 3, "a" e "b" e art. 14; Convenção para a Proteção dos Direitos do Homem e das Liberdades fundamentais (Convenção Europeia), art. 6º; Convenção Americana sobre Direitos Humanos (Pacto de San José da Costa Rica), ar. 6º e Carta Africana dos Direitos Humanos e dos Povos (Carta de Banjul), art. 7º.

[5] SALDANHA, Jânia Maria Lopes. Bloco de constitucionalidade em matéria de garantias processuais na América Latina: Ultrapassando o perfil funcional e estrutural "hipermoderno" de processo rumo à construção de um direito processual internacional dos direitos humanos. In: CALLEGARI, André. STRECK, Lenio. ROCHA, Leonel Severo. *Constituição, sistemas sociais e hermenêutica. Anuário do Programa de Pós-Graduação em Direito da UNISINOS*. N.7. Porto Alegre: Livraria do Advogado, 2010, p. 123-144.

[6] PIOVESAN, Flávia. *Código de Direito Internacional dos Direitos Humanos Anotado*. São Paulo: DPJ, 2008, p. 5.

[7] GARAPON, Antoine. PAPAPOULUS, Ioannis. *Julgar nos Estados Unidos e na França. Cultura jurídica francesa e Common Law em uma perspectiva comparada*. Rio de Janeiro: Lúmen Juris, 2008, p. 249.

genuínas garantias processuais convencionais e constitucionais dotadas de substancialidade, concretas e efetivas.

Por outro lado, as Constituições de um número expressivo de Países[8] – novas ou reformadas nas décadas desde 70, 80 e 90 do Século passado – incorporando os textos internacionais de direitos humanos e promovendo as diversas transições democráticas na Europa e na América Latina, em especial, além de projetarem um novo formato para o Estado, agora, como Democrático de Direito[9] – também incorporaram a garantia de acesso à Justiça que, entretanto, só encontra materialidade se ancorada em outras tantas, como as do juiz natural, do devido processo legal, da ampla defesa e da publicidade. Percebe-se, nesse campo, ter matutinamente ocorrido a constitucionalização do direito internacional.

Lembra-se que as expressões "toda pessoa tem direito de receber dos tribunais nacionais competentes recurso efetivo para os atos...", [10] ou, "Toda pessoa tem o direito de ser ouvida, com as devidas garantias e dentro de um prazo razoável...",[11] como também "Qualquer pessoa tem direito a que a sua causa seja examinada, equitativa e publicamente, num prazo razoável por um tribunal independente"[12] e, finalmente, "Toda pessoa tem o direito de que sua causa seja apreciada..."[13] têm sido reiteradamente impostas como obrigações positivas aos Estados pelos Tribunais regionais, em caso de violações.[14] No caso latino-americano observa-se, notadamente, do julgamento do caso Castillo Páez vs Perú[15] que a Corte Interamericana de Direitos Humanos estabeleceu ser do Estado a obrigação positiva de garantir às pessoas um recurso efetivo ante juízes imparciais e independentes.[16]

---

[8] Sobre as Constituições de alguns países da América Latina veja-se: ALCALÁ, Humberto Nogueira. Dignidade de la persona, derechos fundamentales y bloque constitucional de derechos: Uma aproximação desde Chile y América Latina. In: VELANDIA CÁNOSA, Eduardo Andres. (Coord.). Derecho Procesal constitucional. Colombia: Agencia Imperial, 2010. SALDANHA, Jânia Maria Lopes. Bloco de constitucionalidade em matéria de garantias processuais na América Latina: Ultrapassando o perfil funcional e estrutural "hipermoderno" de processo rumo à construção de um direito processual internacional dos direitos humanos. In: CALLEGARI, André. STRECK, Lenio. ROCHA, Leonel Severo. Constituição, sistemas sociais e hermenêutica. Anuário do Programa de Pós-Graduação em Direito da UNISINOS, n. 7, op. cit.

[9] BOLZAN DE MORAIS, Jose Luis. STRECK, Lenio Luis. Ciência Política e Teoria do Estado. 7a ed. Porto Alegre: Livraria do Advogado. 2010

[10] Declaração Universal dos Direitos do Homem.

[11] Convenção Americana dos Direitos do Homem.

[12] Convenção Europeia dos Direitos do Homem.

[13] Carta Africana dos Direitos do Homem.

[14] Nesse sentido, veja-se a expressiva jurisprudência da Corte Interamericana.

[15] Julgado em 1996 tendo por Relator o Juiz A.A.Cançado Trindade. Disponível em: http://www.corteidh.or.cr/pais.cfm?id_Pais=8

[16] Há referência às previsões constitucionais dos países do Mercosul e associados em: SALDANHA, Jânia Maria Lopes. Bloco de constitucionalidade em matéria de garantias processuais na América

Com efeito, essa jurisprudência de obrigações positivas em matéria de garantia de acesso à Justiça fundamenta-se no compromisso assumido pelas próprias jurisdições internacionais de fazer cumprir todas as medidas em favor dos direitos humanos "de forma concreta e efetiva e não teórica ou ilusória".[17]

Esta reflexão, todavia, não pode desconsiderar que, muitas vezes em confronto a esta perspectiva, acima resumida, há que se considerar que, apesar do "novo" projeto constitucional, os Estado Nacionais viram-se imersos em crises profundas e, para o que aqui interessa, lhes foram indicadas, e até mesmo impostas, modificações, por meio de *reformas*, que vão na contramão deste processo de busca de alargamento e efetivação de direitos, como quando se observa as pautas de *reformas do judiciário* que veem pautados por modelos de maximização da eficiência, quantitativamente apurada, desrregulação, flexibilização etc.[18]

Resta saber, entretanto, se decisões desse teor não geram efeitos senão marginais no âmbito do processo e da jurisdição dos Estados que, todavia, têm realizado esforços para atendê-las. Seguramente, é possível afirmar que os Estados não estavam preparados para dar as respostas que eram esperadas pela sociedade em matéria de efetivação dos direitos, em geral e, dos direitos humanos, em particular, o que repercute com intensidade nos temas de acesso à justiça, consectário do acesso ao direito ante sua dimensão prestacional e não apenas negativa ou de não impedimento. E, neste campo, tem-se feito muito, porém há uma enormidade de transformações a serem concretizadas. Nesse sentido, é importante seja verificado as previsões de base convencional e constitucional (1.1.), como também, sejam retomadas, minimamente, as origens do acesso à Justiça (1.2).

1.1. Da cultura convencional e constitucional de acesso à justiça às circunstâncias da cultura de acesso

Já no final da década de 60 do Século passado, Mauro Cappelletti e Brian Garth[19] alertaram para os problemas e entraves ligados à garantia de acesso à Justiça. Primeiro, apresentaram o problema dos custos e, nesse sentido, destacaram que atenção especial deveria ser dada às pequenas

---

Latina: Ultrapassando o perfil funcional e estrutural "hipermoderno" de processo rumo à construção de um direito processual internacional dos direitos humanos, op. cit.

[17] DUMONT, Hugues. HACHES, Isabelle. Les obligations positives déduites du droit international des droits de l'homme: dans quelles limites? *In:* CARTUYVELS, Yves. DUMONT, Hugues. OST, François et.all. (Dir.) *Les droits de l'homme, bouclier ou épée du droit penal?* Bruxelles: Saint Louis/Bruylant, 2007, p. 47.

[18] Consultar: VIANA, Luiz Werneck. *A judicialização da política e das relações sociais no Brasil.* Rio da Janeiro: Revan, 1999. FARIA, José Eduardo. *Direito e justiça: A função social do judiciário.* São Paulo: Ática, 1997.

[19] *Acesso à justiça.* Porto Alegre: Safe, 1988.

causas. Segundo, chamaram a atenção para o problema das possibilidades das partes exercerem, concretamente, o direito de acesso. Terceiro colocaram a problemática da resolução dos interesses transindividuais – coletivos e difusos, em particular.

Ora, tais dificuldades de acesso inserem-se, dentre outros aspectos, no fenômeno da burocracia judiciária entendida como decorrente do excesso de formalismo processual e do próprio comportamento da Justiça, especialmente nos países de tradição civil que, tradicionalmente, tem contribuído para o seu distanciamento da sociedade. A burocracia produz patologias identificadas em termos de seu impacto sobre o caráter moral de quem atua no interior de uma estrutura burocrática, bem como emerge como uma estrutura social que não apenas torna possível, mas antes "... facilita e, inclusive, ocasiona o uso não crítico do poder público".[20]

Soma-se a isso que a herança romano-germânica legou um tipo de procedimento moroso, separado em fases, permeado pela centralidade do juiz, o que afastou o processo e a jurisdição das demandas da cidadania, como incansavelmente denunciou Ovídio Araújo Baptista da Silva.[21] Ademais disso, um sistema baseado no perfil individualista de mundo que se preparou para dar respostas aos conflitos – apropriados pelo sistema de justiça como *lide*, reduzindo-o aprioristicamente a partir de previsões normativas delimitadoras daquilo que *importa* ao direito legislado para *prestar jurisdição* – e não tratá-los por meio do outras estratégias, inclusive aquelas de base consensual. Ignorou, com isso, à maneira de quem cristaliza o dogma porque elimina a crítica histórica, que talvez a saída para os problemas funcionais e estruturais do funcionamento da Justiça esteja vinculada à sua descentralização, desburocratização, desformalização para aproximá-la da sociedade,[22] bem como à assunção do conflito como constitutivo da sociedade e não como patologia social.[23]

Porém há que ser dito que as frágeis respostas da jurisdição, ante a panóplia de demandas insere-se no contexto geral de afetação das balizas mestras do Estado enquanto organização política, cujo processo de reavaliação teve início na década de 70 do Século XX. A revisão de fatos econômicos, ideológicos e políticos deu vazão à "retração estatal"[24] que, em vários lugares, tomou diferentes formas. Esse percurso estatal, todavia,

---

[20] FISS, Owen. *El derecho como razón pública*. Madri: Marcial Ponz, 2007, p. 110.

[21] *Processo e Ideologia*. Rio de Janeiro:Forense, 2004.

[22] *Ibid.*, p. 316.

[23] BOLZAN DE MORAIS, Jose Luis. SPENGLER, Fabiana Marion. *Mediação e Arbitragem. Alternativas à Jurisdição!*. 2ª ed. Porto Alegre: Livraria do Advogado. 2010

[24] CHEVALLIER, Jacques. *O Estado pós-moderno*. Belo Horizonte: Editora Fórum, 2009, p. 29. Também: BOLZAN DE MORAIS, Jose Luis. *As crises do Estado e da Constituição e a transformação espaço-temporal dos direitos humanos*. 2ª ed. Col. Estado e Constituição. N. 1. Porto Alegre: Livraria do Advogado. 2011.

se ao primeiro olhar pode significar a sua retirada de vários campos de atuação que tradicionalmente eram seus, é, em alguns casos, enganoso.

Veja-se que no campo da atuação da Justiça, os tribunais passaram a ser chamados para compor litígios de toda ordem, derivados das relações complexas e massificadas produzidas e fomentadas pelo modelo econômico neoliberal que projeta seus tentáculos para todas as esferas da vida social, assim como, há que se reconhecer, pela democratização no acesso, decorrente da própria democratização da sociedade, além daquela inaugurada pela ausência ou insuficiência na concretização dos direitos reconhecidos constitucionalmente, sobretudo no âmbito das novas(íssimas) Constituições pós-autoritárias. Nesse sentido, muito particularmente, aqueles derivados dos processos de redemocratização e aqueles que, embora reconhecidos, sofreram – ou, amiúde, foram desprezados – com a reconfiguração das fórmulas do Estado Social fruto das pretensões globalizantes e neoliberais.

Assim, não fossem os já conhecidos entraves ao acesso à justiça, apontados por Cappelletti e Garth, vieram a eles somar-se a inflação de demandas, especialmente em sociedades desiguais socialmente, com déficit de políticas públicas e com baixo grau de cultura constitucional, cujo maior descumpridor das leis tornou-se o próprio Estado e onde se viu explicitar o debate em torno dos limites de sua fórmula social, fazendo confrontar, sob diversos aspectos, direito e economia. Além disso, a complexidade dos conflitos sociais, que incorporaram conteúdos inovadores e atores múltiplos, fugindo ao tradicional modelo liberal-individualista em que agia soberanamente o *indivíduo* e se discutia em torno de *interesses individuais*, impuseram a necessidade de se repensar as formas e fórmulas do tratamento jurisdicional de conflitos.

A saturação da Justiça tornou-se inexorável, o que impôs ao próprio Estado a criação de "válvulas de segurança",[25] procedimentos mais céleres e sistemas de filtragem dos contenciosos objetivando um melhor funcionamento do próprio sistema de justiça. Mas antes disso, como acima referido, previsões de base convencional, como na Declaração Universal dos Direitos Humanos e na Convenção Americana de Direitos Humanos, incorporadas por um conjunto amplo de Estados, já previram garantias processuais com a finalidade de que as pessoas tivessem assegurado o direito de acesso a um juiz independente e imparcial, num prazo razoável.

Com efeito, no Brasil, os problemas de acesso intensificaram-se a partir do fim do regime autoritário e com a abertura ao modelo econômico neoliberal. Não tardou para que movimentos de reforma do direito processual surgissem e vias alternativas de solução de conflitos fossem

---

[25] Como ocorreu na França, por exemplo. CHEVALLIER, Jacques. O Estado pós-moderno, *op. cit.*, p. 133.

apontadas como uma das possíveis soluções ao reduzido acesso, à morosidade e ao procedimento ordinário burocratizado.[26] Esse foi o objetivo do constituinte de 1988 quando inseriu na Constituição Federal previsão de criação de Juizados Especiais, tal como se avista no teor do artigo 98, I, em evidente prestígio à oralidade, ao consenso e ao procedimento sumaríssimo.

A esse propósito, o legislador ordinário por meio da Lei 9.099/95 criou os Juizados Especiais Cíveis e Criminais das Justiças dos estados-membros, reiterando, de algum modo, a experiência de algumas jurisdições estaduais em torno aos nomeados Juizados de Pequenas Causas. E em 2001, por meio da Lei 10.259 foram criados os Juizados Especiais Federais de competência da Justiça Federal.

Se o processo comum ordinário, por origem e por tradição, do ponto de vista de seu ritual, caracteriza-se pelo desenvolvimento em fases bem separadas, com predomínio da palavra escrita, a promessa dos Juizados Especiais foi toda outra. Preocupado em dar acesso à Justiça a um conjunto de litígios antes represados, relegados pelos instrumentos e espaços jurisdicionais tradicionais, como também visando fossem as respostas mais breves, o legislador inseriu na primeira Lei (9.099), que é aplicável subsidiariamente aos litígios resolvidos no âmbito da segunda Lei (10.259), um conjunto de princípios que orientam a condução do processo para o consenso, para a informalidade e a rapidez da resposta.

Tudo se passa como se a preocupação mais essencial fosse com a celeridade e para a construção de respostas consensualmente elaboradas – inserida, posteriormente, pela Emenda Constitucional nº 45/2004, como duração razoável do processo – o que, desde logo, põe a nu a tensão entre duas perspectivas filosóficas[27] de compreensão do jurídico: a) como *episteme*, então como racionalidade formal e; b) como *phronésis*, então como racionalidade material, orientada para os conteúdos.

É preciso perguntar, no entanto, se esses Juizados foram criados com a preocupação de romper com o perfil ordinário de processo, sob o ponto de vista funcional, para facilitar o acesso das pessoas (1) ou se, de um lado, decorreram da exigência do modelo econômico neoliberal e das espécies de conflitos massificados que passou a produzir e, de outro, da própria incapacidade estatal em efetivar direitos (2).

A justificar a primeira indagação está associado um fenômeno que surgiu, sobretudo, no período pós-final da Guerra Fria que foi o do mercado internacional do direito. O fim das ditaduras e a exigência de que os Estados fossem dotados de um sistema jurídico moderno contribuiu, sig-

---

[26] Sobe o tema consultar: BAPTISTA DA SILVA, Ovídio Araújo. *Jurisdição e execução na tradição romano-canônica*. São Paulo: RT, 1996.

[27] ZAGREBELSKI, Gustavo. *El derecho dúctil*. Madri: Editorial Trotta, 2009, p. 123.

nificativamente, para que os sistemas de justiça se afinassem com o mercado do comércio internacional. Assim não é possível desconhecer que os amplos programas e projetos de reforma da justiça empreendidos pelos Estados nas últimas décadas, impulsionados pelas instituições financeiras internacionais são destinadas a garantir mais e mais investimentos e tornar os países, do ponto de vista do comércio, mais atrativos.[28]

Por outro lado, a justificativa da segunda indagação relaciona-se ao modelo de Estado e às conquistas da cidadania. A reunião, nas Constituições, de um grupo de direitos humanos, como os já tradicionais direitos sociais, assim como dos novíssimos direitos de fraternidade, não encontrou eco nas estruturas estatais marcadamente liberais tradicionais, em particular aquelas próprias dos seus sistemas de justiça.

Mas há um liame a aproximar as duas ideias, que é o surgimento da sociedade massificada e consumista. De uma gramática primária que se utiliza de expressões como "acesso qualificado à justiça" passa-se a do acesso "eficiente", como adiante será visto na segunda parte deste trabalho.

Diante deste contexto, para tentar entender a cultura de acesso à Justiça é preciso ter em conta, minimamente, que se insere no amplo quadro de atuação do próprio Estado.

1.2. Das circunstâncias da cultura do acesso à justiça: uma derivação das crises do Estado

Para inaugurar este debate, parece inevitável retornar-se à proposta apresentada por Mauro Cappelletti e Bryan Garth para o trato das questões referentes ao tema do *acesso à justiça*,[29] que o observaram como *ondas (waves of reform)*. Nesse sentido, tais autores propuseram uma tripla trajetória que expressa, ao mesmo tempo, preocupação e busca de solução.

Primeiro, no que diz respeito à incorporação dos hipossuficientes econômicos e de toda ordem, pelos novos interesses e pelos "novos" mecanismos de solução de controvérsias. Tido por conhecido este debate, deve-se apenas fazer referir que as preocupações relativas a esta interrogação implicaram na colocação em pauta do problema da efetividade/ eficácia da prestação jurisdicional – não da eficiência como o que pauta o

---

[28] GARAPON, Antoine; PAPAPOULUS, Ioannis. *Julgar nos Estados Unidos e na França. Cultura jurídica francesa e Common Law em uma perspectiva comparada, op. cit.*, p. 250. Consulte-se também: SALDANHA, Jânia Maria Lopes. A paradoxal face " hipermoderna" do processo constitucional: Um olhar sobre o direito processual brasileiro. *In:* Revista *Estudios Constitucionales.* Ano 8. V. 2, 2010, p. 675-706. Disponível em: http://www.scielo.cl/pdf/estconst/v8n2/art20.pdf.

[29] *Acesso à Justiça*, op. cit. Também: BOLZAN DE MORAIS. Jose Luis e SPENGLER, Fabiana Marion. *Mediação e Arbitragem. Alternativas à Jurisdição!* 2ª ed. Porto Alegre: Livraria do Advogado. 2010, na obra, encontra-se um tratamento mais aprofundado desta matéria, assim como o desenvolvimento da mesma no que respeita aos métodos autônomos de tratamento de conflitos.

conjunto de propostas de reforma dos sistemas de justiça desde há muito –, fazendo com que uma certa processualística, que incorpora interrogantes de cunho sociológico, tenha produzido algumas soluções no sentido de buscar alternativas para o caráter cada dia mais agudo e insuficiente das respostas dadas aos conflitos pelo aparato jurisdicional do Estado, a partir de seus métodos de trabalho e de tratamento dos litígios.

Deve-se ter presente, também, que as crises por que passa o modo estatal de dizer o Direito – jurisdição – refletem não apenas questões de natureza *funcional*, fruto da escassez de recursos econômicos, como inadaptações de caráter *estrutural* –[30] aspectos relacionados às deficiências formativas dos profissionais do Direito – que inviabilizam o trato de um número cada vez maior de demandas, por um lado, e de uma complexidade cada vez mais aguda de temas que precisam ser enfrentados, bem como pela multiplicação de sujeitos envolvidos nos polos das relações jurídicas, por outro.

Assim, as crises da Justiça fazem parte de um quadro cada vez mais intrincado de problemas, tendo-se como paradigma a continuidade da ideia de Estado de Direito – e, por consequência, do Direito como seu mecanismo privilegiado. De outro modo, como instrumento apto, eficaz e indispensável para a solução pacífica dos litígios. Todavia, tais crises estão umbilicalmente ligadas ao trato do problema relativo à transformação do Estado contemporâneo, seja pela ocorrência do reforço de suas relações de interdependência, pela redefinição de seus papéis, pela atenuação do seu centralismo e singularidade e, finalmente, pela fragmentação de sua estrutura.[31]

Deve-se, portanto, entender estas crises sob diversas perspectivas: uma que diz respeito ao seu *financiamento* – infraestrutura de instalações, pessoal, equipamentos, custos – que dizem respeito não apenas aos valores (custas judiciais, honorários etc.), efetivamente dispendidos, como também ao *custo diferido* que se reflete em razão do alongamento temporal das demandas –, remuneração etc. – que pode ser identificada como *crise estrutural*.

Outra, diz respeito a aspectos pragmáticos da atividade jurídica, englobando questões relativas à linguagem[32] técnico-formal utilizada nos ri-

---

[30] SALDANHA, Jânia Maria Lopes. Do funcionalismo processual da aurora das luzes às mudanças processuais estruturais e metodológicas do crepúsculo das luzes.: A revolução paradigmática do sistema processual e procedimental de controle concentrado de constitucionalidade. *In:* STRECK, Lenio. BOLZAN DE MORAIS, José Luis. *Constituição, sistemas sociais e hermenêutica.* Porto Alegre: Livraria do Advogado, 2008, p. 113-134.

[31] CHEVALLIER, Jacques. *O Estado pós-moderno, op. cit.,* p. 113-114.

[32] Veja a respeito os trabalhos de Luis Alberto Warat, em especial *O direito e sua linguagem* e *O Ofício do Mediador.*

tuais e trabalhos forenses, a burocratização e lentidão dos procedimentos e, ainda o acúmulo de demandas. É a *crise objetiva ou pragmática*.

A terceira crise se vincula à incapacidade tecnológica de os profissionais do Direito tradicionais lidarem com novas realidades fáticas que exigem não apenas a construção de novos instrumentos legais mas, também, a (re)formulação das mentalidades, moldadas que foram para pretenderem funcionar a partir de silogismos lógicos neutralizados da incidência de uma pressuposição legal-normativa (suporte fático abstrato) a um fato ocorrido na realidade (suporte fático concreto). Ora, este mecanismo lógico formal não atende – se é que algum dia atendeu – às soluções buscadas para os conflitos contemporâneos, em particular aqueles que envolvem interesses transindividuais. É a crise *subjetiva ou tecnológica*.

Finalmente, há aquela crise que diz respeito em particular aos métodos e conteúdos utilizados pelo Direito para a busca de uma solução pacífica para os conflitos a partir da atuação prática do direito aplicável ao caso *sub judice*. O que se vislumbra aqui é a interrogação acerca da adequação de o modelo jurisdicional atender às necessidades sociais do milênio em curso em razão do conteúdo das demandas, dos sujeitos envolvidos ou, ainda, diante do instrumental jurídico que se pretende utilizar – direito do Estado, direito social, 'lex mercatoria', costumes, equidade etc. É a *crise paradigmática*.

Ora, o Estado como instância central da regulação social, passou a orientar as condutas humanas enfrentando hoje, tanto em nível internacional (ONU, mecanismos do mercado internacional etc.) como em nível nacional, uma(s) crise(s) que o atinge(m) como um todo, e particularmente como expressão jurídica,[33] em que os mecanismos econômicos, sociais e jurídicos de regulação – sobretudo os de origem *nacional* – padecem de efetividade em decorrência dessa inevitável perda da soberania e autonomia dos Estados Nacionais (e.g., fenômeno da globalização) por um lado, como também pela quebra de suas instâncias e instrumentos de legitimação interventiva, de outro.

Tendo presente estas circunstâncias, parece, então, estar perfeitamente justificada a pretensão de tratar este debate conjugando-o com o do Estado, visando, com isso, supor que se deve ter presente que não há uma inexorabilidade iminente que leve à emergência de *outros mecanismos* para o enfrentamento de conflitos como estratégia final para o trato das questões relacionadas com estas crises acima apontadas. Nesse sentido, percebe-se que a cada dia as mesmas vêm ganhando importância e reconhecimento, como se verifica das propostas de reforma da legislação pro-

---

[33] Para uma análise específica desta problemática ver o nosso *As Crises do Estado e da Constituição e a Transformação Espaço-temporal dos Direitos Humanos*. In Col. Estado e Constituição, n. 1. 2ª ed. Porto Alegre: Livraria do Advogado. 2011

cessual civil, das políticas públicas no âmbito da Secretaria de Reforma do Judiciário e pela atuação do Conselho Nacional de Justiça (Res. 125/10), entre outras estratégias que vêm sendo adotadas, o que não será objeto de análise neste trabalho.

Com efeito, esse quadro de reformas pode orientar a análise para a descoberta de interesses neoliberais em que o processo e a Justiça sirvam aos interesses econômicos, bem como também pode servir de motivação à análise mais acurada de formas simplificadas de prestação jurisdicional como ocorre com os Juizados Especiais Federais no Brasil, no intuito de verificar se atendem ao chamado da justiça de qualidade, e não apenas de quantidade. É disso que tratará a segunda parte que segue.

Parte 2 – Da cultura do "processo eficiente" à construção da cultura dos Juizados Especiais: Desafios e perspectivas

Analisar o direito de acesso à justiça como um direito fundamental convencional e constitucional cuja efetivação, porém, não está dissociada da problemática relativa às transformações do Estado, na medida em que o foco, por opção, é a prestação jurisdicional estatal, não dispensa a análise crítica do significado das reformas processuais do ponto de vista dos interesses neoliberais.

Essa vigilância crítica, remete à aferição da existência ou não de relação entre as reformas processuais civis ocorridas no Brasil, a partir da Emenda Constitucional nº 45 e as orientações do Banco Mundial, tracejando o caminho para a parte seguinte, isto é, se os Juizados Especiais Federais também sofrem ou sofreram tal influência.

Esse tema, complexo e delicado, mobiliza a atenção para que se pense acerca da influência dos princípios neoliberais sobre a Jurisdição, especialmente no que diz respeito ao lugar reservado à quantificação. A despeito disso, é preciso esclarecer que não se fará a crítica às reformas com sentido de contrariedade às mesmas. Ao contrário, não se nega que seja necessário tocar nas funções do processo e da jurisdição. Então, em alguma medida as reformas são necessárias. O que se busca, é compreender a entonação dada a certos campos de reforma em desatenção a outros, não menos importantes.

A esse propósito, o ponto de partida é falar do lugar reservado ao indivíduo na sociedade contemporânea, ante à forte ligação com o próprio perfil individualista e atomizado de processo. Simbólica, mas compreensível, é a alusão ao indivíduo elevado ao grau máximo, pois é a mais consagrada expressão da modernidade, convertida em individualismo. Ao invés da superação da modernidade, o que se vê é, como afirma Chevallier,[34] a elevação aos extremos de "certas dimensões presentes no cerne da modernidade," como o próprio individualismo. Então aqui visível a pós-modernidade na sua dimensão hipermoderna, caracterizada pela busca da certeza e da quantificação, da segurança nas respostas sempre iguais, do indivíduo colocado como homem livre para escolher, então transformado em consumidor, entre outras. De fato, essas são algumas das marcas identificadoras da sociedade liberal e capitalista, nascida ao final do Século XVIII e vertida em sua forma mais arrojada, a partir do final da década de sessenta do Século passado, em neoliberalismo.

Do *homo economicus*[35] do Século XVIII, então homem da sociedade da troca, que impunha uma peculiar "razão de Estado" ou "razão governamental" moderna que era a limitação da arte de governar ou, do mesmo modo, "não governar demais," passa-se ao homem empresário neoliberal que se transforma no seu próprio capital, sendo para si mesmo seu produtor, culminando, em consumidor ao final convertido em mercadoria,[36] mergulho numa antropologia artificialista,[37] fundada no sujeito de prazer e de interesse que liga direito e economia.

O viés identificador da matriz econômico-política do liberalismo daquele Século a que Adam Smith[38] denominou de "mão invisível", com a peculiaridade de sua preocupação estar voltada à sustentação da atividade interna do Estado em contraposição à estrangeira, em muito pouco se identifica com a sociedade concorrencial do neoliberalismo, em que as empresas ocupam o papel fundamental e os seus critérios de gestão – na atualidade – espalham-se para a esfera pública, como a do Poder Judiciário, especialmente com vistas à redução de custos a qualquer preço.

Na economia de mercado da atualidade, o que está em questão é que essa espécie de economia sirva de princípio, de forma e de modelo para o próprio Estado.[39] O problema fundamental do neoliberalismo, mais do que antes, é manter a regulação do exercício global do poder político com base naquela economia de mercado, mas agora sob o signo arrojado da abstração, da estandardização, da concorrência e da quantificação. Quando isso acontece, o abstrato toma o lugar do concreto e passa a representar a "normalidade abstrata" de que se nutre o neoliberalismo para impor padrões de conduta e padrões de gestão.

---

[34] CHEVALLIER, op. cit., p. 20.

[35] Expressão utilizada por FOUCAULT, Michel. *Nascimento da biopolítica*. São Paulo: Martins Fontes, 2008, p. 201. Diz o autor: "O *homo economicus* que se quer reconstituir não é o homem da troca, não é o homem consumidor, é o homem da empresa e da produção".

[36] BAUMAN, Zygmunt. *Vida para o consumo*. A transformação das pessoas em mercadoria. Rio da Janeiro: Zahar, 2008, p. 20.

[37] FOESSEL, Michael. Néolibéralisme versus libéralisme? *Esprit. Dans la tourmente (I)*. Aux sources de la crise financière. Nov/2008. Paris: p. 80.

[38] SMITH, Adam. *A riqueza das Nações*. Vol. I. São Paulo: Martins Fontes, 2003, p. 567.

[39] FOUCAULT, op. cit., p. 159.

Desse modo, a partir do momento em que o neoliberalismo agrega outros elementos àqueles já planteados pela modernidade que se confundem, em boa medida, ao próprio espírito do capitalismo[40] – ideia de progresso material e eficiência na satisfação das necessidades; modo de organização social favorável às atividades econômicas –, serve-se da feição hipermoderna da pós-modernidade e exige das instituições estatais funcionamento e estrutura compatíveis com o valores concorrência, estratégia e planificação.

Com argúcia, já na década de 70 do Século passado, Michel Foucault[41] referiu que a lei não passa, muitas vezes, de uma simples regra do jogo e que cada um exerce o poder que lhe toca. Por isso, o Judiciário, ao invés de manter-se como simples *la bouche de la loi*, é chamado a exercer nova autonomia e adquire uma importância destacada. A secundariedade da Jurisdição, própria do Estado Liberal, dá lugar ao protagonismo.

Não sendo mais o sujeito econômico o homem da troca liberal, e sim a empresa do neoliberalismo, refinada expressão de uma "certa maneira de se comportar" no campo econômico, mais as superfícies de atrito com os indivíduos produzidos pela própria lógica neoliberal – atomizados, desconexos, desmoralizados e socialmente impotentes[42] – aumentam e mais conflitos surgem a exigir um intervencionismo judiciário que, segundo Focault, "deve servir como arbitragem das regras do jogo".

O anseio por reformas, na perspectiva – talvez vã – de que os problemas cruciais da prestação da jurisdição tenham fim, tem permitido aos juristas em geral e aos processualistas, em particular, perceberem que muitas dessas reformas podem consistir na morte anunciada do processo de qualidade? Não haveria, como refere Lenio Streck,[43] uma *asfixia da realidade* a impedir o desenvolvimento de uma discussão filosófica acerca do tema? Sobretudo no que diz respeito ao problema da teoria da decisão e da filosofia da linguagem, caminho possível para colocar-se em xeque o problema do solipsismo decisório e, quiçá, reorientar a perspectiva da decisão para argumentos de princípio e não de política. Quanto a esta última, objetivando romper com o perfil regulatório, submisso à funcionalização[44] e de instrumento sancionador de quaisquer outras e externas

---

[40] BOLTANSKI, Luc; CHIAPELLO, Ève. *O novo espírito do capitalismo*. São Paulo: Martins Fontes, 2009, p. 45.
[41] FOUCAULT, op. cit., p. 240.
[42] CHOMSKY, op. cit., p. 12.
[43] STRECK, Lenio Luiz. Novo Código de Processo Penal. O problema dos sincretismos de sistemas (inquisitorial e acusatório). *Revista de Informação Legislativa*. Brasília. Ano 46. n° 183. jul/set – 2009, p. 123.
[44] Sobre o tema ver: BAPTISTA DA SILVA, Ovídio Araújo. Da função à estrutura. *Constituição, Sistemas Sociais e Hermenêutica. Anuário 2008*. Programa de Pós-Graduação em Direito UNISINOS. Porto Alegre: Livraria do Advogado, 2008, p. 89-100. LOPES SALDANHA, Jânia Maria. Do funcionalismo processual da aurora das luzes às mudanças estruturais e metodológicas do crepúsculo das luzes: A

ideologias a que foi reduzido o Direito[45] na perspectiva moderno-iluminista e, por consequência, a própria Jurisdição. A cultura do processo "eficiente" emerge como a estrela guia da prestação da Justiça (2.1), sem que se possa afirmar seja essa a solução para os inúmeros gargalos de acesso, inclusive como ocorre ainda, infelizmente, nos Juizados Especiais Federais (2.2). É o que segue.

2.1. Da cultura do processo eficiente: A sedução do canto da sereia ou de quando o enfermo se cobre de boas razões

Uma vez ser induvidoso o quadro de reformas processuais ocorridas no Brasil, particularmente no que se refere àquelas ocorridas a partir da Emenda Constitucional nº 45 de dezembro de 2004 e considerando-se a existência de Projeto de Lei[46] por meio do qual pretende-se criar um novo Código de Processo Civil, pergunta-se se haveria relação dessas reformas com os interesses neoliberais e em que medida poderiam elas ser consideradas reformas pós-modernas no sentido hipermoderno.

Visualiza-se nesse passo, a risco de toda crítica, uma aproximação entre as reformas processuais e os interesses neoliberais. Pode-se constatar que o modelo reformista brasileiro, se em aparência prometia atribuir aumento aos poderes dos juízes – com a antecipação de tutela em 1994 e, mais recentemente, com a sentença indeferitória liminar, por exemplo – em evidente comprometimento com as teorias sociológicas a que no Brasil defensores da instrumentalidade[47] renderam homenagens, ao fim e paulatinamente, tais reformas têm esvaziado o papel do processo como instituição garantidora dos direitos fundamentais. Todavia, haveria uma relação estreita entre a vocação do tempo presente para a jurisdição – com a acentuada demanda ao Judiciário – e a democracia? É a Justiça um espaço de exigibilidade de democracia?

---

revolução paradigmática do sistema processual e procedimental de controle concentrado de constitucionalidade no STF. *Constituição, Sistemas Sociais e Hermenêutica. Anuário 2008.* Programa de Pós-Graduação em Direito UNISINOS. Porto Alegre: Livraria do Advogado, 2008, p. 113-134.

[45] CASTANHEIRA NEVES, A. O direito interrogado pelo tempo presente na perspectiva do futuro. *Boletim da Faculdade de Direito.* Coimbra: Coimbra, 2007, p. 6. Mas também uma promessa de gozo, em um mundo em que o que "o que conta é o número de processos julgados no final do mês, em que qualidade é contingência". ROSA, Alexandre Morais da. AROSO LINHARES, José Manuel. *Diálogos com a Law & Economics.* Rio de Janeiro: Lúmen Júris, 2009, p. 64.

[46] Projeto de Lei 8046 de 2010. Disponível em: http://www.camara.gov.br/proposicoesWeb/fichade tramitacao?idProposicao=490267. Acesso em 25.08.2011.

[47] O expoente dessa posição no Brasil é o Professor Cândido Rangel Dinamarco porque estabelece centralidade à jurisdição ao defender uma instrumentalidade positiva norteada por escopos metajurídicos – jurídico, social, político e econômico. O que defende, pois, é uma racionalidade meramente instrumental para o processo e não uma racionalidade discursiva. DINAMARCO, Cândido Rangel. *Instrumentalidade do processo.* São Paulo: Malheiros, 2005.

Desde o ano de 1996, o Banco Mundial fornece orientações paranormativas ao Brasil sinalizando a necessidade de que haja uma reforma do Judiciário e do processo no País. Tal atividade está retratada em dois documentos técnicos do Banco Mundial para o Poder Judiciário do Brasil que serão brevemente analisados na sequência.

Nesse ponto, o objetivo será tentar demonstrar o íntimo vínculo entre as exigências de otimização dos serviços do Poder Judiciário, em termos de fluxo, com o coração do processo de globalização: logo, com o neoliberalismo, assumido pelo Brasil a partir da década de 90 do Século passado, cujo reflexo se faz sentir, sobremaneira na função e estrutura do direito processual.

O modelo de Estado, como refere Mirjan Damaska, modela o tipo de processo que se tem, ou seja, tanto a organização do Poder Judiciário quanto o seu modo funcional de administração deixam marcas evidentes no processo. A pergunta posta por Damaska[48] é emblemática: "La pregunta no es solo qué tipo de procedimiento queremos, sino también qué tipo de organización del Estado poseemos". Essa assimilação, como referido, é sustentada pelo consenso econômico neoliberal. Percebe-se bem que a subordinação dos Estados nacionais às agências multilaterais como o Banco Mundial, FMI e a Organização Mundial do Comércio, consiste numa das três importantes inovações institucionais[49] que a receita neoliberal provoca.

O Banco Mundial,[50] ao contrário de outras organizações internacionais, busca padronizar as concepções de Judiciário e de justiça de forma meramente indicativa. A adesão dos Estados não se dá pela via de normas e sim pela adesão a ideias. O que nem por isso significa não ter impacto em nível interno. Um dos instrumentos da atividade paranormativa do Banco são as publicações e documentos a respeito do Judiciário. O domínio de sua influência sobre o Poder Judiciário dos Estados ocorre basicamente em dois níveis: a) institucional – o Poder Judiciário deve ser enquadrado num processo de modernização e; b) individual – os juízes são construtores de consenso.

A confecção dos Documentos Técnicos e Relatórios sobre o Judiciário, assim, pretende expor essas feridas apontadas pelo Banco. Com isso,

---

[48] DAMASKA, Mirjan. *Las caras de la justicia y el poder del Estado*. Análisis comparado del proceso legal. Santiago: Editora Jurídica de Chile, 2000, p. 86.

[49] As outras duas são: a) restrições drásticas à regulação estatal da economia; b) novos direitos de propriedade internacional para investidores estrangeiros. Consulte-se: SANTOS, Boaventura de Sousa. Os processos de globalização. In: SANTOS, Boaventura de Sousa (Org.). *A globalização e as ciências sociais*. São Paulo: Cortez Editora, 2002, p. 31.

[50] Em 1997, o Banco Mundial promove a discussão sobre o novo papel do Estado. Em 2000 realiza a Primeira Conferência Mundial sobre o judiciário, em cujo âmbito se debate o sucesso do judiciário. Em 2002 realiza-se nova Conferência em se analisam instituições que promovem mercados para melhorar a renda e reduzir a pobreza.

orientar os governos aos interesses particulares dessa agência de fomento financeiro, disfarçados sob a retórica da necessidade de dar mais qualidade à prestação jurisdicional, nada mais significa do que o discurso deliberado para condicionar o jurídico.

Colhe-se, genericamente, do Documento Técnico 319S – O setor Judiciário na América Latina e no Caribe – do ano de 1996, que o Banco Mundial, sob um discurso aparentemente neutro, recomenda como valores para o "aprimoramento" da prestação jurisdicional os seguintes: a) previsibilidade nas decisões; b) independência; c) eficiência; d) transparência; e) credibilidade; f) combate à corrupcão; g) protecão à propriedade privada; h) acessibilidade; i) respeito aos contratos e; j) mudança no ensino jurídico. No Brasil, a Emenda Constitucional 45, de 2004, que implementou a chamada "Reforma do Judiciário", recepcionou significativamente tais recomendações.

No que tange à eficiência (c), a agência internacional interessa-se pela ação do Estado em relação ao mercado, uma vez ser ele, na atualidade, o leito do rio neoliberal, o lugar revelador de algo como que a verdade, logo de veridição, conforme afirmou Foucault.[51] Nesse sentido, para o Banco Mundial, o Judiciário deve maximizar sua capacidade para resolver demandas.[52] Em outras palavras, deve ser rápido, reduzir custos e aplicar a equidade. Essas expectativas devem ser harmonizadas com a exigência de imparcialidade.

O Poder Judiciário, como se vê das reformas trazidas pela Emenda Constitucional 45/2004, tem-se aberto à eficiência, pois além da súmula vinculante, da repercussão geral, mostra disso é a chamada súmula impeditiva de recursos, a padronização das práticas e atos por meio da virtualização, entre outros.

Assim, novamente, quando a Constituição Federal no artigo 5º, LVXXVIII, prevê a duração razoável do processo e a penalização aos juízes que excederem os prazos legais tal como prevê o art. 93, II, e; a promoção dos juízes a partir da produtividade conforme prevê o art. 93, II, c, quando o sistema como um todo prestigia a simplificação de ritos; a justiça itinerante; estudos sobre agilização processual; iniciativas legislativas e visibilidade através dos meios de comunicação, coloca a eficiência como um valor incontestável.[53] Segundo essa lógica, as deliberações dos

---

[51] FOUCAULT, Michel. *Nascimento da biopolítica*. São Paulo: Martins Fontes, 2008, p. 45.

[52] Essa perspectiva circunscreve-se no âmbito da Teoria da Análise Econômica do Direito em que, fundamentalmente, a Economia passa a ser entendida como um método aplicável aos mais diversos campos do conhecimento desde Bentham e Adam Smith. Tal método consiste na escolha racional em um mundo em que os recursos são limitados. Nesse sentido, o Poder Judiciário seria um ator importante para a maximização da riqueza, daí a preocupação com a quantificação, com a redução de demandas e de custos. POSNER, Richard. *Economic Analisys of Law*. New York: Aspen, 2003.

[53] GARAPON, Antoine. Un nouveau modèle de justice: efficacité, acteur stratégique, sécurité. *Esprit. Dans la tourmente (I)*. Aux sources de la crise financière. Nov/2008. Paris, p. 99.

juízes no que diz respeito ao cumprimento de seus deveres funcionais e da administração da Justiça, ficam sob o olhar panóptico do Conselho Nacional de Justiça, órgão do Poder Judiciário a quem cabe fazer o controle da atividade jurisdicional.[54]

Nesse quadro, pode-se facilmente depreender que as reformas processuais advindas com o I Pacto Republicano de Estado por um Sistema de Justiça mais acessível, ágil e efetivo[55] constituíram-se em resposta à busca do valor – neoliberal – eficiência.

Mudança de signo, então da estrutura (da ordem da efetividade qualitativa) para a função (da ordem da eficiência quantitativa), não há dúvida de que as reformas, amiúde, buscam favorecer a gestão judiciária, a racionalidade do sistema por meio de padrões de funcionalidade e de comportamentos. Contudo, há uma total ausência de reflexão sobre a repercussão dessa estandardização e uniformização de práticas sobre a qualidade das decisões. Não são perceptíveis mudanças estruturais, como no que se refere ao perfil individualista, repressivo, voltado à busca das certezas e da segurança, que tem marcado o direito processual no Brasil. Talvez o percurso deva ser mudado para que se reconheça a fragilidade das propostas de cariz neoliberal para a jurisdição quando uma possível saída pode estar na sua democratização, o que não se relaciona à função, e sim à sua estrutura.

É que a Constituição Federal sinaliza para outra direção, qual seja, a de um processo como garantia, informado e orientado por princípios e que exige fundamentação das decisões como resultado da comparticipação. É desse processo que se esperam mudanças estruturais de abertura e democratização. Assim, no contraponto, faz-se antimoderno.

Ante tais dilemas e perspectivas pouco estimulantes é preciso, contudo, sem perder de vista tais aspectos, revisar alguns de seus tópicos postos em prática nos últimos tempos. E, dentre tantos, o tema dos Juizados Especiais vem conquistando relevância, seja por seu caráter inovador, seja pela dramaticidade das experiências até agora postas em prática no Brasil, mais particularmente ainda, respondendo o chamado do Conselho Nacional de Justiça, quando confrontados por aquilo que vem sendo feito no âmbito dos Juizados Especiais Federais, no amplo contexto das reformas processuais.

---

[54] É o órgão administrativo permanente de que fala o Documento 319S.

[55] No âmbito desse I Pacto, as novas leis sobre processo civil foram as seguintes: 1) Ano 2005: 2) Ano 2006: 3) Ano 2007: 4) Ano 2008: 5) Finalmente, no ano 2009 foram editadas as seguintes Leis: Lei 11.925 – Autenticação de cópias pelos advogados; Lei 11.965 – participação de defensores públicos em atos extrajudiciais; Lei 11.969/2009 – estruturação da Justiça Federal de primeiro grau; Lei 12.016 – nova disciplina ao Mandado de segurança individual e regulamenta o MS. Coletivo; Lei 12.019 – regulamenta a convocação de magistrados para instrução de processo de competência originária do STJ e STF.

2.2. Da cultura dos Juizados Especiais: Perguntas feitas, respostas em construção

Os Juizados Especiais Federais (JEFs), aparentemente criados na perspectiva de dar conta de problemas como a burocratização do procedimento ordinário e a inflação das demandas, acabam por reproduzir esta conjuntura. Antes de tornar esta via célere, e garantidora do acesso democratizado à justiça – pautada por um modelo consensual – o que os Juizados têm refletido, verdadeiramente, é o desmesurado aumento das demandas, o afogamento da sua complexa cadeia recursal, bem como o congestionamento. Em um panorama geral, o que ainda se percebe é o apego à cultura da ordinariedade e o esquecimento dos seus princípios fundantes.

A essa altura e em face do desenho traçado do comportamento do sistema de Justiça no Brasil, talvez se possa afirmar, correndo-se o risco de toda crítica, que os Juizados Federais, de certo modo na mesma linha dos Juizados Estaduais, foram criados em atenção muito mais ao movimento amplo de legitimação do Poder Judiciário, do que como expressão de uma preocupação primeira com o acesso. Diz-se isso ante a pouca participação popular para a sua criação e porque tal criação enquadra-se na pauta de modernização do próprio Estado.[56]

Nessa perspectiva crítica, também pode ser dito que a criação dos Juizados Especiais, aqui incluídos os Federais, deve-se muito menos à preocupação dos governos com a valorização da cidadania e com a crise da democracia e mais com os novos mecanismos para reduzir os custos da oferta dos serviços jurídicos,[57] aliás como ocorre em um bom número de democracias ocidentais e que vem a confirmar a relação estreita entre as reformas dos sistemas de Justiça, a criação de meios alternativos de solução de conflitos e os procedimentos informais, com a lógica neoliberal de gestão judiciária que vise à produtividade elevada a custo reduzido de tempo, dinheiro e atos judiciais. Desafortunadamente, talvez seja essa justificativa que permite que se compreenda o opaco colorido com que se pintou os Juizados Especiais Federais no início deste subitem.

Com efeito, os números apresentados pela Coordenadoria dos Juizados Especiais Federais da 4ª Região (COJEF), em Relatório Anual, do ano de 2010, vêm demonstrando a evolução, em termos de demanda nos JEFs, que confirma o protagonismo dos Juizados no contexto da Justiça Federal brasileira. Criados como via alternativa de acesso à justiça, os Juizados, nos últimos anos, ocuparam o primeiro lugar na inflação das estatísticas forenses, como demonstram os números a seguir: em 2010,

---

[56] Sobre o tema veja-se: JUNQUEIRA, Eliane Botelho. *Juizados especiais de pequenas causas: o desafio dea modernidade incompleta*. Revista Sub Judice: Justiça e Sociedade,set/dez., 1992, Coimbra, p. 15-19.

[57] CUNHA, Luciana Gross. *Juizado especial...*, op. cit, p. 12.

enquanto 239.309 processos eram distribuídos nas Varas Federais da 4ª Região, 330.780 eram distribuídos nos JEFs.

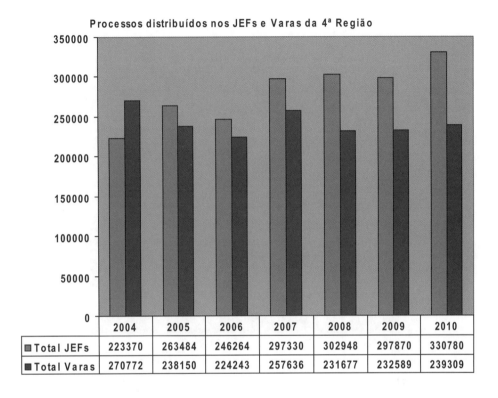

Conforme diagnosticado pelo COJEF, "os Juizados Especiais Federais foram instalados em janeiro de 2002, e a partir de 2005 passaram a representar a principal demanda da Justiça Federal da 4ª Região". Uma tendência que se confirma com o passar dos anos. No ano de 2005, o número de processos distribuídos nos Juizados superava o das Varas Federais em aproximadamente 25.334 demandas, perfazendo, no ano de 2010, uma diferença de 91.471 processos.

Na mesma direção, constata-se, em 2010, o aumento do número de processos distribuídos com relação ao ano anterior. Enquanto o percentual de acréscimo de processos distribuídos em 1º Grau, na 4ª Região, atingiu de 7,5% em comparação ao ano de 2009, nos Juizados Especiais o acréscimo foi de 11,0%.

Igualmente, os números relativos à atividade das Turmas Recursais comprovam a tendência de crescimento de demandas. "Os processos remetidos às Turmas Recursais cresceram 14,8% em relação a 2009", contrariando a realidade recursal da Justiça Federal Comum, na qual "em 2010, comparativamente a 2009, o número de processos distribuídos no Tribunal decresceu 4,4%".

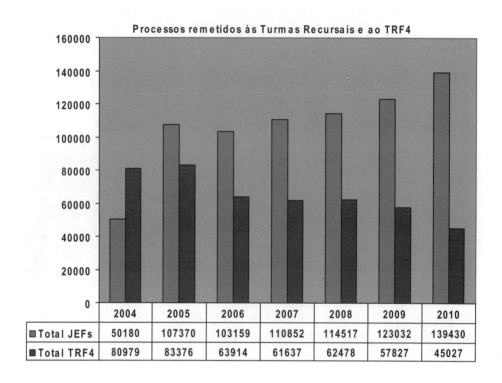

Processos remetidos às Turmas Recursais e ao TRF4

	2004	2005	2006	2007	2008	2009	2010
Total JEFs	50180	107370	103159	110852	114517	123032	139430
Total TRF4	80979	83376	63914	61637	62478	57827	45027

De acordo com o Relatório do Conselho Nacional de Justiça,[58] intitulado Justiça em Números,[59] que traz indicadores do Poder Judiciário, em

---

[58] Disponível em: <http://www.cnj.jus.br/programas-de-a-a-z/eficiencia-modernizacao-e-transparencia/pj-justica-em-numeros/relatorios>. Acesso em 30 de setembro de 2011.

[59] "As informações do Justiça em Números apresentam um panorama global da Justiça, por meio de dados disponibilizados pelos tribunais sobre processos distribuídos e processos julgados, número de cargos de juízes ocupados e ainda o número de habitantes atendidos por juiz. Trata-se de pesquisa que permite a avaliação dos tribunais em relação à quantidade de processos, questão financeira e o acesso à Justiça. Analisa ainda o perfil de cada região e Estado, com base nas informações sobre população e economia.O objetivo do CNJ é que os dados sejam referência para a criação de uma cultura de planejamento e gestão estratégica. Outra finalidade do Justiça em Números é fornecer bases para construção de políticas de gestão e possibilitar a avaliação da necessidade de criação de cargos e funções. O estudo também enumera relação de despesas com pessoal, recolhimentos e receitas, informática, taxa de congestionamento e carga de trabalho dos juízes. Os números são encaminhados semestralmente pelos magistrados". Disponível em: <http://www.cnj.jus.br/programas-de-a-a-z/eficiencia-modernizacao-e-transparencia/pj-justica-em-numeros>. Acesso em 30 de setembro de 2011.

2009, a taxa de congestionamento nas Turmas Recursais da 4ª Região correspondia a 90,9%, enquanto a taxa de congestionamento correspondente ao 2º grau da Justiça Federal era equivalente a 38,7%. Esta taxa relaciona o número de processos que foram baixados com o número de processos novos e pendentes. Nesse sentido, a primeira taxa referida reporta-se aos números exclusivamente das Turmas Recursais, enquanto a segunda, aos números da Justiça Federal de 2º Grau, ambas restritas à 4ª Região.

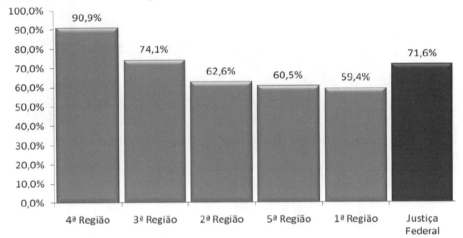

Gráfico 2.58 - TCTR - Taxa de Congestionamento nas Turmas Recursais

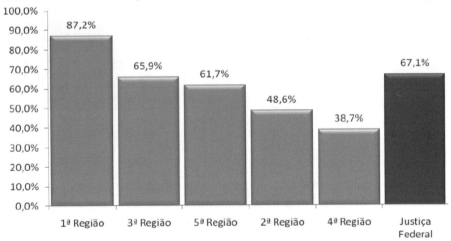

Gráfico 2.9 - TC2º - Taxa de Congestionamento no 2º Grau

Em 2010, a taxa de congestionamento nas Turmas Recursais da 4ª Região era correspondente a 64,7 %, enquanto no 2º Grau da Justiça Federal da 4ª Região, equivalia a 44,1%.

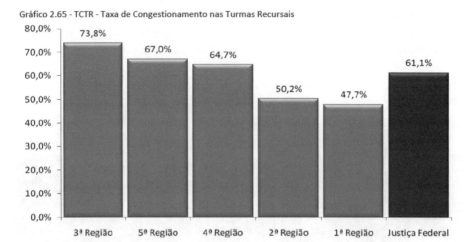

Gráfico 2.65 - TCTR - Taxa de Congestionamento nas Turmas Recursais

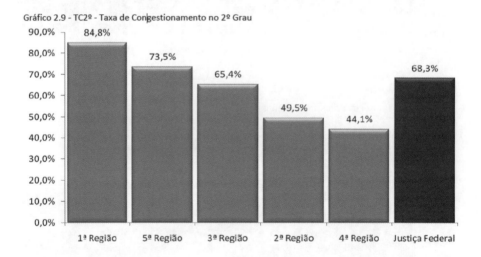

Gráfico 2.9 - TC2º - Taxa de Congestionamento no 2º Grau

Nesse contexto, embora a taxa de congestionamento das Turmas Recursais tenha diminuído de 90,9% em 2009 para 64,7% em 2010, o que se constata, por outro lado, é que a taxa de congestionamento das Turmas Recursais, nos dois anos examinados, supera substancialmente àquela correspondente ao 2º Grau da Justiça Federal. Assim sendo, percebe-se que o sistema recursal dos JEFs é menos célere do que o da via comum.

Ovídio A. Baptista da Silva, ao discutir o sistema recursal próprio do procedimento ordinário, elucidou o viés autoritário deste sistema, pois "no ponto mais elevado da escala, encontra-se uma magistratura altamente legitimada, contra a qual o sistema político abre mão dos recursos".[60] No entanto, conforme se desce na escala hierárquica, a legitimidade dos magistrados diminui – na mesma medida em que se avolumam o número de recursos – até se chegar à justiça de primeiro grau, cujo sistema recursal destruiu, retirando dela a ilusão de possuir algum poder decisório e infernizando-a com uma infindável cadeia recursal.

Para Ovídio Baptista, "essa ideologia é mais uma expressão do componente autoritário da cultura jurídica da modernidade",[61] incapaz de aceitar a *diferença*, a *riqueza do individual*, e, por consequência, o caso concreto. Por isso, o mesmo autor elucida que se mantém a fidelidade a Savigny, pois perpetua-se seus ensinamentos quando os juristas fogem da complexidades da vida real e ocultam-se nas certezas das figuras geométricas, estas sim verdadeiras, universais, eternas e, portanto, possíveis de serem normatizadas.

Por outro lado, o caso concreto, consistente na "matéria-prima com que laboram os práticos", por serem fenômenos históricos e individuais, são impassíveis de se submeterem às normatizações esquemáticas, às regras – princípios sobre o quais, segundo Ovídio Baptista, as instituições processuais foram estruturadas. Nesse sentido, caminha-se cegamente para um direito que suprime as especificidades dos casos concretos.

Guardadas as devidas proporções, percebe-se nos Juizados o mesmo viés autoritário próprio do sistema recursal do procedimento ordinário. Isto porque os JEFs se distanciam dos seus princípios fundantes – celeridade, simplicidade, oralidade e consenso – ao submeterem seus processos a uma cadeia recursal até mais morosa que a via comum, conforme exposto nos gráficos, quando, a bem da verdade, seus esforços deviam estar orientados em sentido contrário: apreciação do caso concreto e busca do consenso, estes sim capazes de concretizar seus fins.

Contudo, mais preocupado com a uniformização das decisões, os JEFs afastam-se dos seus princípios, mostrando ainda estarem atrelados ao paradigma racionalista. Diante disso, importantes são as lições do processualista quando denuncia que "embora seja um dado da experiência o fato de que os recursos constituem um dos pontos que mais contribuem para a morosidade da justiça no Brasil, ninguém está disposto a revisá-los",[62] seja reduzindo o número de recursos, seja diminuindo o peso extraordinário do seu significado. Talvez esta seja uma importante reflexão

---

[60] Baptista da Silva, Ovídio A. *Processo e Ideologia*. Rio de Janeiro: Forense, 2006, p. 239-240.
[61] Idem, p. 240.
[62] Idem, p. 242.

também para os JEFs uma vez ser evidente o seu distanciamento da experiência da cidade de Nova Iorque que, em parte, fomentou o surgimento dos Juizados no Brasil, cujo procedimento não autorizava a recorribilidade das decisões dos juízes leigos.[63]

A essas considerações e dados deve somar-se outra reflexão. É que o procedimento dos JEFs é quase que integralmente informatizado.[64] Assim, se por um lado reconhece-se um ganho em relação aos índices tradicionais relacionados ao tempo de duração dos processos, por outro, há risco de perda no que diz respeito à qualidade das decisões e à efetiva participação das partes no processo com vistas, sobretudo, à realização do consenso. As estatísticas demonstram que, a par da informatização, os índices de demandas, recursos e as taxas de congestionamento têm aumentado, sem uma correspondência equilibrada de aumento do número de juízes. Embora se saiba não ser esse aumento a solução esperada para as dificuldades de acesso à Justiça, há de ser dito que esse desequilíbrio contribui para a inefetividade dos direitos no que diz com os aspectos substanciais das respostas dadas pelo sistema de Justiça – seja em forma de decisão ou de acordos – , porque o volume de demandas faz com que a preocupação da administração judiciária seja dominada pela lógica da quantificação e do fluxo, como antes referido.

De acordo com os gráficos a seguir, correspondentes aos anos de 2010 e 2009 respectivamente, na Justiça Federal da 4ª Região, em 2009, enquanto havia 264 cargos de magistrados no 1º grau, existiam apenas 80 cargos para magistrados nos JEFs. Em 2010, a situação não sofreu mudança significativa, pois, enquanto havia 264 cargos de magistrados no 1º grau, havia 86 cargos de magistrados nos JEFs.[65]

---

[63] CUNHA, Luciana Gross. *Juizado Especial. Criação, Instalação, Funcionamento e a Democratização do Acesso à Justiça*. São Paulo: Saraiva, 2008 ,p. 17 e 45-46. A iniciativa do estudo comparado da experiência americana, como relata a autora, foi do Ministério da Desburocratização na década de 80 do Século passado e da qual originou-se em 1984, a Lei 7244, primeira lei sobre juizados especiais no Brasil. Situação diferente ocorreu com os JEFs que, segundo relato da autora, nasceram no interior da Justiça Federal brasileira (p. 58).

[64] Veja-se que segundo informação do COJEF da 4ª Região em 2010 dos 330.780 processos distribuídos aos JEFs 328.315 tramitam com base no E-Proc. No que diz respeito aos processos novos que tiveram ingresso em 2010, 99,9% consistem em processos eletrônicos, enquanto que em 2009 a taxa de virtualização foi de 70%. Fonte: Relatório COJEF 4ª Região, 2010.

[65] Os números correspondentes a 2008 e anos anteriores não se encontram nos relatórios disponibilizados pelo CNJ.

Tabela 1.16 MagE - Total de Cargos de Magistrado Existentes

Tribunal Regional Federal	MagE2º - Número de Cargos Existentes de Magistrado no 2º Grau	MagE1º - Número de Cargos Existentes de Magistrado no 1º Grau	MagEJE - Número de Cargos Existentes de Magistrado nos Juizados Especiais Federais	MagE - Total de Cargos de Magistrado Existentes
1ª Região	27	420	164	611
2ª Região	27	198	60	285
3ª Região	43	434	66	543
4ª Região	27	264	86	377
5ª Região	15	178	38	231
Justiça Federal	139	1.494	414	2.047

Fonte: Justiça em Números 2010.

Tabela 1.16 MagE - Total de Cargos de Magistrado Existentes

Tribunal Regional Federal	MagE2º - Número de Cargos Existentes de Magistrado no 2º Grau	MagE1º - Número de Cargos Existentes de Magistrado no 1º Grau	MagEJE - Número de Cargos Existentes de Magistrado nos Juizados Especiais Federais	MagE - Total de Cargos de Magistrado Existentes
1ª Região	27	388	58	473
2ª Região	27	190	58	275
3ª Região	43	348	64	455
4ª Região	27	264	80	371
5ª Região	15	158	28	201
Justiça Federal	139	1.348	288	1.775

Fonte: Justiça em Números 2009.

Com efeito, se os JEFs podem ser compreendidos no movimento de transformação do sistema de Justiça brasileiro, para inserir parcela da população dela tradicionalmente excluída, é preciso não esquecer que do ponto de vista da "revolução democrática da justiça", como refere Boaventura de Sousa Santos,[66] não basta a rapidez, é preciso que a Justiça seja cidadã. Bem que se poderia pensar que ela se concretizará tanto quanto o sistema de Justiça sofra mudanças estruturais para que seja reconhecido nos JEFS um canal de acesso diferenciado na medida em que os princípios que o embasam – oralidade, simplicidade, informalidade e consenso – sirvam de norte, cada vez mais, para a atuação aos profissionais do Direito.

O fortalecimento dessa cultura, ou seja, de uma prestação de Justiça orientada por princípios que, a par de propiciar acesso, forneça respostas substancialmente qualitativas, implica na superação do problema funcional – que repercute na estrutura – relativo à ausência de juízes exclusivos nos JEFs. Na Justiça Federal da 4ª Região, em 2009, 143 magistrados do 1º grau acumulavam função com os JEFs, enquanto, em 2010, 122 magistrados de 1º grau acumulavam também esta função. Isto é o que se

---

[66] SANTOS, Boaventura de Sousa. *Para uma revolução democrática da Justiça.* São Paulo: Cortez, 2007, p. 24.

depreende dos gráficos a seguir, correspondentes aos anos de 2010 e 2009 respectivamente.

Tabela 1.18 Mag1º - Total de Magistrados no 1º Grau

Tribunal Regional Federal	MagPAe1º - Número de Cargos Providos de Magistrado no 1º Grau com Atuação Exclusiva	MagPAcJE1º - Número de Cargos Providos de Magistrado no 1º Grau que Acumulam Função em Juizados Especiais Federais	MagPAcTR1º - Número de Cargos Providos de Magistrado no 1º Grau que Acumulam Função em Turmas Recursais	MagAJ1º - Número de Magistrados Afastados da Jurisdição no 1º Grau	Mag1º - Total de Magistrados no 1º Grau
1ª Região	347	56	64	32	435
2ª Região	154	0	2	11	145
3ª Região	302	7	30	9	330
4ª Região	114	122	0	14	222
5ª Região	129	0	24	2	151
Justiça Federal	1.046	185	120	68	1.283

Fonte: Justiça em Números 2010.

Tabela 1.18 Mag1º - Total de Magistrados no 1º Grau

Tribunal Regional Federal	MagPAe1º - Número de Cargos Providos de Magistrado no 1º Grau com Atuação Exclusiva	MagPAcJE1º - Número de Cargos Providos de Magistrado no 1º Grau que Acumulam Função em Juizados Especiais Federais	MagPAcTR1º - Número de Cargos Providos de Magistrado no 1º Grau que Acumulam Função em Turmas Recursais	MagAJ1º - Número de Magistrados Afastados da Jurisdição no 1º Grau	Mag1º - Total de Magistrados no 1º Grau
1ª Região	260	22	67	57	292
2ª Região	163	1	1	16	149
3ª Região	312	11	26	13	336
4ª Região	100	143	0	11	232
5ª Região	122	0	24	3	143
Justiça Federal	957	177	118	100	1.152

Fonte: Justiça em Números 2009.

Enquanto houver intensa rotatividade ou os juízes dividirem a jurisdição, simultaneamente, entre a justiça comum e os JEFs, mais difícil será construir um perfil de julgador afinado com o ideal desses Juizados, quadro que se agrava pela falta de formação adequada para comprometer-se com as suas finalidades, situação que seguramente evidencia não ter havido, no seu âmbito, o fechamento do percurso para a sua completa institucionalização.[67] Seguramente, tal realidade só vem a confirmar que do ponto de vista da participação da sociedade, padecem os JEFs de legi-

---

[67] CUNHA, Luciana Gross. *Juizado Especial. Criação, Instalação, Funcionamento e a Democratização do Acesso à Justiça*, op. cit., p. 2-3.

timidade democrática, seja porque ela esteve ausente do seu processo de criação, quanto mantém-se ausente na atualidade pela baixa participação de conciliadores e leigos no procedimento. Passados 10 anos da criação dos JEFs, a participação da sociedade ocorre apenas como reação, ao contrário do que ocorreu com a experiência dos Conselhos de Arbitramento e Conciliação criados pela Justiça do Rio Grande do Sul na década de 80, na Comarca de Rio Grande, cujo funcionamento contou com a interação da sociedade civil.[68]

Porém, se essa mudança paradigmática, em parte, ainda está por ser construída, problemas funcionais acometem os JEFs. No jogo de distribuição orçamentária, cuja decisão compete aos Tribunais, conforme prevê o artigo 99, § 1º, da Constituição Federal, é visível ser a quota relativa aos JEFs menor do que a da justiça comum, embora o número de demandas e de recursos nesta seja inferior em relação aos primeiros. Esse processo desigual evidencia o lugar que os JEFs ainda ocupam na lógica da prestação da Justiça, no cenário da cultura da instituição judiciária, burocratizada, centralizada e hierarquizada, podendo ser colocados no lugar de vítimas do próprio sistema. Boaventura de Sousa Santos destaca que, em 2004, os JEFs responderam praticamente pelo dobro das demandas ajuizadas na justiça comum e receberam entre 10 e 20% dos recursos destinados à Justiça Federal.[69] Trata-se, evidentemente, de um sintoma e de um efeito. Sintoma de institucionalização incompleta e efeito de uma cultura afeita à ordinariedade e que, malgrado as críticas, parece se reconstruir sob a égide da massificação e estandardização, deixando a qualidade, que poderia advir da cultura do consenso e da oralidade, em um plano rebaixado.

Considerações finais

As últimas décadas do nosso século têm descortinado um cenário de crise do Estado (instituição central da modernidade jurídica), de caráter multifacetado que encontra como dimensão relevante o esgotamento que se produz no âmbito da prestação jurisdicional associado à ausência de mecanismos capazes de apresentar respostas eficazes no tratamento da conflituosidade social, o que se tem traduzido numa crise envolvendo a própria democratização do acesso à justiça, direito consagrado nos textos internacionais e inserido nas Constituições dos Estados Democráticos de Direito.

No caso do Brasil, tal problemática vem à tona de maneira mais clara após a entrada e vigor Constituição de 1988, promovendo um debate acerca da necessidade de estabelecimento de formas *efetivas e democráticas*

---

[68] CUNHA, Luciana Gross. *Juizado Especial. Criação, Instalação, Funcionamento e a Democratização do Acesso à Justiça*, op. cit., p. 131.

[69] SANTOS, Boaventura de Sousa. *Para uma revolução democrática da justiça*, op. cit., p. 62.

de suplantar tal realidade. Como estratégia de superação destas crises, no contexto complexo da intensificação do processo de globalização orientado pelo discurso neoliberal, o *establishment* jurídico e político brasileiro tem produzido um conjunto de reformas buscando dar conta dos limites do modelo tradicional de jurisdição, que pode ser pensado como forma de encarar a própria crise do Estado Social no Brasil.

Neste cenário, ambíguo e paradoxal, encontram-se os Juizados Especiais, previstos na Constituição e implementados na esfera da justiça estadual no marco da Lei 9.099/95 e na esfera federal, vinculados de maneira imediata a Lei 10.259/01, os quais se revelam como exemplo privilegiado das referidas formas de enfrentamento, no sentido em que podem ser entendidos, ao mesmo tempo, como uma tentativa de superação da crise que abate a jurisdição e o modelo ordinário de processo, criando "válvulas de segurança", objetivando um funcionamento democrático do próprio sistema de justiça e, sob outro ponto de vista, como decorrentes da exigência neoliberal por um modelo de justiça mais eficiente e adequado ao mundo no qual os cidadãos transformam-se em consumidores.

Alicerçados, em termos principiológicos, na celeridade, simplicidade, oralidade e consenso, os juizados especiais surgem com a potencialdade de viabilizar um espaço de tratamento dos conflitos afastado da dinâmica tradicional, com maior coeficiente democrático e capaz de oferecer respostas mais complexas, na medida em que resgatam o protagonismo das partes na solução das controvérsias e propõem, inicialmente, um processo desburocratizado. Todavia, os marcos regulatórios que orientam o sistema dos juizados não podem ser entendidos como blocos monolíticos e coerentes, na medida em que ao mesmo tempo que sugerem uma abertura democratizante e dialogal no sistema de justiça, consagram a ordinariedade do processo com a perpetuação de uma cadeia recursal mais pesada que a via comum.

Importante ressaltar, ainda, que é espantosa a distância entre o que as Leis e a Constituição preconizam em termos democráticos e o que efetivamente ocorre na sua concretização, o que vem demonstrado, preliminarmente, nos números acima expostos relativos aos Juizados Especiais Federais da 4ª Região, os quais evidenciam que de fato o que se presencia na cena jurisdicional contemporânea brasileira é a confirmação nos Juizados de uma *práxis* que respalda lógica tradicional da jurisdição, com um agigantamento vertiginoso das demandas, congestionamento em todos os graus, fazendo com que os JFES reproduzam de maneira dramática o que já ocorre na justiça comum. Importante ressaltar, que os relatórios oficias elaborados pelo Poder Judiciário têm demonstrado, também, um investimento vertiginoso na virtualização dos processos que redunda num comprometimento ainda maior do caráter democrático do processo

– na contramão da demanda principiológica por oralidade – afastando os atores processuais.

Esse conjunto de elementos permite, mesmo que provisoriamente, dentro dos limites da pesquisa, concluir que em termos concretos no sistema dos JEFS a potencialidade de democratização do acesso à justiça restou soterrada, sendo o espaço colonizado por parte dos discursos que demandam um modelo eficientista o que permite dizer, ainda, que os JEFS podem ser colocados no quadro dos mecanismos resultantes das demandas neoliberais por formas simplificadas de prestação jurisdicional comprometidas com quantidade (custo e produtividade), sacrificando, assim, a qualidade e a eficácia.

Perceber a possibilidade de uma revolução contra-hegemônica, pós--moderna, porque antimoderna, pode ser uma das saídas senão para a superação, ao menos para equilibrar o sistema de prestação da jurisdição cujos valores são os do útil, da funcionalidade, da eficiência e da performance, em nome da busca da qualidade e substância das decisões que, seguramente, deverão ser orientadas para o consenso e a para comparticipação.

Pensar em um processo pós-moderno que seja antimoderno, encontra ressonância junto ao pensamento crítico da modernidade e que busca uma pós-modernidade que se constitua em desvinculação de certos esquemas modernos. Nesse ponto é que termina o discurso da eficiência por ela mesma e ingressa a perspectiva da efetividade. A efetividade, como se sabe, diz respeito aos fins.[70] Tais fins, longe de se referirem à quantificação, ao fluxo ou à perspectiva de um processo sem autonomia porque subserviente aos interesses programados e planificados da economia e da política, vinculam-se ao processo, que mesmo preocupado com a celeridade, respeita o tempo exigido pelo componente constitucional, que faz parte de sua matéria e que constitui o seu sentido democrático para que a decisão seja proferida. A racionalidade, aqui, passa a ser a da argumentação e da justificação judicial que respeitem a integridade e a coerência do Direito. Fins que colimem na superação de expressões modernas do processo, incompatíveis com os ideais de Justiça para o Século XXI, o que passa pelo fim do solipsismo judiciário, pelo abandono do privilégio cognitivo do julgador e pelo fim do perfil individualista de processo e de procedimento.

---

[70] COUTINHO, Jacinho Nelson Miranda. Efetividade do processo penal e golpe de cena: Um problema às reformas processuais. In: WUNDERLICH, Alexandre (Org.). *Escritos de direito e processo penal em homenagem ao professor Paulo Cláudio Tovo*. Rio de janeiro: Lúmen Júris, 2001, p. 143-144.

— VII —

Crítica hermenêutica às recepções teóricas inadequadas feitas pelo constitucionalismo brasileiro pós-1988

LENIO LUIZ STRECK[1]

Sumário: 1. Considerações preliminares – as inovações introduzidas pelo Constitucionalismo Contemporâneo; 2. A Constituição e a exigência de novos paradigmas interpretativos. As recepções teóricas equivocadas; 2.1. Jurisprudência dos Valores e Teoria da Argumentação Jurídica: os equívocos de uma recepção (feita por "partes escolhidas" e por conveniência pragmática); 2.2. O ativismo Judicial: um exemplo de como a discussão tem sido equivocadamente feita no Brasil; 3. De como as súmulas vinculantes e a repercussão geral são uma adaptação darwiniana do "sistema jurídico" ao "caos interpretacional" e à fragmentação da jurisprudência; 4. De como é possível dar uma resposta hermenêutica ao ativismo; 4.1. A hermenêutica e os Princípios conformadores da aplicação do direito no Estado Democrático de Direito; 4.1.1. Princípio um: a preservação da autonomia do direito; 4.1.2. Princípio dois: o controle hermenêutico da interpretação constitucional – a superação da discricionariedade. O papel de "constrangimento epistemológico" destinado à doutrina; 4.1.3. Princípio três: o respeito à integridade e à coerência do direito; 4.1.4. Princípio quatro: o dever fundamental de justificar as decisões (a fundamentação da fundamentação); 4.1.5. Princípio cinco: o direito fundamental a uma resposta constitucionalmente adequada.

1. Considerações preliminares – as inovações introduzidas pelo Constitucionalismo Contemporâneo

Nestes tempos pós-positivistas (com todos os problemas que esse termo acarreta), cada vez mais se torna necessário discutir as condições de possibilidade da validade do direito em um contexto em que os discursos predatórios dessa validade, advindos do campo da política, da economia e da moral, buscam fragilizá-la. Trata-se, enfim, de discutir o papel do direito na democracia, seus limites e sua força normativa.

Em outras palavras, nesta quadra da história, não pode ser considerado válido um direito que não seja legitimado pelo selo indelével da democracia. Nesse sentido, penso que o direito deve ser preservado naquilo

---

[1] Doutor em Direito do Estado (UFSC); Pós-Doutor em Direito (Universidade de Lisboa); Professor Titular da UNISINOS-RS; Procurador de Justiça/RS-BRASIL.

que é a sua principal conquista a partir do segundo pós-guerra: o seu grau de autonomia.

O novo papel do direito está bem representado naquilo que Jorge Miranda chamou de "Revolução Copernicana do Direito Público", ou seja, o novo lugar ocupado pelas Constituições do segundo pós-guerra e o igualmente novo papel exercido pelos Tribunais Constitucionais, mormente no campo da Europa Continental.

Assim, é importante lembrar que é nesse contexto de afirmação das Constituições e do papel da jurisdição constitucional que teóricos dos mais variados campos das ciências sociais – principalmente dos setores ligados à sociologia, à ciência política e ao direito – começaram a tratar de fenômenos como a *judicialização da política e o ativismo judicial*. Ambos os temas passam pelo enfrentamento do problema da interpretação do direito e do tipo de argumento que pode, legitimamente, compor uma decisão judicial.

Em outras palavras: quais são as condições de possibilidade do argumento jurídico-decisório? Sob quais circunstâncias é possível afirmar que o tribunal, no momento de interpretação da Constituição, não está se substituindo ao legislador e proferindo argumentos de política ou de moral? Neste ponto, é importante mencionar estudos como *The global expansion of Judicial Power:* the judicialization of politics, de Chester Neal Tate e Torbjörn Vallinder[2] e *On law, politics & judicialization*, de Martin Shapiro e Alec Stone Sweet.[3] Em outra perspectiva, mas apontando também para a incisividade do Poder Judiciário na condução da vida política, tem-se o artigo *Tomada de Decisões em uma democracia: a Suprema Corte como uma entidade formuladora de políticas nacionais*, de Robert A. Dahl.[4]

Nas últimas décadas, essa discussão tem sido feita a partir de dois eixos temáticos: substancialismo e procedimentalismo, debate sobre o qual já me debrucei em outros textos, em especial em *Jurisdição Constitucional e Hermenêutica*.[5] No fundo, a (já hoje antiga) discussão entre posturas substancialistas e procedimentalistas tem como pano de fundo a questão de se saber qual o papel do Judiciário na concretização de direitos. Este ponto é tão problemático que, em face de uma tendência de judicialização (ou, se quisermos, em face da chamada judicialização da política), há hoje países que, buscando evitar uma centralização no Judiciário – e, assim, por

---

[2] TATE, Neal C.; VALLINDER, Torbjörn. In: —— (Orgs.). *The global expansion of Judicial Power*. New York: New York University Press, 1995.

[3] SHAPIRO, Martin; SWEET, Alec Stone. *On law, politics & judicialization*. New York: Oxford University Press, 2002.

[4] DAHL, Robert A. Tomada de Decisões em uma democracia: a Suprema Corte como uma entidade formuladora de políticas nacionais. *Revista de Direito Administrativo*, n. 252, setembro/dezembro de 2009, p. 25-43.

[5] Cf. STRECK, Lenio Luiz. *Jurisdição Constitucional e hermenêutica*. 2. ed. Rio de Janeiro: Forense, 2004.

vezes, ativismos judiciais ou juristocracias – apresentam soluções alternativas, isto é, *criam medidas que não fazem da jurisdição o centro da tomada de decisões políticas*. Nessa linha, vale referir Ran Hirschl, um dos autores que aborda os modelos adotados em Israel, Canadá, Nova Zelândia e África do Sul, asseverando que as experiências destes países merecem atenção, pois, no intuito de preservar a soberania parlamentar e a representação democrática, criaram uma variedade de mecanismos inovadores, que compensavam o papel contramajoritário assumido pelas Cortes em face da existência de uma onda de constitucionalização, engendrada pelo segundo pós-guerra.[6] No Brasil, essa temática é magnificamente desenvolvida na obra *Diálogos Institucionais e Ativismo*, onde os autores trazem estes exemplos presentes na obra de Hirschl e outros (Reino Unido e Austrália), todos apresentados como modelos que permitem uma convivência harmônica entre constitucionalismo e democracia, e um melhor diálogo entre os Poderes, em especial, Legislativo e Judiciário. Apenas para mencionar algumas das experiências relatadas pelos autores, veja-se o caso do Canadá, que, na Seção 33 da Carta de Direitos Canadense de 1982, criou um mecanismo – até agora pouco utilizado – que ficou conhecido como "cláusula não obstante" (*notwishstanding clause*), pelo meio do qual o Legislativo pode aplicar determinado dispositivo, mesmo que contrário ao texto constitucional, do que resulta a preponderância da interpretação do Legislativo; de Israel, país cujo Parlamento (conhecido como Knesset), seguindo o exemplo do Canadá, preocupado com o ativismo judicial de sua Suprema Corte, acabou reformando uma de suas declarações de direitos (porque lá ainda não há constituição, apenas normas de organização, conhecidas como *basic laws*), incluindo a possibilidade de o Parlamento criar, desde que por maioria absoluta, lei que contraria ao conteúdo da *basic law*; e da Nova Zelândia, onde a primeira proposta de declaração de direitos foi rejeitada, porque previa a possibilidade do exercício do *judicial review*, o que foi considerado incompatível com a supremacia parlamentar, tendo sido aprovado, então, o *New Zealand Bill of Rights Act* (NZBORA), que excluiu a possibilidade de uma análise do Judiciário, isto é, não autorizou aos juízes que invalidassem uma lei invocando os dispositivos desta declaração, especialmente porque foi concebida com um caráter de legislação ordinária. Todos estes são, para os autores, modelos de *weak judicial review*, que, de certo modo, compatibilizam as prerrogativas do Judiciário com a representatividade democrática do Legislativo.[7]

Esse é o grande dilema contemporâneo. Superadas as formas de positivismo exegético-racionalista (formas exegéticas), os juristas ainda não

---

[6] Cf. HIRSCHL, Ran. *Towards juristocracy*: the origins and consequences of the new constitutionalism. Cambridge: Harvard University Press, 2007, p . 9-11.

[7] Cf. SILVA, Cecília de Almeida; VIEIRA, José Ribas; MOURA, Francisco; BERMAN, José Guilherme; TAVARES, Rodrigo de Souza; VALLE, Vanice R. Lírio do. *Diálogos institucionais e ativismo*. Curitiba: Juruá, 2010.

conseguiram construir as condições para o controle das posturas voluntaristas (que, se registre, por apostarem na discricionariedade dos juízes, *não deixam de ser também positivistas*[8]). Se antes o intérprete estava assujeitado a uma estrutura preestabelecida, já a partir do século XX o dilema passou a ser o *de como estabelecer controles à interpretação do direito e evitar que os juízes se assenhorem da legislação democraticamente construída*.

Um dos sintomas desse problema reside no crescimento – mormente em países como o Brasil – do fenômeno do "ativismo judicial", fator de fragilização do grau de autonomia alcançado pelo direito neste novo paradigma. Ou seja, por aqui, longe estamos de discutir alternativas ao debate. Na verdade, mergulhamos, dia a dia, mais e mais, nas profundezas de uma jurisdição eivada de posturas discricionaristas, no interior das quais o ativismo vem se transformando na vulgata da judicialização.

2. A Constituição e a exigência de novos paradigmas interpretativos. As recepções teóricas equivocadas

Uma Constituição nova exige novos modos de análise: no mínimo, uma nova teoria das fontes, uma nova teoria da norma, uma nova teoria interpretativa e, fundamentalmente, uma teoria da decisão (teoria da validade). A pergunta que se coloca(va) era: de que modo pode(ría)mos olhar o novo com os olhos do novo? Afinal, nossa tradição jurídica esta(va) assentada em um modelo liberal-individualista (que opera com os conceitos oriundos das experiências da formação do direito privado francês e alemão), em que não havia lugar para direitos de segunda e terceira dimensões. Do mesmo modo, não há(via) uma teoria constitucional adequada às demandas de um novo paradigma jurídico.

Essas carências jogaram os juristas brasileiros nos braços das teorias alienígenas. Consequentemente, as recepções dessas teorias foram realizadas, no mais das vezes, de modo acrítico, *sendo a aposta no protagonismo dos juízes o ponto comum da maior parte das posturas*. Com efeito, houve um efetivo "incentivo" doutrinário a partir de três principais posturas ou teorias: *a jurisprudência dos valores, o realismo norte-americano* (com ênfase no ativismo judicial) e *a teoria da argumentação de Robert Alexy*, com o agravante de que esta – embora as críticas que seu criador, Alexy, faz à

---

[8] Como bem lembra Tomás-Ramón FERNÁNDEZ (*Del arbitrio y de la arbitrariedad judicial*. Madrid: Editora Iustel, 2005, p. 32), "de las filas del positivismo de donde curiosamente han surgido las corrientes de pensamiento que han contribuido a destruir la vieja creencia de que el Derecho está contenido de antemano en la ley y a poner en primer plano la discrecionalidad judicial, que, desbordando el ámbito del antiguo arbitrio judicial al que se referían los textos clásicos, ahora lo llena todo, con la no menos paradójica consecuencia de seguir manteniendo a este en la sombra, huérfano todavía de la imprescindible teorización".

primeira (*Wertungsjurisprudenz*)⁹ – acaba ingressando em solo brasileiro como um (simplório) "derivativo" daquela.

Vejamos cada uma dessas recepções equivocadas, sendo que, pelo modo como são trabalhadas no Brasil, a jurisprudência dos valores e a teoria da argumentação de Robert Alexy serão analisadas em conjunto.

2.1. Jurisprudência dos Valores e Teoria da Argumentação Jurídica: os equívocos de uma recepção (feita por "partes escolhidas" e por conveniência pragmática)

Como se sabe, no caso alemão, a *jurisprudência dos valores* serviu para equalizar a tensão produzida depois da outorga da *Grundgesetz* pelos aliados, em 1949. Com efeito, nos anos que sucederam a consagração da lei fundamental, houve um esforço considerável por parte do *Bundesverfassungsgericht* para legitimar uma Carta que não tinha sido constituída pela ampla participação do povo alemão. Daí a afirmação de um *jus* distinto da *lex*, ou seja, a invocação de argumentos que permitissem ao Tribunal recorrer a critérios decisórios que se encontravam fora da estrutura rígida da legalidade. A referência a *valores* aparece, assim, como mecanismo de "abertura" de uma legalidade extremamente fechada. Era uma espécie de "ajuste de contas hermenêutico" com qualquer forma de exegetismo...!

Nesse sentido, não podemos esquecer que a tese da jurisprudência dos valores é, até hoje, de certo modo, preponderante naquele tribunal, circunstância que tem provocado historicamente fortes críticas no plano da teoria constitucional ao *modus* interventivo do tribunal alemão.¹⁰ Releva anotar, entretanto, que a referida tensão efetivamente teve, a partir do segundo pós-guerra, um papel fundamental na formatação da teoria constitucional contemporânea, por exemplo, em Portugal, Espanha e Brasil. Sua influência é inegável.

Entretanto – e aqui deve ser feita a crítica ao equívoco no modo como a tese foi recepcionada –, os juristas brasileiros não se atentaram para as distintas realidades (Brasil e Alemanha). No caso específico do Brasil, onde historicamente até mesmo a legalidade burguesa tem sido difícil de "emplacar" (pense-se, por exemplo, na negativa dos Tribunais de aplicarem o artigo 212 do CPP,¹¹ que altera o modo de inquirição das

---

⁹ Como é sabido, a Teoria da Argumentação Jurídica de Alexy visa a criticar a irracionalidade da *Wertungsjurisprudenz*.

¹⁰ Cf. HABERMAS, Jürgen. *Faktizität und Geltung*: Beiträge zur Diskurstheorie des Rechts und des demokratischen Rechtsstaats. Frankfurt am Main: Suhrkamp, 1992.

¹¹ Mesmo ainda hoje é assim. Para tanto, basta ver o julgamento do HC 103525, em que a relatora, Min. Carmen Lúcia, num caso de tráfico de drogas em que foi invertida a ordem de perguntas às testemunhas (feitas primeiramente pela magistrada, que, somente depois, "permitiu" que as partes inquirissem as testemunhas), denegou a ordem, pois tal postura ensejou apenas "nulidade relativa"

testemunhas), a grande luta tem sido a de estabelecer as condições para o fortalecimento de um espaço democrático de edificação da legalidade (pensemos, é claro, no termo "legalidade" a partir de Elías Díaz), plasmado no texto constitucional.

Da jurisprudência dos valores os teóricos brasileiros tomaram emprestado a tese principal, repetida *ad nauseam*, de que "a Constituição é uma ordem concreta de valores", sendo o papel dos intérpretes o de encontrar e revelar esses interesses ou valores (por vezes, ocorre uma mixagem dessa postura com as teses da *Interessenjurisprudenz*, de Philipp Heck, que, aliás, foi quem cunhou a expressão *Abwägung* – sopesamento). O modo mais específico de implementação foi a teoria da argumentação de Robert Alexy, que, entretanto, recebeu uma leitura superficial por parcela considerável da doutrina e dos Tribunais de *terrae brasilis*.

O Direito Constitucional, nessa medida, foi tomado pelas teorias da argumentação jurídica, *sendo raro encontrar constitucionalistas que não se rendam à distinção (semântico) estrutural regra-princípio e à ponderação* (Alexy). A partir desse equívoco, são desenvolvidas/seguidas diversas teorias/teses por vezes incompatíveis entre si.[12] Na maior parte das vezes, os adeptos da ponderação não levam em conta a relevante circunstância de *que é impossível – sim, insista-se, é realmente impossível – fazer uma ponderação que resolva diretamente o caso*. A ponderação – nos termos propalados por seu criador, Robert Alexy – *não é* (insista-se, efetivamente não é) *uma operação em que se colocam os dois princípios em uma balança e se aponta para aquele que "pesa mais"* (sic), algo do tipo "entre dois princípios que colidem, o intérprete escolhe um" (sic). Nesse sentido é preciso fazer justiça a Alexy: sua tese sobre a ponderação não envolve essa "escolha direta".

---

uma vez "não demonstrado prejuízo" (*sic*), argumentando que "a magistrada que não observa o procedimento legal referente à oitiva das testemunhas durante a audiência de instrução e julgamento, fazendo suas perguntas em primeiro lugar para, somente depois, permitir que as partes inquiram as testemunhas, incorre em vício sujeito à sanção de nulidade relativa, que deve ser arguido oportunamente, ou seja, na fase das alegações finais, o que não ocorreu. O princípio do *pas de nullité sans grief* exige, sempre que possível, a demonstração de prejuízo concreto pela parte que suscita o vício". (HC 103525, Relatora: Min. Cármen Lúcia, Primeira Turma, julgado em 03/08/2010, DJe-159 Divulg. 26-08-2010, Public. 27-08-2010, Ement. Vol-02412-03, p . 625). O que causa perplexidade, nesse caso, é o fato de um axioma produzido no século XIX valer mais do que um dispositivo processual penal introduzido no ordenamento exatamente para consolidar o sistema acusatório albergado pela Constituição de 1988.

[12] Nesse particular, anote-se o profundo estado de embaraço teórico em que se encontra enveredadas algumas posturas teóricas brasileiras. Com efeito, há vários juristas brasileiros propondo que, além da ponderação de princípios, deve existir também uma ponderação entre regras (*sic*). O que chama mais atenção numa proposta como essa é o fato de a ponderação ser um dos fatores centrais que marcam a distinção entre regras e princípios de Robert Alexy (para ele, princípios se aplicam por ponderação e regras por subsunção). E mais: se a *ponderação* é o procedimento do qual o resultado será uma regra posteriormente subsumida ao caso concreto, o que temos como resultado da "ponderação de regras"? Uma "regra" da regra? Como fica, portanto, em termos práticos, a distinção entre regras e princípios?

Importante anotar que, no Brasil, *os tribunais, no uso (absolutamente) descriterioso da teoria alexyana, transformaram a regra da ponderação em um "princípio"*.[13] Com efeito, se, na formatação proposta por Alexy, a ponderação conduz à formação de uma regra – que será aplicada ao caso por subsunção –, *os tribunais brasileiros utilizam esse conceito como se fosse um enunciado performático, uma espécie de álibi teórico capaz de fundamentar os posicionamentos mais diversos*. Esse tratamento equivocado – que enxerga a ponderação como um princípio – fica evidente a partir de uma simples pesquisa nos tribunais brasileiros.[14] De se consignar, por fim, que esse uso da ponderação como um "verdadeiro" princípio decorre de um fenômeno muito peculiar à realidade brasileira que venho denominando *panprincipiologismo*.[15] Em linhas gerais, o panprincipiologismo é um subproduto do "neoconstitucionalismo" à brasileira, que acaba por fragilizar as efetivas conquistas que formaram o caldo de cultura que possibilitou a consagração da Constituição brasileira de 1988. Esse *panprincipiologismo* faz com que – a pretexto de se estar aplicando princípios constitucionais – haja uma proliferação incontrolada de enunciados (*stan-*

---

[13] Uma rápida pesquisa, em 8 de setembro de 2011, no GOOGLE – com todas as reservas que esse *site* merece –, dá conta de 682 incidências da "regra da ponderação" e 9.960 para "princípio da ponderação". Há milhares de incidências de decisões judiciais "aplicando" o princípio da ponderação (*sic*). Até em um Fórum de Concurseiros essa questão foi debatida, chegando os membros à conclusão de que a ponderação é um "princípio" (*sic*).

[14] No caso específico do STF, vale lembrar a ADPF n. 130/DF, de 2009.

[15] Entretanto, há o outro lado da moeda. Com efeito, no julgamento conjunto das ADCs 29 e 30 e da ADIn 4578, o STF parece ter inaugurado uma forma nova desse fenômeno se manifestar. Com efeito, ao lado do uso inflacionado do conceito de princípio (por exemplo, o panprincipialismo é, corretamente, denunciado pelo Ministro Toffoli em vários votos, inclusive fazendo alusão ao Verdade e Consenso [4. ed. São Paulo: Saraiva, 2011]), o voto que até o momento foi apresentado nesses julgamentos (Lei do "Ficha Limpa") produz uma espécie de retração que, mais do que representar uma contenção ao panprincipiologismo, manifesta-se como um subproduto deste mesmo fenômeno. Veja-se a parte do voto em que acontece esse novo fenômeno, que aqui denomino de "uso hipossuficiente dos princípios": "À presunção de inocência consagrada no art. 5º, LVII da Constituição deve ser reconhecida, segundo lição de Humberto Ávila, como uma regra, ou seja, como uma norma de previsão de conduta, em especial de proibir a imposição de penalidade ou de efeitos da condenação penal até que transitada em julgado decisão penal condenatória. Concessa venia, não se vislumbra a existência de um conteúdo principiológico no indigitado enunciado normativo". Já não se sabe o que é mais grave: o panprincipialismo ou a hipossuficiência principiológica. O que seria esse "uso hipossuficiente do conceito de princípio"? Explico: ao invés de nomear qualquer *standard* argumentativo ou qualquer enunciado performático de princípio, o Judiciário passa a negar densidade normativa de princípio àquilo que é, efetivamente, um princípio, verdadeiramente um princípio, anunciando-o como uma regra. O que ocorreu, afinal? O julgamento em tela trata da adequação da Lei Complementar nº 115/2010 (chamada lei da "Ficha Limpa") à Constituição. Neste momento, não me preocupa tanto o mérito da ação, mas aquilo que é feito com a Teoria do Direito. Qual é a serventia da Teoria do Direito? Não se trata de uma questão cosmética. Pelo contrário, é da Teoria do Direito que se retiram as condições para construir bons argumentos e fundamentar adequadamente as decisões. Quero dizer: tem-se a discutir o que foi feito da Teoria do Direito dos últimos 50 anos, a tanto ocupar a questão do conceito de princípio e que, agora, no voto do Ministro Fux, parece não ter muita serventia. Veja-se as palavras do Ministro: (grifei) Nesse sentido, ver: STRECK Lenio Luiz. Regra ou princípio: Ministro equivoca-se ao definir presunção da inocência. *Revista Consultor Jurídico*, 17 nov. 2011. Disponível em: http://www.conjur.com.br/2011-nov-17/ministro-fux-presuncao-inocencia-regra-nao-principio.

dards) para resolver determinados problemas concretos, muitas vezes ao alvedrio da própria legalidade constitucional.

Um exemplo ilustrativo desse tipo de mixagem teórica (Teoria da Argumentação e Jurisprudência dos Valores) pode ser encontrado no julgamento do *Habeas Corpus* n. 82.424, em 17/09/2003, que ficou conhecido como *caso Ellwanger*.[16] Vejamos, em linhas gerais, o caso apresentado: nesse julgamento, o STF negou pedido de declaração da extinção da punibilidade em favor de Siegfried Ellwanger, acusado de crime de discriminação e preconceito contra judeus. Ellwanger era responsável pela edição, distribuição e venda de livros antissemitas de sua própria autoria (*Holocausto: Judeu ou Alemão? Nos bastidores da mentira do século*) e de outros autores nacionais (*e. g.*, *Brasil, Colônia de Banqueiros*, de Gustavo Barroso) e estrangeiros (*e. g.*, *O Judeu Internacional*, de Henry Ford). A conduta de Ellwanger estava tipificada criminalmente no art. 20 da Lei n. 7.716/89, cuja pena era de dois a cinco anos. Foi absolvido em primeiro grau, e condenado em apelação, pelo Tribunal de Justiça do Estado do Rio Grande do Sul. Perante o STF, a defesa sustentou que o fato imputado contra o paciente prescreveu, uma vez que a discriminação contra judeus – ao contrário da discriminação de cor – não seria protegida pela imprescritibilidade constitucional do crime de racismo (CF, artigo 5º, XLII).

O Relator, Min. Moreira Alves, votou pelo deferimento do *Habeas Corpus*, sustentando que os judeus não poderiam ser vítimas de racismo, por não constituírem uma raça. Baseou seu voto (constitucionalmente inadequado) em argumentos de política, principalmente no fato de que a Assembleia Constituinte pretendera tornar imprescritíveis apenas o racismo praticado contra negros.

Coube ao Min. Maurício Corrêa inaugurar a divergência que sairia vencedora, apontando o óbvio: o nazismo que permeava as obras publicadas por Ellwanger era fundado essencialmente em uma superioridade de raça. Durante o nazismo, o povo judeu passou a ser tratado como sub--raça, e eram essas as opiniões que Ellwanger professava por aqui. Assim, quase sem querer, o Min. Corrêa recolocou a questão em seu devido lugar: o critério de racismo não pode se fundar apenas em um conceito lexicográfico de *raça*, e a *raça*, para fins de proteção jurídica, não se limita a uma semelhança de características físicas, como a cor da pele. Ainda que o Ministro não tenha fundamentado desta forma, trata-se de uma *contextualização da tradição*: a história do século XX – com a perseguição antissemita e o holocausto – importa essa análise. E, acrescento, resgata

---

[16] Este *case* é criticado com percuciência por Marcelo Cattoni, no texto: O caso Ellwanger: Uma crítica à ponderação de valores e interesses na jurisprudência recente do Supremo Tribunal Federal. In: CATTONI, Marcelo. *Direito, política e filosofia*: contribuições para uma teoria discursiva da constituição democrática no marco do patriotismo constitucional. Rio de Janeiro, 2007, cap. 8., p . 113-125.

os *argumentos de princípio*, uma vez que a erradicação das discriminações e preconceitos é um objetivo da República (art. 3º, IV, da CF), o que tem caráter deontológico.

No entanto, parte do Tribunal entendeu que se estava diante de uma colisão de princípios constitucionais. Princípios estes que, por sua vez, assentavam-se em "valores" conflitantes entre si. Nesse sentido, o Min. Carlos Ayres Britto, após ver no caso uma *"contradição entre princípios jurídicos"*, com "modelos normativo-principiológicos em estado de fricção e que chegam a descambar para uma recíproca excludência", entendeu, por juízo de *"proporcionalidade"*, que os fatos atribuídos a Ellwanger eram penalmente atípicos, frente à liberdade de expressão. O Min. Marco Aurélio de Mello igualmente colocou a liberdade de expressão e a vedação ao racismo na balança, e, ao *fazer a ponderação dos valores em jogo* (inclusive com citação expressa de Alexy e referência ao caso Lüth, julgado pelo Tribunal Constitucional da Alemanha em 1958 e tido como pioneiro na ponderação de princípios), concluiu pela primazia da liberdade.

De todo modo, é preciso anotar que, muito embora tenha sido objeto de inúmeros debates e tenha rendido uma longa discussão na Suprema Corte (o acórdão tem não menos que 488 laudas!), *a solução da controvérsia era, na verdade, constrangedoramente simples*. Não havia nada a ponderar, por uma simples razão: a liberdade de manifestação de pensamento simplesmente *não abarca a liberdade de manifestar um pensamento racista*. Simples, pois. E racismo é crime. Imprescritível. Nesse sentido, o voto do Min. Celso de Mello. Em linha similar, o Min. Gilmar Mendes lembrou que as sociedades democráticas não conferem direitos de expressão aos discursos de ódio (*hate speeches*), pela singela razão de que tais discursos comprometem a própria democracia.

Como já foi adiantado, o HC acabou negado.[17] Contudo, os votos vencidos, embasados ou em argumentos de política ou em *juízos de ponderação*, bem demonstram *os perigos* que se corre com a teoria da argumentação alexyana à brasileira (que desconsidera os procedimentos formais estabelecidos por Alexy e termina por mesclar a ponderação alexyana com o modelo interpretativo próprio da chamada jurisprudência dos valores). Dito de outro modo: o recurso ao "relativismo ponderativo" obscurece o valor da tradição como guia da interpretação, isto é, a ponderação acaba sendo uma porta aberta à discricionariedade.

---

[17] Além dos já mencionados Ministros Maurício Corrêa, Celso de Melo e Gilmar Mendes, também votaram pela denegação os Ministros Carlos Velloso, Nelson Jobim, Ellen Gracie, Cezar Peluso e Sepúlveda Pertence.

2.2. O ativismo Judicial: um exemplo de como a discussão tem sido equivocadamente feita no Brasil

Do mesmo modo, também o termo *ativismo judicial* vem sendo empregado no Brasil de um modo *tabula rasa*. Note-se: nos Estados Unidos – e esta é/foi a terceira recepção equivocada –, a discussão sobre o governo dos juízes e sobre o ativismo judicial acumula mais de duzentos anos de história. Não se pode esquecer, por outro lado, que ativismo judicial nos Estados Unidos foi feito às avessas num primeiro momento (de modo que não se pode considerar que o ativismo seja sempre algo positivo). O típico caso de um ativismo às avessas foi a postura da Suprema Corte estadunidense com relação ao *new deal*, que, aferrada aos postulados de um liberalismo econômico do tipo *laissez faire*, barrava, por inconstitucionalidade, as medidas intervencionistas estabelecidas pelo governo Roosevelt.[18] As atitudes intervencionistas a favor dos direitos humanos fundamentais ocorrem em um contexto que dependia muito mais da ação individual de uma maioria estabelecida do que pelo resultado de um imaginário propriamente ativista. O caso da Corte Warren, por exemplo, foi resultante da concepção pessoal de certo número de juízes e não o resultado de um *sentimento constitucional* acerca desta problemática.

Já no Brasil esse tema toma ares dramáticos. Basta lembrar, nesse sentido, que *ativismo judicial* aparece como um *princípio* no anteprojeto de Código Brasileiro de Processo Coletivo (art. 2º, letra *i*). Por certo, tal projeto de lei não foi ainda analisado pelo Poder Legislativo, mas a simples menção ao *ativismo judicial* como um "princípio norteador" (*sic*) do processo coletivo brasileiro já dá conta do estado de profundo impasse teórico que impera na doutrina.

Um bom exemplo do tipo corriqueiro de ativismo judicial que permeia o imaginário dos juristas brasileiros pode ser extraído da questão levada a julgamento na Arguição de Descumprimento de Preceito Fundamental (ADPF) n. 178. Com efeito, tal medida foi interposta em 2009 pelo Ministério Público Federal, objetivando o reconhecimento de união estável entre pessoas do mesmo sexo e a garantia dos mesmos direitos reconhecidos às uniões entre heterossexuais. A ação pretendia, inicialmente, que fosse reconhecida e colmatada a pretensa omissão do Poder Legislativo em regulamentar os direitos dos casais homossexuais, muito embora a própria Constituição, no seu art. 226, §3º, aponte para outra direção, ao afirmar que "para efeito da proteção do Estado, é reconhecida a união estável entre o homem e a mulher como entidade familiar, devendo a lei facilitar sua conversão em casamento". Indeferida liminarmente, a petição foi reapresentada, agora buscando uma *verfassungskonforme Aus-*

---

[18] Cf. WOLFE, Christopher. *The rise of modern Judicial Review*: from constitutional interpretation to judge-made law. Nova York: Rowman & Littefieleld, 1994.

legung do art. 1.723 do Código Civil,[19] no sentido de oferecer proteção integral às uniões homoafetivas.

A perplexidade que surge deve-se à seguinte questão: de que modo poderia haver a referida omissão se a própria Constituição determina que é dever do Estado *proteger a união entre o homem e a mulher*? Onde estaria a omissão, *já que é um comando constitucional* que determina que a ação do Estado seja no sentido de proteger a união entre homem e mulher?[20]

---

[19] Artigo 1.723. "É reconhecida como entidade familiar a união estável *entre o homem e a mulher*, configurada na convivência pública, contínua e duradoura e estabelecida com o objetivo de constituição de família".

[20] Alguns juristas que defendem a correção da decisão do STF chegaram a me acusar de estar distorcendo (*sic*) a obra de Dworkin, por exemplo, por eu estar usando "o peso de seu nome [dele, Dworkin] para combater aquilo que o jurista norte-americano mais defende: a jurisdição constitucional em favor da realização do princípio de igual consideração e respeito". Com efeito, em texto intitulado "Jurisprudência Arco-íris", disponibilizado em seu *blog* na *internet* (Cf. http://pt.scribd.com/doc/56183523/arcoiris-versao-completa Acessado em 08.12.2011), o articulista George Marmelstein tenta criticar a posição manifestada por mim, Vicente Barreto e Rafael Tomaz de Oliveira no texto "Ulisses e o Canto das Sereias: sobre ativismos judiciais e os perigos da instauração de um terceiro turno da Constituinte" (este texto encontra-se disponível na Revista de Estudos Constitucionais, Hermenêuticos e de Teoria do Direito – RECHTD, do Programa de Pós-Graduação em Direito da UNISINOS, de jul/dez de 2009, n. 2 vol. 1). No mesmo texto, o autor critica o exemplo por nós trabalhado no que tange ao jogo que fazemos com a máxima "o que não é proibido, é permitido": no nosso exemplo afirmamos que, a despeito de a Constituição não ter, taxativamente, excluído as leis municipais de serem objeto de controle concentrado pela via da ADIn, não poderia o intérprete, se valendo da máxima "o que não é proibido é permitido", incluir a lei municipal no rol dos atos normativos que podem ser OBJETOS de controle pela via da ADIn. Ou seja, tentamos mostrar que essa máxima é inaplicável à Constituição! Entretanto, Marmelstein quer nos ensinar – de forma absolutamente equivocada – que o problema o problema da LEGITIMIDADE ATIVA dos municípios para propor ADIn não obriga um tratamento idêntico a todos os entes federativos (registre-se que o articulista não registra nenhuma fonte que autorize esse tipo de afirmação, nem indica de que tipo de federalismo ele está falando). Note-se: nosso exemplo diz respeito à impossibilidade de atos normativos municipais serem OBJETOS de inquirição pela via da ADIn. Em nenhum momento falamos em legitimidade ativa dos municípios (até porque, nesse sentido, nem mesmo os Estados são legitimados para deflagrar o processo de controle concentrado da constitucionalidade. A CF atribui a legitimidade ativa para o Governador do Estado, o Governador do distrito federal, às Assembleias Legislativas dos Estados e à Câmara Legislativa do Distrito Federal – art. 103, IV e V). Aliás, um problema muito sério que vem acontecendo no âmbito da produção científica do direito no Brasil são essas leituras que acabam por distorcer – para dizer o mínimo – os argumentos apresentados pelos autores. Aqui o caso não é diferente: vê-se de plano que, em nosso texto, lançamos um exemplo que diz respeito ao objeto do controle efetuado em sede de ADIn. Em seu texto, o articulista enquadra nosso exemplo como sendo de um problema de legitimidade. Nosso texto apresenta a discussão no nível da possibilidade de se empregar, no âmbito do direito constitucional, a máxima: o que não é proibido é permitido; o articulista enfrenta o problema pela via do tratamento igualitário entre os entes federativos. Outra questão que gera perplexidade diz respeito ao fato de Marmelstein querer justificar a ausência de legitimidade ativa dos "municípios" (*sic*) como sendo algo derivado do tratamento dado pelo constituinte ao princípio federativo. Ora, qualquer pessoa versada em direito constitucional e, principalmente, em controle de constitucionalidade sabe que a legitimação para o processo de controle concentrado – que é um processo objetivo, sem partes, cujo interesse ventilado é difuso – se dá de forma autônoma. Explicando melhor: trata-se daquilo que a doutrina alemã chama de *selbständige Prozessführungsbefugnis* (legitimação autônoma para a condução do processo). Neste caso, a própria Constituição escolhe algumas entidades e órgãos e os dota de legitimidade para ajuizar ADIn. A incidência do princípio federativo, aqui, é fraca, muito fraca. Sobre isso basta dizer que vários dos países europeus que possuem um sistema de controle concentrado de constitucionalidade são Estados Unitários, como é o caso de Portugal, para ficar apenas nesse exemplo. Ademais, a maior federação do mundo atual, os EUA – de onde, provavelmente, vem a inspiração para as discussões envolvendo simetria entre entes federativos – não possuem controle concentrado de constitucionalidade. Onde estaria, então, a razão federa-

Note-se: não podemos falar em hierarquia entre normas constitucionais, caso contrário, estaríamos aceitando a tese de Otto Bachof a respeito da possibilidade de existência de normas constitucionais inconstitucionais. O mais incrível é que a referida ADPF também pretende anular as várias decisões que cumpriram literalmente o referido comando constitucional. Trata-se, pois, de um *hiperativismo*.

---

tiva para a escolha (ou não) dos legitimados ativos para o processo de controle concentrado? O que a simetria tem que ver com o procedimento para aferição de legitimados para deflagração do processo de controle de constitucionalidade concentrado? De fato, o ponto principal, aqui, diz respeito à lógica do processo que sustenta o controle concentrado de constitucionalidade e que deságua na questão da legitimação autônoma para a condução do processo (sobre essa questão há importantes trabalhos no campo do direito brasileiro, como: NERY JR. Nelson. ANDRADE NERY, Rosa Maria de. *Constituição Federal Comentada*. 2. ed. Revista dos Tribunais: 2009, p. 885 e segs.). Voltando à questão inicial apontada pelo autor sobre a possível "distorção da obra de Dworkin", é preciso ter presente o seguinte questionamento: Dworkin escreve para um país que possui que tipo de Constituição? Uma constituição analítica e dirigente como a nossa? Parece claro que a resposta é negativa. Por outro lado, se – como atestam todos os notáveis conhecedores da obra de Dworkin dentre os quais podemos citar: Albert Calsamiglia (El concepto de integridad en Dworkin. In: *Doxa – Cuadernos de Filosofia del Derecho*. n. 12. Alicante, 1992); Marcelo Cattoni (*Jurisdição e Hermenêutica Constitucional*. Belo Horizonte: Mandamentos, 2005), Francisco Borges Motta (*Levando o direito a sério: uma crítica hermenêutica ao protagonismo judicial*. Florianópolis: Conceito Editorial, 2010), Georges Abboud (*Jurisdição Constitucional e Direitos Fundamental*. São Paulo: Revista dos Tribunais, 2011, p. 280-283) e Rafael Tomaz de Oliveira (*Decisão Jusicial e o Conceito de Princípio*. Porto Alegre: Livraria do Advogado, 2008) – a obra do jusfilósofo americano representa um combate filosófico contra a noção de discricionariedade judicial presente no positivismo hartiano, por qual motivo Dworkin poderia ser enquadrado como um defensor de ativismos judiciais que avançam contra o texto da Constituição? Assim parece temerário afirmar que Dworkin defenderia a autoridade da "jurisdição constitucional" (*sic*) – lembrando que dificilmente Dworkin falaria em jurisdição constitucional... Mais provavelmente diria *judicial review*, uma vez que jurisdição constitucional é um termo próprio para definir os Tribunais Constitucionais *ad hoc* do modelo europeu de controle concentrado – contra o texto da Constituição, colocando o direito a reboque da sensibilidade e intuição subjetivas de cada julgador de nossa corte constitucional (algo que o jusfilósofo critica duramente em seu *A Virtude Soberana*. São Paulo: Martins Fontes, 2006). Uma outra questão: será que seria ser coerente com a obra de Dworkin criar esse tipo de regulamentação através de um procedimento de controle concentrado, fora da lógica do sistema de precedentes do *common law*, e que transforma o Judiciário em verdadeiro legislador positivo? Enfim, de se notar que discutir aquilo que está na intenção do autor (no caso, Dworkin) é um problema hermenêutico já de há muito superado. Quem sabe não tenhamos capacidade de andar pelas próprias pernas e produzir algo para além dos grandes autores norte-americanos e europeus que sempre povoaram nossas teses e dissertações. Quem sabe Dworkin não nos ofereça um bom modo de olhar para o problema da produção democrática do direito, mas, para trabalhar com ele em nossa realidade, tenhamos que pontuar algumas alterações e necessários ajustes sob pena de sucumbirmos e acabar por reduzir a produção acadêmica do direito no Brasil a um mero ensaismo sobre a literatura especializada. Numa última palavra – é preciso dizer – causa estranhamento Marmelstein afirmar que o nosso texto (meu, de Vicente e Rafael) distorce a obra de Dworkin e, ao mesmo tempo, propor uma leitura *originalista* da Constituição de 1988. Aliás, ainda mais contraditório é o autor propor uma leitura originalista – sabidamente, conservadora no âmbito dos EUA – para defender direitos de minorias. Talvez seja interessante remeter os leitores para o primeiro capítulo do livro *O Direito da Liberdade* de Ronald Dworkin, para que tirem suas próprias conclusões a respeito do assunto. No mais, é uma atitude no mínimo deselegante referir-se a uma possibilidade de "avançar criticamente" sobre o nosso texto e deixar a crítica assim, como-que-pairando-no-ar, sem especificar o argumento e justificar sua pertinência. Assim fez Marmelstein com sua acusação de deturpação da obra de Dworkin (como se a obra de Dworkin fosse uma espécie de texto sagrado, a aguardar um sopro divino que lhe desse o real sentido e conteúdo). Quem sabe numa próxima oportunidade o articulista nos ofereça melhores argumentos. Os de agora, como visto, são insuficientes e equivocados.

De plano, salta aos olhos a seguinte questão: a efetivação de uma medida desse jaez importa(ria) transformar o Tribunal em um órgão com poderes permanentes de alteração da Constituição, estando a afirmar uma espécie caduca de *Verfassungswandlung*, que funcionaria, na verdade, como um verdadeiro processo de *Verfassungsänderung*, reservado ao espaço do Poder Constituinte derivado pela via do processo de emenda constitucional.

O risco que surge desse tipo de ação é que uma intervenção desta monta do Poder Judiciário no seio da sociedade produz *graves efeitos colaterais*. Quer dizer: há problemas que simplesmente não podem ser resolvidos pela via de uma ideia errônea de ativismo judicial. O Judiciário não pode substituir o legislador (não esqueçamos, aqui, a diferença entre ativismo e judicialização: o primeiro, fragilizador da autonomia do direito; o segundo, contingencial).[21] Desnecessário referir as inúmeras decisões judiciais que obrigam os governos a custearem tratamentos médicos experimentais (até mesmo fora do Brasil), fornecimento de remédios para ereção masculina e tratamento da calvície...!

O verdadeiro caos processual que se instalou no caso do reconhecimento das uniões homoafetivas dá amostra de como a discussão sobre o papel do judiciário no contexto de uma democracia constitucional é algo que causa turbulência no Direito Brasileiro. Como mencionado acima, na decisão que saneou o processo, o então presidente da Corte, Min. Gilmar Mendes, indicou, de forma percuciente, que *a ADPF não se afigurava como melhor mecanismo para solução da demanda*, pois não se vislumbrava qual era a omissão do Estado e em que grau ela se apresentava para o deslinde da questão. Assim, como consequência dessa necessidade de adequação da via processual, a ADPF 178 foi transformada em ADIn (Ação Direita de Inconstitucionalidade), inscrita com o número de ordem 4.277. Para tornar ainda mais complexa a questão, antes mesmo da Procuradoria Geral da República ter impetrado a ADPF n. 178, o Governador do Estado do Rio de Janeiro já havia questionado a constitucionalidade da "falta" (*sic*) de proteção do Estado às Uniões Homoafetivas na ADPF n. 132. Desse modo, em maio de 2011, o STF julgou a ADPF n. 132 e a ADIn 4277, a primeira impetrada pelo Governador do Estado do Rio de Janeiro e a segunda pela Procuradoria Geral da República.

As ações foram julgadas parcialmente procedentes, tendo o Tribunal, por unanimidade, reconhecido a proteção do Estado às uniões homoafeti-

---

[21] É sempre conveniente lembrar o seguinte: enquanto o ativismo judicial está umbilicalmente associado a um *ato de vontade* do órgão judicante (portanto, comportamental), a judicialização de questões políticas ou sociais não depende desse ato volitivo do poder judiciário, mas, sim, decorre da expansão da sociedade (que se torna cada vez mais complexa) e da própria crise da democracia, que tende a produzir um número gigantesco de regulações (seja através de leis, medidas provisórias, decretos, portarias etc.) e que encontram seu ponto de capilarização no judiciário e, principalmente, nas questões cujo deslinde envolve atos de jurisdição constitucional.

vas, realizando uma Interpretação Conforme a Constituição do art. 1.723 do Código Civil Brasileiro. Os argumentos que compuseram a teia discursiva presente nos votos são, na sua grande maioria, sociológicos e/ou de moral. O enfrentamento da questão jurídica principal – da legitimidade de a jurisdição constitucional se substituir ao poder constituinte derivado, alterando o texto da constituição – foi evitado pela maioria dos ministros, que se limitaram a afirmar que a ideia de contenção do judiciário, em um caso como esse, representava uma "visão obliqua" (*sic*) das funções do judiciário no direito moderno, como consignou o Min. Marco Aurélio, em aparte ao voto do Min. Gilmar Mendes.

Apenas para ilustrar o que aqui está sendo dito, é importante consignar que, no voto do relator, por exemplo, está dito que "o órgão sexual é um *plus*, um bônus, um regalo da natureza. Não é um ônus, um peso, um estorvo, menos ainda uma reprimenda dos Deuses". Em voto de outro Ministro, lê-se que "a homossexualidade é traço da personalidade, não é crença, ideologia ou opção de vida".[22] Por esses exemplos, é possível visualizar que o julgamento destas ações foi determinado muito mais pelo entendimento pessoal – daí a questão (recorrente) do solipsismo – de cada ministro acerca da matéria, do que por uma interpretação técnica da Constituição. Daí a pergunta (também) recorrente: pode a interpretação do direito depender de opiniões (escolhas) de caráter pessoal?

Aliás, poderíamos ir adiante na identificação clara do ativismo da Corte neste caso: em um dos votos, chegou-se a dizer que o reconhecimento das uniões homoafetivas, para efeitos da proteção do Estado, poderia contribuir para a diminuição da discriminação e ajudaria a conter, até mesmo, práticas violentas decorrentes da homofobia. Por certo que a diminuição da discriminação é algo deveras salutar, bem como deve ser repudiada qualquer tipo de atividade ofensiva ou violenta direcionada aos homossexuais (afinal, tal qual Norbert Elias, é preciso acreditar no "processo civilizador"). Todavia, é de se perguntar se esse tipo de juízo – nitidamente político (e sem bases empíricas) – poderia servir como fundamento de uma decisão judicial, mormente da Suprema Corte.

De todo modo, o caso apresentado, tanto na origem quanto no seu desfecho, representa muito bem como a discussão sobre o ativismo interpretativo do Supremo Tribunal Federal é realizada no campo jurídico brasileiro. Aliás, o mais importante, nesse contexto, é a discussão do papel da jurisdição constitucional, problemática que ficou de lado no aludido julgamento.

---

[22] Aqui cabe um aparte: se fosse crença, ideologia ou opção de vida, a proteção do Estado deveria ser rejeitada? Mas, e a liberdade de expressão que também é garantia constitucional? E mais! Qual é a base científica em que se apoia o argumento de que a homossexualidade é um "traço da personalidade"? E, se fosse, ainda assim caberia a pergunta: seria o Judiciário a instância correta para afirmar isso como uma constatação, cujas discussões no âmbito da psicologia não são, nem de longe, consensuais?

Ao lado dessas três posturas[23] – que se tornaram dominantes no plano da doutrina e da aplicação do direito no Brasil –, podem ainda ser referidas manifestações calcadas em pragmatismos dos mais variados, na maioria das vezes construídos a partir de mixagens teóricas assistemáticas e contraditórias. Pode-se afirmar, ainda, que, por vezes, os pragmatismos tomam emprestados pressupostos originários das teorias argumentativas, em especial a de Alexy, mormente quando as decisões judiciais aplicam a proporcionalidade e a razoabilidade.[24]

3. De como as súmulas vinculantes e a repercussão geral são uma adaptação darwiniana do "sistema jurídico" ao "caos interpretacional" e à fragmentação da jurisprudência

Como se pôde perceber, a assim denominada "era dos princípios", que propiciou o surgimento de textos constitucionais com características sociais-diretivas, encontrou – mormente em países como o Brasil – um imaginário jurídico ainda fortemente dependente da metodologia tradicional e de suas variações, a partir de um amplo espectro que abrangia desde formalistas até adeptos do direito alternativo (realistas ao estilo dos *Critical Legal Studies*). Com efeito, de um lado, doutrina e jurisprudência, ainda ligadas à dogmática jurídica tradicional, continuaram a sustentar práticas normativistas, com enormes dificuldades para compreender minimamente o advento de *uma nova teoria das fontes*; já de outro, setores que, embora engajados na concretização da Constituição, passaram a apostar no Poder Judiciário como condutor desse processo, *mas sem a correspondente reflexão acerca das condições de possibilidade desse protagonismo*.

---

[23] É muito difícil definir as diversas teses e posturas que se espraiam no plano da doutrina e da jurisprudência, pelo simples fato de que grande parte da doutrina não age a partir de pressupostos teóricos e, sim, de forma pragmaticista. Deste modo, por exemplo, não é difícil perceber a – equivocada – mistura do procedimentalismo habermasiano com o modelo alexyano de ponderação (circunstância que é agravada pela equivocada compreensão do que seja "a regra da ponderação"). Ou seja, autores com teses antitéticas servem para embasamento de teses e decisões judiciais (por exemplo, a mescla de Habermas com Alexy, Häberle com Alexy ou Dworkin com Alexy). Entretanto, há outro problema: parcela considerável da doutrina está convicta de que, para alcançar o patamar paradigmático do Estado Democrático de Direito, basta superar (ou sepultar) o "juiz boca da lei", esquecendo-se, entretanto, que, ao colocarem em seu lugar um "juiz protagonista" (que, aliás, não é coisa nova, pois já estava presente em Oskar von Büllow no século XIX), tornam o direito refém do decisionismo (já presente em Kelsen). Na mesma linha, em muitos casos, o novo constitucionalismo é confundido com uma mera continuidade do positivismo normativista, além de os princípios gerais do direito serem confundidos com princípios constitucionais, isto é, como se os velhos axiomas do positivismo exegético do século XIX ainda pudessem "competir" com as regras e os princípios presentes no Constitucionalismo Contemporâneo.

[24] Nesse sentido, não é difícil perceber o modo pelo qual a ponderação, a razoabilidade e a proporcionalidade foram sendo transformadas em "enunciados performativos". Apenas para exemplificar: STF – RCL 2126; AGR 395662; TJRS 70027526524, 70027525898, 70032218398; STF-HC 97197; HC 97677; RMS 27920; ADPF 101; ADI 2240; STJ- HC 68597.

Ou seja, a falta de teorias adequadas às demandas de uma Constituição como a brasileira permitiu a formação de um forte protagonismo judicial. O espantoso é que, mesmo diante de um texto constitucional riquíssimo em direitos fundamentais-sociais – experiência única no mundo –, *os intérpretes brasileiros ainda assim vêm buscando descobrir "valores escondidos" embaixo dessa densa tessitura normativa.*

Um dos alicerces do ativismo judicial e que provocou uma fragmentação na aplicação judiciária foi o fenômeno do *panprincipiologismo*. A frase "positivaram-se os valores" foi transformada em um "autêntico" mantra. Ora, isso facilitou a "criação" (*sic*) de uma infinidade de "princípios" (*sic*), como se o paradigma do Estado Democrático de Direito fosse a "pedra filosofal da legitimidade principiológica", *da qual pudessem ser extraídos tantos princípios quantos necessários para solvermos os casos difíceis ou "corrigir" (sic) as incertezas da linguagem.* Centenas de "princípios" invadiram o universo da interpretação e aplicação do direito, fragilizando sobremodo o grau de autonomia do direito e a própria força normativa da Constituição, podendo ser elencados, exemplificadamente, alguns deles, tais quais: *princípio da simetria, princípio do fato consumado, princípio da afetividade, princípio da instrumentalidade processual, princípio da confiança no juiz da causa etc.*

Esse protagonismo-ativismo – que tanto se manifesta no panprincipiologismo como no "uso hipossuficiente dos princípios" – demonstra, fundamentalmente, a origem solipsista, o que se torna problemático, porque a democracia e os avanços passam a depender das posições individuais dos juízes e dos tribunais. De todo modo – e isso precisa ficar bem claro –, apenas diante da consagração de uma efetiva jurisdição constitucional é que se pode falar no problema dos ativismos judiciais.

Por outro lado, há que se levar em conta que o constitucionalismo surgido do segundo pós-guerra é, fundamentalmente, pós-positivista. Os textos constitucionais – agora principiológicos – albergam essa nova perspectiva do direito. Nesse contexto, a busca da preservação da força normativa da Constituição sempre corre o risco de ficar fragilizada pela equivocada aposta nessa pretensa "abertura interpretativa", uma vez que – e é neste ponto que se dá, no campo filosófico, a passagem do esquema sujeito-objeto para a relação sujeito-sujeito – a abundante principiologia veio para introduzir, no direito, *o mundo prático que dele havia sido expungido pelas diversas posturas positivistas.* Entende-se o positivismo,[25] para os

---

[25] Ressalte-se que, para efeitos do que trato no texto, considero superado o positivismo exegético ou legalista. Isso porque é possível dizer que com Kelsen há uma *virada semântica* na interpretação do direito: não há mais uma identidade isomórfica entre as palavras da lei e a realidade factual. Para o positivismo de corte kelseniano, a interpretação do direito é um ato de vontade que desliza no interior de uma estrutura aberta nominada metaforicamente como *moldura da norma* (Teoria Pura do Direito, Cap. VIII). É nesse ponto que se encontra o espaço de discricionariedade do intérprete aplicador da norma e é para o enfrentamento dessa dimensão que aponto minhas armas.

limites desta abordagem, a partir de sua principal característica apontada por Dworkin no seu debate com Hart: a *discricionariedade*, que ocorre a partir da "delegação", em favor dos juízes, do poder de solucionar os casos difíceis. É indubitável a relação da discricionariedade – delegada por Hart ao juiz – com o decisionismo kelseniano. Discricionariedade será, assim, o poder conferido ao juiz/intérprete para escolher uma entre várias alternativas.[26] O problema é saber se as alternativas são legítimas e se a "escolha" se enquadra na circunstância discutida. Considere-se, ademais, o problema dessa "delegação" nos casos da interpretação do processo judicial, *que fica à mercê da interpretação discricionária do juiz*. O pano de fundo, a toda evidência, era – e ainda é – a discussão acerca das condições de possibilidade da realização da democracia. Afinal, se alguém tem que decidir por último, a pergunta que se põe obrigatoriamente é: de que modo podemos evitar que a legislação – suposto produto da democracia representativa (produção democrática do direito) – *seja solapada pela falta de legitimidade da jurisdição*?

Pode-se dizer que, tanto na operacionalidade *stricto sensu* como na doutrina, exsurgem vários modos de manifestação do paradigma da subjetividade, que envolve exatamente as questões relativas ao ativismo, decisionismo e a admissão do poder discricionário. A mais explícita forma advém das posturas que assumem a tese de que o ato de julgar é um ato de vontade (para não esquecer o oitavo capítulo da *Teoria Pura do Direito* de Kelsen).[27] É muito comum esse tipo de defesa do solipsismo. No mais

---

[26] Observe-se que o "poder discricionário" é sempre uma manifestação positivista. Quando se trata do positivismo exegético, a discricionariedade apenas muda de lugar, porque passa para o legislador.

[27] Veja-se como essa questão do positivismo kelseniano não está superada no Brasil. No STF, um dos ministros mais antigos sustenta frequentemente em suas posições que a interpretação é um ato de vontade (na linha da afirmação kelseniana presente no Cap. VIII de sua Teoria Pura). Em pronunciamento recente, o Ministro afirmou, ainda, que a decisão é um ato fatiado no qual a primeira etapa representa a construção "ideal" (*sic*) da solução para o caso e, apenas em um segundo momento, é que se buscaria a justificação do decidido no ordenamento jurídico. Nas palavras do Min. Marco Aurélio de Mello: "*Idealizo para o caso concreto a solução mais justa e posteriormente vou ao arcabouço normativo*, vou à dogmática buscar o apoio. E como *a interpretação é acima de tudo um ato de vontade*, na maioria das vezes, encontro o indispensável apoio" (Ministro Marco Aurélio é homenageado pelos 20 anos de STF em exposição comemorativa. In: Notícias STF. Brasília, 17 jun. 2010. Disponível em: http://www.stf.jus.br/portal/cms/verNoticiaDetalhe.asp?id Conteudo=154675. Acesso em: 06 jul. 2010; ver também: "Marco Aurélio vê sua homenagem como 'estímulo'". In: *Revista Consultor Jurídico*, 6 de julho de 2010. Disponível em: http://www.conjur.com.br/2010-jul-06/idealizo-solucao-justa-depois-vou-ar-normas-marco-aurelio. Acesso em: 06 jul. 2010. Marco Aurélio não é o único integrante do STF que pensa desse modo. Luiz Fux, por exemplo, diz que a sentença vem de "sentire" e que "decide conforme a sua consciência": "*Eu julgo sempre de acordo com a minha consciência*, e acho que estou fazendo o melhor. Eu sou humano. Se eu errar, vou errar pelo entendimento. Eu sou sensível aos direitos fundamentais da pessoa humana". Na sequência, o pronunciamento do Ministro se torna aparentemente contraditório, ao dizer que "A Constituição não legitima julgamentos subjetivos. Senão, partimos para aquela máxima de 'cada cabeça, uma sentença', e não vamos ter uma definição do que é lícito e o que é ilícito. A população só tem segurança jurídica a partir do momento em que o magistrado se baseia ou na lei ou na Constituição. É claro que essas leis, essas regras constitucionais, precisam ser interpretadas, mas a interpretação só se opera quando há uma dubiedade na lei" (*sic*). (Debaixo da toga de juiz também

das vezes, trata-se de decisões que se baseiam em um conjunto de métodos por vezes incompatíveis ou incoerentes entre si ou, ainda, baseadas em leituras equivocadas de autores como Ronald Dworkin ou até mesmo Hans-Georg Gadamer, *confundindo a "superação" dos métodos com uma "livre atribuição de sentidos"*.[28]

Desse modo, a defesa de posturas judiciais ativistas, o crescimento do panprincipiologismo e a fragmentação jurisprudencial, são fenômenos que decorrem, em última análise, de um mesmo núcleo problemático: *a preservação subterrânea do paradigma da filosofia da consciência na construção das teorias e doutrinas do direito*. Um pragmatismo primitivo é invocado para justificar as decisões individuais. Essas decisões não conduzem a um ponto coerente, capaz de unificar o sentido e acomodá-lo num contexto de integridade. Assim, um verdadeiro caos interpretativo acaba por ter lugar, algo que pode ser comparado ao estado de natureza hobbesiano;[29] uma espécie de Estado de natureza hermenêutico.

Pois bem. Diante desse fustigante processo de fragmentação decisional, o *establishment* jurídico reagiu criando mecanismos burocráticos que, pretensamente, pudessem oferecer uma resposta a esse emaranhado de decisões e, ao mesmo tempo, conduzir para uma racionalização do acesso à justiça, que, por força da ampliação constitucional das demandas, também acarretava uma exaustão ao sistema. Desse modo, a reforma levada

---

bate um coração, diz Fux. In: *Folha de São Paulo*, 28 mar. 2011. Disponível em: http://www1.folha.uol.com.br/poder/894627-debaixo-da-toga-de-juiz-tambem-bate-um-coracao-diz-fux.shtml. Acesso em: 30 set. 11. (Grifei). Entretanto, tal contradição é apenas aparente, porque ele mesmo assinala: "Como magistrado, *primeiro procuro ver qual é a solução justa. E depois, procuro uma roupagem jurídica para essa solução*. Não há mais possibilidade de ser operador de Direito aplicando a lei pura" (sic). (UERJ: Depoimento de Luiz Fux. Disponível em: http://www.direitouerj.org.br/2005/fdir70/depLF.htm. Acesso em: 30 set. 2011. Grifei). No campo do Ministério Público, vale referir Paulo Queiroz, para quem: "sempre que condenamos ou absolvemos, fazemo-lo porque queremos fazê-lo, de sorte que, nesse sentido, a condenação ou a absolvição não são atos de verdade, mas atos de vontade". Segundo o penalista baiano, "parece evidente que, ordinariamente, por mais que tenhamos motivos, legais ou não, para condenar, condenamos por queremos condenar e porque julgamos importante fazê-lo; inversamente: por mais que tenhamos motivos, legais ou não, para absolver, absolvemos porque queremos absolver e julgamos importante fazê-lo". (QUEIROZ, Paulo. *O que é Direito?* Disponível em: http://pauloqueiroz.net/o-que-e-o-direito. Acesso em: 16 fev. 2010).

[28] Efetivamente, é muito comum encontrar autores que acreditam (ou sustentam) que a hermenêutica de cariz gadameriano é "relativista". Esse equívoco não é "prerrogativa" de parte da doutrina de *terrae brasilis*, podendo também ser vista em autores como Mathias Jestaedt in *Verfassunsgerichtspositivismus. Die Ohnmacht des Verfassungsgesetzgebers im verfassungsgerichtlichen Jurisdiktionsstaat*. Hommage na Josef Isensee. Duncker & Humblot, 2002, que chega a dizer que a hermenêutica filosófica foi uma das "responsáveis" pelo ativismo do *Bundesverfassungsgericht* (Tribunal Constitucional da Alemanha).

[29] Um dos sintomas desse "estado de natureza" é a PEC dos Recursos, enviada pelo Supremo Tribunal Federal ao Parlamento. Por ela, as decisões de segunda instância adquirem status de terminativas. Para "recorrer" ao STJ ou STF, o autor terá que ingressar com pedido rescisório da decisão de segundo grau. Veja-se a dimensão do problema: depois das sucessivas minirreformas, todas de caráter instrumentalista, a PEC dos Recursos é uma espécie de confissão de que o modelo (instrumentalista) fracassou. Ou seja: de que adiantaram tantas minirreformas processuais se, ao fim e ao cabo, a "solução" é impedir às partes de recorrerem?

a cabo pela Emenda Constitucional n. 45/2004 (que ficou conhecida como "Reforma do Judiciário") criou dois mecanismos que vinham na senda das questões levantadas nesse tópico: as súmulas vinculantes e a repercussão geral.

Em suma, esses dois mecanismos são respostas estruturais para um problema que é de ordem paradigmática: de nada adiantam as súmulas e os demais mecanismos vinculatórios – como é o caso da repercussão geral – se não enfrentamos aquilo que possibilitou todo quadro de fragmentação, relativismo e subjetivismo que acomete o Direito atual. Ou seja, *é preciso superar a filosofia da consciência e aquele que é sua criação: o sujeito solipsista (Selbstsüchtiger)*. O conhecimento, mais do que uma relação que se dá entre um sujeito e um objeto, é um encontro. Um encontro que acontece a partir de um entorno, de uma história, enfim, de uma tradição. É da explicitação desse encontro que resultará a efetiva superação do artificialismo epistemológico da filosofia da consciência, que sempre leva a soluções despistadoras, que, por sua vez, conduzem à persistência do núcleo do problema (no caso brasileiro, basta ver como a doutrina está lidando com a questão das súmulas: pensa-se que os problemas da interpretação de textos podem resolvidos com a edição de mais textos, em uma espécie de eterno retorno à Escola de Exegese...!). Numa palavra: a superação desses problemas é uma tarefa hermenêutica. O que vou mostrar na sequência é uma proposta para efetivação dessa superação.

4. De como é possível dar uma resposta hermenêutica ao ativismo

Contra o relativismo valorativo causado pela má recepção da jurisprudência dos valores, da teoria da argumentação de matriz alexyana e contra o ativismo pragmati(ci)sta dos tribunais – fatores que, somados, acabam por levar ao *panprincipiologismo* e à fragmentação da jurisprudência –, venho propondo *uma hermenêutica fortemente antirrelativista e antidiscricionária*. Esse modo de trabalhar a hermenêutica passa pela constatação de dois fatores que possibilitam a superação do paradigma da filosofia da consciência. Trata-se, na verdade, de duas revoluções copernicanas ocorridas no século XX, que modificaram radicalmente os caminhos do Direito e da Filosofia. No campo jurídico, a revolução copernicana do direito público mudou o centro gravitacional do direito: não mais os códigos do direito privado, mas as Constituições é que exercem, agora, a função capilarizadora da ordem jurídica. Essa alteração radical implicou, também, uma revolução metodológica: *os métodos tradicionais do direito privado* – permeados pela filosofia da consciência – *não eram adequados para manipular os novos textos constitucionais*, concebidos para fazer valer uma ordem democrática que, para além de qualquer solipsismo, deveria conduzir para uma esfera pública e intersubjetiva de legitimação dos atos de poder do Estado. Assim, outra revolução – igualmente copernicana – entra em cena: cuida-se daquilo que ficou conhecido como *linguistic turn*, que opera uma redefinição do papel da linguagem no processo de conhecimento e abre novos caminhos para a discussão do método no direito.

Na esteira dessa transformação operada pelo giro linguístico – que denomino de *giro linguístico-ontológico*[30] – aparece a hermenêutica de Hans-Georg Gadamer. A partir de *Wahrheit und Methode*, ficou claro que a verdade das ciências humanas, ou ciências do espírito, é um acontecimento que pode ser percebido através da arte, da história e da linguagem. Gadamer desfere, assim, um golpe certeiro contra o metodologismo que predominava na epistemologia dessas ciências, afirmando que a verdade é algo que, em última análise, se opõe ao método. Com efeito, ao invés que garantir a objetividade da interpretação, o método – enquanto momento supremo da subjetividade – acaba por levar a relativismos (*v.g.* no direito a questão da ponderação, por exemplo).

Por isso, penso que essa objeção gadameriana ao relativismo metodológico encontra eco na crítica que Ronald Dworkin faz ao poder discricionário dos juízes, que se mostra de maneira emblemática no debate levado a efeito com Herbert Hart. Assim, a minha proposta se apresenta a partir de uma imbricação entre Gadamer e Dworkin. Na senda de Dworkin, que, ao seu modo, falará da única resposta correta, proponho a tese de que todo cidadão – que vive sob o manto do Estado Democrático de Direito – tem um direito fundamental a obter dos tribunais uma *resposta constitucionalmente adequada*.

Minha proposta, porém, não estabelece nenhum procedimento metodológico que garanta essa resposta adequada. Pelo contrário, ela rejeita qualquer tipo de procedimentalização do projeto decisório. Para discutir as condições sob as quais se assenta a resposta constitucionalmente adequada, precisamos antes dispor de uma *teoria da decisão*. Essa teoria da decisão precisa conseguir destilar os equívocos advindos das errôneas importações teóricas efetuadas pelo constitucionalismo brasileiro e deve conseguir produzir um rigoroso processo de *justificação* das decisões que circula entre a suspensão dos pré-juízos do intérprete (no sentido hermenêutico, que deve ser entendido da seguinte forma: quem decide sobre questões político-jurídicas tem o dever de esclarecer previamente os conceitos com os quais está operando no momento da decisão), as circunstâncias que compõem os caso concreto e a recomposição coerente da história institucional do direito (que comporta uma legislação, uma jurisprudência e uma doutrina).

---

[30] Nesse sentido, ver STRECK, Lenio Luiz. *Hermenêutica Jurídica e(m) Crise*. 10. ed. Porto Alegre: Livraria do Advogado, 2011.

Nessa medida, como os procedimentos e metodologias são recusados liminarmente, o único modo de demonstrar a validade da tese se dá a partir da reconstrução de um caso concreto, no qual pode ser percebida a manifestação da resposta constitucionalmente adequada.

4.1. A hermenêutica e os Princípios conformadores da aplicação do direito no Estado Democrático de Direito

Uma nova perspectiva hermenêutica, portanto, vem se forjando no seio da doutrina brasileira,[31] a partir de duas rupturas paradigmáticas: a revolução do constitucionalismo, que institucionaliza um elevado grau de autonomia do direito e a revolução provocada pelo *giro ontológico-linguístico*. De um lado, a existência da Constituição exige a definição dos *deveres substanciais dos poderes públicos* que vão além do constitucionalismo liberal-iluminista, diminuindo-se o grau de discricionariedade do Poder Legislativo, assim como do Poder Judiciário nos denominados "casos difíceis". De outro, parece não restarem dúvidas de que, contemporaneamente, a partir dos avanços da teoria do direito, é possível dizer que não existem respostas *a priori* acerca do sentido de determinada lei, que exsurjam de procedimentos ou métodos de interpretação. Nesse sentido, "conceitos" que tenham a pretensão de abarcar, de antemão, todas as hipóteses de aplicação, *nada mais fazem do que reduzir a interpretação a um processo analítico*, que se caracteriza pelo emprego "sistemático" da análise lógica da linguagem, buscando descobrir o significado dos vocábulos e dos enunciados, tornando-a refém daquilo que Dworkin chama de "aguilhão semântico".

Não percebemos, de forma distinta (cindida), primeiro os textos para, depois, acoplar-lhes sentidos. Ou seja, na medida em que o ato de interpretar – que é sempre compreensivo/aplicativo – é unitário, o texto (pensemos, fundamentalmente, na Constituição) não está, e não nos aparece, desnudo, como se estivesse à nossa disposição. Com isso, também desaparece qualquer distinção entre estrutura e conteúdo normativo. Destarte, não podemos esquecer que mostrar a hermenêutica como produto de um raciocínio feito por etapas foi o modo como as diversas formas de subjetivismo encontraram para buscar o controle político-ideológico do

---

[31] As propostas aqui apresentadas podem ser consultadas, mais amiúde, nas seguintes obras: STRECK, Lenio Luiz. *Verdade e Consenso*. 4. ed. São Paulo: Saraiva, 2011; —— *O que é isto – decido conforme minha consciência?* 3. ed. Porto Alegre: Livraria do Advogado, 2011. Na linha das projeções efetuadas nesses trabalhos, também são importantes as obras de: RAMIRES, Maurício. *Crítica à Aplicação de Precedentes no Direito Brasileiro*. Porto Alegre: Livraria do Advogado, 2010; TOMAZ DE OLIVEIRA, Rafael. *Decisão Judicial e o Conceito de Princípio*: a hermenêutica e a (in)determinação do Direito. Porto Alegre: Livraria do Advogado, 2008; MOTTA, Francisco José Borges. *Levando o Direito a Sério*: uma crítica hermenêutica ao protagonismo judicial. Florianópolis: Conceito Editorial, 2010; HOMMERDING, Adalberto. N. *Fundamentos para uma compreensão hermenêutica do processo civil*. Porto Alegre: Livraria do Advogado, 2007.

"processo" de interpretação. Daí a importância conferida ao método, que sempre teve/tem a função de "isolar" a norma (sentido do texto) de sua concretização.

Aponte-se, ademais, que, à diferença da compreensão de outros fenômenos, a hermenêutica jurídica contém uma especificidade: a de que o processo hermenêutico possui um vetor de sentido, produto de um processo constituinte que não pode ser alterado a não ser por regramento próprio constante no próprio processo originário. *E isso faz a diferença*, queiramos ou não. A Constituição é o elo conteudístico que liga política e direito, de onde se pode dizer que o grande salto paradigmático nesta quadra da história está exatamente no fato de que o direito deve servir como garantia da democracia.

Assim, na medida em que estamos de acordo que a Constituição possui características especiais oriundas de um profundo câmbio paradigmático, o papel da hermenêutica passa a ser, fundamentalmente – longe de qualquer perspectiva formalista-exegético-originalista –, o de preservar a força normativa da Constituição e o grau de autonomia do direito diante das tentativas usurpadoras provenientes do processo político (compreendido *lato sensu*). Nesse contexto, a grande engenharia a ser feita é, de um lado, preservar a força normativa da Constituição e, de outro, não colocar a política a reboque do direito.

Essa (inter)mediação é o papel a ser desempenhado pelos princípios – entendidos como padrões de argumento – forjados na tradição do Estado Democrático de Direito. Princípios funcionam, assim, como *Leitmotiv* do processo interpretativo, como que a mostrar que cada enunciado jurídico possui uma motivação (*Jede Aussage ist motiviert*, dirá Gadamer). Princípios têm a função de mostrar/denunciar a ruptura com a plenipotenciariedade das regras; o direito não isenta o intérprete de qualquer compromisso com a realidade. As decisões sempre devem ser feitas a partir de princípios[32] e não de políticas (ou critérios de razão prática). É isso que se quer dizer quando falamos de "princípios".

---

[32] A literatura pode nos auxiliar a explicar o significado de "princípios". Victor Hugo, no seu livro *O último dia de um condenado*, faz um libelo contra a pena de morte. Seu relato dos últimos momentos de um condenado à pena de morte em nenhum momento aponta para o tipo de crime (especificidade) e tampouco discute se a condenação era justa ou injusta. Victor Hugo consegue fazer a crítica ao uso da pena capital sem se dobrar a qualquer argumentação *ad hoc*. Ser contra a pena de morte é "ser contra por princípio". Assim, quando o STF decide uma causa, dessa decisão deve ser retirado um princípio, aplicável a todos os demais casos. Veja-se: a aplicação é do princípio. Por isso – embora o STF disso não se dê conta –, cada decisão possui um DNA e dela será retirada a cadeia futura de DNA das causas similares. Se, por exemplo, o STF, no Inq 2482-MG, decidiu que o crime de dispensa de licitação (art. 89 da Lei n. 8.666) não é um delito de mera conduta e, portanto, exige o dolo, sendo este afastado porque o réu (Prefeito) estava respaldado por um parecer que sustentava a dispensa de licitação, a questão que se coloca é: como o STF vinha julgando até então? De que modo ele mudou a sua orientação? Ele mudou a sua posição somente neste caso? A partir desse *case*, o dolo estará afastado toda vez que existir parecer jurídico sustentado a tese da dispensa? Mas, afinal, o que é "dolo"? E essa assertiva sobre o (novo?) "conceito" de dolo poderá ou não ser utilizado em outros tipos penais? Em

Por tais razões, é fundamental que se passe a entender que "metodologia" ou "principiologia" constitucional não querem significar "cânones", "regras" ou "meta-regras", mas, sim, *um modo de concretizar a Constituição*, isto é, o modo pelo qual a Constituição deve ser "efetivamente interpretada".

Desse modo, propõe-se, aqui, um conjunto mínimo de princípios (hermenêuticos) a serem seguidos pelo intérprete. Tais princípios, sustentados na historicidade da compreensão e na sedimentação dessa principiologia, somente se manifestam quando colocados em um âmbito de reflexão que é radicalmente prático-concreto, pois representam um contexto de significações históricas compartilhadas por uma determinada comunidade política. A interpretação do direito somente tem sentido se implicar *um rigoroso controle das decisões judiciais*, porque se trata, fundamentalmente, de uma questão que atinge o cerne desse novo paradigma: a democracia. E sobre isso parece não haver desacordo.

4.1.1. Princípio um: a preservação da autonomia do direito

Este princípio interpretativo abarca vários padrões compartilhados pelo direito constitucional a partir do segundo pós-guerra, denominados de métodos ou princípios, tais como o da *correção funcional* (designado por Müller como princípio autônomo que veda a alteração, pela instância decisória, da distribuição constitucionalmente normatizada das funções nem por intermédio do resultado dela), o da *rigidez do texto constitucional* (que blinda o direito contra as convicções revolucionárias acerca da infalibilidade do legislador), o da *força normativa da Constituição* e o da *máxima efetividade* (sentido que dê à Constituição a maior eficácia, como sustentam, por todos, Pérez Luño, Ferrajoli e Gomes Canotilho). Trata-se, fundamentalmente, de entender que a Constituição é norma. E que vincula. Mais do que sustentáculo do Estado Democrático, a preservação do acentuado grau de autonomia conquistado pelo direito é a sua própria condição de possibilidade e por isso é erigido, aqui, à condição de princípio basilar, unindo, conteudisticamente, a visão interna e a visão externa do direito. Trata-se, também, de uma "garantia contra o poder contra-majoritário", abarcando a garantia da legalidade na jurisdição.

síntese: é isto o que quero dizer quando afirmo, fundado em cinco princípios – cf. *Verdade e Consenso*, op. cit. –, que os juízes e tribunais devem decidir "por princípio" e não argumentos pragmati(ci)stas). Aliás, não é outro o entendimento de Dworkin quando afirma que sua teoria integrativa "condena a prática de tomar decisões que parecem certas isoladamente, mas que não podem fazer parte de uma teoria abrangente dos princípios e das políticas gerais que seja compatível com outras decisões igualmente consideradas corretas". (Cf. DWORKIN, Ronald. *Levando os Direitos a Sério*. São Paulo: Martins Fontes, 2002, p. 137). Nas trilhas do jusfilósofo estadunidense, permito-me dizer que o argumento de princípio exige que haja uma "consistência articulada". Vale dizer: "coerência na aplicação do princípio que se tomou por base e não apenas na aplicação da regra específica anunciada em nome deste princípio" (Ibidem, p. 139).

Assim, nesse novo paradigma, o direito deve ser compreendido no contexto de uma crescente autonomização, alcançada diante dos fracassos da falta de controle *da e sobre* a política. A Constituição é, assim, a manifestação deste (acentuado) grau de autonomia do direito, devendo este ser entendido na sua dimensão autônoma face às outras dimensões com ele intercambiáveis, como, por exemplo, a política, a economia e a moral (e aqui há que se ter especial atenção, uma vez que a moral tem sido utilizada como a *"porta de entrada"* dos discursos adjudicadores *com pretensões corretivas do direito*,[33] trazendo consigo a política e a análise econômica do direito; é nesse contexto em que deve ser vista a "retomada" da moral pelo direito,[34] a partir daquilo que Habermas tão bem denomina de *cooriginariedade*). Essa autonomização dá-se no contexto histórico do século XX, tendo atingido o seu auge com a elaboração das Constituições do segundo pós-guerra.

4.1.2. Princípio dois: o controle hermenêutico da interpretação constitucional – a superação da discricionariedade. O papel de "constrangimento epistemológico" destinado à doutrina

A partir do "encurtamento" do espaço de manobra e conformação do legislador e do consequente aumento da proteção contra maiorias (eventuais ou não) – cerne do contramajoritarismo –, parece evidente que, para a preservação do nível de autonomia conquistado pelo direito, é absolutamente necessário implementar mecanismos de controle daquilo que é o repositório do deslocamento do polo de tensão da legislação para a jurisdição: *as decisões judiciais*. Em outras palavras, a autonomia do direito e a sua umbilical ligação com a dicotomia "democracia-constitucionalismo" exigem da teoria constitucional uma reflexão de cunho hermenêutico.

---

[33] Não é difícil perceber a intenção corretiva dos juristas – adeptos da tese de que "princípios são valores" – em corrigir o direito democraticamente produzido. É possível perceber uma espécie de "dimensão ideal" do direito, espaço por onde ingressa(ria) a moral, com o fito de "corrigir as injustiças" da "dimensão real" do direito, problemática que pode ser encontrada, por exemplo, em Alexy, e que é incorporada, de vários modos, por posturas como o positivismo inclusivo. No plano do senso comum teórico, o panprincipiologismo é o lócus privilegiado das tentativas – lamentavelmente quase sempre bem sucedidas – de corrigir o direito pelos juízos morais do intérprete (ou de um conjunto de intérpretes). Há vários modos de camuflar a entrada desses juízos morais (que também podem ser de ordem política ou econômica). O principal deles é simples e "bem antigo". Para "corrigir" o direito, o jurista costuma se apresentar como pós-positivista, dizendo que "a lei não contém o direito". A partir disso, sob pretexto de superar a tese do "juiz boca-da-lei", coloca-se no seu lugar um juiz "dono da lei", repristinando, assim, um debate que já fora posto no século XVII por Shakespeare, em *Medida por Medida* (a figura do "juiz Ângelo"). Por vezes também está-se diante, no plano metafórico, da figura do juiz Azdak, do *Círculo de Giz Caucasiano*, de Bertold Brecht, um juiz que, antes de ser solipsista, tem contornos teológicos.

[34] Desnecessário falar aqui de Dworkin, uma vez que a sua concepção de moral não destoa daquilo que pode ser extraído da principiologia ínsita à Constituição do Brasil, como o direito a que o direito seja aplicado com equanimidade (*fairness*) a todos os cidadãos. Ou seja, o melhor sentido moral do direito é este ser aplicado com igualdade.

Importa referir, ademais, que a defesa de um efetivo controle hermenêutico das decisões judiciais, *a partir do dever fundamental de justificação e do respeito à autonomia do direito*, não quer dizer que, por vezes, não seja aconselhável e necessário uma atuação propositiva do Poder Judiciário (justiça constitucional), mormente se pensarmos no indispensável controle de constitucionalidade que deve ser feito até mesmo, no limite, nas políticas públicas. Entretanto, a defesa de posturas substancialistas e concretistas acerca da utilização da jurisdição constitucional – que implica inexorável avanço em relação às tradicionais posturas *self restraining* – não pode ser confundida com decisionismos e atitudes pragmati(ci)stas, em que o Judiciário se substitui ao legislador, com o aumento desmesurado de protagonismos judiciais, problemática bem presente e facilmente detectável no direito de *terrae brasilis*. Deve-se evitar aquilo que se denomina de "ativismo". Ou seja, deve-se ter bem clara a distinção entre judicialização, que é contingencial e produto de (in)competências na relação entre os Poderes, e ativismo, que é sempre decorrente de um problema solipsista-comportamental.

O rechaço do poder discricionário (que nos Códigos recebe a denominação de "livre convencimento" ou "livre apreciação")[35] é uma tese na qual venho me debruçando de há muito. Vale lembrar, aqui, a luta também travada na Espanha por Tomáz-Ramón Fernández, para quem o juiz não tem poder discricionário, nem na hora de selecionar a norma aplicável, nem de fixar seu concreto alcance, nem tampouco tem discricionariedade para escolher entre a versão dos fatos que apresente o demandante ou a acusação e a versão contrária que apresentem o demandado ou o acusado. Como bem menciona Tomás-Ramón Fernández: "O juiz não é livre em absoluto para escolher se existe ou não relação entre os meios de prova utilizados pelas partes e os fatos sobre os quais se discute, nem tampouco se um fato deve ou não ser considerado provado, nem para escolher entre os que efetivamente tenham sido relevantes para a decisão da controvérsia, nem para dar uma relevância ou outra distinta aos esco-

---

[35] Não me canso de advertir para o fato de que a minha crítica ao discricionarismo (e seus efeitos), ao livre convencimento e outros quejandos, nada tem a ver com "positivismo", pelo que remeto o leitor para o meu *Verdade e Consenso*, op. cit., além do artigo: "Aplicar a letra da lei é uma atitude positivista?" (In: *Revista Novos Estudos Jurídicos* – Eletrônica, Vol. 15, n. 1, jan-abr 2010, p . 158-173. Disponível em: http://www6.univali.br/seer/index.php/nej/article/view/2308). De todo modo, acrescento que na raiz dos mal-entendidos está a confusão entre pré-compreensão (que é estruturante) e preconceitos (subjetividades). O juiz, como qualquer pessoa, está eivado de subjetividades. A neutralidade é uma ficção, para não dizer uma fraude. O que ocorre é que o juiz é um agente político do Estado. Suas decisões – que, não me canso de repetir, não são escolhas fruto de sua razão prática – possuem responsabilidade política. Sua subjetividade deve ser suspensa e substituída pela intersubjetividade, construída a partir da reconstrução (contínua) da história institucional do direito, que se manifesta na e pela linguisticidade (o *a priori* compartilhado). Nesse contexto, a decisão deve respeitar a tradição (legítima, que deve constranger epistemologicamente o intérprete), forjando aquilo que se pode denominar de DNA do direito, formatado no âmbito do "auditório" em que se dá o entrecruzamento da estrutura do direito, da doutrina e da jurisprudência.

lhidos, nem para passar ou não de um dado de fato de possível eficácia probatória que não é em si mesmo constitutivo do *thema probandum* a outro distinto que é o que se trata de demonstrar que efetivamente foi produzido, etc., etc., como, desde logo, o é para designar defensor do menor por qualquer parente ou a um estranho, para eleger as medidas cautelares que considere convenientes ou para moderar a responsabilidade do mandatário ou a dúvida gerado por um jogo ou aposta lícitos".[36]

É aqui que entra o papel daquilo que venho denominando de *accountability* hermenêutica, que exige um novo papel da doutrina. Em outras palavras: a doutrina não mais está doutrinando. Seu papel, hoje, é de mero coadjuvante do protagonismo judicial. A literatura jurídica cada vez mais se mostra caudatária de ementas jurisprudenciais, transformando a aplicação do direito em um processo de coagulação de sentidos. Com isso, aquilo que denominamos de "dogmática jurídica" não passa de um conjunto de enunciados fora do tempo e fora do lugar. Um olhar, mesmo que perfunctório, dá conta de que a doutrina foi doutrinada. Domesticada.[37] Para ser efetivamente DOUTRINA, esta deve constranger epistemologicamente a operacionalidade do direito. Trata-se de "hermeneutizar" a doutrina do direito, fazendo com que a teoria do direito seja alçada à condição de possibilidade de qualquer interpretação-aplicação.

4.1.3. Princípio três: o respeito à integridade e à coerência do direito

Como forma de estabelecer barreiras contra a fragmentação própria das teorias pragmati(ci)stas em geral (lembremos: todo pragma[ti]cismo é positivista), o respeito à integridade e à coerência engloba princípios (que, por vezes, se confundem com "métodos" de interpretação) construídos ao longo dos anos pela teoria constitucional, tais como o *princípio da unidade da Constituição*, o *princípio da concordância prática entre as normas ou da harmonização*, o princípio da *eficácia integradora ou do efeito integrador*, e até

---

[36] Cf. FERNÁNDEZ, op. cit., p.93. (tradução livre)

[37] A dogmática jurídica tem sua situação piorada com a multiplicação de produções simplificadoras e estandardizadas. Daí a indagação: alguém se submeteria a uma operação cirúrgica com um médico que tenha se formado lendo livros como "Operação cardíaca simplificada" ou "o ABC do coração"? Cada vez mais temos que dar razão às críticas que já se faziam à dogmática jurídica nos anos 70 e 80 do século passado. Doutrina e aplicação do direito foram sendo mesclados, restando uma produção de baixa densidade teórica. Até mesmo em setores da pós-graduação é possível perceber essa contaminação, com dissertações e teses meramente monográficas, repetindo temáticas da graduação, como trabalhos sobre embargos declaratórios, embargos infringentes, agravo de instrumento, limitação de fim de semana, legítima defesa, serviço postal, depósito de fundo de garantia etc., sem contar as incontáveis teses tratando da análise de um dispositivo de determinada lei ou a rediscussão de temáticas que não se prestariam a mais do que a feitura de um *paper*. Como é possível que o projeto do novo Código de Processo Civil – na versão aprovada no Senado em dezembro de 2010 – contenha um dispositivo falando, ao mesmo tempo, "em princípios constitucionais", "normas legais" e "princípios gerais do direito"? E mais não é necessário dizer...!

mesmo o *princípio da proporcionalidade* (embora seu uso descriterioso o tenha desgastado entre nós), entendido como *fairness* (equanimidade), além da exigência do tratamento igualitário (*equal concern and respect*), como diria Dworkin. Seja o nome que a eles se dê, trata-se de padrões interpretativos relevantes para a consolidação da força normativa da Constituição.

A integridade está umbilicalmente ligada à democracia, exigindo que os juízes construam seus argumentos de forma integrada ao conjunto do direito.[38] Trata-se, pois, de "consistência articulada". Com isso, afasta-se, de pronto, tanto o *ponto de vista objetivista*, pelo qual "o texto carrega consigo a sua própria norma" (lei é lei em si), como o *ponto de vista subjetivista-pragmatista*, para o qual a norma pode fazer soçobrar o texto. Ou seja, esse respeito à tradição, ínsito à integridade e à coerência (que é consistência "em princípio", ou seja, a decisão deve expressar uma expressão unitária – e não *ad hoc* – de justiça), *é substancialmente antirrelativista* e deve servir de blindagem contra subjetivismos e objetivismos.

4.1.4. Princípio quatro: o dever fundamental de justificar as decisões (a fundamentação da fundamentação)

Se nos colocamos de acordo que a hermenêutica a ser praticada no Estado Democrático de Direito *não pode deslegitimar o texto jurídico-constitucional* produzido democraticamente, parece evidente que há uma forte responsabilidade política dos juízes e tribunais, circunstância que foi albergada no texto da Constituição, na especificidade do art. 93, IX, que determina, embora com outras palavras, *que o juiz explicite as condições pelas quais compreendeu*. Isso é o que se pode chamar de "o espaço epistemológico da decisão".

Nesse sentido, J. Igartua vai dizer que a exigência constitucional de motivação-fundamentação é "una imperatividad pluscuamperfecta" porque:

> Se desdobra no princípio da proibição da arbitrariedade dos poderes públicos, consagrado no artigo 9.3 da Constituição Espanhola ("a proibição da arbitrariedade e a obrigatoriedade de motivar sentenças dois lados de uma mesma moeda", "a não arbitrariedade e a motivação formam, portanto, um par inseparável") e volta a se desdobrar no artigo 24, que reconhece o direito fundamental à tutela jurisdicional efetiva, direito que só pode satisfazer uma sentença juridicamente fundamentada, como a jurisprudência constitucional insiste em destacar.[39]

O dever de fundamentar as decisões (e não somente a decisão final, mas todas as do *iter*) está assentado em um novo patamar de participação das partes no processo decisório. A fundamentação está ligada ao con-

---

[38] Cf. DWORKIN, Ronald. *Law's Empire*. Cambridge: The Belknap, 1986, p. 176.
[39] Cf. IGARTUA SALAVERRIA, Juan. *La motivación de las sentencias:* imperativo constitucional. Madrid: Centro de Estudios Políticos e Constitucionales, 2003, p . 29 y ss. Também Fernández, op.cit., p. 122.

trole das decisões, e o controle depende dessa alteração paradigmática no papel das partes da relação jurídico-processual. Por isso, o protagonismo judicial-processual deve soçobrar diante de uma adequada garantia ao contraditório e dos princípios já delineados.[40] Decisões de caráter "cognitivista", de ofício ou que, serodiamente, ainda buscam a "verdade real" se pretendem "imunes" ao controle intersubjetivo e, por tais razões, são incompatíveis com o paradigma do Estado Democrático. O Supremo Tribunal Federal do Brasil (MS 24.268/04, Rel. Min. Gilmar Mendes) dá sinais sazonais da incorporação dessa democratização do processo, fazendo-o com base na jurisprudência do *Bundesverfassungsgericht*, é dizer, a pretensão à tutela jurídica corresponde à garantia consagrada no art. 5°, LV, da CF, contendo os seguintes direitos: (a) direito de informação (*Recht auf Information*), que obriga o órgão julgador a informar a parte contrária dos atos praticados no processo e sobre os elementos dele constantes; (b) direito de manifestação (*Recht auf Äusserung*), que assegura ao defensor a possibilidade de manifestar-se oralmente ou por escrito sobre os elementos fáticos e jurídicos constantes do processo; (c) direito de ver seus argumentos considerados (*Recht auf Berücksichtigung*), que exige do julgador capacidade, apreensão e isenção de ânimo (*Aufnahmefähigkeit und Aufnahmebereitschaft*) para contemplar as razões apresentadas. O mesmo acórdão da Suprema Corte brasileira incorpora a doutrina de Dürig/Assmann, sustentando que o dever de conferir atenção ao direito das partes não envolve apenas a obrigação de tomar conhecimento (*Kenntnisnahmeplicht*), mas também a de considerar, séria e detidamente, as razões apresentadas (*Erwägungsplicht*). Os projetos dos novos Códigos de Processo Civil e Penal poderiam tirar proveito desse tipo de decisão...!

4.1.5. Princípio cinco: o direito fundamental a uma resposta constitucionalmente adequada

Esse padrão tem uma relação de *estrita dependência* do dever fundamental de justificar as decisões e daqueles princípios (ou subprincípios) – cunhados pela tradição constitucionalista e que podem aqui ser, digamos assim, reaproveitados – que tratam do *efeito integrador* (ligado ao princípio da unidade da Constituição), da *concordância prática* ou da *harmonização*, da *máxima efetividade* e da *interpretação conforme a Constituição*. Como prin-

---

[40] O "instituto" dos embargos declaratórios se mostra, nesse contexto, como um fator extremamente fragilizador da autonomia do direito. É absolutamente paradoxal que o sistema jurídico sustente a tese, presente nos Códigos de Processo (Civil e Penal), de que uma sentença possa ser omissa, obscura ou contraditória. De que modo é possível "salvar" uma decisão desse jaez? Ora, se a fundamentação possui guarida constitucional, sendo considerada pelos Tribunais Europeus como um direito humano-fundamental, a pergunta que se põe é: pode uma sentença ser omissa e não ser, ao mesmo tempo, contrária ao artigo 93, IX, da Constituição? Pode uma sentença ser obscura sem ser inconstitucional, portanto, nula, írrita, nenhuma? Pode uma sentença ser contraditória? Um juiz ou Tribunal, que possuem responsabilidade política, podem produzir decisões omissas, obscuras ou contraditórias?

cípio instituidor da relação jurisdição-democracia, a obrigação de fundamentar – que, frise-se, *não é uma fundamentação de caráter apodítico* – visa a preservar a força normativa da Constituição e o caráter deontológico dos princípios. Consequentemente, representa uma blindagem contra interpretações deslegitimadoras do conteúdo que sustenta o *domínio normativo* dos textos constitucionais. Trata-se de substituir qualquer pretensão solipsista pelas condições histórico-concretas, sempre lembrando, nesse contexto, a questão da tradição, da coerência e da integridade, para bem poder inserir a problemática na superação do esquema sujeito-objeto pela hermenêutica jurídica.

Há, pois, um direito fundamental ao cumprimento da Constituição. Mais do que isso, trata-se de um *direito fundamental a uma resposta adequada à Constituição* ou, se assim se quiser, uma resposta constitucionalmente adequada (ou, ainda, uma resposta hermeneuticamente correta em relação à Constituição). Antes de qualquer outra análise, deve-se sempre perquirir a compatibilidade constitucional da norma jurídica com a Constituição e a existência de eventual contradição. Deve-se sempre perguntar se, à luz dos princípios e dos preceitos constitucionais, a norma é aplicável ao caso. Mais ainda, há de se indagar em que sentido aponta a pré-compreensão (*Vorverständnis*), condição para a compreensão do fenômeno. Para interpretar, é necessário compreender (*verstehen*) o que se quer interpretar. Este "estar diante" de algo (*ver-stehen*) é condição de possibilidade do agir dos juristas: a Constituição.

Aqui, cabe uma advertência: o direito fundamental a uma resposta constitucionalmente adequada não implica a elaboração sistêmica de respostas definitivas. Isso porque a pretensão de se buscar respostas definitivas é, ela mesma, anti-hermenêutica, em face do *congelamento de sentidos* que isso propiciaria. Para tanto, basta que nos reportemos ao que Gadamer considera como sendo o conteúdo da verdade, que é sempre provisória, a ser confirmada a partir da distância temporal.

O direito fundamental a uma resposta adequada à Constituição, mais do que o assentamento de uma perspectiva democrática (portanto, de tratamento equânime, respeito ao contraditório e à produção democrática legislativa), é um "produto" filosófico, porque caudatário de um novo paradigma que ultrapassa o esquema sujeito-objeto predominante nas duas metafísicas (clássica e moderna).

— VIII —

Sistema da educação e cidadania: os pareceres de Rui Barbosa

LEONEL SEVERO ROCHA

Sumário: Introdução; 1. Institucionalização do saber; 1.1. A Reforma do Ensino; 1.2. Os Pareceres; 1.3. O Projeto Carvalho; 2. A Ideologia da Ciência; 2.1. O Ensino e a Ciência; 2.2. O método histórico-comparativo e a análise estatística; 2.3. Intervenção do Estado; 2.4. Ensino como Investimento; 2.5. Ensino gratuito e a frequência obrigatória; 2.6. Escola Laica e a Liberdade de Ensino; 2.6. O Método na Educação; 2.8. Educação e Desenvolvimento; Observações Finais.

Introdução

A teoria política e jurídica de Rui Barbosa foi trabalhada por nós há mais de vinte anos na tese de Doutorado na EHESS e no livro sobre a Democracia Racional. Porém, este período histórico do final do Império ainda não foi suficientemente esclarecido, notadamente, a respeito da educação. Por esse motivo decidi publicar agora esse texto escrito há tanto tempo, mas ainda inédito. É preciso sempre lembrar que Rui Barbosa foi o primeiro a propor uma reforma do ensino do Direito no Brasil.

1. Institucionalização do saber

1.1. A Reforma do Ensino

A teoria do governo representativo da juventude de Rui Barbosa obteria a sua legitimidade pela participação popular, mas necessitava, para o seu bom funcionamento, da existência de uma opinião pública capaz de intervir qualitativamente na política, bem como de cidadãos cultos que pudessem exercer um sufrágio responsável. Neste sentido, como implantar tal sistema de governo numa sociedade escravocrata e analfabeta, onde a distância entre a sociedade civil e o Estado era imensa, sem com isto excluir da política a maioria da população, produzindo, ao contrário do postulado, um governo elitista e nada representativo? Além do fato de que as dificuldades para a implantação deste sistema político implicariam, em pouco tempo, a impossibilidade total de justificação do Império.

Esta questão foi respondida por Rui Barbosa, através da reformulação completa do ensino público no País, visando a uma melhor dinâmica das funções da educação, com o objetivo de produzir um novo cidadão apto para participar da política, da economia e da sociedade como um todo. Ele propunha, desta maneira, a criação de uma escola forte para transformar a sociedade capitalista. A escola seria o motor principal para o desenvolvimento do indivíduo, possibilitando a transformação da sociedade brasileira para a prática do governo representativo.

1.2. Os Pareceres

Os pareceres de Rui Barbosa sobre a reforma da instrução pública no Brasil apresentam, com minúcias, o pensamento liberal europeu e americano sobre a educação, constituindo o texto, mais do que um simples relatório parlamentar, um verdadeiro tratado liberal sobre a instrução. Trata-se de um texto quase acadêmico, destinado muito mais a um público intelectual, do que a discussão do Parlamento, o que explica, em parte, a sua passagem praticamente despercebida na Câmara imperial.

Estes pareceres foram elaborados ao mesmo tempo que se discutia a reforma eleitoral. Pode-se considerar, nesta perspectiva, que os textos sobre a instrução e a eleição direta têm uma certa complementaridade. A partir desta assertiva, pode-se afirmar que a instrução é, para Rui Barbosa, a condição necessária para o exercício da liberdade política e da plena obtenção da cidadania. Todos os homens têm o direito de serem iguais e livres, mas somente a instrução pode fornece-lhes o direito de exercer os direitos políticos.

Os pareceres foram bastante criticados por grande parte da intelectualidade nacional, que os tem considerado, como de resto toda a sua obra, idealistas. Mas as críticas são, em geral, um tanto injustas, fruto, na maioria das vezes, de uma má leitura destes documentos, quando, não raro, desconhecimento de seu pensamento.

Maria José Garcia Werebe, por exemplo, ironiza os pareceres, afirmando que "Rui Barbosa acreditava no poder incontrastável do espírito. Como os utopistas, erigia a educação em força motriz do desenvolvimento da sociedade, sonhando, ingenuamente, em primeiro educar homens virtuosos, cujas mãos puras construiriam, em seguida, a sociedade nova".[1] Para esta autora, então, Rui Barbosa é utópico e ingênuo, embora, na sequência de seu texto, ela afirme que a sua concepção de educação é a

---

[1] Cf. WEREBE, Maria José. *A Educação*, In: *História Geral da Civilização Brasileira. O Brasil Monárquico: Declínio e Queda do Império*. São Paulo: Difel, 1982.

mesma de Locke, Leibnitz, Helvetius, Babeuf, Fourier, Renan e Kant. No entanto, Webere admite que tais concepções "idealistas" foram responsáveis por "reivindicações relativas á igualdade diante da instrução, ao reconhecimento da criança, à formação de sua personalidade etc.". Nesta perspectiva, todos estes autores, inclusive Kant, são utópicos e ingênuos, como Rui Barbosa, ou se eles não o são, por que enfaticamente Rui Barbosa o é? Além do que, tais ideias provocaram, apesar do seu idealismo, como a própria autora reconhece, concessões concretas. Daí a dúvida e a dificuldade de se concordar, *a priori*, que Rui Barbosa seja um idealista utópico e ingênuo, defendendo o desenvolvimento da educação. Na verdade, como procuramos aprofundar, o que ocorre é o desconhecimento de sentido político do liberalismo, no caso da importância política da educação para a mudança social. Por outro lado, para esta autora, ele seria também, na época, "adepto de Comte", demonstrando a ignorância dela sobre as fontes políticas de Rui Barbosa. As relações de pensamento de Rui Barbosa com o comtismo são bem mais complexas.[2]

Para se ter uma ideia da confusão estabelecida a respeito do pensamento de Rui Barbosa, pode-se citar, também, o texto de Creusa Capalbo, que, mesmo trabalhando a questão num nível bem superior ao de Werebe, termina aceitando a opinião de Fernando de Azevedo sobre o parecer, para quem:

> (...) estes estudos e pereceres são a mais completa documentação relativa às instituições em alguns dos países mais adiantados da época (...) (no entanto) impelido, sem dúvida, por um idealismo ardente e generoso, que não lhe permite tomar pé na realidade, e deixando-se dominar pela sua erudição e eloqüência que o afastam do espírito crítico, erguendo, acima do valos ideológico, o valor literário e informativo de seu parecer, prefere o eminente relator as largas esquematizações teóricas à observação objetiva dos fatos e à reflexão sobre elas. Ele propõe todo um plano sob a forma de reorganização, depois de traçar um rápido esboço da História do ensino no Império e levantar quadros estatísticos das províncias, mas sem proceder a um inventário do estado material, social, econômico e moral do País, e sem estabelecer antes a finalidade pedagógica, social e política, que devia orientar toda a estrutura do sistema e para a qual deviam convergir, coordenadas e subordinadas a uma unidade fundamental de princípios, as suas instituições escolares de várias naturezas e de todos os níveis.[3]

Optamos por transcrever esta longa citação marcada de erudição e de eloquência, procurando demonstrar a espécie de críticas feitas em geral a Rui Barbosa. Tal perspectiva é, segundo nossa maneira de ver, bastante equivocada. Em outras palavras, é muito fácil tratar de idealista um projeto que não teve, devido a condições políticas adversas, a oportunidade de tornar-se uma lei obrigatória. Assim, nesta visão que se diz "objetiva", como de Azevedo-Capalbo, Rui Barbosa era sempre idealista, mesmo tendo elaborado, como o diz Azevedo, porque não defendia o

---

[2] WEREBE, Maria José. *A Educação*, In: *História Geral da Civilização Brasileira. O Brasil Monárquico: Declínio e Queda do Império*. São Paulo: Difel, 1982, p. 380-1.

[3] CAPALBO, Creusa. *As Raízes da Filosofia da Educação no Brasil*. In: *As Idéias Filosóficas no Brasil*. São Paulo: Editora Convívio, 1978, p. 70.

"valor ideológico", assim como a "observação objetiva dos fatos". Todas essas afirmações são para nós contraditórias, ou ao menos surpreendentes, pois dizer que um autor é idealista por não ser ideológico, e defender-se ao mesmo tempo uma atitude objetiva não tem sentido: a ideologia e a observação científica, na epistemologia tradicional, são divergentes. Na realidade, a finalidade dos pareceres é exatamente aquilo que Azevedo afirma que ele não realiza: uma observação reflexiva e objetiva dos fatos, e mesmo que a sua análise tenha evidentemente algumas deficiências, isto não justifica a crítica depreciativa de idealista – feita por idealistas como Azevedo, que acreditam ter encontrado na sociologia objetiva a cientificidade.

Para Capalbo, ao contrário de Werebe, Rui Barbosa foi também "um dos espíritos mais combativos ao positivismo, e defensor das ideias do liberalismo democrático, por julgar que o positivismo era conciliável com o espírito brasileiro, no tocante, principalmente, à ideia de substituir a religião católica pela religião da humanidade".[4] Assim, Capalbo, pelo menos, percebe, contrariamente ao dito por Werebe, que Rui Barbosa não era comtista, embora fosse positivista no sentido naturalista o evolucionista. Na verdade, esse texto, extremamente relevante para a compreensão da vida e da História política brasileira, mesmo muito citado, raramente foi analisado a partir de sua perspectiva teórica e política.

Esta visão simplificadora do pensamento de Rui Barbosa, que desconhece a sua importância política, é também partilhada, estranhamente, mesmo por autores que simpatizam (idolatram) com ele, como é o caso de Luís Viana Filho, o qual afirma nos pareceres "muitas vezes a erudição o fizera planar num mundo diferente daquele em que vivia... Maravilhava a cultura do autor. Mas, em geral, considerava-se inadaptável ao País aquela reforma cuidadosa e complexa".[5] Para Tavares D'Amaral, também admirador de Rui Barbosa, o parecer era "excessivamente perfeito para a nossa realidade de atraso e subdesenvolvimento".[6] A erudição do autor torna-se, assim, no Brasil, uma dificuldade para a sua própria compreensão.

Neste conjunto de críticas, uma rara exceção no comentário dos pareceres, ao lado dos sólidos trabalhos de Américo Jacobina Lacombe (que foi o primeiro a perceber o alcance político desta proposta de reforma social e industrial), é Miguel Reale, que realiza uma consistente abordagem dos pareceres. Reale, constatando a importância destes textos e o desprezo da crítica, em face do seu significado teórico, afirma acertadamente,

---

[4] CAPALBO, Creusa. *As Raízes da Filosofia da Educação no Brasil*, In: *As Idéias Filosóficas no Brasil*. São Paulo: Editora Convívio, 1978, p. 71.

[5] Cf. VIANA FILHO, Luis. *Três Estadistas. Rui – Nabuco – Rio Branco*. Rio de Janeiro: Livraria José Olympio, 1981.

[6] D'MARAL, Tavares. *Rui Barbosa*. São Paulo: Editora Três, 1974, p. 102.

com a sua costumeira perspicácia erudição, que "quando pela primeira vez (...) tive mais demorado contato com os pareceres de Rui Barbosa (...) surpreendeu-me a verificação de que passara até então despercebida aos nossos historiadores das ideias a fase positivista ou, mais amplamente naturalista, que marcara tão profundamente a cultura do grande baiano".[7]

Na realidade, os pareceres de Rui Barbosa envelopam a política educacional a partir de sua integralidade, propondo uma base metodológica e filosófica comum, caracterizando um dos trabalhos mais complexos já elaborados, até então, sobre a instrução no Brasil. Lourenço Filho resume o conteúdo formal dos pareceres, sem chegar a discutir o seu conteúdo político-filosófico: "Aí se encontram: uma conceituação geral da educação; os seus princípios normativos, ou filosofia pedagógica (...) a definição, enfim, de um plano nacional de educação, que chamava de 'sistema nacional de ensino', e para cuja execução advogava se instituísse um Conselho Superior e um Ministério próprio".[8] Deste extenso parecer, pretendemos analisar, de acordo com os objetivos de nosso trabalho, somente os seus aspectos político-educacionais, assim, como, entre outras, as influências do evolucionismo de Spencer, do positivismo de Comte, do liberalismo de Stuart Mill e Littré sobre Rui Barbosa, escapando ao nosso desiderato o problema da instrução brasileira propriamente dita.

1.3. O Projeto Carvalho

O Partido Liberal tinha também por ideal político a implementação da liberdade de ensino, acarretando a necessidade de uma reforma da instrução pública imperial. Para tanto, Sinimbu, ao mesmo tempo que discutia a eleição direta, nomeara, para a pasta do Império (Educação), o conselheiro Carlos Leôncio de Carvalho, a fim de que este a promovesse. Contudo:

> (...) em vez de apresentar ao Parlamento um projeto de reforma do ensino, na forma habitual, o Conselheiro começou por expedir um decreto executivo reformando o ensino primário e secundário da corte e o superior em todo o Império, proclamando enfaticamente 'é completamente livre o ensino

---

[7] REALE, Miguel. *O Jovem Rui e a Educação Liberal*, In: *Figuras da Inteligência Brasileira*, Rio de Janeiro: Tempo Brasileiro, 1984, p. 15. Não Existem praticamente trabalhos que se dediquem a analisar o conteúdo político e filosófico dos pareceres de Rui Barbosa sobre a instrução. A grande exceção, em face do desprezo feito pela crítica a esta obra, é o excelente artigo de Reale, intitulado *O Jovem Rui e a Educação Liberal*, Cf. REALE, Miguel. *O Jovem Rui e a Educação Liberal*. In: *Figuras da Inteligência Brasileira*, Rio de Janeiro: Tempo Brasileiro, 1984, p . 13-32. Outro texto importante sobre o tema é o de Américo Lacombe, *A Educação no Pensamento de Rui Barbosa*. In: *A Sombra de Rui Barbosa*, Rio de Janeiro: Fundação Casa Rui Barbosa, 1978, p . 208-226. Pode-se consultar também, de Lacombe, o prefácio do Tomo I da *Reforma do Ensino Primário de Rui Barbosa*, v. X, Tomo I, Obras Completas de Rui Barbosa. Recomenda-se, igualmente, a conferência de M. B. Lourenço Filho, *À Margem dos Pareceres de Rui sobre o Ensino*, Imprensa Nacional, RJ, 1945; do mesmo modo, o prefácio de Thiers Martins Moreira, ao tomo I, do v. IX, da *Reforma do Ensino Secundário e Superior*, Obras Completas de Rui Barbosa, 1978.

[8] Cf. LOURENÇO FILHO, M. B. *À Margem dos Pareceres de Rui sobre o Ensino*. Rio de Janeiro: Imprensa Nacional, 1945.

primário e secundário no município da corte e o superior em todo o Império', e reformando profundamente o conjunto do sistema escolar, mas declarando que não seria executado antes da aprovação pelas Câmaras das disposições que trouxessem aumento de despesa ou despendessem de autorização legislativa.[9]

Este projeto, então transformado no Decreto nº 7.247, de 19 de abril de 1879, seria apresentado à Câmara, para discussão, junto à Comissão de Instrução pública, da qual seria nomeado relator. Deste modo, ele participaria ativamente da discussão do projeto, durante cerca de quatro anos, elaborando um parecer sobre a instrução pública, que, devido ao grande número de alterações sugeridas, assim como à sua extensão, seria, na verdade, um projeto substitutivo.

O projeto Carvalho entrou em vigor e não foi praticamente discutido durante os gabinetes de Sinimbu e de Saraiva, preocupados que estavam com a reforma eleitoral. No dia 21 de janeiro de 1882, após a aprovação da reforma eleitoral, o gabinete Saraiva foi substituído pelo de Martinho Campos, o qual indicou como ministro do Império Rodolfo Dantas. Imediatamente Rui Barbosa combinou com Rodolfo (seu grande amigo) a apresentação de seus pareceres em substituição ao projeto Carvalho. O gabinete Martinho Campos, todavia, cairia não transcorridos seis meses, não permitindo que se apresentassem todos os pareceres e, evidentemente, a sua aprovação. Rui Barbosa terminaria de apresentar a segunda parte de seus documentos, a mais importante sem dúvida, já sob o gabinete do Visconde de Paranaguá, o qual, mesmo sendo do Partido Liberal, se incompatibilizara com Rui Barbosa, quando das últimas eleições, impossibilitando definitivamente a aceitação do projeto, que permaneceria, portanto, praticamente desconhecido de todos, até quando, recentemente, foi publicado pela Fundação Casa de Rui Barbosa e pelo Estado da Bahia.

2. A Ideologia da Ciência

2.1. O Ensino e a Ciência

O parecer de Rui Barbosa era constituído por dois documentos, que foram apresentados, sucessivamente, à Câmara em abril de 1882 e junho de 1883. O primeiro documento discute os problemas de ensino secundário e superior, o segundo analisa a instrução primária e instituições complementares da educação pública.

No primeiro documento, publicado no vol. XI, tomo I, das obras complementares de Rui Barbosa, é feita, como de resto em todo o parecer, uma veemente defesa da ciência como finalidade do ensino, em todos os seus níveis. A intervenção do Estado na educação, ao lado da liberdade de

---

[9] Cf. *A Sombra de Rui Barbosa*. Rio de Janeiro: Fundação Casa Rui Barbosa, 1978, p. 25.

ensino, é a reivindicação constante nos dois documentos. Neste primeiro texto, para Miguel Reale, o alvo fundamental é o de educar as inteligências para a ciência:

> O espírito científico, observa ainda Rui Barbosa, "'só se poderá incutir, restituindo à ciência o seu lugar preponderante na educação das gerações humanas" (IX, I, p. 36), "Todo o futuro da nossa espécie, todo o governo das sociedades, toda a prosperidade moral (sic) e material das nações dependem da ciência, como a vida do homem depende do ar". E insiste sobre a natureza do saber científico: 'da condição essencial à ciência é não obedecer a concepções a priori, duvidar do que não esteja metodicamente averiguado, e só adotar a realidade verificada segundo os preceitos rigorosos da lógica experimental' (IX, I, p. 47), sendo certo 'as ciências da realidade só têm um limite: o do inverificável, que lhes não pertence, que a natureza não científica, que a observação e a experiência não têm meio de devassar' (IX, I, p. 48).[10]

O espírito científico implicaria, também, a utilização do método histórico:

> O único que nos permite estabelecer conclusões de "usta eficiência", para o governo das sociedades, graças ao exame dos dados científicos e metodológicos, das influências do tempo e da seleção, fixando leis segundo "o princípio da progressão social, que COMTE enunciou, e é a determinante de todos os deveres pelo único meio de aferição que a ciência dispõe: o da relação visível das coisas; o da observação real dos fatos; a sucessão natural das causas e efeitos", que constitui as bases da sociologia (IX, I, p. 106).[11]

Estamos então bem distantes das afirmações de Azevedo, e próximos de uma posição teórica que percebe claramente a importância política e modernizante da ciência na educação para o progresso dos País. No entanto, o núcleo principal do pensamento do projeto de reforma da instrução, a nosso ver, está localizado nos tomos iniciais da reforma do ensino primário, segundo documento apresentado, que constitui o cerne de sua argumentação.[12] Assim sendo, já no primeiro tomo da reforma do ensino primário, afirmava-se o seguinte:

> (...) o ensino público está à orla do limite possível a uma nação que se presume livre e civilizadora; é que há decadência, em vez de progresso; é que somos um povo de analfabetos, e que a massa deles, se decresce, é numa proporção desesperadamente lenta; é que a instrução acadêmica está infinitamente longe do nível científico desta idade; é que a instrução secundária oferece ao ensino superior uma mocidade cada vez menos preparada para o receber; é que a instrução popular na Corte, Omo nas províncias, não passa de um *desideratum*; é que há sobeja matéria para nos enchermos de vergonha, e empregarmos heróicos esforços por uma reabilitação, em bem a qual, se não quisermos deixar em dúvida a nossa capacidade mental ou os nossos brios, cumpre não recuar ante sacrifício nenhum.[13]

Este severo balanço que ele efetuava sobre a instrução imperial procurava mostrar, de uma maneira nada idealista, o lamentável estado da educação na sociedade brasileira, desmascarando o lado excludente do

---

[10] REALE, Miguel. *O Jovem Rui e a Educação Liberal*, In: *Figuras da Inteligência Brasileira*, Rio de Janeiro: Tempo Brasileiro, 1984, p. 19.

[11] Idem, p. 20.

[12] BARBOSA, Rui. *Reforma do ensino secundário e superior*. v. IX. Tomo. I, 1882, p. 106.

[13] BARBOSA, Rui. *Reforma do ensino primário e várias instituições complementares da instrução pública*. v. X. Tomo I, 1883, p. 8-9.

saber monárquico, unicamente reservado às elites dominantes. Neste sentido, o saber, ou melhor, o não saber, era uma das formas de dominação monárquica. Rui Barbosa realizava, assim, mais de uma crítica pedagógica, uma crítica política da situação. Nesta linha de ideias, procurando demonstrar a necessidade de melhorar o sistema de ensino, o parecer procurava analisar, a partir das contribuições do pensamento liberal e das estatísticas existentes, o estado da instrução no País e no exterior.

2.2. O método histórico-comparativo e a análise estatística

Tratava-se de uma investigação que, utilizado o método comparativo, baseava na ideia de evolução histórica dos problemas da humanidade, e inspirada na metodologia de Spencer e Comte, procurava abordar a situação da educação (como de resto, Rui Barbosa o faz em todas as questões abordadas), a partir da observação de outros países onde esta questão foi enfrentada. Para tanto, fundamentava a sua argumentação empregando, inicialmente, o uso de estatísticas, a fim de comprovar a péssima situação da instrução, para, a seguir, apontar as medidas a serem adotadas, a partir da análise do pensamento liberal sobre a educação, adaptado ao caso concreto mencionado. O parecer constitui-se, assim, na primeira abordagem importante, elaborada, até então, sobre a questão no Brasil, embora se utilize principalmente de fontes indiretas (nem sempre confiáveis), devido a riqueza de informações fornecidas.[14]

Neste sentido, efetuava-se um balanço completo do problema, citando-se a situação internacional, comparando-a, a seguir, à situação nacional. Deste modo, são abordados dados dos principais países da época: Estados Unidos, Wurtemberg, França, Baden, Prússia, Bélgica, Suíça, Dinamarca, Noruega, Canadá, Inglaterra, Itália, Argélia, Argentina etc. Para isto, elaboraram-se diversos quadros nos quais era analisada a relação da densidade da população existe com o número de alunos e escolas, sendo os resultados comparados com idêntica pesquisa feita nas escolas nacionais públicas e privadas.

A primeira conclusão, finda a análise comparativa, comprovaria o estado de total abandono da educação no País: existia, para uma população de aproximadamente dez milhões de habitantes (um milhão e meio de escravos), em torno de cem mil alunos inscritos nas escolas primárias; isto indicava que apenas 1,4% da população tinha acesso à instrução. Este dado, comparado com os fornecidos no parecer, colocava o Brasil,

---

[14] As principais fontes estatísticas coletadas por Rui Barbosa foram as seguintes: LEVASSEUR, *Rapport de la Comission de Statistique de L'Enseignement Primaire à M. Le Ministre de L'Instruction Publique* (1878); BUISSON, *Rapport sur L'Instruction Primaire à L'Exposition Universelle de Philadelphie em 1876*; HIPPEAU, *L'Instruction Publique em Allemagne; L'Instruction Publique em Amérique Du Sud* etc; *Reports of the Commissioner of Education of United States*.

diante de todos os países do mundo, como aquele em que a sociedade tinha o menor acesso à instrução. Segundo a pesquisa de Rui Barbosa, em situação pior que a do Brasil existiam somente nas mais "despoliadas províncias russas e os domínios muçulmanos do Sultão... e o antigo reino de Nápoles em 1862". Em face desta situação, Rui Barbosa salientava que o número de analfabetos no País era imenso, constituindo-se, sem contar os escravos, em cerca de 6.856.594 habitantes, ou seja, em torno de 81,43% da população. Neste contexto de crise total da educação, assinalava-se, também, que o estado das poucas escolas existentes era péssimo, faltando preparação pedagógica aos professores e melhores condições de estudo e higiene.

2.3. Intervenção do Estado

Concluído este balanço, defendendo-se a alteração profunda da educação no País, propunha-se como medida urgente a intervenção concreta do Estado, promovendo a criação de um programa de ensino integral, baseado principalmente no evolucionismo de Spencer e no método intuitivo, que seria condenado através da criação, em última instância, de um ministério da instrução pública.

Esta proposta era, no contexto liberal da época, um tanto discutível. Muitos liberais, mesmo o próprio Spencer, cuja metodologia era adotada no parecer, manifestaram-se contra a ação do Estado na instrução. Outro suporte metodológico importante, Comte, também não era suficientemente claro, isto porque preconizava a supressão dos graus acadêmicos, para o positivismo meros atestados do poder da ciência oficial. Em face desta situação, Rui Barbosa tinha interesse em provar o conteúdo liberal da reforma. De sorte que, defendendo simultaneamente a ação do Estado na educação e o liberalismo de sua proposta, procurava interrogar o pensamento liberal do período sobre a educação, tentando justificar a legitimidade de sua proposta. Portanto aqueles que defendiam a iniciativa individual e as leis de mercado como suficientes para desenvolver a educação popular, desconheciam o alto custo necessário para a efetivação de uma educação nacional. Assim, citava E. D. M. Villey, que, defendendo a mesma ideia, observara que a única instituição capaz de oferecer tal educação, além do Estado, era a Igreja. Fato que implicava, juntamente com ideia da não intervenção do Estado, deixar a instrução nas mãos dos religiosos; o que não interessava de modo algum aos liberais.[15]

Nesta ótica, seria principalmente em Littré, que, rompendo com Comte, aceitava a ação do Estado na educação, em que Rui Barbosa iria se apoiar, pois, para o positivista, "enquanto as condições sociais deter-

---
[15] VILLEY, E. D. M. *Le Rôle de L´Etat dans L´Ordre Économique*. Paris, 1882, p. 175.

minarem que o governo seja semi-espiritual, o ensino oficial é inevitável, e impossível o ensino absolutamente livre".[16] Com efeito, utilizando-se de argumentos de Littré, perante a mesma questão na França, constatava-se que:

> Organizar-se por si mesmo um ensino liberal é impossível; cumpre, pois, organizá-lo (...). Quero apenas dizer que, a par das escolas livres que se formarem, ao lado do ensino católico protestante, ou espiritualista, cuja proibição fora inútil tentar, necessário será estabelecer escolas oficiais, organizar uma instrução mais liberal do que quantas ser possam, e nutrir, a expensas do Estado, uma instituição, que só em condições tais não terá que se arrecear da concorrência (...). O ensino oficial não deve embaraçar o ensino livre; mas, por enquanto, o ensino livre não poderia suprir a falta de ensino oficial.[17]

A opinião de Littré, que admitia a intervenção do Estado na instrução, contrariamente à de Comte, que defendia a supressão da universidade, para este berço do ensino oficial, metafísico e teológico, tranquilizava Rui Barbosa, desejoso de contar com a metodologia positivista em sua pregação de uma maior cientificidade da pedagogia. Isto porque, para Rui Barbosa, sem ser positivista na linha ortodoxa de Comte, a presença das exigências de rigor científico de tipo positivista, tais como a observação dos fatos, a análise objetiva das causas e efeitos, bem como a ideia de progresso e evolução da humanidade, era importante na sua metodologia. Contudo, as respostas dadas por Spencer a essas questões, notadamente, na questão do método, seduziam-no mais do que o comtismo. Assim sendo, aquilo que Rui Barbosa denomina de positivismo é muito mais o aspecto metodológico, do que propriamente a aceitação das ideias de Comte propriamente ditas; explicando-se a facilidade com que ele aceitou a contribuição de Littré ao debate.

Na verdade, o parecer pretendia, fiel ao objetivo de sua argumentação, comprovar a importância da ação do Estado na educação, muito mais do que demonstrar a posição da teoria liberal e se inserir na discussão sobre os limites do positivismo. Embora, neste momento, o apoio dos positivistas ao parecer lhe interessasse também. Pois, para Rui Barbosa:

> O primeiro caráter do saber positivo é a compreensão da contingência variável dos tempos e a inteligência da relatividade das coisas humanas. Ora, quem quer que não perca de vista esse critério, não desconhecerá a evidência da incapacidade atual do indivíduo e da associação, entre as sociedades mais adiantadas, para subsistir, na educação do povo, a ação ampla do Estado; não contestará a necessidade de organizar rigorosamente nas condições mais perfeitas de excelência e eficácia, de atividade e ciência, o ensino oficial.[18]

Deste modo, para Rui Barbosa a questão não tem nenhuma transcendência, sendo a intervenção do Estado na educação uma tendência inevi-

---

[16] BARBOSA, Rui. *Reforma do ensino secundário e superior.* v. IX. Tomo. I, 1882, p. 95. Nas páginas 95 a 97, desenvolve a sua argumentação, citando diversos textos de Littré, entre outros: *Conservation, Révolution e Positivisme*, 2º ed., Paris, 1879; *De L´Etablessement de la Troisième Republique*, Paris, 1880.

[17] BARBOSA, Rui. *Reforma do ensino secundário e superior.* v. IX. Tomo. I, 1882, p. 96.

[18] Idem, p. 93.

tável, constituindo-se esta possibilidade numa hipótese de puro "senso comum":

> Dois exemplos característicos ministram-nos a prova decisiva desta verdade: os das três nações mais eminentemente individualistas, daquelas onde é mais enérgico o sentimento da pessoa humana, mais real a autonomia das localidades; daquelas onde é mais "constitucional", mais fisiológico, se nos consentem a expressão, o "self government, a semecracia", o governo do povo por si mesmo; daquelas onde mais em rigor poderíamos dizer que o governo reina, e a opinião governa – a nação inglesa, a nação americana e a nação suíça.[19]

Nesta perspectiva, procurava-se, citando países modelos do liberalismo, demonstrar que a função educacional do Estado é uma necessidade inevitável. E, falando da Inglaterra, seu modelo preferido, Rui Barbosa observava que se existia quem criticasse o seu plano, afirmando que Stuart Mill era contra tal intervenção, estaria equivocado. Pois, para ele, Stuart Mill, no seu livro *On Liberty*, "reconhece positivamente a existência de estados sociais, em que ninguém, senão o governo, tem a capacidade essencial para criar e manter instituições regulares de educação".[20]

O liberalismo de Rui Barbosa defendia, assim, a necessidade da intervenção do Estado como a única solução para a promoção do desenvolvimento da instrução pública. Neste sentido, a opinião de Stuart Mill, no livro *Principles of Political Economy*, era sumamente importante:

> Qualquer governo um pouco civilizado e de boas intenções pode, sem presunção, acreditar-se provido de uma instrução superior à média da sociedade governada, e Ter-se por capaz de oferecer uma educação e um ensino melhores do que o povo, entregue a si mesmo, reclamaria. É, portanto, a educação uma das coisas que podemos admitir como princípio que o governo deve distribuir ao povo. Ela constitui um dos casos a que não se aplicam necessariamente os motivos da regra da não intervenção, e a que nem todos esses motivos são aplicáveis.[21]

2.4. Ensino como Investimento

As despesas para a implantação da reforma do ensino seriam grandes. Neste sentido, considerando justificada a necessidade da intervenção do Estado na instrução, do ponto de vista da teoria liberal (Littré e Stuart Mill), antecipando, de alguma forma, a ideia de que o Estado possui uma função social na educação, Rui Barbosa passaria a explicar e a defender os custos do plano.

O maior problema nacional era para o parecer, como vimos, a ignorância e o analfabetismo, males que o Estado deveria erradicar, investindo na educação. O Brasil pertencia ao continente americano, mas se afastara, incorrendo, neste estado de coisas, dos Estados Unidos, e das

---

[19] BARBOSA, Rui. *Reforma do ensino secundário e superior.* v. IX. Tomo. I, 1882, p. 97-8.

[20] MILL, Stuart. *On Liberty,* apud BARBOSA, Rui. *Reforma do ensino secundário e superior.* v. IX. Tomo. I, 1882, p. 96.

[21] MILL, Stuart. *Principles of Political Economy,* IV, Capítulo XI, § 8°, *apud* BARBOSA, Rui. *Reforma do ensino secundário e superior.* v. IX. Tomo. I, 1882, p. 107.

ideias de Washington, John Adams, Jefferson, assim como Madison, para quem "fomentar o adiantamento da ciência e a vulgarização dos conhecimentos era o melhor alimento da verdadeira liberdade".[22] Os Estados Unidos já investiam na época, seja através do Estado, seja da iniciativa privada, grandes somas na educação; outros países começavam também a imitá-lo.

Uma das matrizes do projeto, Spencer, pareceria não ter a mesma visão intervencionista da educação que Mill; mas Rui Barbosa acreditava que a perspectiva de Spencer era bem mais complexa. Alguns liberais ortodoxos entendiam que Spencer postulava a independência total do ensino. Ora, para Rui Barbosa, tratava-se de uma generalização abusiva, baseada em má interpretação do significado do signo "instituição" na obra de Spencer:

> Há instituições e instituições. Umas, firmadas na pretensão da supernaturalidade de sua origem, fazem da própria imutabilidade um dogma inviolável (...). A essas, certamente, não pode ser simpático o desenvolvimento da consciência popular e do sentimento individual, conseqüências infalíveis do derramamento da instrução. Outras existem, porém, cujo intuito declarado está precisamente em proteger a expansão calma e progressiva da liberdade humana e da vontade popular (...), no seio das classes sobre as quais se] exerce, e de onde, ao mesmo tempo, emana o governo. O pensamento e o interesse desta espécie de governos é evitar a revolução, favorecendo a evolução, arredar as catástrofes, promovendo as reformas, acautelar a sociedade contra as subversões, apoiando as mudanças graduais. Para essas instituições a educação popular não é um perigo, nem ameaça, nem incômodo; é, ao contrário, uma condição de vida normal.[23]

Existe nestas afirmações uma clara característica deste pensamento que é preciso sublimar. Para Rui Barbosa, o indivíduo e a vontade são fundamentais, daí a sua recusa a todo o determinismo social, que não os respeite, como o fazem certas leituras de Comte e de Spencer. Desta maneira, sua interpretação de Spencer se fundamenta mais sobre o seu lado liberal, do que o naturalista. Parece-nos, então, evidente que o entendimento de Rui Barbosa sobre o evolucionismo deve muito à perspectiva de Mill. Entretanto, seu conceito de liberdade, igualmente britânico, possuía certas nuanças conservadoras, pois, para ele, a liberdade – no caso, a liberdade de ensino – seria uma das condições para evitar as ameaças de subversões e revoluções. Assim, era necessário socializar as massas populares, para que elas pudessem participar racionalmente, sem anarquia, da política.

É a partir desta nuança do pensamento de Rui Barbosa que é preciso compreender a sua interpretação de Comte, para quem "não há nada mais apropriado para caracterizar profundamente a anarquia atual, do que a vergonhosa incúria, com que as classes superiores consideram habitualmente, hoje em dia, a ausência total de educação popular, lacuna cuja

---

[22] BARBOSA, Rui. *Reforma do ensino secundário e superior*. v. IX. Tomo. I, 1882, p. 123.

[23] SPENCER, Herbert. *Science Sociale. Social Statics*, Londres, p. 373, *apud* BARBOSA, Rui. *Reforma do ensino secundário e superior*. v. IX. Tomo. I, 1882, p. 140-1.

exagerada perduração ameaça, todavia, exercer sobre a sorte próxima delas uma reação tremenda".[24]

Uma reforma radical do ensino público no Brasil era, portanto, a finalidade do parecer. Tal reforma necessitaria, de parte do Estado, a liberação dos fundos importantes. Este fato justifica objeções ao plano, que, para Rui Barbosa, não eram pertinentes:

> A extinção do déficit não pode resultar senão de um abalo profundamente renovador nas fontes espontâneas de produção. Ora, a produção, como já o demonstramos, é um efeito da inteligência: está, por toda a superfície do globo, na razão direta da educação popular. Todas as leis protetoras são ineficazes, para gerar a grandeza econômica do País; todos os melhoramentos materiais são incapazes de determinar a riqueza, se não partirem da educação popular, a mais criadora de todas as forças econômicas. A mais fecunda de todas as medidas financeiras.[25]

Este último parágrafo mostra-nos, também, outra característica da originalidade deste pensamento no contexto brasileiro. Rui Barbosa foi um dos primeiros a perceber as vantagens econômicas da educação, atribuindo, assim, um novo lugar para a educação brasileira, pois, além da capacidade de socialização política que lhe fornecia, adicionava-se igualmente uma função econômica. A educação, em Rui Barbosa, é um fator de produção, uma força produtiva das relações econômicas, constituindo um verdadeiro motor de desenvolvimento da sociedade, tanto no plano político, quanto no econômico.

Por outro lado, Rui Barbosa observara que esta defesa da intervenção do Estado, que possui também deveres para com a ciência, não significava que deveria, ou poderia, impor o conteúdo do programa de ensino. A missão do Estado seria permitir à ciência uma situação ótima de comunicação, não podendo, assim, como o comtismo tinha interesse no Brasil, tentar determinar quais eram os saberes a ser privilegiados. O único saber que deveria entrar no currículo do ensino oficial era o saber científico:

> Mas unicamente a verdadeira ciência, a ciência digna de tal nome – isto é, a ciência dos fatos demonstráveis, sua averiguação, classificação e explicação; a ciência dos fenômenos observáveis do universo, considerados já nas formas e relações abstratas sob que eles se nos oferecem, já na sua natureza intrínseca e elementos concretos – não a pretendia ciência do incognoscível, do inverificável, a metafísica sob seus diversos aspectos; em suma – a ciência do real, sem mescla de ideologia, de sobrenatural, de abstrações arbitrárias.[26]

Nesta perspectiva, não se pode negar o fato de que, ao menos no aspecto metodológico, Rui Barbosa aceitava o saber positivo da linha de Comte. De toda a maneira, estando os limites e o caráter da ação do Estado definidos, ele afirmava, citando Charles Robin, que os governantes são responsáveis perante o País por toda a negligência na realização dos encargos que lhes são impostos pelo progresso da ciência, das artes e da

---

[24] COMTE, August. *Cours de Philosophie Positive,* tomo VI, p. 459, *apud* BARBOSA, Rui. *Reforma do ensino secundário e superior.* v. IX. Tomo. I, 1882, p. 142.

[25] BARBOSA, Rui. *Reforma do ensino secundário e superior.* v. IX. Tomo. I, 1882, p. 143.

[26] Idem, p. 177.

economia política. Para Rui Barbosa, incumbe ao governo dinamizar a sociedade pela educação. A resposta à discussão provocada pela reforma eleitoral, e também da questão abolicionista, dependeria fundamentalmente desta atitude: "Emancipar e instruir é a forma dupla do mesmo pensamento político. Que haveis de oferecer a estes entes degradados, que vão surgir da senzala para a liberdade? O batismo da instrução".[27] Existe, portanto, aqui, a ideia de que a instrução seria um dos meios necessários para a integração dos ex-escravos na sociedade. A reforma da educação era, por consequência, ligada à reforma eleitoral e à abolição, cabendo ao Estado o dever de garantir a instrução exigida para a formação dos novos cidadãos.

2.5. Ensino gratuito e a frequência obrigatória

Estes fatos (...) parecem tender à revelação indutiva de uma lei, de um vínculo de poderosa afinidade entre a ignorância e o crime. Mas, ainda para os que pensam que 'o conhecimento não determina os atos humanos (*cognition does not produce action*)', ainda não contrariando a tese demasiado absoluta de Herbert Spencer – uma verdade haverá sempre, que, entre todas as divergências, se há de confessar: e é que sem o conhecimento do mal, não há crime. Logo, a sociedade, se lhe não assistisse o direito de exigir a instrução, não o teria de punir a infração.[28]

Desta maneira, a sociedade não seria outra coisa que a adaptação de entidades inteligentes reunindo-se ao seu meio particular. "Ora, essa adaptação se opera, em parte, por movimentos instintivos, que só por hereditariedade se tornaram tais, em parte por atos intencionais, dependentes do conhecimento da lei que rege as relações mútuas entre os associados e da vontade, mais ou menos habitual, de cumpri-la".[29]

De sorte que Rui Barbosa percebera que existia em Spencer um espaço para a vontade, ao lado de sua afirmação "*cognition does not produce action*",[30] nascida da constatação de que os atos intencionais controlam em parte a ação. Frente a este fato, Rui Barbosa podia afirmar sem hesitação o papel transformador da escola sobre os indivíduos a suas regras de conduta, mas o conhecimento obtido pela instrução poderia também modificá-la, fornecendo-lhe os requisitos de moralidade e intelectualidade necessários – que poderiam, mesmo, diminuir a criminalidade (ofensa às leis sociais).

---

[27] BASTOS, Tavares. *A Província*, p. 229, *apud* BARBOSA, Rui. *Reforma do ensino secundário e superior*. v. IX. Tomo I, 1882, p. 179.

[28] BARBOSA, Rui. *Reforma do ensino secundário e superior*. v. IX. Tomo. I, 1882, p. 195.

[29] Idem, p. 196.

[30] SPENCER, Herbert. *Science Sociale. Social Statics*, Londres, 1868, p. 365-70, apud BARBOSA, Rui. *Reforma do ensino secundário e superior*. v. IX. Tomo. I, 1882, p. 182.

2.6. Escola Laica e a Liberdade de Ensino

A escola de Rui Barbosa é laica, a partir de seu pressuposto liberal, de neutralidade do saber e de separação da Igreja e do Estado, ele não admitia a interferência da religião na educação. O projeto permitia, porém, o ensino religioso nas escolas públicas, dado por ministros de cada culto, se assim o requeressem os pais dos alunos.

No capítulo VI, publicado no tomo II do parecer sobre a reforma da instrução primária, discutia-se a liberdade de ensino, vista como uma das primeiras liberdades humanas. Neste sentido, a citação da Revolução Francesa, que reconhecera e proclamara esse direito, impunha-se:

> "Se todos têm o direito de receber os benefícios da instrução", escrevia Talleyrand, na sua célebre memória lida à constituinte quase nos últimos dias de sua existência, "todos têm reciprocamente o direito de concorrer para os derramar; porque é da concorrência e da emulação entre os esforços individuais que resultará sempre o maior proveito (...). Todo privilégio em matéria de instrução fora ainda mais odioso e mais absurdo".[31]

Mirabeu e Condorcet também defendiam a independência da instrução e o direito dos cidadãos fundarem livremente institutos de ensino. Daunou, no seu relatório que fundamentou a lei do 3 Brumário (e que também inspirou a reforma de ensino de Guizot), formulara a seguinte exigência: "Assentemos entre nós: liberdade dos estabelecimentos particulares de instrução; e acrescentamos: liberdade de métodos".[32]

É inegável que o parecer aceitava plenamente a liberdade de ensino. Não se deveriam impor ideias através da força. E, discorrendo sobre a legitimidade das teorias que acreditam que o Estado pode e deve impor pela força as suas crenças, definia o seu conceito de Estado, limites e funções:

> O Estado é apenas a organização legal das garantias de paz comum e mútuo respeito entre as várias crenças, convicções e tendências que disputam, pela propaganda persuasiva, o domínio do mundo. A verdade científica, a verdade moral, a verdade religiosa estão fora de sua competência. (...) Transpondo esse termo (...) onde se lhe encerram as altas prerrogativas de representante da grande personalidade nacional perante as outras e protetor do indivíduo na sua tranqüilidade, na sua propriedade, na sua liberdade, excedendo esses limites, já o Estado não é mais essa eminente abstração moral, (...) pelo interesse de todos, (...); desaparece-lhe esse caráter impessoal, (...) para deixar em relevo, descoberto, nu, em todo o odioso das paixões pessoais, ou do espírito de parcialidade que o anima, o grupo, mais ou menos numeroso, dos homens que o governam.[33]

O Estado deveria, assim, ser imparcial, a fim de se evitar a interferência dos governantes (homens dotados de paixões). Para tanto, o Estado

---

[31] TALLEYRAND-PÉRIGORD, Charles Maurice de. *Rapport et Exposé*, p. 9, apud BARBOSA, Rui. *Reforma do ensino secundário e superior*. v. IX. Tomo II, 1882, p. 01.

[32] GUIZOT. *Mémores*, tomo III, p. 24. E também Daundu, *Moneter Du 3Brumaire* ano IV, citados por Rui Barbosa, Tomo II, p. 2-3; neste capítulo, Rui Barbosa se utiliza também dos seguintes textos: Compaire, *Histoire Critique dês Doctrines sur L´Education en France*; Hipeau, *L´Instruction Puvlique em France Pendant la Révolution*; Albert Duruy, *L´Instruction Publique et la Révolution*.

[33] BARBOSA, Rui. *Reforma do ensino secundário e superior*. v. IX. Tomo II, 1882, p. 05-6.

não poderia ter uma fé oficial, nem escola, mantendo-se neutro, igualando as religiões e a opinião dos homens, constituindo-se na segurança imparcial de todas as escolas e de todas as crenças; pois, se fosse permitido ao Estado impor uma religião ou tipo de ensino, "longe de assentar, com isso, a perpetuidade eterna de uma verdade, não estabelecereis senão a inamovibilidade da intolerância". Nesta perspectiva, o Estado não deveria jamais optar pela imposição de determinada ideologia sob pena de refletir o desejo e a parcialidade de seus governantes. A neutralidade de Estado é correlata à sua legitimidade:

> O Estado é o governo exercido pela maioria ou minoria da nação. Que há de ser, pois, enquanto à religião e à verdade, a consciência do Estado, o credo do Estado, a convicção do Estado, senão o conjunto ou a resultante das convicções, dos credos e das consciências que compõem a minoria ou a maioria governante?[34]

Portanto, a neutralidade da política seria igualmente proporcional à neutralidade da escola. A educação dos cidadãos para a liberdade implicava a liberdade de educação dos cidadãos. Nesta ótica, Rui Barbosa não poderia aceitar a ideia *em vogue* na França, desenvolvida por Jules Ferry, quanto à finalidade da legislação escolar, procurando atribuir ao Estado o papel de supervisor do espírito das famílias francesas e de pai dos pais de família. Ferry, inspirado por Danton, para quem *"les enfants appartiennent à Republique avant d'appartenir aux pères"*,[35] a fim de permitir a igualdade de oportunidades, queria harmonizar os programas escolares. Esta intervenção de Ferry sobre a instrução era abusiva para Rui Barbosa, que desconfiava sempre do seu possível conteúdo ideológico. Ele estava, assim, de acordo com as críticas de Laboulaye à legislação de Ferry, que negava este papel do Estado, alegando que, mesmo se Ferry não apoiasse diretamente em Robespierre, a identidade de pensamento entre eles sobre a instrução era evidente. Para Laboulaye, todo o controle do conteúdo do programa da escola era um perigo para a República.[36] E, segundo ele, bem que alguns tenham podido afirmar que a instrução pública de Ferry era republicana, e portanto não era um grande problema para as instituições, ninguém poderia dizer o mesmo dos futuros governantes da França.[37] Entretanto, pode-se considerar, com estas reticências, que os trabalhos de Ferry são uma das fontes de Rui Barbosa.

Sustentar uma certa ideologia como conteúdo para a escola seria, para Rui Barbosa, como acreditar na infalibilidade da Igreja, porque ela encarna para os crentes a onisciência divina, ou melhor, querer constituir o Estado em guardião da educação, fundando-se na infalibilidade huma-

---
[34] Idem, p. 06.
[35] BARBOSA, Rui. *Reforma do ensino secundário e superior*. v. IX. Tomo II, 1882, p. 08.
[36] TALLEYRAND-PÉRIGORD, Charles Maurice de. *Liberté D´Enseignement et lês Projets de Lois de M. Jules Ferry,apud* BARBOSA, Rui. *Reforma do ensino secundário e superior*. v. IX. Tomo II, 1882, p. 09.
[37] BARBOSA, Rui. *Reforma do ensino secundário e superior*. v. IX. Tomo II, 1882, p. 13.

na. Na realidade, para ele, em face da fraqueza do Estado, que não é nada mais que um corpo de indivíduos, e todo indivíduo pode cometer erros, o grande princípio da ação do Estado deveria ser a liberdade. A garantia da liberdade e da neutralidade seria dada pela não intervenção do Estado. A liberdade não existe, senão como condição de ser a mesma para todos, de não ter preferência nem pela Bíblia, nem para ela a enciclopédia, nem por Loiola, nem por Darwin. A essência da liberdade seria assim resumida por Renan:

> Negar a liberdade de pensar é uma contradição. Mas da liberdade de pensar ao direito de exprimir o que se pensa vai apenas um passo. O direito é idêntico ao respeito de todos: não tenho o direito de inibir a ninguém de exprimir a sua opinião, como a ninguém assiste o de proibir a expressão da minha. (...) a liberdade é a melhor arma contra os inimigos da liberdade![38]

Renan percebera, assim, que a reivindicação do exercício de um direito implicava a consciência de que todos têm o mesmo direito. O direito à liberdade implica a liberdade de todos. Mas, se todos têm o direito de manifestar sua opinião, se erro para uns é verdade para os outros, Rui Barbosa não se inseria evidentemente numa teoria niilista do Estado. Com efeito, mesmo respondendo negativamente à questão da capacidade do Estado definir a verdade e o erro, ele admitia como princípio do Estado o liberalismo, manifestado por uma atitude racionalista: a neutralidade do saber. Nesta perspectiva, a única resposta possível a esta problemática seria dada pelo espírito científico. É a ciência, que não possui organização oficial, cujo processo de investigação baseia-se sobre a liberdade, que deve decidir: a ciência de Spencer e Comte, modelada em termos liberais pela síntese de Stuart Mill.

Desta maneira, propondo a ciência como único modelo a ser seguido legitimamente pelo Estado, Rui Barbosa fazia também uma opção política, pois esta perspectiva metodológica era apenas uma entre várias possíveis. Esta atitude constituída, na verdade, sob a aparência de cientificidade, uma espécie de ideologia da ciência. O Estado não seria, então imparcial como ele sonhara, mas simplesmente uma organização política voltada para a construção da matriz teórico-política necessária para a implantação e o desenvolvimento do capitalismo.

Por outro lado, nesta visão de neutralidade da ação do Estado, a liberdade de ensino não seria, contudo, contrária à sua intervenção na instrução, pois deve-se intervir somente para fornecer as condições materiais e financeiras, não cabendo ditar os conteúdos da educação, pois estes seriam dados pela ciência e não pela política. O princípio de Rui Barbosa era, portanto, o de Benjamin Constant: "Em educação, como em tudo, vele o governo, e preserve; mas conserve-se neutro; afaste os obstáculos;

---

[38] RENAN, Ernest. *Conferences d´Angleterre*, Paris, 1880, p. 224, apud BARBOSA, Rui. *Reforma do ensino secundário e superior*. v. IX. Tomo II, 1882, p. 14-5.

alhane as veredas; quanto ao bom êxito no caminhar, pode confiá-lo ao indivíduo".[39]

Em suma, o Estado deveria ser neutro, e a liberdade de ensino garantida. Mas isto não impedia o dever de o Estado intervir na instrução, a fim de permitir o desenvolvimento da razão científica e de materializar as condições econômicas e intelectuais necessárias para o governo representativo. Assim, a neutralidade postulada era na realidade apenas a face oculta de seu liberalismo político, caracterizando-se o seu ideal de ciência muito mais como uma ideologia da ciência.

2.6. O Método na Educação

A questão do método na educação foi abordada no Capítulo VII do parecer, onde são discutidas as bases epistemológicas da produção do conhecimento, propondo-se o método intuitivo como critério fundamental para o desenvolvimento da inteligência. A partir deste método científico, estabelecia-se o programa escolar integrado de sua pedagogia:

> Reforma dos métodos e reforma do mestre: eis, numa expressão completa, a reforma escolar inteira. (...) Cumpre renovar o método, orgânica, substancial, absolutamente, nas nossas escolas. Ou, antes, criar o método; porquanto, o que existe entre nós, usurpou um nome que só por antífrase lhe assentaria: não é método de ensinar; é, pelo contrário, o método de inabilitar para aprender.[40]

O homem para Rui Barbosa possui um corpo, o que a escola tem desconhecido, baseando-se em métodos idealistas. O homem é o resultado moral do cérebro que a educação lhe formou. Segundo O. Wendell Holmes, a educação está fundamentalmente subordinada à fisiologia: "Há de estudar as condições do órgão pensante em relação ao pensamento, precisamente como o fisiólogo estuda o olho nas suas relações com a vida".[41]

Portanto, era preciso criar um método fisiológico de ensino que rompesse com a tradição da pedagogia baseada na memória, como se o aluno fosse uma tábua rasa, na qual se devesse inscrever o conhecimento sem a sua participação. Este método seria o descrito, exemplificativamente, por Stuart Mill, em sua autobiografia, onde comenta como seu pai (James Mill) o fizera estudar, baseando-se nos seus esforços pessoais, decidindo ele mesmo o que deveria aprender. Este verdadeiro método, que possibilitaria o fim da tradição do ensino voltado à leitura e repetição formal acrítica dos livros, seria pregado por Spencer:

> "Quando vemos a mente juvenil assoberbada de generalidades, antes de possuir nenhum dos dados concretos que a ela se referem; quando vemos as matemáticas admitidas de forma puramente racio-

---

[39] Benjamin Constant. *Commentaire sur Filangière*. Paris, 1822, parte IV, capítulo I, apud BARBOSA, Rui. *Reforma do ensino secundário e superior*. v. IX. Tomo II, 1882, p. 24.

[40] BARBOSA, Rui. *Reforma do ensino secundário e superior*. v. IX. Tomo II, 1882, p. 33.

[41] HOLMES, Oliver Wendell. *Mechanism in Thought and Morals*, p. 8, apud BARBOSA, Rui. *Reforma do ensino secundário e superior*. v. IX. Tomo II, 1882, p. 35.

nal, em lugar de forma empírica (...) não podemos esperar senão uma racionalidade estéril, (...) que a sua educação não a preparou para assumir a iniciativa, prever as contingências, e dirigir o curso". O mais sério voto da reforma, portanto, deve predispor as circunstâncias para um sistema de ensino popular, "em que o espírito da criança não seja contrariado e tolhido no seu desenvolvimento pelas lições mecânicas de mestres incapazes"; em que a instrução, em vez de ser, para o preceptor e o discípulo, um mútuo incômodo, seja um prazer comum.[42]

A educação se basearia no exercício dos sentidos, as impressões sensoriais "encerram em si o único meio possível de despertar a alma". É preciso habituar os sentidos a se exercerem naturalmente, educar os olhos, o ouvido, o olfato, sem esforço e com eficácia: "Os meninos carecem de aprender a ver, como de aprender a pensar". Assim, para Rui Barbosa, "uma das condições cardeais de reforma escolar, portanto, está em fazer da intuição a base de todo o método, de todo o ensino, de toda a educação humana".[43]

O método intuitivo proposto por Rui Barbosa era empregado experimentalmente pela metodologia de Froebel, que centra o ensino nas descobertas empíricas intuitivas da criança.[44] Esta metodologia produziria o ensino integral, entrevisto por Rabelais. O princípio positivo preconizado por Comte poderia, desta forma, ser estendido à escola, fornecendo-lhe a instrução enciclopédica, como base comum da inteligência humana, a todas as camadas sociais. O princípio de ensino integral seria o resultante do princípio antropológico, que, por sua vez, resulta da História do desenvolvimento do homem na superfície da Terra. Este princípio seria racional, segundo Mismer, devido à identidade existente entre a progressão que seguem as faculdades humanas no desenvolvimento natural, biológico, espontâneo do indivíduo e da espécie.[45]

Nesta perspectiva, o programa da nova escola (primária) deveria dar uma completa satisfação à vida física. Daí a importância da ginástica,[46] do canto e da música (inexistentes no programa então adotado) no currículo escolar. O ensino do desenho também deveria ser incluído, a fim de gerar a capacidade criativa. O cálculo seria um dos fundamentos da educação positivista, ao lado do idioma vernáculo, da cultura cívica e moral, e da ciência elementar.

---

[42] SPENCER, Herbert. *The Principle of Sociology*, Nova Yorque, 1878, vol. I, p. 110-150, apud BARBOSA, Rui. *Reforma do ensino secundário e superior*. v. IX. Tomo II, 1882, p. 47-8.

[43] BARBOSA, Rui. *Reforma do ensino secundário e superior*. v. IX. Tomo II, 1882, p. 53; o autor inspira-se também nos textos de Gatti de Gamond, *Cong. Inter. de L´Enseignement*, Bruxelas, 1880, e M. Breal, *Queques Mots Sur L´Enseignement Publique en France*.

[44] Rui Barbosa se baseava em Froebel, a Educação do homem.

[45] MISMER, Charles. *Principes Sociologiques*, Paris, 1882, p. 259-261, apud BARBOSA, Rui. *Reforma do ensino secundário e superior*. v. IX. Tomo II, 1882, p. 62.

[46] Rui Barbosa inspirou-se, para propor a ginástica, em Spencer, *Educacion, Intelectual, Moral, and Physcal*, e em Littré, *Conservation, Révolution et Positivisme*.

Neste programa, o método intuitivo, que forneceria empiricamente uma visão imediata das coisas, era fundamental, constituindo-se no núcleo epistêmico unificador do conjunto de disciplinas necessárias à educação integral; este seria caracterizado pela adoção da obra *Lição de Coisas*, de Calkins.[47] A escola deveria providenciar o ensino direto e sensível das coisas; primeiro a coisa, depois a sua significação. Nada de regras, antes de nos apossarmos da substância (Ratke). Comenius, Rabelais e Fenelon, e, na época, Pestalozzi e Froebel, seriam os precursores deste método empírico-intuitivo, capaz de chegar à "natureza das coisas", através de sua análise "imediata". Do ponto de vista da aplicação técnica do ensino, a partir da adoção desta metodologia, o desenho seria fundamental, e poderia estimular a educação artístico-industrial. O desenho era a chave da educação industrial, sendo o segredo do sucesso da indústria inglesa, começando a ser adotado em todos os países capitalistas.

A escolha do ensino do desenho como condição para a industrialização do País, mais do que uma simples medida isolada no projeto, deve ser, ao contrário, vista como uma das funções primordiais da educação. Neste sentido, o Estado, que deveria intervir para garantir a educação, deveria também fazê-lo para o desenvolvimento da indústria. Ou seja, nos países que não possuíssem um mercado capitalista desenvolvido, o Estado deveria fornecer os meios técnicos para a sua implementação. A educação seria uma condição para a democracia, devido à sua capacidade de educar as massas para a participação política e econômica.

O texto, ao lado de uma perspectiva muito otimista em relação à capacidade deste método encontrar a natureza imediata das coisas pela intuição, dirige-se, então, para uma finalidade política. Assim, a grande proposição desta reforma do ensino era, na realidade, promover o estabelecimento do capitalismo no País, ultrapassando em muito o seu contexto político e econômico da época. Existe, aí, uma forte crítica da concepção econômica do sistema político imperial, centrado na ideia de que as regras do mercado se organizariam naturalmente. Deste modo, para Rui Barbosa, a medida mais urgente era criar a indústria brasileira:

> O embrião que existe entre nós não tem vitalidade, por falta de elementos que, em todos os países, constituem a base suprema da prosperidade industrial: a educação do homem, a inspiração do gosto, o ensino da arte. (...) Educar a indústria: eis a fórmula racional da única proteção eficaz à produção industrial do País.[48]

Os críticos da industrialização acreditavam que os produtos estrangeiros eram bem superiores. Para Rui Barbosa, se os produtos importados eram de melhor qualidade que os nacionais, tornando-se competitivos e

---

[47] Rui Barbosa se interessaria grandemente por esta obra, tendo, inclusive, elaborado a sua tradução brasileira, que foi publicada em 1887.

[48] BARBOSA, Rui. *Reforma do ensino secundário e superior*. v. IX. Tomo II, 1882, p. 177-8.

superiores aos brasileiros, isto era devido ao fato de a indústria estrangeira:

> (...) ter recebido uma educação que entre nós não existe. Se passou por esta educação, é, acima de tudo, por influência do ensino geral da arte, organizado, mais ou menos notavelmente, na Áustria, na Inglaterra, na França, nos Estados Unidos, na Alemanha, na Suíça, na Itália. Se esse ensino logra esta influência, é principalmente graças ao cultivo racional, metódico, ramificado em numerosas instituições, do desenho industrial.[49]

A agricultura era fundamental para a economia do País, mas para Rui Barbosa:

> (...) que devemos ser um País exclusivamente agrícola, é uma suposição que não tem se quer senso comum. Entretanto, para ela insensivelmente pende, de fato, o exclusivismo dos que esquecem a necessidade do trabalho industrial, como elemento imprescindível da civilização e de riqueza, ainda entre os povos lavradores.[50]

Esta concepção industrialista da educação seria completada pelo ensino dos rudimentos da economia política e a cultura moral e cívica, que proporcionariam a formação moral e política da nação. Tratava-se, com efeito, de uma verdadeira proposta de socialização política da sociedade, notadamente das classes trabalhadoras:

> Se quereis, pois, cimentar a ordem necessária das sociedades em bases estáveis, é na escola que as deveis lançar. (...) O futuro trabalhador há de sentir, pela direção da cultura (...) o valor supremo, a inviolabilidade absoluta dos interesses que presidem a distribuição das categorias sociais pela herança, pelo merecimento e pelo trabalho. Só então o seu espírito disporá da lucidez precisa, para se revestir (...) contra as loucuras socialistas, contra os ódios inspiradores da subversão revolucionária, e compreender que o nível de demolição, preconizado pelos inventores de organizações sociais em nome da igualdade universal, que representam em si, pelo contrário, a mais tenebrosa de todas as opressões, a mais bárbara de todas as desigualdades, a mais delirante de todas as utopias. Não estranheis, portanto, a opinião, que consignaremos sem reserva, de que a compreensão elementar das leis econômicas constitui parte impreterível de toda a educação, tem seu assento inevitável na cultura popular, e toca essencialmente ao programa da escola.[51]

Portanto, Rui Barbosa inserir-se-ia no conjunto das preocupações do liberalismo da época, que, inquieto com a possibilidade de uma maior participação política das classes trabalhadoras, propunha a moralização e a preparação intelectual das massas, nada democráticas, através da escola, como maneira de evitar as perturbações sociais, que poderiam ser provocadas "em nome da igualdade universal e das loucuras socialistas". Antecipava a solução de um problema que ainda não existia no País, totalmente destituído de movimentos de trabalhadores. Estas ideias, neste caso, eram inspiradas por Huxley, para quem "o meio de aplacar e prevenir as hostilidades entre o trabalho e o capital é instruir o povo desde a mocidade nos elementos da ciência econômica", a qual deveria ser introduzida em todas as escolas estatais. A escola de Rui Barbosa, defensor

---

[49] BARBOSA, Rui. *Reforma do ensino secundário e superior*. v. IX. Tomo II, 1882, p. 178.
[50] Idem, ibidem.
[51] Idem, ibidem.

da liberdade, acima de tudo, não tinha, porém, nenhum espaço para a igualdade, vista como uma "loucura socialista".[52]

A escola deveria, assim, também moralizar a sociedade, evitando a ameaça de um possível conflito entre o capital e o trabalho. A função moralizadora era reivindicada por Spencer, Stuart Mill, Littré e Renan, segundo os quais a ação moral é a resultante do conjunto das disciplinas que atuam no ensino integral. Para Spencer, a introdução da ciência na escola popular é o mais eminente serviço à cultura dos sentimentos morais.[53]

2.8. Educação e Desenvolvimento

A grande proposta política do parecer era a implementação da cidadania, através da promoção da educação política da sociedade, que seria materializada por meio de uma reforma profunda da instrução, capaz de gerar o desenvolvimento econômico, moral e intelectual. O principal obstáculo a ser enfrentado para a obtenção da racionalização da soberania popular seria o analfabetismo (cuja imensa extensão havia sido demonstrada em suas análises estatísticas). A finalidade econômica maior da reforma seria a de fornecer as condições técnicas para a industrialização.

A reforma da instrução pública, contribuindo para a ampliação da cidadania, seria complementar à reforma eleitoral (e mesmo a uma futura abolição da escravidão) e à legitimação do Império. O sucesso destas medidas afastaria o povo das ideias socialistas revolucionárias que começavam a correr o mundo. Esta reforma era fundada na conciliação dos aspectos políticos de seu projeto com a ciência liberal: a neutralização da política, e da ação do próprio Estado, pela razão científica. Tal perspectiva deveria permitir a formação de uma opinião pública racional, ajudando a estabelecer o governo representativo. A ideia de fundar a ação do Estado, com o intuito de ordenar a sociedade a partir de critérios científicos, é muito presente em Comte; porém, bem que ele tenha entre eles uma clara diferença de objetivos políticos.

O Estado seria, desde a concepção liberal juridicista do poder político, a organização legal das garantias dos cidadãos, na qual o governo é a resultante da ação da maioria ou minoria dos indivíduos, portanto dependente da sociedade que o constitui. O Estado deveria ser imparcial: sua legitimidade dependeria, assim, da sua não intervenção corre o risco de ser parcial e ideológica. Ora, o Estado possuiria excepcionalmente, como função social, a educação nas sociedades ainda não suficientemente

---

[52] HUXLEY, T. H. *A Liberal Education, Lay Sermons, Addresses and Reviews*, p. 37, apud BARBOSA, Rui. *Reforma do ensino secundário e superior*. v. IX. Tomo II, 1882, p. 363.

[53] SPENCER, Herbert. *Education*, apud BARBOSA, Rui. *Reforma do ensino secundário e superior*. v. IX. Tomo II, 1882, p. 379.

desenvolvidas, e, mesmo devendo geralmente mostrar-se neutro, deveria intervir, neste caso, para garantir a educação popular, fornecendo-lhe as condições materiais de existência. A liberdade de ensino deveria, contudo, ser respeitada, como condição de neutralidade, não podendo a escola optar por uma doutrina ou religião prioritária, sob pena da perda da legitimidade de tal intervenção. A escola deveria ser leiga e desvinculada de ideologias. Entretanto, como vimos, esta imparcialidade era relativa, visto Rui Barbosa ter proposto como parâmetro da ação estatal o que denominamos de ideologia da ciência: a postura científica que corresponde à materialização de seu modelo político-econômico.

Como única diretriz, a escola deveria ter a ciência, geradora da educação integral, baseada no método empírico, intuitivo, nos moldes do evolucionismo de Spencer e do positivismo de Comte. O positivismo, deste modo, era para Rui Barbosa um método, nunca uma doutrina, interessando-lhe somente o Comte do *Cours de Philosophie Positive*, pois seu pensamento político aproximava-se do liberalismo inglês. A educação era vista como u motor da sociedade, concretizando-se numa efetiva possibilidade de transformação dos indivíduos e do progresso social, seja moral ou econômico. Esta concepção política não era, então, estática, como no liberalismo ortodoxo dominante no Império, ligado à evolução espontânea das regras do mercado e da sociedade, mas profundamente dinâmica, na linha de Stuart Mill, voltada ao desenvolvimento do indivíduo (formação do cidadão) e do próprio progresso do capitalismo.

A influência de Mill era, portanto, decisiva no parecer. Isso ocorre mesmo na questão a respeito do método que deveria ser adotado na reforma, onde uma divergência de princípio parecia existir, pois o método tradicionalmente utilizado por Mill, no seu *System of Logic*, era o dedutivo, e o postulado por Rui Barbosa, inspirado principalmente por Spencer e Comte, era o método intuitivo. Porém, na realidade, Mill não se opunha tanto a Comte nesta questão, pois ele conhecia perfeitamente o pensamento do positivista, tendo, optado pelo método dedutivo antes de ter tomado contato com a sua obra. Assim, procurando adaptar a metodologia intuitiva de Comte, da qual aceitava a ideia de hierarquia das ciências e a sua concepção de História (dos três estágios da humanidade), Mill tinha finalmente proposto, revendo as suas ideias anteriores, uma metodologia aparentemente mais sofisticada do que o método intuitivo, a qual ele denominava "dedução inversa", que poderia produzir generalizações que se tornariam leis do que ele chamou "Etologia". Esta última seria a ciência do caráter, da modificação da disposição pelas circunstâncias.[54] Esta metodologia, da mesma maneira que aquela de Comte, de difícil utilização na prática, pelo menos demonstrava, para os interesses de nosso trabalho,

---

[54] Cf. HAWTHORN, Geoffrey. *Iluminismo e Desispero*. Tradução de Célia M. Ewaldo. Rio de Janeiro: Paz e Terra, 1982.

que Mill pensava na época na mesma linha de Comte. Alem do quê, e disto Rui Barbosa estava consciente, Mill tinha a vantagem sobre Comte de rejeitar *a priori* qualquer concepção determinista do indivíduo, devido à existência científica de supostas leis naturais, como fazia o positivismo, defendendo sempre, e de maneira intransigente (mesmo contra Comte), a liberdade. A liberdade era para Mill a condição da existência do próprio indivíduo.

Desta maneira, acreditamos que a metodologia intuitiva de Rui Barbosa deva ser interpretada na perspectiva de Mill, fundada sobre a liberdade, jamais sob o prisma de um determinismo cientificista, que poderia somente gerar políticas autoritárias. O método intuitivo, enquanto premissa necessária para o desenvolvimento da sociedade, defendia a criatividade e a liberdade. Por outro lado, esta reforma da instrução, apoiando-se nesta metodologia do progresso, deveria ser efetuada através da elaboração de uma lei. As proposições de reformas sociais de Rui Barbosa seriam sempre fundadas na legalidade. Pode-se sublimar, neste sentido, que sua concepção sobre a educação e a própria função da lei e do Estado é bem mais profunda do que se pensa geralmente, caracterizando uma das primeiras tentativas de compreensão e utilização política, das esferas do poder, da lei e do saber, para a construção da cidadania. O saber e a lei teriam o poder de formar os cidadãos necessários para a implantação do governo representativo. O Estado monárquico representativo deveria construir novos cidadãos para seu funcionamento e legitimidade.

Esta ideia de desenvolvimento (progresso) é extremamente importante, pois o Brasil da época, ao contrário da Inglaterra de Mill, era uma sociedade agrária e escravocrata, com 82% de analfabetos, em que a concepção de evolução era vista como subversiva pelo conservadorismo das elites dirigentes. Assim, Rui Barbosa, inspirado no modelo político inglês, conseguia efetuar – da mesma forma que Tocqueville na França, pesquisando o sistema político dos Estados Unidos, a partir da comparação de realidades políticas distintas – uma excelente análise das dificuldades do governo representativo brasileiro. Isto porque Rui Barbosa, ao lado do estudo do pensamento liberal e da realidade europeia e americana, não adotou fórmulas prontas para os problemas nacionais, efetuando, ora através de estatísticas, ora comprando realidades, uma análise original.

O problema fundamental para a materialização de democracia no Brasil era considerado como decorrente, ao lado do Poder Moderador, do analfabetismo e pela ausência de um capitalismo desenvolvido. Por sua parte, o problema principal na Inglaterra da época era o início da questão social, com a tomada de consciência do poder político do proletariado (problema inexistente no Brasil monárquico). Nesta perspectiva, o problema teórico-político de Rui Barbosa era bem diferente do de Stuart Mill (e mesmo de Marx). Para Rui Barbosa, era preciso criar as condições concretas para a formação de uma sociedade apta a compreender e viver o governo representativo; para Mill, que vivia nesse sistema de governo, era necessário representar-se a liberdade de mercado em face da participação da classe trabalhadora na política. Assim, embora tivessem a mesma concepção de cidadania, eles possuíam realidades e problemáticas distintas. Ambos baseavam as suas ideias em razão dos acontecimentos políticos concretos de sua época, porém com objetivos políticos divergentes:

De sua parte, Mill era um teórico bem mais realista (e, em certo sentido, mais conservador), que, consciente de transformação da sociedade inglesa e da constituição inevitável de uma opinião pública incontrolável pelos padrões normais da política britânica (a extensão do sufrágio provocava o receio de mudanças não previsíveis), postulava a utilização da instrução como freio moralizador dos novos atores políticos. Mill temia a destruição dos valores tradicionais, que possibilitavam a existência do indivíduo, livre e soberano, ameaçado pela entrada na cena política das massas, para ele, "incultas"; enfrentava existencialmente a problemática provocada pelos limites do liberalismo, baseado na liberdade, em acolher as ideias de igualdade social desenvolvidas pela democracia.

Por sua vez, Rui Barbosa, embora concordando *a priori* com as inquietudes de Mill, não tinha por que se preocupar com a "excessiva igualdade política que ameaçava o Império britânico" (segundo Mill), pois no subdesenvolvido e decadente reinado de D. Pedro II não existiam trabalhadores (no sentido moderno do termo), nem indústrias, somente uma imensa massa de excluídos, quando livres e/ou analfabetos, ou escravizados. A própria noção de indivíduo, sem falar naquela de cidadão, era assim prejudicada no Império pindorama, fazendo com que Rui Barbosa pregasse a reforma da instrução como um canal para a recuperação dos direitos individuais, cuja finalidade seria uma verdadeira transformação da sociedade. Ele pretendia construir um sistema educacional capaz de produzir, mais do que uma nova instrução, ou um novo sistema de governo, *uma nova forma de sociedade*.

Observações Finais

Em resumo, enquanto Mill procurava pensar a integração dos trabalhadores no mercado capitalista, Rui Barbosa tentava contar com a participação dos futuros trabalhadores (formados pela sua escola) para a construção do mercado brasileiro. A problemática de Rui Barbosa era, portanto, bem específica, com preocupações bem distantes do contexto europeu, porque, mesmo sendo influenciado pela doutrina liberal, ele era um pensador independente e pragmático.

Existiam, contudo, como temos procurado ressaltar, estreitas afinidades entre Rui Barbosa e Mill, pois, mesmo com objetivos imediatos distintos, eles possuíam um fim último comum: a democracia desenvolvimentista – a defesa do governo representativo baseada no desenvolvimento do indivíduo.⁵⁵ Mill, também não seria contra a intervenção do Estado na educação em países subdesenvolvidos. Assim sendo, Rui Barbosa foi inspirado pelo liberalismo de Mill, às vezes, por Littré e Renan, mas sempre readaptados à problemática brasileira; mesmo o pensamento político de Comte e Spencer, escolhido como suporte metodológico de sua teoria da educação, era aceito, todavia, com restrições; isto nos mostra que o fundamental de seu pensamento era, ao contrário de uma assimilação acrítica de teorias, a procura constante de respostas a questões concretas. Mais do que uma adesão ao pensamento liberal do século, por puro modismo inconsequente, o procurado era a solução do problema concreto. A reforma da educação era, desta maneira, uma das condições fundamentais para a materialização do governo representativo, sendo um dever do Estado manter a liberdade de ensino. Rui Barbosa possuía, então, uma visão moderna das funções do Estado, quase social, ainda um tanto tímida, na qual este deveria permitir o desenvolvimento da sociedade formando os cidadãos. *A política formaria a sociedade através do poder da lei e da instrução.*

Ora, a reforma não foi, finalmente, aprovada, frustrando o projeto de Rui Barbosa de construir uma nova forma de sociedade.⁵⁶ A consequência imediata deste fato foi a constatação de que a ampliação pela educação do número de cidadãos que participariam do sistema político não interessava nem um pouco à Monarquia. O Império acabaria melancolicamente a sua triste existência com quase 90% de analfabetos. Mais tarde, coerentemente com as ideias postuladas neste período, Rui Barbosa iria inserir, no art. 56 da Constituição republicana de 1891, como um dos principais direitos e garantias do cidadão, *a liberdade de ensino, a escola laica e o dever do estado de promover a instrução pública.*

---

⁵⁵ A respeito da concepção de democracia de Mill, Cf. Machpherson, C. B. *The Life and Times of Liberal Democracy.* Oxford: Oxford University Press, 1977, p. 55-68.

⁵⁶ Sobre "formas de governo", Cf. LEFORT, Claude. *Essais sur le Politique, XIX e XX siécles,* Seuil, París, 1986.

— IX —

Globalização e internacionalização do direito concorrencial brasileiro

LUCIANO BENETTI TIMM[1]

Sumário: Introdução; I. A extensão das leis brasileiras de antitruste; A. Extraterritorialidade das leis brasileiras de antitruste; A.1. Extraterritorialidade dos tribunais brasileiros e agências antitruste; A.2. Extraterritorialidade da legislação brasileira; B. Reciprocidade Legal; II. Cooperação na jurisdição internacional; A. Cooperação Judicial no Brasil; B. Acordos de Cooperação entre Agências Antitruste; Conclusão.

Introdução

A Sociedade de informação moderna é caracterizada pela velocidade da troca de informações e pelo rápido fluxo de bens e serviços. A economia global tende a aumentar o nível das transações econômicas internacionais entre empresas e países. Ademais, a globalização é caracterizada pela existência de empresas transnacionais, as quais estão presente em diversas nações. Consequentemente, determinadas transações e negociações podem exercer maior influência em países bem mais distantes em vez de seus locais de procedência. Essa prática origina um problema nas leis de concorrência, eis que o mercado não tem mais base territorial. Alguns tipos de coordenação entre Estados é necessária para barrar novos problemas de antitruste. E essa coordenação depende das políticas adotadas pelos Estados, as quais dependem, por sua vez, do entendimento das leis e políticas das principais partes envolvidas. Todavia, os grupos não irão sempre compartilhar os mesmos interesses, fazendo com que a cooperação entre eles não seja eficiente ou mesmo um processo simplificado.

O objetivo deste artigo é apresentar a atual conjuntura da a Lei Brasileira de Antitruste no que tange à jurisdição internacional e à cooperação, a fim de orientar estratégias e políticas relacionadas a aspectos da lei de

---

[1] O Autor gostaria de agradecer à Letícia Hecktheuer, estagiária do CADE, pelo auxílio na pesquisa. Letícia Hecktheuer era membro do Grupo de Direito e Economia da PUCRS em 2008. Da mesma forma, o autor também agradece ao Professor Andrew Guzman, pelos importantes comentários feitos da perspectiva da *common law* e do direito internacional. Agradece também a revisão das acadêmicas Tatiana Cardoso e Fernanda Scaletscky.

concorrência internacional. Em razão do escopo específico deste trabalho e da limitação quanto a sua extensão, serão analisados os principais aspectos pragmáticos, distanciando-se de algumas discussões acadêmicas.

Em suma, a Lei Brasileira de Antitruste admite a extraterritorialidade das suas regras materiais baseada na doutrina dos efeitos. Tais regras devem ser aplicadas nos termos das normas processuais que tratam do poder de demandar contra partes estrangeiras tanto na esfera judicial quanto na seara administrativa do governo brasileiro. Afinal, não há uma limitação clara para a extraterritorialidade material e processual no direito legal estrito ou jurisprudencial. Existem diferenças marcantes entre o procedimento judicial e administrativo na aplicação da lei antitruste, incluindo formas de cooperação com países estrangeiros.

Cooperação na área judicial é regulada pelo Código de Processo Civil brasileiro e por Convenções Internacionais. No âmbito administrativo, a agência brasileira de antitruste (Conselho Administrativo de Defesa Econômica – CADE) e o órgão de investigação brasileiro (Secretaria de Direito Econômico – SDE) firmaram acordos de cooperação com os grandes parceiros econômicos do Brasil, como os membros do MERCOSUL (o Mercado Comum do Sul, o qual inclui Brasil, Argentina, Paraguai e Uruguai), os Estados Unidos, o Canadá e Portugal.

A compreensão das regras de jurisdição extraterritorial brasileiras requer um conhecimento prévio do sistema nacional da Lei Antitruste. A vigilância da concorrência no Brasil, no sentido de regulação e litigância, é uma mistura do sistema antitruste americano (*Sherman and Clinton Act*) e europeu (Tratado de Roma). Tal como ocorre nos Estados Unidos, onde partes privadas podem ajuizar ações indenizatórias (ou até cautelares) contra empresas que violam a Lei Federal de Antitruste (FAL na sigla em inglês), no Brasil há essa possibilidade com base na Lei n. 8.884/94, sendo os casos ajuizados na esfera estadual. Ao Ministério Público também é permitido propor ações coletivas, porém, quando comparado à litigância antitruste governamental americana, é bem menos ativo.

Como na Europa, entretanto, partes privadas podem apresentar um requerimento à agência antitruste. Nesse caso, o procedimento é meramente administrativo e conduzido perante a Secretaria de Direito Econômico (SDE), um órgão inquisitório ligado ao Ministério da Justiça. O resultado varia de uma imposição de multa a uma ordem de restrição emitida pelo CADE (repartição onde tramita o processo administrativo). Inclusive, à SDE é facultada a investigação de violações à lei nacional de antitruste mesmo sem provocação de uma parte privada, encaminhando o desfecho ao CADE. Por ser o CADE uma agência federal, a sua decisão está sujeita à revisão judicial em âmbito federal, como qualquer outra sentença administrativa.

No que diz respeito ao direito material, as leis de competição brasileiras não variam significativamente das americanas. A lei de antitruste combate as condutas ilegais daqueles que atuam no mercado, como restrições verticais e horizontais, abuso do poder econômico e negócios que abordem fusões.

Esse artigo será dividido em duas partes. A primeira (seção I) será dedicada à extensão das leis brasileiras de antitruste; a segunda (seção II), à política de cooperação no plano da concorrência.

I. A EXTENSÃO DAS LEIS BRASILEIRAS DE ANTITRUSTE

Na primeira parte desta seção (A), o artigo discute em qual das situações e circunstâncias as leis de concorrência brasileiras são aplicadas para condutas que ocorrem no exterior (como o abuso do poder econômico ou um cartel) e quando as fusões ou aquisições (um ato de concentração de empresas) ocorrem em outro lugar.

A segunda parte dessa seção (B) aborda a questão da "reciprocidade legal", isto é, a circunstância pela qual autoridades brasileiras deixam de aplicar as leis locais ou deixam de exercitar sua jurisdição sobre um caso.

A. Extraterritorialidade das leis brasileiras de antitruste

Conforme a doutrina brasileira, a extraterritorialidade pode ser relacionada tanto à extraterritorialidade legislativa ou (material) quanto à extraterritorialidade processual (verdadeiramente jurisdicional).[2] Essa divisão é importante neste contexto porque aparentemente os doutrinadores e as cortes americanas não fazem essa distinção. A hipótese é que as cortes e as agências dos Estados Unidos terão o poder de ingressar com uma ação caso esteja determinado que a lei americana (como a lei antitruste, por exemplo) é aplicável a um caso específico. O *teste dos efeitos* da jurisdição extraterritorial, como na decisão *Hartford Fire*[3] irá definir quando este é o caso.[4] No Brasil, contudo, a distinção entre o poder de ajuizar e o direito material sempre esteve definida na literatura do Direito Internacional. Apesar disto, essa distinção se tornou parcialmente confusa na lei de concorrência brasileira devido à influência da lei americana.

Assim, a legislação antitruste brasileira (lei material aprovada pelo congresso nacional) potencialmente pode ser aplicada a estrangeiros ou

---
[2] LIMA E SILVA, Valéria G. *Direito Antitruste: aspectos internacionais.* Curitiba: Juruá, 2006, p. 351.
[3] Hartford Fire Insurance Co. *vs.* California, 509 U.S. 764 (1993).
[4] DODGE, William. An Economic Defense of Concurrent Antitrust Jurisdiction. 38 *Texas International Law Journal* 27 (2003).

até mesmo a empresas e pessoas não domiciliadas no território brasileiro, o que define a extraterritorialidade da legislação material do Brasil. Um segundo aspecto do problema é a extensão do CADE e das decisões dos tribunais brasileiros a partes domiciliadas no exterior, em termos de jurisdição procedimental (extraterritorialidade processual).[5] Logo, o problema da extraterritorialidade é duplo: (1) quando os tribunais ou agências brasileiras têm jurisdição sobre um caso (não importando qual direito material se aplica ao caso, incluindo normas estrangeiras), e (2) quando a legislação brasileira se aplica a cidadãos que residem fora do país (teoricamente, neste caso, a lei brasileira pode ser adotada por uma corte internacional ou forasteira como o sistema legal a ser aplicado).

A.1. Extraterritorialidade dos tribunais brasileiros e agências antitruste

A primeira pergunta sobre extraterritorialidade é se um tribunal ou agência brasileira tem de fato o poder para julgar um caso. Essa é uma questão fundamental porque a aplicação do direito material antitruste brasileira voltada à conduta de empresas no exterior (como formação de cartéis e abuso de poder econômico) depende de fato da jurisdição extraterritorial do CADE e dos tribunais brasileiros, já que esses são os únicos órgãos governamentais no mundo dedicados a aplicar a lei material pátria. Naturalmente, essas controvérsias jurisdicionais são apresentadas para apreciar condutas e avaliar fusões, como anteriormente mencionado.

A jurisdição extraterritorial processual de autoridades investigativas e judiciais nacionais é dividida em duas categorias principais: (a) processo administrativo perante a SDE e o CADE, e (b) litigância nos tribunais. Essa distinção é importante porque o processo administrativo é mais efetivo no Brasil e origina resultados diferentes, relacionados especialmente à aplicação de regras processuais.

(a) A Jurisdição Internacional dos Tribunais Brasileiros em Matéria Antitruste: A lei de antitruste federal não tem uma provisão específica para jurisdição processual das cortes pátrias. Ela somente indica que:

> Art. 2º Aplica-se esta lei, sem prejuízo de convenções e tratados de que seja signatário o Brasil, às práticas cometidas no todo ou em parte no território nacional ou *que nele produzam ou possam produzir efeito*. (grifo nosso)

---

[5] Na verdade, a Teoria Geral do Processo brasileira há tempos, estabeleceu que apenas o Poder Judiciário possui *jurisdictio* (o poder de interpretar e declarar a lei), devido a separação dos poderes. O Poder Executivo não possui essa capacidade. Todavia, essa discussão teórica corrente não será abordada pelo texto. Partiremos da premissa que qualquer ajuizamento, seja no tribunais ou no CADE, representa o exercício de jurisdição.

Esse artigo é o que será aplicado quanto ao direito material aplicável. O tema sobre o poder dos tribunais ou agências em julgar uma ação, o qual é um assunto processual, não é mencionado explicitamente. É difundido que no Brasil o direito material aplicável é gerenciada pelas regras do Direito Internacional Privado (Conflito de Leis) e o poder para julgar é de ordem processual.

Diferentemente do entendimento norte-americano sobre "contato mínimo" expresso nos casos *International Shoe*[6] e *Helicopteros Nacionales de Colombia (Helicol)*,[7] os princípios de jurisdição do processo civil internacional dos tribunais brasileiros se embasam no Código de Processo Civil brasileiro (CPC) e nas convenções internacionais ratificados pelo Brasil, como aqueles relacionados às Conferências Inter-Americanas de Direito Internacional Privado da Organização dos Estados Americanos (OEA). Esses documentos legais são conhecidos em português e espanhol como CIDIP e são dedicados a viabilizar serviços processuais, bem como a colher provas no exterior.[8]

A jurisdição processual em demandas cíveis é definida nos arts. 88 (jurisdição concorrente)[9] e 89 (jurisdição exclusiva)[10] do Código de Processo Civil brasileiro. Basicamente, os tribunais pátrios podem concorrentemente receber casos em que um contrato internacional foi firmado no Brasil (por exemplo, um acordo de distribuição no qual um agente vende um produto no Brasil e deseja acionar o fabricante sediado em Miami), o réu é domiciliado no território nacional (ainda que não seja cidadão brasileiro), ou a conduta tenha ocorrido no Brasil (como um acidente ocorrido no território brasileiro causado por um cidadão forasteiro). Por fim, litígios concernentes a propriedades imóveis localizadas no Brasil devem ser ajuizados exclusivamente em cortes nacionais.

De acordo com a doutrina, as circunstâncias sobre o art. 88 mencionadas, as quais designam a concorrência de jurisdição processual dos tribunais brasileiros sobre disputas internacionais, não são exaustivas (*numeros clausus*). Influenciado por casos europeus no tocante à jurisdição

---

[6] International Shoe Co. *vs.* Washington. 326 U.S. 310 (1945).

[7] Helicopteros Nacionales de Colombia S.A. *vs.* Hall. 466 U.S. 408 (1984).

[8] CARON, David. *Reading Materials for Resolution of Private International Law Disputes* (LAW 261.2). UC Barkeley: Boalt Hall School of Law, 2007 (fall).

[9] Art. 88/CPC: "É competente a autoridade judiciária brasileira quando: I – o réu, qualquer que seja a sua nacionalidade, estiver domiciliado no Brasil; II – no Brasil tiver de ser cumprida a obrigação; III – a ação se originar de fato ocorrido ou de ato praticado no Brasil".

[10] Art. 89/CPC: "Compete à autoridade judiciária brasileira, *com exclusão de qualquer outra*: I – conhecer de ações relativas a imóveis situados no Brasil; II – proceder a inventário e partilha de bens, situados no Brasil, ainda que o autor da herança seja estrangeiro e tenha residido fora do território nacional". (grifo nosso)

processual em matéria indenizatória,[11] os juristas argumentam (baseado em um significado mais abrangente do art. 88 do CPC) que outro teste deveria ser considerado para abordar a jurisdição concorrente das autoridades brasileiras, qual seja, a doutrina dos efeitos, pela qual os tribunais pátrios devem ter jurisdição processual concorrente sobre eventos ocorridos fora do território nacional, mas que geram consequências internas (por exemplo, casos que versem sobre responsabilidade civil e ambiental praticados em outro local que gerem danos no Brasil). Esse é precisamente o caso da Lei Federal de Antitruste, já que as condutas e fusões podem gerar efeitos diversos em territórios distintos.[12]

Deste modo, mesmo que a Lei Federal de Antitruste não tenha uma provisão específica no que tange à jurisdição processual, a doutrina dos efeitos é considerada pelos juristas como meio correto de aplicar o art. 2º da Lei n. 8.884/94. De fato, se a lei material de antitruste brasileira é aplicada para condutas e fusões ocorridas fora do território nacional, consequentemente afetando o mercado brasileiro, o único meio de aplicar a lei é por intermédio das cortes e agências internas. Esse ponto de vista talvez seja considerado pragmático, contudo, é baseado no princípio derivado do Direito Romano, que afirma que caso a legislação forneça um fim, ela igualmente fornece os meios.

Ademais, há também um argumento analógico. Há uma previsão no art. 70 do Código de Processo Penal que estabelece que a jurisdição extraterritorial do processo penal é baseada no resultado de uma conduta criminosa e não é justificada somente pelo teste territorial de onde o ato realmente ocorreu.[13] A ideia é simples: há uma norma que presume que o resultado é parte da ação iniciada em outra localidade. Como resultado, o tribunal habilitado a receber a demanda é o que possui poderes para decidir sobre a consequência gerada pela conduta. Logo, por exemplo, caso uma resseguradora privada estrangeira (que vende resseguros para seguradores primários) estiver conspirando no Brasil para restringir os termos de cobertura de seguro comercial disponíveis, os tribunais brasileiros teriam poder para julgar o caso, exercendo jurisdição processual.

Infelizmente, não há nenhum caso brasileiro que aplique regras antitruste nacionais (ou até mesmo leis materiais de responsabilidade civil e ambiental) a condutas ou eventos ocorridos no exterior, apesar dos magistrados brasileiros serem bem pagos (em comparação com os países desenvolvidos), e o setor jurídico não seja significativamente corrupto ou

---

[11] Handelswekerij G. J. Bier B.V *vs*. Mines de Potasse D'Alsace S.A. (C)CE, 21/76, 1976); e Dumez France & Tracoba *vs*. Hessische Landesbank e outros (C)CE, (220/88, 1990).

[12] LIMA E SILVA, *loc cit*.

[13] Art. 70/CPP: "A competência será, de regra, determinada pelo lugar em que se consumar a infração (...)". Entretanto, possui jurisdição em um caso o juízo que sofrer de efeitos parciais ou aquele que deveria tê-lo experimentado.

tendencioso (juízes brasileiros não são nomeados ou eleitos, trabalhando independentemente conforme diversas garantias constitucionais).[14]

Como mencionado anteriormente, isso ocorre porque o Brasil, como a Europa, depende mais do processo administrativo do que a litigância contenciosa direta, apesar de na Europa esta ser proibida. As partes privadas, a SDE e o Ministério da Justiça não costumam ir aos tribunais, preferindo recorrer à especificidade do CADE (procedimentos administrativos). Na verdade, há somente um caso antitruste de renome no Superior Tribunal de Justiça, o qual trata somente de questões domésticas.[15]

O Ministério Público não possui o conhecimento específico para ajuizar demandas baseadas na lei de antitruste (quadro que vem se alterando rapidamente dado ao grande crescimento econômico do Brasil). Um capítulo ainda por ser escrito é sobre litigância privada, uma vez que os escritórios de advocacia não possuem o conhecimento necessário para grandes ações que versem sobre lei antitruste. Ultimamente, a única jurisprudência proveniente dos tribunais é aquela relacionada à revisão judicial das decisões do CADE.[16]

Por fim, problemas relacionados à falta de eficiência e a busca por uma jurisdição mais favorável, conjuntamente com a falta de instrumentos processuais como a produção de provas documentais, inquirição de testemunhas, cautelares e outras tendências específicas do sistema legal norte-americano, podem também afetar a intenção das partes em ajuizar a demanda no Brasil.

(b) Jurisdição Internacional das Agências Brasileiras Antitruste: Não há norma específica na lei brasileira sobre o poder extraterritorial das agências governamentais em receber e decidir casos. Pelo fato de o CADE ser dominado por economistas, sem experiência jurídica e com uma abordagem mais pragmática das questões antitruste, bem como pela influência da lei antitruste dos Estados Unidos, tem sido mais fácil para a agência evitar disputas procedimentais, concentrando esforço debate legal no Brasil.[17] Portanto, desvinculando-se das regras do CPC, o CADE pode reivindicar sua jurisdição processual em qualquer caso em que a Lei Federal de Antitruste é aplicada.

---

[14] DAKOLIAS, M. *Court Performance around the World: a comparative perspective.* Technical Paper no. 430. Washington D.C.: World Bank, 1990. Veja também: PINHEIRO, Armando C; SAADI, Jairo. *Direito, Economia e Mercados.* Rio de Janeiro: Elsevier, 2005; COOTER, R. D.; RUBINFELD, D. L. Economic Analysis of Legal Disputes and their Resolution. 27 *Economic Literature* 1067 (1989).

[15] STJ. REsp 261155/SP.

[16] Um exemplo é o processo proposto pela *Nestlé* (companhia de alimentos suíça) para afastar a decisão do CADE no que tange à aquisição da *Garoto* (fábrica de chocolates nacional).

[17] SCHUARTZ, Luiz F. *A desconstitucionalização do Direito da Concorrência.* Trabalho apresentado na I Conferência Anual da Associação Brasileira de Direito e Economia – PUCRS, 2008.

Diz-se concorrente porque não há nenhum argumento contrário de que o CADE tenha jurisdição processual sobre uma matéria em detrimento da litigância judicial, excluindo jurisdições estrangeiras. Os poucos casos levados ao CADE são baseados em afirmações que uma conduta diferenciada ou uma fusão geram efeitos específicos nos mercados e devem ser abordados domesticamente.

Infelizmente, a SDE e o CADE (Poder Executivo) não têm tido a oportunidade de lidar com violações da lei de concorrência ocorridas fora do território brasileiro, nem possuem estrutura ou o *know-how* para fazê-lo. A SDE investigou apenas três incidentes desta natureza unicamente porque obteve informações sobre condenações de cartéis envolvendo empresas que também atuavam no Brasil proveniente dos Estados Unidos.

O primeiro caso foi ajuizado por uma parte privada, qual seja, a *Union Carbide Química Ltda.*, sob o número 08012.007412/99-93, contra uma série de empresas químicas nacionais e multinacionais, acusando-as de conspirar no exterior e, consequentemente, promovendo a prática de *dumping* na exportação do produto HEC e da prática de preço predatório no Brasil. Apesar das investigações terem começado em 2000, o caso ainda não findou.

O segundo caso investigado pela SDE é o processo número 08012004897/00-23, apresentado pela Secretaria de Acompanhamento Econômico contra a ADM Exportadora e Importadora S.A. e outros. O episódio iniciou-se porque o governo brasileiro tomou conhecimento que um grupo de empresas multinacionais que atuava no Brasil fora condenado nos Estados Unidos por formação de cartel entre 1992 e 1995 por restringir e controlar a oferta de um produto químico chamado *lysine*. O objetivo do inquérito é determinar se tais práticas surtiram efeito em território nacional, como aumento de preço ou a redução de concorrência. O caso ainda não foi concluído também.

O terceiro caso refere-se a vitaminas (Processo Administrativo n. 8012004599/9918). A SDE e a Secretaria de Acompanhamento Econômico tomaram ciência de que as empresas transnacionais BASF e Roche formaram um cartel nos Estados Unidos para fixação de preço, sendo consequentemente condenadas. A SDE ainda está averiguando os efeitos desse cartel no mercado interno. O processo ainda está tramitando.

Até então, as agências antitruste não publicaram nenhum regulamento próprio acerca de extraterritorialidade. Elas somente assinaram alguns acordos de cooperação em troca de informação e outras quatões, as quais serão explanadas na sequência do trabalho.

Insta salientar que é permitido ao CADE processar empresas forasteiras por intermédio de suas filiais, seus agentes, ou qualquer outro tipo de representante doméstico situado no Brasil, pela conduta ocorrida no exterior que tenha gerado implicações no mercado nacional.[18]

Na verdade, o controle de fusões e aquisições estrangeiras supervisionadas pelo CADE são provavelmente mais eficazes do que as investigações de condutas (como a criação de cartéis), pois ele depende da manifestação das partes, a qual é surpreendentemente espontânea, já que elas têm o dever de informar qualquer aquisição ou fusão à agência (denominado "atos de concentração" na lei brasileira). Isso significa que as empresas operantes no Brasil que se envolvam em fusões no exterior automaticamente comunicam ao CADE a sua operação, não só porque a sua aprovação é obrigatória, mas também pelo seu interesse em preservar os seus ativos, haja vista a existência de filiais ou companhias afiliadas no Brasil. Portanto, nesses cenários, há mais incentivos para a cooperação com a agência antitruste. Por outro lado, existe menos estímulo aos agentes econômicos vinculados à cartéis em cooperar com a agência. Assim, as investigações de cartéis no estrangeiro requerem investimentos vultosos, conhecimento, estrutura e uma atitude proativa por parte das autoridades brasileiras.

A.2. Extraterritorialidade da legislação brasileira

No que tange à aplicação da lei concorrencial brasileira para condutas que tenham ocorrido além das fronteiras nacionais, a Lei Federal de Antitruste afirma:

> Art. 2º Aplica-se esta lei, sem prejuízo de convenções e tratados de que seja signatário o Brasil, às práticas cometidas no todo ou em parte no território nacional ou que nele produzam ou possam produzir efeitos. § 1º Reputa-se domiciliada no Território Nacional a empresa estrangeira que opere ou tenha no Brasil filial, agência, sucursal, escritório, estabelecimento, agente ou representante. § 2º A empresa estrangeira será notificada e intimada de todos os atos processuais, independentemente de procuração ou de disposição contratual ou estatutária, na pessoa do responsável por sua filial, agência, sucursal, estabelecimento ou escritório instalado no Brasil.

Esse é o padrão *de jure*. Destarte, é evidente que o texto legal determina a aplicação das regras materiais da Lei Federal de Antitruste a procedimentos que tenham acontecido para além do território, mas que geram efeitos no Brasil. De tal modo, seguindo as linhas de um exemplo anterior, se um grupo de resseguradores privados estiver conspirando para restringir os termos de cobertura dos seguros comerciais disponíveis no Brasil, a sua conduta pode ser levada a juízo de acordo com as leis materiais pátrias.

---

[18] Art. 2, § 1°, LF 8.884/94: "Reputa-se domiciliada no Território Nacional a empresa estrangeira que opere ou tenha no Brasil filial, agência, sucursal, escritório, estabelecimento, agente ou representante".

Ocorre que essa prescrição da Lei Federal de Antitruste é baseada nas leis norte-americanas de antitruste e, por isso, ela vai de encontro aos princípios gerais existentes nas normas de Direito Internacional Privado utilizadas no Brasil, presentes na Lei de Introdução ao Código Civil (LICC), na qual nenhum preceito da doutrina dos efeitos é encontrado. O art. 9 da LICC apenas revela que "para qualificar e reger as obrigações, aplicar-se-á a lei do país em que se constituírem". Assim, de modo geral, um juiz brasileiro, ao aplicar esse preceito, deve impor a lei dos Estados Unidos caso um contrato entre um americano e um brasileiro tenha sido firmado em Nova Iorque. Similarmente, o direito escrito demanda a aplicação da lei forasteira no caso de um cidadão brasileiro, domiciliado no Brasil, sofrer um dano em solo estrangeiro (por exemplo, um jornal de Nova Iorque que venha a publicar nos Estados Unidos uma reportagem que ofenda a imagem do Presidente brasileiro).

Na realidade, o texto legal expresso na LICC vem sendo criticado pela doutrina. Os juristas sugerem que o Direito Internacional Privado deva adotar a doutrina dos efeitos, isto é, a aplicação da lei do local aonde o efeito é sentido.[19] Todavia, esse entendimento ainda não foi acolhido pelos tribunais.

Logo, a Lei Federal de Antitruste interrompe com esse remoto princípio de aplicar o sistema legal da localidade que acarretou o fato ou onde a conduta tenha advindo. Ainda, a Lei Federal de Antitruste pode igualmente ser aplicada a eventos ocorridos em outras nações quando originem efeitos indesejáveis ao Brasil. Isso é importante porque as regras brasileiras de antitruste podem ser mais rígidas do que aquelas oriundas de outros países.

Deve-se ter em mente que esses exemplos presumem que um tribunal ou agência brasileira teriam o poder de ajuizar uma demanda (jurisdição processual). Se o caso hipotético dos seguradores supracitado fosse apresentado às autoridades brasileiras, seria mais fácil ao CADE exercitar sua jurisdição processual extraterritorial do que uma corte ou um tribunal. Afinal, o CADE já tem três jurisprudências enquanto os tribunais não possuem nenhuma. O CADE traz uma interpretação mais pragmática da lei; já os tribunais são normalmente ligados às discussões procedimentais.

Ainda, as fusões e aquisições ocorridas fora do território brasileiro que afetem ou possivelmente prejudiquem o mercado nacional devem ser autorizadas pelo CADE. Neste caso, mesmo que a agência americana tenha aprovado a fusão, o CADE poderá deliberar de forma contrária,

---

[19] ARAÚJO, Nádia de. *Direito Internacional Privado: teoria e prática brasileira*. Rio de Janeiro: Renovar, 2007; DOLINGER, Jacob. *Direito Internacional Privado*. Rio de Janeiro: Renovar, 2006; RECHSTEINER, Belt W. *Direito Internacional Privado: teoria e prática*. São Paulo: Saraiva, 2006.

pois os efeitos da operação no mercado interno podem ser diversos (o que é particularmente relevante nos casos de fusão de empresas estrangeiras que negociam no Brasil por meio de sucursais).

De fato, o CADE tem procedido deste modo em diversos casos. Por exemplo, no caso *Kolynos-Colgate* (processo n. 27/1995), em que a *Colgate Palmolive* (CP) passou a controlar a *American Home Products* (AHP) nos Estados Unidos. A AHP era a proprietária dos direitos autorais da marca *Kolynos*. A fusão foi aprovada nos Estados Unidos. Ocorre que no Brasil, pelo fato de a *Kolynos* representar uma parcela substancial do mercado de pasta de dente (muito maior do que no mercado americano naquele período), a CP foi obrigada a acordar com o CADE em não utilizar a marca *Kolynos* no Brasil, para obter a aprovação da transação.

Qualquer fusão, aquisição ou outra forma de cooperação entre empresas (como *joint ventures*) cujo volume de negócios no Brasil de qualquer parte envolvida exceda a 400 milhões de reais ao ano – valores menores que US$ 200 milhões em novembro de 2008 – deve ser submetida à revisão.[20]

B. Reciprocidade Legal

Consoante a Constituição brasileira (art. 5, XXXV), a jurisdição é um dever do Estado. Logo, caso as circunstâncias de um caso estejam nos termos do art. 88 do Código de Processo Civil (concebido originalmente por considerar os princípios gerais da reciprocidade internacional) ou conforme a previsão de outra lei (como a Lei Federal de Antitruste) ou, ainda, sigam o princípio doutrinário da jurisdição internacional, é difícil para um tribunal abster-se de exercitar a sua jurisdição por causa de um procedimento estrangeiro ou um forte interesse forasteiro. Não há na legislação uma regra que impeça um caso de ser simultaneamente investigado e julgado por uma corte do exterior. Essa forma de jurisdição concorrente não é vista como um problema pelos tribunais brasileiros.

Sem dúvida, durante um julgamento no Brasil, uma vez que a corte decida julgar o caso, a defesa de *lis pendens* no que tange à jurisdição não se aplica[21] (art. 90 do CPC).[22] Nenhum tribunal no Brasil expediria uma medida de proibição de ingresso em jurisdição diversa (*anti-suit injunc-*

---

[20] Veja, por exemplo: CADE, caso n. 08012.002992-02004-14 (ACD Telecommunications Inc. e Krone International Holding Inc.).

[21] *Lis pendens* significa litigância paralela ou "processo pendente", isto é, de modo genérico, se uma das partes ajuíza um segundo processo sobre o mesmo caso, contendo as mesmas partes, perante uma corte diferente, o primeiro julgamento deve prevalecer. Consoante o CPC, a segunda demanda deve ser imediatamente extinta, prevalecendo a primeira ação (priorizando o juízo que conheceu a causa primeiramente). Todavia, em se tratando de processo internacional, o art. 90 do CPC dispõe exatamente o oposto, de que não há esta prioridade de jurisdição.

[22] Art. 90/CPC: "A ação intentada perante tribunal estrangeiro não induz litispendência, nem obsta a que a autoridade judiciária brasileira conheça da mesma causa e das que lhe são conexas".

tion) baseado em um balanço de interesse público e privado, negando o direito de uma parte forasteira em exercitar seu direito de ingressar com uma ação em foro estrangeiro, quando existe concorrência de jurisdições. O único teste para estabelecer a jurisdição seria analisar a existência de uma razão legal para o exercício da jurisdição processual *e* material. Caso a resposta seja positiva, então o caso deve proceguir. Por essa razão, não existe no Brasil a doutrina do *fórum non conveniens*: ou as autoridades brasileiras tem jurisdição ou não.

Os tribunais somente declinarão a sua jurisdição se uma sentença estrangeira (*foreign award*) for reconhecida no território brasileiro, ou seja, após o seu reconhecimento formal pelas cortes brasileiras (o princípio da *res judicata*)[23] Esse procedimento ocorreria no Brasil mesmo sem a existência de qualquer tratado de cooperação ou acordo bilateral assinado pelos países, através de um processo adequado de reconhecimento perante o STJ (art. 483 do CPC).[24]

Na trilha da Teoria Pura do Direito, de Hans Kelsen, o balanço político expresso na reciprocidade legal no exercício da jurisdição é normalmente considerado um argumento pré-jurídico na doutrina brasileira. Assim, de modo geral, a menos que a lei tenha sido imaginada em um contexto mais amplo, como uma estratégia ou um princípio,[25] os temas que envolvam a política são considerados matéria para os legisladores, e não para os juízes (por exemplo, se o CPC ou a Lei Federal de Antitruste mencionassem que os tribunais brasileiros deveriam ter jurisdição sobre um caso em que os efeitos atinjam predominantemente o Brasil ou quando efeitos razoáveis fossem sentidos no plano interno). Os argumentos fundados na política são apenas aceitos no Brasil quando explícita ou implicitamente derivados do sistema legal.

No entanto, mesmo que o sistema legal seja codificado (e supondo também que a linguagem das regras sobre jurisdição não foram escritas em termos amplos como princípios ou cláusulas gerais, as quais fornecem mais discrição ao juízes), os tribunais não estão proibidos de aceitar um caso com fulcro em princípios ou estratégias em vez de meras interpretações gramaticais da norma. Esse tem sido com frequência o caso das ações constitucionais. Como nos Estado Unidos e diferentemente da Europa, no Brasil qualquer juiz pode interpretar a Constituição, sendo que normalmente o Supremo Tribunal Federal serve como um tribunal de recurso,

---

[23] *Res judicata* significa que um caso já foi decidido e que não há recurso ou discussão ainda pendente.

[24] Art. 483/CPC: "A sentença proferida por tribunal estrangeiro não terá eficácia no Brasil senão depois de homologada pelo Superior Tribunal de Justiça" (c/c art. 105, I, "i" da Constituição Federal).

[25] O legislador brasileiro às vezes utiliza uma linguagem bem ampla como "boa fé", "função social da propriedade" e "função social do contrato", as quais fornecem um nível maior de discricionariedade judicial na interpretação da lei.

controlando a aplicação da Carta Magna *ex post* (através do Recurso Extraordinário). Subsequentemente, nos "casos difíceis", os princípios da Constituição que poderiam ser construídos como suporte dos valores das regras contidas no CPC ou até na Lei Federal de Antitruste no que tange à jurisdição internacional – como solidariedade ou reciprocidade entre as nações – poderiam ser usados nos tribunais como argumentos para limitar ou aumentar o escopo de tais regras.

A doutrina, em sua maioria, concorda que os princípios de Direito Internacional Público sobre soberania e independência dos Estados são a base das regras do Código, como o art. 483, que trata da *res judicata*, e outros tratados assinados pelo Brasil, como alguns acordos bilaterais sobre extradição.[26] No mesmo diapasão, a literatura jurídica argumenta que temas como conveniência e viabilidade são os suportes dos arts. 88 e 89 do CPC.[27] O primeiro diz respeito ao "interesse de um Estado em regular ou julgar um determinado conflito",[28] e o segundo é referente à "eficácia que o julgamento potencialmente possa ter",[29] isto é, a real possibilidade de um julgamento ser aplicado. Tais princípios igualmente poderiam ser aproveitados em matéria antitruste, quando a Lei Federal de Antitruste está em jogo. Tendo em vista que os princípios e as políticas podem ser usados como fundamento jurídico nas cortes, é discutível que tais ideias de reciprocidade legal, conveniência e eficiência poderiam ser usadas para resolver um conflito internacional de jurisdição em casos onde a mera aplicação de regras possa resultar em uma injustiça ou inconstitucionalidade ("casos difíceis").

Outro argumento admissível para limitar a jurisdição de autoridades brasileiras pode ser encontrado no princípio da regra da razão (*rule of reason*) presente na Lei Federal de Antitruste. Considerando que o art. 2 da Lei Federal de Antitruste demanda efeitos no Brasil, pode-se discutir que os tribunais ou as agências devam levar em consideração apenas os efeitos significativos ou razoáveis. Esses argumentos impediriam a jurisdição com a vantagem de evitar problemas nebulosos e incertos como o teste da reciprocidade legal e a falta de *lis pendens*.

Haja vista a inexistência de um *leading case* nesta matéria para ilustrar como essa ideia seria apresentada no tribunal, ao menos de um ponto de vista teórico, poderia aceitar-se que a melhor estratégia para enfrentar o problema do conflito de leis e de jurisdição no âmbito de antitruste provavelmente seria convencer as cortes a desistir de exercitar o seu dever constitucional de receber demandas em situações que os danos ou prejuí-

---

[26] LIMA E SILVA, *op cit.*, p. 351.
[27] CARNEIRO, Athos Gusmão. *Jurisdição e Competência*. São Paulo: Saraiva. 1993.
[28] LIMA E SILVA, *op cit.*, p. 351.
[29] *Idem.*

zos potenciais no mercado doméstico forem irrelevantes. Caso o evento não tenha ocorrido no Brasil ou se os efeitos não forem sentidos no plano interno, o tribunal simplesmente não teria jurisdição. Isto não quer dizer que por ter jurisdição sobre um caso, uma corte brasileira renunciaria de alguma forma o seu poder de jurisdição em face de um tribunal estrangeiro por este possuir mais interesse no caso. No Brasil, negar jurisdição (*non liquet*) ou acesso à justiça a um demandante seria problemático.

É plausível dizer que o segundo melhor argumento seria o de produzir provas que comprovassem um grande risco à efetividade do julgamento e que inexiste interesse das autoridades brasileiras no caso (porque não há agente, nem representante ou bens no Brasil, sendo a chance de reconhecimento do julgamento em cortes no exterior mínima). Provavelmente, o argumento menos convincente seria o de balancear os princípios constitucionais de acesso à justiça e *non liquet* com princípios específicos da Constituição, como solidariedade e reciprocidade entre nações.

As peculiaridades de um processo de antitruste tornam muito remotas as possibilidades de consideração da reciprocidade, já que cada mercado possui a sua própria característica e estrutura. É difícil analisar em uma mera discussão procedimental, no que tange à jurisdição (sem adentrar no mérito do caso), qual mercado seria mais afetado. Além disso, o fato de que a *Microsoft*, por exemplo, entrou em acordo com o governo americano em um determinado caso, não quer dizer que os juízes no Brasil o levariam em consideração. Ademais, no Brasil, a matéria de antitruste é vista como um caso de ordem pública e *ordre publique*. Reciprocidade é um argumento muito incomum na cultura jurídico-procedimental brasileira, porém, o seu uso por um juiz como base para negar o exercício de jurisdição seria quase sem sentido. Logo, em nosso exemplo, se as resseguradoras estão conspirando nos Estados Unidos para limitar a competição no Brasil, seria difícil encontrar um juiz que renuncie ao seu poder de aceitar essa demanda por causa dos amplos interesses do governo norte-americano. Tal análise seria verdadeiramente intrigante para a cultura legal brasileira. Entretanto, o tribunal poderia recusar o caso pela falta de efeitos significativos no Brasil, mas não por causa do teste de balanço de interesses.

Esses problemas de conflito de jurisdição seriam mais simples no âmbito administrativo (SDE/CADE), já que, como visto, as agências não fazem parte do sistema jurídico brasileiro, não estando subordinadas às regras procedimentais como *non liquet*, acesso a justiça e outros princípios (até mesmo dogmas), os quais foram cuidadosamente inseridos no texto da Constituição democrática de 1988.

Possivelmente, é mais simples convencer qualquer agência governamental do desinteresse brasileiro do que investigar uma prática ocorrida em qualquer outro lugar com efeitos insignificantes no Brasil. Todavia, insta relembrar que qualquer decisão administrativa pode ser submetida à revisão judicial, como aludido supra. Ademais, é possível prever que seria mais fácil para um membro do Poder Executivo (como a SDE/CADE) ouvir o Ministério das Relações Exteriores ou encontrar um equilíbrio entre a consequência das decisões e a política externa do país, ou ao menos levar em consideração argumentos diplomáticos e políticos. O Judiciário poderia confrontar essa situação como falta de imparcialidade ou considerar indevida a influência do Executivo (comprometendo a separação dos Poderes e o seu sistema de freios e contrapesos). Na verdade, é raro para um tribunal apreciar a opinião do Poder Executivo ou de outros *amicus curiae* (apesar desta situação estar se alterando, especialmente nas ações coletivas em temas ambientais).

II. COOPERAÇÃO NA JURISDIÇÃO INTERNACIONAL

Ao mesmo tempo, busca-se nesta seção fazer uma separação entre procedimentos judiciais (A) e procedimentos administrativos (B).

A. Cooperação Judicial no Brasil

Em casos judiciais, o Código de Processo Civil (CPC) fornece o fundamento legal para cooperação entre tribunais. O art. 483 do CPC permite que as autoridades brasileiras reconheçam julgamentos proferidos por instâncias estrangeiras desde que estas obedeçam a alguns requisitos formais mínimos (basicamente, o devido processo legal).[30] Afinal, no reconhecimento de julgados forasteiros (um processo específico deve ser ajuizado perante o Superior Tribunal de Justiça), a Corte não analisaria plenamente o mérito do caso, apenas verificando se a ordem pública brasileira foi respeitada pelo tribunal estrangeiro. De acordo com os *leading cases*, a política nacional consiste em analisar determinadas regras procedimentais e determinar se o réu foi tratado em conformidade com o sistema legal brasileiro, como a possibilidade de ambas as partes apresentarem defesa e produzirem provas, ou a decisão ter sido proferida por juízo competente. No mesmo sentido, a ordem pública prescreve que um julgamento estrangeiro não pode ofender as noções básicas de justiça e equidade, as quais envolvem a proibição da pena de morte, da prisão perpétua, de encarceramento nos casos de direito civil, entre outros, uma vez que naturalmente derivam da Constituição.

Outros meios de cooperação judicial são as respostas a requerimentos de cortes forasteiras. O art. 201 do CPC dita as regras sobre Cartas

---

[30] O STJ publicou a Resolução de nº 9 em 04 de maio de 2005, estabelecendo o procedimento para o reconhecimento de sentenças estrangeiras.

Rogatórias originárias de tribunais estrangeiros. Essa carta, também conhecida como Carta de Pedido, é, no sistema *Civil Law*, o principal modo de se conduzir um procedimento fora de uma jurisdição territorial. Trata-se de uma comunicação formal entre tribunais domésticos e estrangeiros pela qual um juiz requer a cooperação de outrem para ouvir um réu, produzir provas ou praticar um outro ato necessário qualquer para a continuidade do processo. Na verdade, não há outro meio de fazer a oitiva de testemunhas se não pela Carta Rogatória.[31] É hodiernamente aceito que até mesmo ordens de restrição podem ser executadas por intermédio de Carta Rogatória. A ideia inserida neste modelo é a reciprocidade: por estarem cooperando com cortes estrangeiras, os tribunais brasileiros esperam obter um tratamento igual.

A troca de documentos (Cartas de Pedido) entre Estados é normalmente controlada pelo Ministério das Relações Exteriores ou pelo Ministério da Justiça, dependendo tão somente da existência de Protocolo Bilateral de Cooperação (PBC) ou de Convenção Multilateral (tal como a Convenção Interamericana sobre Cartas Rogatórias da Organização dos Estados Americanos de 1975) entre o Brasil e a autoridade requerente. O Ministério da Justiça é a autoridade central para a cooperação processual internacional nos casos em que o Brasil tenha um PBC.[32] Esses PBCs possuem, em sua maioria, a mesma linguagem – a junção de esforços das nações para cooperarem entre si, criando obrigações para que, entre outras determinações, uma autoridade ouça testemunhas e produza provas em favor da autoridade requerente. A execução de uma Carta Rogatória (*exequatur*) no Brasil também depende de autorização formal do Superior Tribunal de Justiça. Esse fato decorre da possibilidade de um juiz brasileiro não cooperar em ações que ofendam a ordem pública, como explicado anteriormente.

Advogados da *Common Law* devem estar atentos ao fato de que a cooperação acontecerá de acordo com as regras processuais do CPC. Por isso, a produção de documentos terá uma extensão muito menor quando comparada àquela resultante do procedimento de produção de provas (*discovery procedure*) do sistema legal norte-americano.[33] Igualmente, a oitiva de testemunhas ocorrerá nos termos do CPC. Por exemplo, no

---

[31] Os métodos dos EUA para intimar réus estrangeiros, como entregar uma intimação pelos correios e por intermédio de advogado (via *affifavit*) ou penhorar bens, não são cumpridos nem aceitos no Brasil. Consequentemente, os tribunais brasileiros talvez não reconheçam sentenças como a do *Banco do Comércio e Indústria de São Paulo S.A.* vs *Esusa Engenharia e Construções S.A.* – 173 A.D. 2d 340, 341 (N.Y. App. Div. 1991).

[32] Este é igualmente o caso de Portugal, Espanha, França, Itália, Argentina e Uruguai.

[33] O art. 844/CPP determina que a parte que requer a exibição de um determinado documento, cuja posse é da outra parte ou de terceiro, pode solicitá-la em juízo por meio de procedimento preparatório. Assim, no Brasil, a produção de provas documentais no tribunal possui um escopo muito mais limitado do que o procedimento de *discovery* nos Estados Unidos. Todos os atos são mediados por um juiz e a parte deve requisitar um documento em específico a ser apresentado em juízo. Da mesma

Brasil, a condução do interrogatório é diferente da americana: os juízes brasileiros têm um controle muito maior sobre os advogados (em alguns casos, os juízes podem não permitir perguntas diretas às testemunhas). Da mesma forma, o uso de especialistas é diferente: essas especialistas, tal como em outros modelos de *Civil Law*, são nomeados pela corte – não pelas partes – garantindo, assim, a sua imparcialidade.

É esse também o caso de julgamentos em matéria antitruste. As cortes brasileiras podem ser receptivas a partes ou juízos estrangeiros que queiram ouvir testemunhas ou especialistas brasileiros[34] ou produzir provas de fatos ocorridos dentro do território nacional, até mesmo em casos de litigância paralela.

B. Acordos de Cooperação entre Agências Antitruste

Da perspectiva de cooperação internacional, os procedimentos administrativos do CADE são regulados não pelo CPC, mas pela Lei de Processo Administrativo (LF 9.784/99). Logo, os artigos já citados do CPC que versam sobre a cooperação judicial em Cartas Rogatórias e no reconhecimento de julgamentos estrangeiros não se aplicam diretamente, sendo utilizados de forma subsidiária. Partindo do princípio de que não é previsto no CPC ou em Tratados o relacionamento entre os tribunais e que o CADE e a SDE são parte do Poder Executivo, é necessário que essas agências (CADE/SDE) firmem Acordos de Cooperação com as agências forasteiras para a troca de informações, produção de provas etc.

Ultimamente, como expoente da internacionalização da economia brasileira, o CADE e a SDE têm investido na aproximação cooperativa global. Ambos associaram-se à Rede Internacional de Concorrência (RIC), mais especificamente à Implementação de Regras Concorrenciais e aos Grupos de Trabalho sobre Cartéis.[35] A RIC foi criada em Outubro de 2001 por 14 agências antitruste de vários países com o intuito não só de promover uma convergência global nas leis de antitruste, como também de criar um fórum independente de discussão sobre políticas de competição. Ela resulta de uma proposta feita pelo Comitê Consultivo sobre a Política Internacional de Concorrência (CCPIC) nos Estados Unidos, com o consentimento da Comissão da União Europeia. Desde então, o CADE tem adotado o modelo de fusão sugerido pela RIC, objetivando informar os

---

forma, a consequência pela falta de produção de provas não é tão nítida no Brasil quanto nos Estados Unidos, onde é um desacato à corte.

[34] O único modo aceitável de intimar um réu estrangeiro de acordo com o procedimento brasileiro é por meio de carta rogatória. Os métodos previstos pela lei norte-americana não são reconhecidos no Brasil. Caso um réu brasileiro não seja propriamente intimado pela corte forasteira ou não tenha apresentado espontaneamente a sua defesa, o Superior Tribunal de Justiça não reconhecerá a sentença estrangeira.

[35] http://www.cade.gov.br/Internacional/ICN.pdf

agentes econômicos do procedimento de uma notificação de fusão.[36] Ao seu turno, a SDE está adotando o modelo da RIC sobre Cartéis e recentemente tem-se dedicado a rastrear cartéis (incluindo aqueles formados no exterior cujos efeitos são sentidos no Brasil, como supradiscutido).

O CADE também esteve presente nas discussões da Organização para Cooperação e Desenvolvimento Econômico (OCDE) sobre lei e políticas de Concorrência, esforçando-se na adoção das recomendações desta organização internacional.[37] Do mesmo modo, o CADE está aparentemente considerando os estudos e recomendações feitos pela Conferência das Nações Unidas para Comércio e Desenvolvimento (UNCTAD) no que tange a leis e políticas de concorrência.[38]

O CADE, além disso, firmou acordos de cooperação com Argentina, Portugal, Estados Unidos, Canadá e Rússia. Basicamente, os termos são os mesmos: a criação de obrigações mútuas para compartilhar informação no tocante a procedimentos e investigações de cada agência antitruste que possam interessar a outra parte do tratado; para trocar documentos e dados; para engajar em treinamento mútuo; e para tentar evitar conflitos de jurisdição e de investigação entre as agências.[39]

Por exemplo, o Acordo de Cooperação entre Brasil e Estados Unidos, o qual pode ser considerado um modelo para outros tratados firmados por autoridades antitruste brasileiras (como aquele consolidado com o Canadá), tem como objetivo "promover a cooperação entre as agências antitruste das Partes, incluindo a cooperação na aplicação das leis antitruste, bem como a cooperação técnica, além de assegurar que ambas as Partes irão considerar os interesses mútuos relevantes na aplicação das suas leis concorrenciais".

O Acordo, ao mesmo tempo, requer que as agências das Partes prontamente notifiquem as suas investigações sobre condutas significativas ocorrendo no território da outra Parte, como também as fusões e aquisições envolvendo uma empresa criada conforme as leis da outra Parte e até mesmo às práticas relativas ou aprovadas pela outra Parte.

Nos seus termos também está inserido que ambas as Partes confirmam "o interesse comum na cooperação para identificar práticas anticompetitivas e aplicar as leis concorrenciais, além da própria troca de informações que facilitará a aplicação dessas regras e promoverá uma melhor compreensão das políticas e atividades de cada Parte".

---

[36] http://www.cade.gov.br/Internacional/ICN_Merger_Template_2005.pdf
[37] http://www.cade.gov.br/Internacional/ocde2008.asp.e
[38] http://www.cade.gov.br/Internacional/UNCTAD.pdf
[39] Veja, por exemplo, Acordo Canada/Brasil: http://www.cade.gov.br/Internacional/Cooperation_Agreement.pdf

As Partes do Acordo aprovam a preservação de seus mercados contra práticas anticompetitivas. Reconhecem, ainda, que devam estar protegidas de condutas que possam afetar o seu interesse, praticadas no território da outra Parte (preservando o seu mercado). Caso uma das Partes entenda que uma conduta perpetrada no território da outra Parte esteja afetando o seu interesse, poderá esta solicitar que a Parte alheia investigue tais práticas. O Acordo apresenta o procedimento deste pedido. Ademais, indica que as Partes permanecerão com jurisdição sobre o caso, não obstante qualquer pedido de investigação da outra Parte.

O Acordo indica que as agências das partes irão perceber a conveniência de atividades coordenadas quando forem investigadas práticas conexas. Em qualquer atividade coordenada, cada Parte deverá sopesar os objetivos alheios. Por fim, cada Parte assume a obrigação de ponderar sobre os interesses da outra, quando investigar uma prática associada à Parte diversa.

Em uma verdadeira linha internacional, o Brasil e os demais membros do MERCOSUL são parte de um Protocolo de Defesa da Concorrência firmado em 1996 (Protocolo de Fortaleza[40]). Esse Protocolo tem como objetivo regular o comércio dentro das fronteiras do MERCOSUL. Para esse fim, o Protocolo criou um Comitê de Defesa da Concorrência (CDC), formado por agências antitruste dos quatro Estados-Membros, vinculado à Comissão de Comércio do MERCOSUL. A ideia era de criar um órgão verdadeiramente regional de direito antitruste no MERCOSUL, a ser posto em prática sempre quando o comércio entre os Estados-Membros estiver em jogo ou quando ocorresse um abuso de poder econômico nos mercados relevantes destes países. Nestes casos, as agências de antitruste nacionais precisam cooperar com o CDC, investigando os fatos conforme as instruções do Comitê. Após um relatório preliminar da agência nacional antitruste, o CDC deve proferir uma decisão consensual. Se o CDC não atingir um consenso, o caso é remetido à Comissão de Comércio que pronunciará uma diretiva harmônica a ser posteriormente adotada pelos Estados-Membros. Todavia, esse Protocolo ainda não foi implementado, visto que o Paraguai não possui uma agência antitruste para formar o CDC.

Um exemplo de como a aplicação de todos os acordos de cooperação mencionados está ocorrendo no CADE, além de como informar às outras agências antitruste do MERCOSUL do resultado da ação, está no Processo Administrativo n. 08012.001885-2007-11, no qual o CADE se recusou a aprovar a fusão da *Saint Gobain* com a *Owens Corning* por causa dos riscos de concentração dentro do mercado brasileiro de fabricantes de vidros (entre outros).

---

[40] http://www.cade.gov.br/Internacional/Protocolo_de_Ouro_Preto.pdf

Finalmente, devido à presença de economistas na equipe (os quais comumente obtêm seus títulos de Doutores nos Estados Unidos) e pela especificidade do CADE em lei antitruste (em que os Estados Unidos apresentam papel central na teoria e prática), os precedentes norte-americanos (e europeus, em menor escala) transparecem ser muito persuasivos; porém, mesmo assim, o CADE não se abstém de julgar um caso adaptado ao mercado brasileiro (normalmente, com menos concorrência do que o mercado dos EUA).

Ao contrário, a prática tem mostrado que a SDE se baseia nas condenações judiciais dos Estados Unidos para iniciar uma investigação que avalie os efeitos de tal conduta no mercado brasileiro. As provas obtidas pelas agências da UE e dos EUA têm sido usadas tanto como fonte quanto uma alternativa imprescindível, visto que o número de analistas é insuficiente para dar andamento a todas as investigações, como demonstrado.

Conclusão

A lei brasileira de antitruste aceita a extraterritorialidade de suas regras baseada no teste da teoria dos efeitos. Tais leis podem ser aplicadas nos procedimentos judiciais e administrativos, segundo as regras processuais de jurisdição internacional das autoridades nacionais. Portanto, as condutas sucedidas no exterior que afetam o mercado brasileiro podem ser investigadas, e as empresas estrangeiras responsáveis podem ser processadas no Brasil (acionando suas sucursais, agentes ou representantes situados no Brasil ou, até mesmo, no exterior por meio de Carta Rogatória). Do mesmo modo, fusões que tenham impacto no Brasil devem ser aprovadas pela agência de antitruste brasileira, sendo nomeadamente relevante para empresas transnacionais com filiais no Brasil.

A limitação desta extraterritorialidade não é facilmente encontrada no direito consuetudinário, nem está inserida em algum precedente relevante ou recomendação administrativa. Teoricamente, os limites podem ser tanto defendidos com base no teste da regra da razão, pelo qual um tribunal ou uma agência consideram tão somente danos reais ou em potencial ao mercado (logo, os efeitos irrelevantes gerados ao mercado brasileiro acarretariam a falta de jurisdição sobre o caso), ou fundados nos princípios gerais de direito internacional com certa ligação constitucional (como a solidariedade entre as nações), ou em determinados princípios oriundos das regras de jurisdição internacional brasileira desenvolvidos pela doutrina (como a conveniência e a viabilidade), formando o arcabouço teórico das regras sobre a jurisdição internacional das autoridades brasileiras, encontradas no Código de Processo Civil.

Ao ponderar os interesses nacionais e a reciprocidade entre os Estados, a melhor alternativa seria de trocar o texto da Lei Federal de Antitruste, deixando seus termos mais amplos, incluindo certos princípios de cooperação.

A agência brasileira de antitruste, isto é, o Conselho Administrativo de Defesa Econômica (CADE) e o órgão de investigação governamental, a Secretaria de Direito Econômico (SDE), vêm firmando acordos bilaterais de cooperação com alguns dos principais parceiros econômicos do Brasil, como os membros do MERCOSUL, o qual fora inspirado no Mercado da Comunidade Europeia, Estados Unidos, Canadá e Portugal, com o intuito de trocar informações e manter um entendimento único no que tange aos interesses relevantes de todas as partes sempre que aplicarem as suas regras concorrenciais no contexto internacional. Entretanto, em quaisquer destes acordos bilaterais, a jurisdição seria restringida *a priori*. Além disso, tais acordos são objeto de discussão de grupos internacionais sobre leis e políticas de concorrência, como a RDI.

Outrossim, mais do que essa troca de informações e acordos bilaterais ou multilaterais, considerar os interesses de outros países significaria perder uma fração de sua soberania. Para isso acontecer, é necessário que uma entidade supranacional apanhe essa fração de soberania e trabalhe de forma imparcial, para a garantia do comércio – ou, ao menos, para a garantia dos interesses internacionais. A dificuldade experimentada pelos países quando abrem mão de sua jurisdição está presente na Convenção da Haia sobre a Cláusula de Eleição de Foro (2005), na qual "o elefante deu luz a um rato"[41] – originalmente concebida como um tratado sobre jurisdição internacional, a Convenção resultou em um acordo sobre a validade da cláusula de eleição de foro.

---

[41] A expressão foi usada por Talpis. TALPIS, Jefferey; KRNJEVIC, Nick. The Hague Convention on Choice of Court Agreements of June 30, 2005: The Elephant that Gave Birth to a Mouse. 13 *Southwestern Journal of Law & Trade in the Americas* 1 (2006), p. 19, n. 102.

— X —

Princípio da capacidade contributiva: uma interpretação hermeneuticamente adequada

MARCIANO BUFFON[1]

Sumário: 1. Introdução; 2. O princípio da capacidade contributiva: uma interpretação hermeneuticamente adequada do disposto no § 1° do art. 145 da Constituição brasileira; 2.1. Hermenêutica: compreensão, interpretação e aplicação no campo jurídico; 2.2. A distinção entre princípios e regras; 2.3. A prevalência da função normogenética dos princípios em relação às regras; 2.3.1. A hermeneuticamente inadequada separação entre casos simples e casos difíceis; 2.3.2. Da inexistência de conflito entre regra e princípio; 3. A (re)construção de um sentido adequado ao disposto no § 1° do art. 145 da Constituição do Brasil; 3.1. Um retomar hermenêutico para compreender o princípio da capacidade contributiva; 3.2. A condição de regra do disposto no § 1° do art. 145 da Constituição brasileira e os princípios que a fundamentam; 4. Considerações finais; Referências.

1. Introdução

O objetivo deste trabalho é analisar o princípio da capacidade contributiva, com vistas a construir uma interpretação que esteja apta a servir de meio de máxima proteção e eficácia ao princípio da dignidade da pessoa humana.

O modelo estatal denominado "Democrático de Direito" exige uma efetiva ação do Estado para assegurar uma gama mínima de direitos fundamentais, que estejam aptos a propiciar uma existência digna, bem como reduzir as desigualdades sociais e econômicas.

Nesse modelo estatal, a exigência da tributação de acordo com a efetiva capacidade contributiva significa, concomitantemente, um dever e um direito de cidadania. Ou seja, uma concepção contemporânea de cidadania (compatível com Estado Democrático de Direito) passa pelo adequado cumprimento do dever fundamental de pagar tributos, e isso, em face do princípio da solidariedade social, ocorre sob dois enfoques: a) o dever fundamental de contribuir de acordo com a capacidade contri-

---

[1] Doutor em Direito do Estado pela Universidade do Vale do Rio dos Sinos – UNISINOS –, com período de pesquisa na Universidade de Coimbra. Professor de Direito Tributário da Graduação e no Programa de Pós-Graduação em Direito – PPGD da UNISINOS. Advogado.

butiva, justamente para que o Estado tenha os recursos necessários para realizar os direitos fundamentais e, com isso, propiciar a máxima eficácia ao princípio da dignidade da pessoa humana; b) o direito de não ser obrigado a contribuir acima das possibilidades – desproporcionalmente à capacidade contributiva – pois isso se constituiria afronta direta ao princípio da dignidade da pessoa humana, uma vez que o mínimo vital a uma existência digna restaria afetado.

Para realizar esse intento, será examinada a contribuição que a hermenêutica filosófica pode dar, com vistas a uma adequada interpretação dos dispositivos constitucionais que fundamentam a ideia de que a tributação deve estar adstrita ao princípio da capacidade contributiva, abordando-se o processo de compreensão, interpretação e aplicação no campo jurídico, levando-se a distinção existente entre princípios e regras, especialmente no sentido de se reconhecer naqueles o fundamento dessas.

Dentro dessa ótica, será examinado o princípio da capacidade contributiva, cabendo ressaltar que a concepção aqui sustentada está comprometida com o direito Pátrio, pois, em última análise, pretende-se sugerir alternativas que possam ser tendencialmente úteis no campo da interpretação tributária brasileira.

2. O princípio da capacidade contributiva: uma interpretação hermeneuticamente adequada do disposto no § 1º do art. 145 da Constituição brasileira

A densificação do princípio da dignidade da pessoa humana na área tributária passa, necessariamente, pela adequação da carga fiscal à efetiva capacidade econômica do cidadão. Para tanto, faz-se necessário compreender e adequadamente interpretar os dispositivos constitucionais que estejam aptos a concretizar tal fim. Entre eles, é preciso examinar, especialmente, o princípio da capacidade contributiva, para fixar as bases constitucionais sobre as quais ele se assenta.

Para que isso seja possível, é imperioso romper com o modo de pensar comprometido com pressupostos metafísicos e, via de consequência, há de se examinar qual a contribuição que a hermenêutica filosófica pode dar a fim de se construir uma adequada interpretação dos dispositivos constitucionais atinentes à matéria.

Em vista disso, e considerando o "dar-se conta" da diferença ontológicas passa-se a examinar o fenômeno da compreensão, interpretação e aplicação da norma jurídica, sob um enfoque hermenêutico.

2.1. Hermenêutica: compreensão, interpretação e aplicação no campo jurídico

Partindo do rompimento com o paradigma metafísico, a linguagem abandona sua condição de mero instrumento, que traduz a essência das coisas ou os conceitos, e passa a ser, utilizando-se uma expressão heideggeriana, "a morada do ser".[2] O pensamento, portanto, deixa de ser apenas a adequação do olhar ao objeto, pois a linguagem se torna a condição de possibilidade do próprio ser, e não mais uma terceira coisa na relação existente entre sujeito e objeto.

O sentido de um texto divorcia-se do sentido pensado por seu autor não ocasionalmente, mas em todas as situações. "A linguagem é o medium universal em que se realiza a própria compreensão. A forma de realização da compreensão é a interpretação".[3] Como menciona Streck:

> Não mais interpretamos para compreender e, sim, compreendemos para interpretar, rompendo-se, assim, as perspectivas epistemológicas que coloca(va)m o método como supremo momento da subjetividade e garantia da segurança (positivista) da interpretação.[4]

Em vista disso, a interpretação deixa de ser uma mera reprodução do sentido preexistente e passa a ser uma constante construção de sentido. Esse processo ocorre a partir de uma fusão de horizontes, conforme explica Gadamer:

> Na verdade, o horizonte do presente está num processo de constante formação, na medida em que estamos obrigados a pôr à prova constantemente todos os nossos preconceitos. Parte dessa prova é o encontro com o passado e a compreensão da tradição da qual nós mesmos procedemos. O horizonte do presente não se forma pois à margem do passado. Nem mesmo existe um horizonte do presente por si mesmo, assim, como não existem horizontes históricos a serem ganhos. Antes, compreender é sempre o processo de fusão desses horizontes presumivelmente dados por si mesmos. Nós conhecemos a força dessa fusão sobretudo de tempos mais antigos e de sua relação para consigo mesmos e com suas origens. A fusão se dá constantemente na vigência da tradição, pois nela o velho e o novo crescem sempre juntos para uma validez vital, sem que um e outro cheguem a se destacar explicitamente por si mesmos.[5]

---

[2] Conforme menciona Streck: A compreensão como totalidade e a linguagem como meio de acesso ao mundo e aos seus objetos são, assim, questões centrais na filosofia hermenêutica de Heidegger, por ele denominada de Fenomenologia Hermenêutica. Como o compreender só é possível se o homem é um ser-no-mundo, nosso acesso a esse mundo só é possível pela linguagem. Por isto vai dizer, mais tarde, na Carta sobre o Humanismo, que a linguagem é a casa (morada) do ser que nela mora o homem, que é o curador do ser. STRECK, Lenio Luiz. *Jurisdição Constitucional e Hermenêutica*: uma nova crítica do direito. 2. ed. Rio de Janeiro: Forense, 2004, p. 204.

[3] GADAMER, Hans-Georg. *Verdade e Método*: traços fundamentais de uma hermenêutica filosófica. Trad.: Flávio Paulo Meurer. Petrópolis: Vozes, 1997, p. 566.

[4] STRECK, Lenio Luiz. In: ROCHA; Leonel Severo; STRECK; Lenio Luiz; BOLZAN DE MORAIS; José Luis et al. (orgs.). *Constituição, Sistemas Sociais e Hermenêutica*: programa de pós-graduação em Direito da UNISINOS: mestrado e doutorado. Porto Alegre: Livraria do Advogado; São Leopoldo: UNISINOS, 2005, p. 159.

[5] GADAMER, Hans-Georg. *Verdade e Método*: traços fundamentais de uma hermenêutica filosófica. Trad.: Flávio Paulo Meurer. Petrópolis: Vozes, 1997, p. 457.

Como decorrência, compreender não é um modo de conhecer, mas um modo de ser, razão pela qual é possível afirmar que a filosofia é hermenêutica. A interpretação, por sua vez, não prescinde da compreensão, sendo que esta é elaborada a partir de uma pré-compreensão.

Dentro de uma concepção tradicional, o ato da compreensão (procedimento de compreender) era entendido da mesma forma como eram entendidos outros procedimentos humanos, como o ato de jogar, andar e falar. Nessa linha, havia uma relação entre o sujeito e o ato de atribuir o sentido e, por fim, entre este e o resultado obtido (relação sujeito/objeto).

No entanto, diferentemente do que se sustentava a partir de uma concepção afetada pela tradição metafísica, compreender não é um modo de agir, mas um modo de ser (*dasein*). Isso ocorre porque, para que seja viável qualquer ação humana, faz-se necessário que haja uma compreensão prévia, sem a qual tais ações restariam inviáveis. Como explica Streck:

> A compreensão é, enfim, aduz Heidegger, o ser existencial do saber-ser-inalienável do próprio Dasein, de tal modo que este ser (a compreensão) revela por si mesmo como está a respeito do seu ser consigo mesmo. Ou seja, no Dasein reside uma pré-compreensão. O Dasein é hermenêutico; o poder-ser-do-Dasein reside na compreensão. Por isso Heidegger vai dizer que o mensageiro já deve vir com a mensagem, mas ele também já deve ter ido em direção a ela.
>
> A compreensão é um elemento que faz parte do modo de ser-no-mundo, que está presente na própria estrutura do ser humano (Dasein), explica Ernildo Stein: a partir desse elemento da compreensão é que Heidegger estabelece todas as determinações que ele entende por interpretação. Para ele, toda interpretação se funda na compreensão. O sentido é o que se articula como tal na interpretação e que, na compreensão já se preliminou como possibilidade de articulação.[6]

Para Heidegger, o sentido não pode ser separado do ato de construí-lo. Não há, portanto, operador nem resultado (sentido); portanto, não poderá haver, então, um método com vistas à atribuição de sentido.

Há um mundo já posto (um desde-já-sempre na expressão de Gadamer), cujo sentido passa a ser dado pelo *dasein*, que é um ente privilegiado, pois atribui sentido aos outros entes. Existem, pois, sentidos prévios construídos ao longo da história e consolidados pela tradição. Assim, ninguém discute que a água seja água, que uma árvore não seja uma árvore, ou, como exemplifica Streck: ninguém, em sã consciência, vai até uma estação rodoviária imaginando embarcar num avião.[7]

Por óbvio, a pré-compreensão pressupõe a compreensão e a própria interpretação, haja vista que esta sempre corresponderá a um processo de construção de sentidos a partir de uma tradição existente. Não é, portanto, o uso metódico e disciplinado da razão (premissa fundamental do

---

[6] STRECK, Lenio Luiz. *Jurisdição Constitucional e Hermenêutica*: uma nova crítica do direito. 2. ed. Rio de Janeiro: Forense, 2004, p. 201-202.

[7] Um dos tanto exemplos utilizados pelo Prof. Dr. Lenio L. Streck, nos seminários de doutorado em Direito, do Programa de Pós-Graduação da UNISINOS – 2006/1 – que influenciaram na abordagem de cunho hemenêutico nesta parte do trabalho.

Aufklärung) que evitará o cometimento de erros no processo interpretativo,[8] mas sim a suficiente e adequada legitimidade dos preconceitos, os quais apenas serão válidos se estiverem fundados na autoridade da tradição. Em relação a esta, Gadamer explica:

> O que é consagrado pela tradição e pela herança histórica possui uma autoridade que se tornou anônima, e nosso ser histórico e finito está determinado pelo fato de que também a autoridade do que foi transmitido, e não somente o que possui fundamentos evidentes, tem poder sobre essa base, e, mesmo no caso que, na educação, a tutela perde a sua função com o amadurecimento da maioridade, momento em que as próprias perspectivas e decisões assumem finalmente a posição que detinha a autoridade do educador, esta chegada da maturidade vital-histórica não implica, de modo algum, que nos tornemos senhores de nós mesmos no sentido de nos havermos libertado de toda herança histórica e de toda tradição.[9]

Dessa forma, é possível afirmar que a hermenêutica é essencialmente conservadora, pois mantém a autoridade da tradição, mesmo naqueles casos em que, historicamente, há uma espécie de ruptura com o outrora existente. Nesse sentido, continua Gadamer:

> A tradição é essencialmente conservação e como tal sempre está atuante nas mudanças históricas. No entanto, a conservação é um ato da razão, ainda que caracterizado pelo fato de não atrair a atenção sobre si. Essa é a razão por que as inovações, os planejamentos intentem mostrar-se como única ação e resultado da razão. Isso, no entanto, apenas parece ser assim. Inclusive quando a vida sofre suas transformações mais tumultuadas, como em tempos revolucionários, em meio a suposta mudança de todas as coisas conserva-se muito mais do que era antigo do que se poderia crer, integrando-se com o novo numa nova forma de validez.[10]

Por outro lado, muito embora se diga que a interpretação será sempre um processo de construção de sentidos – nunca reprodução do sentido original – isso não significa que o intérprete esteja liberado para agir arbitrariamente. Como menciona Gadamer:

> Toda interpretação correta tem proteger-se contra a arbitrariedade de "felizes idéias" e contra a limitação dos hábitos imperceptíveis do pensar, e orientar sua vista "as coisas elas mesmas" (que para os filólogos são textos com sentido, que também tratam, por sua vez, de coisas) . Esse deixar-se determinar assim pela própria coisa evidentemente, não é para o intérprete uma decisão "heróica", tomada de uma vez por todas, mas verdadeiramente "a tarefa primeira, constante e última". Pois o que importa é manter a vista atenta à coisa, através de todos os desvios a que se vê constantemente submetido o intérprete em virtude das idéias que lhe ocorram. Quem quiser compreender um texto realiza sempre um projetar. Tão logo apareça um primeiro sentido no texto, o intérprete prelineia um sentido do todo.[11]

A compreensão – e por decorrência todo processo de interpretação – apenas poderá ser perfectibilizada adequadamente se as opiniões prévias estiverem destituídas de arbitrariedade, isto é, se os preconceitos[12]

---

[8] GADAMER, Hans-Georg. *Verdade e Método*: traços fundamentais de uma hermenêutica filosófica. Trad.: Flávio Paulo Meurer. Petrópolis: Vozes, 1997, p. 416.

[9] Ibid., p. 421.

[10] Ibid., p. 423.

[11] Ibid., p. 402.

[12] Como ensina Gadamer (1997): "Preconceito" não significa, pois, de modo algum, falso juízo, pois está em seu conceito que ele possa ser valorizado positivamente ou negativamente. É claro que o pa-

forem legítimos e, portanto, válidos. Se assim não fosse, negar-se-ia a possibilidade de que o próprio texto pudesse se apresentar na sua condição de texto. Como diz Gadamer:

> Aquele que quer compreender não pode se entregar, já desde o início, a casualidade de suas próprias opiniões prévias e ignorar o mais obstinada e conseqüentemente possível opinião do texto – até que este, finalmente, já não possa ser ouvido e perca sua suposta compreensão. Quem quer compreender um texto, em princípio, deve estar disposto a deixar que ele diga alguma coisa por si. Por isso, uma consciência formada hermeneuticamente tem que se mostrar receptiva, desde o princípio, para a alteridade do texto. Mas essa receptividade não pressupõe "neutralidade" com relação à coisa nem tampouco auto-anulamento, mas inclui a apropriação das próprias opiniões prévias e preconceitos, apropriação que se destaca destes. O que importa é dar-se conta das próprias antecipações, para o próprio texto possa apresentar-se em sua alteridade e obtenha assim a possibilidade de confrontar sua verdade com as próprias opiniões prévias.[13]

Enfim, o processo de interpretação tem como condição de possibilidade a compreensão, e esta está indissociavelmente ligada a uma pré-compreensão, sendo tal incompatível com a ideia da busca da verdade mediante a utilização de um pensar metódico.

Dessa forma, não há de se falar na utilização de um método para se obter a verdade. Ou seja, a verdade não é uma questão de método, como restará especificamente posto na histórica obra de Gadamer, justamente denominada de "verdade e método" (ou, seria melhor dizer: a verdade contra o método). Nesse sentido, explica Streck:

> Então, como visto, para Heidegger, compreender não é um modo de conhecer, mas é um modo de ser, isto porque a epistemologia é substituída pela ontologia da compreensão (o homem já sempre compreende o ser)! A verdade não é uma questão de método. Será, sim, uma questão relativa à manifestação do ser, para um ser cuja existência consiste na compreensão do ser. Ser, verdade, vida e história são concebidos a partir da temporalidade absoluta, e não da temporalidade absoluta, e não da temporalidade enquanto qualidade de um eu a-histórico e transcendental, próprios da metafísica.[14]

Uma vez que não se alcança a verdade a partir de um método, não há de se falar na utilização de um determinado método de interpretação. Essa nova concepção rompe radicalmente com as concepções segundo as quais, para que fosse possível caracterizar algo como verdadeiro, seria necessário: a) fazer a comparação entre entes iguais no sentido de verificar a conformidade de um ente com outro entre, tal qual se compara uma moeda com outra; b) fazer a relação entre um enunciado proferido e o ente, isto é, se verificar se o ente corresponde ao enunciado acerca dele. Nas duas hipóteses, haveria uma concordância (1° caso: entre entes – 2° caso: entre o ente e um enunciado).

---

rentesco com o *praejudicium* latino torna-se operante nesse fato, de tal modo que na palavra, junto ao matiz negativo, pode haver também um matiz positivo. GADAMER, Hans-Georg. *Verdade e Método*: traços fundamentais de uma hermenêutica filosófica. Trad.: Flávio Paulo Meurer. Petrópolis: Vozes, 1997, p. 407.

[13] GADAMER, Hans-Georg. *Verdade e Método*: traços fundamentais de uma hermenêutica filosófica. Trad.: Flávio Paulo Meurer. Petrópolis: Vozes, 1997, p. 405.

[14] STRECK, Lenio Luiz. *Jurisdição Constitucional e Hermenêutica*: uma nova crítica do direito. 2. ed. Rio de Janeiro: Forense, 2004, p. 207.

O enunciado representa o ente a que se refere, isto é, deve comportar-se como tal (conforme o próprio ente), sem perder sua própria individualidade. O enunciado deve estar aberto ao ente que está representando, sem perder as características que o individualizam. A verdade não está nem no enunciado, nem no ente. Tampouco a verdade pode ser encontrada na relação entre enunciado e ente. A verdade, pois, está no "Dasein" – no estar aberto – o que possibilita que cada ente possa mostrar-se, ou seja, ela permite que cada ente seja o que de fato é (deixar o ente ser), ou ainda, permite que as coisas se mostrem como elas de fato o são.

Conforme Heidegger menciona no § 7° do Ser e Tempo, a verdade é o desvelamento daquilo que, a partir de si mesmo, se mostra velado. Como diz Streck: "O des-velamento do ser é o que, primeiramente, possibilita o grau de revelação do ente". A filosofia, portanto, não é um mero espelho da natureza. O jurista afirma ainda que "verdade (des-coberta) deve sempre ser arrancada primeiramente dos entes", os quais são desvelados e "esse des-velamento ocorre na clareira do ser", e a verdade, por sua vez, exprime "deixar ver o ente em seu ser e estar des-coberto".[15]

Enfim, com o emprego de um método não se obtém a verdade, motivo pelo qual, num plano jurídico, não há de se falar na utilização de métodos (gramatical, sistemático, teleológico, histórico etc.), com vistas a interpretar um determinado texto jurídico. Uma interpretação hermeneuticamente adequada requer que se tenha presente a diferença ontológica e, por consequência, significa divorciar-se das concepções metafísicas que não percebem a diferença entre ser e ente e que acreditam ser possível que, a partir de um método, se obtenha a verdade.

Uma vez estabelecidos – embora superficialmente – os pressupostos que orientarão o enfrentamento da questão, pode-se demonstrar de que forma o esquecimento da diferença ontológica, e o emprego de métodos anacrônicos de interpretação levaram à construção de um sentido inadequado ao dispositivo constitucional objeto desse item.

O disposto no § 1° do artigo 145 da Constituição brasileira vem sendo interpretado – por uma significativa parcela da doutrina e da jurisprudência – de uma forma hermeneuticamente inadequada, haja vista que não foi considerada a diferença entre texto e norma (diferença ontológica). Em verdade, o referido dispositivo contempla uma regra, cujo sentido deverá ser construído de acordo com os princípios que a fundamentam, não sendo possível, simplesmente, examiná-lo apenas mediante a utilização do método literal de interpretação.

Para tanto, inicialmente, será analisada a distinção entre princípio e regras jurídicas. Isso se faz necessário, pois a questão principal a ser

---

[15] STRECK, Lenio Luiz. *Jurisdição Constitucional e Hermenêutica*: uma nova crítica do direito. 2. ed. Rio de Janeiro: Forense, 2004, p. 207.

enfrentada passa por superar o entendimento, de que o disposto no § 1º do art. 145 da Constituição albergaria o denominado princípio da capacidade contributiva, motivo pelo qual as possibilidades de interpretação do mencionado dispositivo estariam restritas, quase que exclusivamente, à literalidade do enunciando linguístico.

2.2. A distinção entre princípios e regras

Uma vez superada, no século passado, a discussão acerca da normatividade dos princípios jurídicos,[16] pode-se afirmar que as normas têm como espécies os princípios e as regras jurídicas. Tal afirmativa se impõe como decorrência lógica do reconhecimento da normatividade dos princípios.

Portanto, se não havia qualquer discussão acerca da normatividade das "regras" – regra sempre foi entendida como norma – e uma vez que se passou a admitir que os princípios estão impregnados de normatividade – também são normas – tem-se, como consequência óbvia, que o gênero "norma" contempla duas espécies: as regras e os princípios.[17]

A partir do exposto, faz-se necessário verificar as diferenças existentes entre regras e princípios, para, considerando-se as reconhecidas dificuldades, poder utilizar essa classificação para fins de construção do raciocínio que ora se pretende.

A priori, distinguir, dentro do gênero "norma", os "princípios" e as "regras", é uma atividade árdua e complexa. Vários são os critérios sugeridos pela doutrina para estabelecer tal distinção, como relaciona Gomes Canotilho:

a) o primeiro critério seria o grau de abstração: os princípios são normas com um grau de abstração relativamente elevado; de modo diverso, as regras possuem uma abstração relativamente reduzida;

b) o segundo critério seria o grau de determinabilidade na aplicação do caso concreto: os princípios, por serem vagos e indeterminados, carecem de mediações concretizadoras; enquanto isso, as regras são suscetíveis de aplicação direta;

c) o terceiro critério corresponderia ao caráter de importância no sistema das fontes de direito: os princípios são normas de natureza ou com um papel fundamental no ordenamento jurídico devido à sua posição hierárquica no sistema das fontes;

---

[16] Nesse sentido, examinar: BONAVIDES, Paulo. *Curso de Direito Constitucional*. 11. ed. São Paulo: Malheiros, 2001, p. 228-265.

[17] Conforme explica Manuel Aragon (1990), alguns doutrinadores, como os espanhóis Perez Luño, Pietro Sanchis e Garcia de Enterria, entendem que os "valores", também, correspondem a uma espécie do gênero norma. Desta forma, o gênero norma albergaria as espécies: princípios, valores e regras. Ocorre que a distinção entre valores e princípios é um ponto ainda obscuro e nada pacífico na doutrina – os valores teriam apenas eficácia interpretativa, diferentemente dos princípios que teriam, também projeção normativa. ARAGON, Manuel. *Constituición Y Democracia*. Madrid: Tecnos, 1990, p. 91. Em vista disso, para fins deste trabalho, tal classificação não será utilizada.

d) o quarto critério refere-se à idéia de proximidade de direito: os princípios são "standars"; juridicamente vinculantes radicados na exigência de justiça, enquanto as regras podem ser normas vinculativas com conteúdo meramente funcional;

e) finalmente, o quinto critério tem relação com a natureza normogenética dos princípios: os princípios são fundamentos de regras, ou, noutras palavras, são normas que estão na base ou constituem a razão de ser das regras jurídicas.[18]

O referido autor entende que a complexidade dessa distinção reside no fato de não haver uma prévia solução em relação a duas questões, as quais entende como fundamentais: a) primeiro, saber qual a função dos princípios; b) segundo, saber se entre princípios e regras existe um denominador comum.[19]

Quanto a primeira questão por ele formulada, o constitucionalista português faz uma distinção entre princípios hermenêuticos e princípios jurídicos. Enquanto, aqueles desempenham uma função argumentativa; estes, os que realmente importam, devem ser entendidos como verdadeiras *normas, qualitativamente distintas* das outras categorias de normas, ou seja, das regras jurídicas.[20]

A partir disso, Gomes Canotilho expõe seu entendimento acerca dessa distinção:

> As diferenças qualitativas traduzir-se-ão, fundamentalmente, nos seguintes aspectos. Em primeiro lugar, os princípios são normas jurídicas impositivas de uma optimização, compatíveis com vários graus de concretização, consoante os condicionalismos fácticos e jurídicos; as regras são normas que prescrevem imperativamente uma exigência (impõem, permitem ou proíbem) que é ou não é cumprida (nos termos de Dworkin: applicable in aü-or-nothing fashion); a convivência dos princípios é conflitual (Zagrebelsky), a convivência de regras é antinómica; os princípios coexistem, as regras antinómicas excluem-se".[21]

Estabelecidas as distinções, aponta o jurista lusitano que os princípios estão relacionados com uma ideia de valor ou peso; já as regras estão adstritas, tão somente, ao âmbito da validade. E conclui:

> Conseqüentemente, os princípios, ao constituírem exigências de optimização, permitem o balanceamento de valores e interesses (não obedecem, como as regras, à lógica do tudo ou nada.), consoante o seu peso e a ponderação de outros princípios eventualmente conflitantes; as regras não deixam espaço para qualquer outra solução, pois se uma regra vale (tem validade) deve cumprir-se na exacta medida das suas prescrições, nem mais nem menos.[22]

Alexy, por sua vez, assevera que nenhum critério individualmente considerado é suficiente para estabelecer uma efetiva distinção entre princípio e regra. Critica, também, aqueles que vislumbram apenas uma distinção em razão do grau de generalidade. Assevera, em conclusão, que

---

[18] GOMES CANOTILHO José J. *Direito Constitucional e Teoria da Constituição*. 4. ed. Coimbra: Almedina, 2000, p. 1124-1125.

[19] Ibid., p. 1125.

[20] Ibid., loc. cit.

[21] Ibid., loc. cit.

[22] Ibid., loc. cit.

entre princípio e regra não impera apenas uma distinção de grau, mas também de "qualidade".²³ Dessa forma, Alexy entende que os princípios são "mandamentos de otimização", cuja principal característica reside em poderem ser cumpridos em distinto grau e onde a medida imposta de execução não depende apenas de possibilidades fáticas, senão também jurídicas.²⁴ As regras, ao contrário, são normas que podem sempre ser cumpridas ou não. Em vista disso, existiria uma distinção qualitativa, e não de grau.²⁵

Cumpre ressaltar, no entanto, que a distinção entre regra e princípios já havia sido formulada por Ronald Dworkin, cujo entendimento acerca da normatividade dos princípios representou um marco no surgimento do pós-positivismo. Segundo Dworkin, as regras jurídicas são aplicáveis por completo, ou são absolutamente inaplicáveis. Trata-se, pois, de uma espécie de um tudo ou nada.²⁶

Já Eros Grau, ao comentar a distinção de Dworkin, refere: "Os princípios jurídicos atuam de modo diverso: mesmo aqueles que mais se assemelham às regras não se aplicam automática e necessariamente quando as condições previstas como suficientes para sua aplicação se manifestam".²⁷

Tal ocorre porque as regras jurídicas não comportam exceções, isso entendido no sentido de que, se existirem circunstâncias que excepcionem uma regra jurídica, a enunciação dela, sem que todas essas exceções sejam também enunciadas, será inexata e incompleta. Quanto aos princípios, a circunstância de serem próprios a um determinado direito não significa que esse direito jamais autorize a sua desconsideração.

Parte da doutrina, porém, critica o entendimento de Dworkin, uma vez que todas as regras, inclusive as específicas, teriam textura aberta e, por isso, estariam sujeitas a exceções, as quais não poderiam ser previamente especificadas.²⁸ Eros Grau, no entanto, assume a defesa do pensamento de Dworkin, explicando e sustentando a razão pela qual as regras, porquanto tenham uma textura aberta, não comportam exceções, conforme segue:

---

²³ ALEXY, Robert. *Teoria de Los Derechos Fundamentales*. Madri: Centro de Estúdios Políticos y Constitucionales, 2003, p. 86.

²⁴ Ibid., loc. cit.

²⁵ Ibid., p. 88.

²⁶ DWORKIN, Ronald. *Los Derechos en Serio*. Trad.: Marta Gustavino. Barcelona: Planeta Agostini, 1993, p. 75.

²⁷ GRAU, Eros Roberto. *A Ordem Econômica na Constituição de 1988*: interpretação e crítica. 3. ed. São Paulo: Malheiros, 1997, p. 90.

²⁸ Este é o entendimento de Genaro R. Carrió (1986), inspirado no pensamento de Hart. CARRIÓ, Genaro R. *Notas Sobre Derecho Y Lenguaje*. 3. ed. Buenos Aires: Abeledo-Perrot, 1986, p. 226.

O fato de as regras possuírem textura aberta – tal qual os princípios, de resto – não importa, em si, estejam elas sujeita a exceções. Uma circunstância não induz a outra. Não há relação de causa e efeito entre ambas. Comportarem ou não comportarem exceções às regras, isso independe inteiramente do fato de serem expressas em linguagem de textura aberta. Além disso, é justamente essa peculiaridade que permite que determinada regra se aplique a esta e não àquela situação, sem que isso importe esteja ela sendo excepcionada.[29]

Assim, a textura aberta das regras é necessária porque elas devem ser aplicadas em relação às situações futuras. Quando essa situação futura não se verificar ou quando se verificar um fato não previsto na regra, não há de se falar de exceção da regra, uma vez que, nesta hipótese, simplesmente a regra deixou de incidir.[30]

Em relação a um princípio, não existem previamente as condições suficientes para sua aplicação. O que existe é uma razão a arguir em determinada direção, porém isso não implica uma decisão concreta a ser necessariamente tomada em vista da existência de um determinado princípio.

Isso ocorre porque qualquer princípio coexiste com outros princípios que também devem ser considerados, sendo que, em muitos casos, a aplicação desses princípios pode produzir resultados diametralmente opostos. Todavia, isso não significa que o princípio que deixou de ser aplicado não seja próprio do direito de que se cuida, mesmo porque, em outro caso, poderá ser plenamente aplicável.[31]

A segunda razão pela qual um princípio se distingue de uma regra, segundo Dworkin, reside no fato de que os princípios possuem uma dimensão que não é própria das regras jurídicas, ou seja: a dimensão do peso ou importância.[32]

Em vista disso, um conflito entre princípios deve ser resolvido considerando-se a importância ou o peso de cada um dos princípios conflituosos. É certo, no entanto, como refere Eros Grau, essa valoração não

[29] GRAU, op. cit., p. 91.

[30] Ibid., p. 92.

[31] Conforme faz questão de lembrar Grau (1997): "A primeira distinção de que se vale Dworkin para apartar princípios e regras já havia sido, anteriormente, em outros termos explicitada, formulada por Jean Boulanger. Segundo ele, regra e princípio jurídico têm em comum o caráter de generalidade. Daí porque se poderia afirmar que um princípio jurídico não é senão uma regra jurídica particularmente importante, em virtude das conseqüências práticas que dele decorrem. No entanto – prossegue –não há entre ambos apenas uma desigualdade de importância, porém, mais do que isso, uma diferença de natureza. E isso porque a generalidade da regra jurídica é diversa da generalidade de um princípio jurídico. Demonstra-o Boulanger observando que a regra é geral porque estabelecida para um número indeterminado de atos ou fatos. Não obstante, ela é especial na medida em que não regula senão tais atos ou tais fatos: é editada para ser aplicada a uma situação jurídica determin*ada*. Já o princípio, ao contrário, é geral porque comporta uma série indefinida de aplicações". GRAU, Eros Roberto. *A Ordem Econômica na Constituição de 1988*: interpretação e crítica. 3. ed. São Paulo: Malheiros, 1997, p. 94-95.

[32] DWORKIN, Ronald. *Los Derechos en Serio*. Trad.: Marta Gustavino. Barcelona: Planeta Agostini, 1993, p. 77-78.

é exata, por isso o julgamento a propósito da maior importância de um princípio em relação a outro será com frequência discutível.[33]

Quando em determinado caso concreto um princípio colidir com outro, um dos princípios deverá recuar, não significando, contudo, que aquele princípio que recuou, deixando de ser considerado ou aplicado, seja nulo, ou que tenha sido introduzida uma cláusula de exceção. Dessa forma, o conflito de regras se resolve na dimensão da validade, enquanto a colisão de princípios é resolvida na dimensão do valor, eis que o princípio, de maior peso deve preponderar na solução do caso concreto correspondente.

Enfim, Dworkin distingue princípios de regras jurídicas, porquanto entende que elas não comportam exceções, isto é, ou são aplicadas de um modo completo ou são absolutamente inaplicáveis. Já um princípio pode, eventualmente, deixar de ser aplicado, mas ser aplicado noutro.

A finalidade dessa abordagem foi trazer à discussão as principais concepções doutrinárias acerca da distinção entre princípios e regras, sem, contudo, adotar uma determinada concepção para enfrentamento da questão.

Antes de significar desconsideração do consolidado entendimento sobre o assunto, este trabalho pretende pôr em evidência um traço da distinção existente entre regra e princípio que, sob um enfoque hermenêutico, resolveria um problema de interpretação ainda não superado pela doutrina e jurisprudência nacional.

Como entende Streck, o novo constitucionalismo exige uma nova teoria das fontes adequada ao modelo do Estado Democrático de Direito instituído. Por essa razão, é imprescindível, segundo o autor, compreender a origem da diferença entre regra e princípio:

> a) pela regra fazemos uma justificação de subsunção (portanto, um problema hermenêutico-filosófico) que no fundo é uma relação de dependência, de subjugação, e, portanto, uma relação de objetivação (portanto, um problema exsurgente da predominância do esquema sujeito-objeto);
>
> b) já por intermédio do princípio não operamos mais a partir de dados ou quantidades objetiváveis, porque, ao trabalhar com os princípios, o que está em jogo não é mais a comparação no mesmo nível de elementos, em que um elemento é causa e o outro é efeito, mas, sim, o que está em jogo é o acontecer daquilo que resulta do princípio, que pressupõe uma espécie de ponto de partida, que é um processo compreensivo.[34]

A partir de uma adequada compreensão da diferença entre regra e princípio, pode-se afirmar que o elemento entendido como principal, para fins da distinção em questão, trata-se da denominada função normogenética, a qual é exercida pelos princípios em relação às regras.

---

[33] GRAU, Eros Roberto. *A Ordem Econômica na Constituição de 1988*: interpretação e crítica. 3. ed. São Paulo: Malheiros, 1997, p. 93.

[34] STRECK, Lenio Luiz. *Verdade e Consenso*: constituição, hermenêutica e teorias discusivas. Rio de Janeiro: Lúmen Júris, 2006, p. 150-151.

Sustentar que a principal distinção existente entre princípios e regras reside em que os princípios desempenham função de alicerce das regras, implica assumir toda espécie de risco às críticas. No entanto, isso não significa renunciar à necessária modéstia acadêmica, uma vez que é imperioso para o que se pretende nesta parte do trabalho, defender a função normogenética dos princípios.

2.3. A prevalência da função normogenética dos princípios em relação às regras

A análise precedente permite constatar que há traços distintivos entre regras e princípios, que são percebidos de uma forma relativamente consensual na doutrina. Em que pese o exposto, para fins deste trabalho, a principal distinção entre princípio e regra é a denominada função normogenética daquele em relação a esta. Ou seja, o que diferencia ambos é o fato de que os princípios servem de fundamento às regras.

Em vista disso, é possível afirmar que, para solucionar determinado conflito jurídico, sempre será aplicado um princípio, quer direta ou indiretamente. Isso ocorre porque não há de se falar que a solução do caso concreto possa ser obtida com a mera tradução do texto da regra (mediante o emprego de um método para se obter a "verdade"), haja vista que isso implicaria desconsiderar a diferença ontológica.

A norma que solucionará o conflito sempre será fruto da interpretação de um texto e seu sentido deve ser construído sob a inspiração dos princípios que alicerçam as regras. Dessa forma, resta evidente a inescapável função fundamentadora que aqueles exercem em relação a estas.

Tendo em vista isso, os princípios – embora muitas vezes de uma forma imperceptível – são sempre aplicados na solução de determinado conflito, mesmo quando o próprio operador jurídico pensa estar aplicando, exclusivamente, uma regra.

Noutros termos, pode-se afirmar que as regras operam a concreção dos princípios, razão por que a interpretação ou aplicação das regras, não obstante sejam de ordem constitucional, deve estar em consonância com os princípios que as fundamentam. Nessa linha, afirma Eros Grau:

> As regras são aplicações dos princípios. Daí porque a interpretação e aplicação das regras jurídicas, tanto das regras constitucionais quanto das contempladas na legislação ordinária, não podem ser empreendidas sem que tome na devida conta os princípios — em especial quando se trate de princípios positivos do direito — sobre os quais se apóiam, isto é, aos quais conferem concreção.[35]

Já Konder Comparato, fazendo uma distinção prévia entre princípios e regras, aduz:

---

[35] GRAU, Eros Roberto. *A Ordem Econômica na Constituição de 1988*: interpretação e crítica. 3. ed. São Paulo: Malheiros, 1997, p. 118.

Os princípios são normas de extrema generalidade e abstração, em contraste com as regras, cujo conteúdo normativo é sempre mais preciso e concreto. Na verdade, a função social das regras consiste em interpretar e concretizar os princípios, à luz do ideário vigente, em cada época histórica, nas diferentes culturas e civilizações.[36]

A vinculação das regras em relação aos princípios se impõe como decorrência lógica, uma vez que não seria admissível supor que uma espécie normativa (regra), que se fundamenta noutra (princípio) e serve para operar a sua concreção, possa ter seu sentido construído (compreensão, interpretação e aplicação) de uma forma que contrarie o princípio sobre o qual se alicerça para, com isso, inviabilizar sua efetiva concreção.

Da análise, podem-se aferir duas consequências, que devem ser levadas em conta para fins de uma interpretação hermeneuticamente adequada dos dispositivos constitucionais. Conforme abordagem a seguir, não se sustenta o entendimento, de que os casos simples (*easy case*) seriam solucionados com aplicação de uma regra, enquanto os casos difíceis (*hard case*) seriam solucionados mediante a aplicação de um princípio. Ademais, não há de se falar na possibilidade da existência de conflito entre regra e princípio jurídico.

2.3.1. A hermeneuticamente inadequada separação entre casos simples e casos difíceis

No momento em que se reconhece que as regras se fundamentam nos princípios, tem-se como decorrência não ser possível afirmar que aquelas sejam aplicadas para solucionar os casos simples (*easy case*), enquanto a estes esteja reservada apenas a tarefa de solucionar os casos difíceis (*hard case*), isto é, aqueles casos, para cuja resolução, não haja uma regra.[37]

A teoria da argumentação, ao sustentar a separação acima exposta, "reduz o elemento essencial da interpretação a uma relação sujeito-objeto".[38] Tal ocorre, porque essa distinção é "apenas objetivista, metodológica, de teoria de conhecimento".[39] Isso se verifica, como explica Streck em original crítica, porque:

---

[36] COMPARATO. Fábio Konder. *Ética*: direito moral e religião no mundo moderno. São Paulo: Companhia das Letras, 2006, p. 510.

[37] Essa é a linha adotada, dentre outros, por Robert Alexy (ALEXY, Robert. *Teoria da Argumentação Jurídica*: a teoria do discurso racional como teoria da fundamentação jurídica. Trad.: Zilda H. Silva. 2. ed. São Paulo: Landy, 2005) e Manuel Atienza (ATIENZA, Manuel. Argumentación Jurídica. In: *Derecho e Y la Justicia*. Madrid: Trota, 2000, p. 231 e segs.), em que pese deva se reconhecer que Alexy (2005) assume uma posição nitidamente crítica ao positivismo.

[38] STRECK, Lenio Luiz. A Hermenêutica Filosófica e a Teoria da Argumentação na Ambiência do Debate Positivismo (neo) Constitucionalismo. In: *Diálogos Constitucionais*: direito, neoliberalismo e desenvolvimento em países periféricos. Rio de Janeiro: Renovar, 2006, p. 291.

[39] STRECK, Lenio Luiz. Da Interpretação de Textos à Concretização de Direitos. In: COPETTI, André; STRECK, Lenio Luiz; ROCHA, Leonel Severo; PEPE, Albano Marcos Bastos et al. (orgs.). *Constituição,*

> [...] quando a teoria da argumentação faz tal distinção, não se dá conta de que ali existem dois tipos de operar: no caso assim denominado simples, o operar explicativo, que é da ordem da causalidade; no caso complexo, não adianta trazer a causalidade, porque é necessário ampliar o processo.[40]

Fica praticamente impossível identificar quando se está diante de um *easy case*, para, nessa hipótese, se aplicar uma regra, ou quando se está diante de um *hard case*, em relação ao qual se exigiria a aplicação de um princípio. Em verdade, como explica Streck, "o problema de um caso ser fácil ou difícil (simples ou complexo, se assim se quiser) não está nele mesmo, mas na possibilidade – que advém da pré-compreensão do intérprete – de compreendê-lo".[41]

Em vista disso, essa separação está evidentemente contaminada por influências metafísicas, não sobrevivendo a uma abordagem hermenêutica. Tal ocorre, pois "na hermenêutica essa distinção entre *easy case* e *hard case* desaparece em face do círculo hermenêutico e da diferença ontológica".[42] Para Streck, "essa distinção não leva em conta a existência de um acontecer no pré-compreender, no qual o caso simples e caso difícil se enraízam". O que existe, segundo o autor, é "uma unidade que os institui".[43]

Além disso, os princípios são – ou deveriam ser – sempre levados em consideração, mesmo quando se constata que há uma regra específica para se aplicar ao caso, justamente porque, quando se aplica uma regra, imperceptivelmente se está aplicando um princípio (aquele que fundamenta a regra aplicada). Quando inexistir tal princípio, a norma extraída do texto da regra não poderá ser entendida como válida.

É certo, por fim, que, para se entender como inaplicável a concepção, de que as regras resolveriam os casos simples, deve-se se ter clara a função normogenética que os princípios desempenham em relação às regras. Portanto, é preciso considerar a pré-compreensão desse aspecto fundamental da hermenêutica. Como explica Streck:

> Com efeito, para que se possa compreender que uma regra é inaplicável, o intérprete já deve possuir – e, sem dúvida, já possui – a pré-compreensão antecipadora, isto é, como por trás de toda regra há um princípio que a sustenta, a compreensão do princípio instituidor é condição de possibilidade para que se possa dizer que a regra é inaplicável àquele determinado caso. Assim, é possível dizer que regra e princípio não estão "descolados" um do outro e tampouco há qualquer imanência entre ambos. Em outras palavras: quando as teorias da argumentação sustentam que, face a insuficiência da

---

Sistemas Sociais e Hermenêutica: programa de pós-graduação em Direito da UNISINOS: mestrado e doutorado. Porto Alegre: Livraria do Advogado; São Leopoldo: UNISINOS, 2006, p. 159.

[40] Ibid., loc. cit.

[41] STRECK, Lenio Luiz. *Verdade e Consenso*: constituição, hermenêutica e teorias discusivas. Rio de Janeiro: Lúmen Júris, 2006, p. 274.

[42] STRECK, Lenio Luiz. Da Interpretação de Textos à Concretização de Direitos. In: COPETTI, André; STRECK, Lenio Luiz; ROCHA, Leonel Severo; PEPE, Albano Marcos Bastos et al. (orgs.). *Constituição, Sistemas Sociais e Hermenêutica*: programa de pós-graduação em Direito da UNISINOS: mestrado e doutorado. Porto Alegre: Livraria do Advogado; São Leopoldo: UNISINOS, 2006, p. 158.

[43] Ibid., loc. cit.

regra, estar-se-á diante de um caso difícil, esquecem-se de que o afastamento da regra pelo princípio somente pode ocorrer porque o intérprete já compreendeu a insuficiência da regra.[44]

Enfim, mostra-se insubsistente o entendimento de que aos princípios estaria reservada, tão somente, a função de resolução de casos difíceis, enquanto a aplicação de regras solucionaria os casos ditos fáceis. No momento em que se constata a função de alicerce que os princípios desempenham, percebe-se que estes sempre serão, direta ou indiretamente, sempre considerados.

Da concepção de que os princípios fundamentam as regras, surge uma outra decorrência inconciliável com o positivismo jurídico: a impossibilidade de haver conflito entre regra e princípio. À medida que se reconhece a função normogenética dos princípios, resta inaceitável admitir que possa haver conflito entre regra e princípio jurídico, e, com muito mais razão, mostra-se inadmissível pensar que, em uma inimaginável hipótese de conflito, possa prevalecer a regra em detrimento do princípio.

2.3.2. Da inexistência de conflito entre regra e princípio

Uma vez que, de um lado, não se sustenta a posição de que aos princípios estaria reservado o campo de atuação apenas para fins de solução de casos difíceis; por outro lado, não há como sustentar que possa haver conflito entre regra e princípio, mesmo que sejam ambos de índole constitucional.

Muito embora os princípios e as regras constitucionais estejam no mesmo patamar hierárquico-normativo, não há de se olvidar que os princípios possuem a função de "pilares normativos", isto é, são as estruturas sobre as quais repousam todas as espécies normativas.

Por decorrência, se o sentido de uma regra só poderá ser validamente construído em consonância com os princípios que a fundamentam, não se pode cogitar a hipótese de conflito, pois a norma construída a partir da interpretação da regra, só poderá ser entendida como válida, se essa mesma norma puder ser extraída dos princípios que alicerçam a regra respectiva. Logo, por decorrência lógica, é impossível que haja conflito entre regra e princípio. Para alguns autores, no entanto, seria perfeitamente possível existir tal conflito, que seria resolvido em favor da aplicação da regra, não do princípio. Nessa linha sustenta Humberto Ávila:

> Também relacionado a essa questão está o problema de saber qual norma deve prevalecer se houver conflito entre um princípio e uma regra de mesmo nível hierárquico (regra constitucional x princípio constitucional). Normalmente, a doutrina, com base naquela já referida concepção tradicional, afirma que deve prevalecer o princípio. Assim, porém, não deve suceder. Se isso fosse aceito, quando

---

[44] STRECK, Lenio Luiz. A Hermenêutica Filosófica e a Teoria da Argumentação na Ambiência do Debate Positivismo (neo) Constitucionalismo. In: *Diálogos Constitucionais*: direito, neoliberalismo e desenvolvimento em países periféricos. Rio de Janeiro: Renovar, 2006, p. 291-292.

houvesse colisão entre a regra de imunidade dos livros e o princípio da liberdade de manifestação do pensamento e de cultura, deveria ser atribuída prioridade ao princípio, inclusive – esta seria uma das conseqüências – para efeito de tornar imunes obras de arte! E se houvesse conflito entre a regra de competência para instituir contribuições sociais sobre o faturamento e os princípios da solidariedade social e da universalidade do financiamento da seguridade social, deveria ser dada prevalência ao princípio, inclusive – este seria um dos resultados – para efeito de justificar a tributação mesmo que o valor obtido pela empresa não fosse enquadrado no conceito de faturamento! Ora, isso não é aceitável.[45]

Contudo, convém ressaltar que uma concepção que admite o conflito entre regra e princípio está nitidamente comprometida com o positivismo jurídico e com o pensar metafísico que o alicerça, especialmente no que tange à desconsideração da diferença existente entre texto e norma. Alertando sobre isso, aduz Streck:

> Com efeito, não poderá haver colisão entre regra e princípio; logo uma regra não pode prevalecer em face de um princípio. Se correta a tese de que por trás de cada regra há um princípio, então a afirmação de que, em determinados casos, a regra prevalece em face ao princípio, é uma contradição. A prevalência de regra em face de um princípio significa um retorno ao positivismo, além de independizar a regra de qualquer princípio, como se fosse um objeto dado (posto), que é exatamente o primado da concepção positivista do direito, em que não há espaços para os princípios.[46]

Ou seja, uma tal concepção é incompatível com o modelo hermenêutico, pois uma das condições de possibilidade da hermenêutica filosófica é a compreensão da diferença ontológica (entre ser e ente), o que, no campo jurídico, se reflete na diferença entre texto e norma, bem como entre vigência e validade.

O problema vislumbrado pelo referido jurista (*vg.* conflito entre a regra da imunidade e princípio da livre manifestação do pensamento) não se verificaria, uma vez que, conforme sustentado acima, por trás de toda regra há um princípio que a fundamenta, razão pela qual eventual colisão – não um conflito – ocorreria entre esse princípio e aquele mencionado/exemplificado pelo autor.

Além disso, é de fundamental importância lembrar que os "princípios não colidem no ar", isto é, só se pode falar em colisão de princípios no caso concreto, pois, uma vez existente tal caso, o Judiciário aplicaria o princípio (aquele que fundamenta a regra ou o outro princípio colidente) de maior peso ou relevância para solucionar o caso. Logo, tudo isso passaria por uma pré-compreensão da própria ideia de constituição e por um processo argumentativo que estivesse apto a produzir uma resposta hermeneuticamente adequada.

---

[45] ÁVILA, Humberto. Teoria dos Princípios e o Direito Tributário. *Revista Dialética de Direito Tributário*, São Paulo, n. 125, fev. 2006, p. 39.
[46] STRECK, Lenio Luiz. A Hermenêutica Filosófica e a Teoria da Argumentação na Ambiência do Debate Positivismo (neo) Constitucionalismo. In: *Diálogos Constitucionais*: direito, neoliberalismo e desenvolvimento em países periféricos. Rio de Janeiro: Renovar, 2006, p. 292.

Enfim, se tudo isso pudesse ser desconsiderado, a posição refutada mostrar-se-ia adequada. Todavia, esse entendimento estaria em consonância com um *modus operandi* totalmente comprometido com as concepções positivistas, as quais, neste trabalho, se procurou refutar desde o princípio.

Não obstante o exposto, a influência do positivismo pode ser facilmente constatada na discussão que, até agora, esteve submetida à interpretação do disposto no § 1º do art. 145 da Constituição do Brasil. Na abordagem que segue, será constatada a influência dos prejuízos inautênticos na compreensão e interpretação do texto constitucional, bem como a inaceitável prevalência de uma regra, em detrimento dos princípios que a fundamentam.

3. A (re)construção de um sentido adequado ao disposto no § 1º do art. 145 da Constituição do Brasil

Entre os objetivos do trabalho está a necessidade de examinar as condições de possibilidades de que, mediante a adequação da tributação à efetiva capacidade contributiva do cidadão, seja possível propiciar a máxima eficácia ao princípio da dignidade da pessoa humana.

Para alcançar tal intento, deve-se enfrentar a questão acerca da adequada interpretação do princípio da capacidade contributiva, o qual, para muitos, estaria albergado na literalidade do disposto no § 1º do art. 145 da Constituição do Brasil, *in verbis*:

> Art. 145 [...]
>
> § 1º *Sempre que possível, os impostos terão caráter pessoal e serão graduados segundo a capacidade econômica do contribuinte*, facultada à administração tributária, especialmente para conferir efetividade a esses objetivos, identificar, respeitados os direitos individuais e nos termos da lei, o patrimônio, rendimentos e as atividades econômicas do contribuinte. (grifo nosso)

Cabe recordar, preliminarmente, que somente se compreende o porquê da impossibilidade de que a Constituição seja interpretada mediante a adoção de um método, quando se compreende e se considera a existência da diferença ontológica entre texto e norma, ou seja, quando se tem claro que esta sempre será o fruto da interpretação daquele. Se assim não for, a interpretação corresponderá a uma inútil e ineficaz "tradução de texto", metafisicamente levada a cabo.

Assim, mostra-se hermeneuticamente inadequado centrar e restringir a discussão acerca da interpretação do disposto no § 1º do art. 145 da Constituição à análise dos termos contidos no referido dispositivo: a) sempre que possível; b) impostos; e c) pessoais. Isso implicaria reduzir o processo interpretativo à mera tradução (do "juridiquez" para o "português") dos termos contidos no texto (interpretação através do método literal). Ou seja, todas as possibilidades interpretativas ficariam restritas à análise do enunciado linguístico, o que é incompatível com o modelo hermenêutico.

Dessa forma, a diferença ontológica do ente (texto) em relação ao ser (norma) seria totalmente desprezada, optando-se pelo mergulho no fosso da anacrônica metafísica. Tal mergulho se percebe, claramente, quando a própria Suprema Corte diz que determinados tributos, pelo fato de serem classificados e conceituados como "impostos reais", não poderiam ser graduados segundo a capacidade econômica do sujeito passivo, pois o disposto no § 1° do art. 145 da Constituição menciona apenas o termo "pessoal".[47]

Também pode ser percebida a total desconsideração da diferença ontológica, bem como um radical apego ao positivismo, quando parte da doutrina diz que só os "impostos" poderiam ser graduados segundo a capacidade econômica do sujeito passivo, haja vista que apenas essa espécie tributária consta no enunciado linguístico do referido dispositivo constitucional.

Já quando a discussão se restringe a examinar o significado do enunciado "sempre que possível", tal inautenticidade fica claramente exposta, mesmo porque essa discussão sequer poderia existir, pois seria absurdo imaginar que a Constituição contivesse um dispositivo determinando o absolutamente impossível.

Enfim, a expressão contida na primeira parte do § 1° do art. 145 da Constituição: "sempre que possível os impostos terão caráter pessoal e serão graduados segundo a capacidade econômica do sujeito passível", em absoluto pode ser entendida no sentido de que, apenas ocasionalmente, os impostos, ditos pessoais (tão somente esses!), poderiam estar adstritos à efetiva capacidade econômica do sujeito passivo. Isso praticamente restringiria a possibilidade de aplicação do referido dispositivo ao Imposto de Renda das Pessoas Físicas!

O mais grave, porém, é que, ao negar a possibilidade de graduação dos tributos segundo a capacidade contributiva do sujeito passivo, descortina-se o evidente equívoco de pré-compreensão do texto constitucional. No momento em que se sustenta que a capacidade econômica possa ser desprezada para fins de divisão da carga tributária, obviamente se revela a existência de preconceitos ilegítimos ou prejuízos inautênticos, acerca do próprio modelo de Estado vigente no Brasil. Por isso, faz-se necessária a análise que segue.

---

[47] Em face ao pacífico entendimento sobre essa questão, o Supremo Tribunal Federal editou o verbete da SÚMULA 668: É inconstitucional a Lei Municipal que tenha estabelecido, antes da Emenda Constitucional 29/2000, alíquotas progressivas para o IPTU, salvo se destinada a assegurar o cumprimento da função social de propriedade urbana.

3.1. Um retomar hermenêutico para compreender o princípio da capacidade contributiva

Cabe lembrar, inicialmente, que o jurista, quando interpreta o texto constitucional, embora sequer identifique claramente isso, o faz a partir de preconceitos construídos ao longo da sua formação, pois eles são inerentes ao seu modo de ser no mundo.

Os referidos preconceitos serão autênticos ou legítimos se estiverem fundados na autoridade da tradição, o que passa, necessariamente, por uma compreensão do que seja a própria Constituição.

Ocorre que, boa parte desses preconceitos (a própria ideia do que seja constituição, inclusive) foi construída a partir de uma realidade e de um contexto histórico superado. Tais preconceitos foram gestados sob os auspícios de um modelo de Estado (liberal-individualista) que ora não vige mais, pelo menos no campo formal/constitucional. Isso, especialmente no caso do Brasil, tem representado um entrave à eficácia normativa do texto constitucional, pois continua não descoberto, como sustenta Streck:

> O sentido da Constituição não pode continuar velado (isto porque, passados quinze anos desde sua promulgação, grande parte de seu texto continua inefetivo, portanto, não descoberto). Por isto, para interpretar a Constituição (entendida como o novo, o estranho), é necessário, primeiro, tornar transparente a própria situação hermenêutica para que o estranho ou diferente (sinistro) do texto possa fazer-se valer antes de tudo, isto é, sem que nossos pré-juízos não esclarecidos exerçam aí sua despercebida dominação e assim escondam o específico do texto.[48]
>
> [...]
>
> Por isso, o des-velar do novo (Estado Democrático de Direito, sua principiologia e a conseqüente força normativa e substancial do texto constitucional) pressupõe a desconstrução/destruição da tradição jurídica inautêntica, mergulhada na crise de paradigmas. Ao des-construir, a hermenêutica constrói, possibilitando o manifestar-se de algo (o ente "Constituição" em seu estado de des-coberto). O acontecimento da Constituição será a revelação dessa existência do jurídico (constitucional), que está aí, ainda por des-cobrir. O acontecer será, assim, a des-ocultação do que estava aí velado.[49]

Para compreender isso, é necessário, "pôr entre parênteses os pré-juízos, e estes prejuízos devem ser compreendidos/suspensos 'como' pré-juízos, onde o 'como' é condição de possibilidade para 'pôr entre parênteses'".[50] Isto é, o intérprete da constituição deve suspender seus preconceitos ilegítimos para que possa compreender, interpretar e aplicar o texto da Constituição do Brasil de 1988, deixando, antes de mais nada, que o texto possa lhe dizer algo, pois só assim poderá perceber/descobrir o novo contido no referido texto (que não se confunde com mero enunciado linguístico) para, com isso, poder laborar no seu tardio, mas ainda imprescindível, processo de desvelamento.

---

[48] STRECK, Lenio Luiz. *Jurisdição Constitucional e Hermenêutica*: uma nova crítica do direito. 2. ed. Rio de Janeiro: Forense, 2004, p. 222.

[49] Ibid., p. 224.

[50] Ibid., p. 222-223.

Não será, pois, através da anacrônica aplicação de um determinado método que o texto da constituição, por dedução ou indução, poderá ser interpretado. Sobretudo isso não ocorrerá mediante a simplória aplicação do método literal/gramatical, como se a linguagem do direito pertencesse a outro idioma – "juridiquez" – e ao "sábio" jurista coubesse a tarefa de traduzir o texto para o português.

Conforme já visto quando da análise da diferença entre ser e ente (diferença ontológica), há uma inequívoca distinção entre texto e norma. A percepção dessa diferença (ontológica) é condição de possibilidade de uma interpretação hermeneuticamente adequada, pois aquele que não a percebe e confunde texto e norma está indubitavelmente preso às concepções metafísicas, porquanto pensa ainda ser possível descobrir a verdade através da utilização de um método.

O texto (não o mero enunciado linguístico) pode e deve dizer algo, mas esse texto será sempre um ente que, como tal, dependerá da manifestação do seu ser, que é a norma. Se assim não for, estar-se-á preso às conceituações metafísicas, as quais, ao longo de dois mil anos, entificaram o ser.

Portanto, não é demais ressaltar que a norma será sempre fruto da interpretação de um texto e, com ele, não poderá se confundir, da mesma forma como o ente não se confunde com o seu ser. Por si só, isso já representa um importantíssimo avanço na compreensão da própria constituição, pois parte significativa da doutrina e da jurisprudência está sob as amarras dessas ultrapassadas concepções metafísicas.

Enfim, para se compreender adequadamente a constituição, faz-se necessário livrar-se dos prejuízos inautênticos, romper com os preconceitos concebidos a partir de uma realidade superada para, como isso, mostrar-se disposto a deixar que o texto (o novo) possa dizer algo. Isso só ocorrerá se a autoridade da tradição – de uma constituição dirigente e compromissária do (modelo) Estado Social e Democrático de Direito – for reconhecida.

Enquanto isso não ocorrer, continuar-se-á a ter um belíssimo texto, ao qual não é permitido "dizer algo", pois a ressonância dos preconceitos ilegítimos continuará a produzir um som estridente, o qual impede que o jurista suspenda seus "pré-juízos" e força-o a continuar "ser no mundo" de uma forma inautêntica, pois não se permite "ouvir a voz do texto".

Em decorrência disso, a Constituição permanecerá como uma obra de ficção, sem eficácia e normatividade, justamente naqueles pontos em relação aos quais um país de modernidade tardia (Brasil) tem maior urgência e necessidade de eficácia, como ocorre, por exemplo, em relação aos direitos sociais, ao princípio da dignidade da pessoa humana, ao princípio da solidariedade social.

3.2. A condição de regra do disposto no § 1° do art. 145 da Constituição brasileira e os princípios que a fundamentam

Até o momento, buscou-se analisar os fundamentos da hermenêutica filosófica, com vistas a examinar as condições de possibilidades de que essa seja a fonte inspiradora do processo interpretativo do disposto no Parágrafo 1° do art. 145 da Constituição Brasileira para que, com isso, o princípio da capacidade contributiva possa ser aplicado na plenitude de suas possibilidades.

Conforme visto nas lições de Gadamer, o fato de a norma ser fruto da interpretação de um texto, não implica a possibilidade de que cada qual possa atribuir a esse texto o sentido que melhor lhe convier. Ou seja, "nem de longe pode significar a possibilidade deste estar autorizado a 'dizer qualquer coisa sobre qualquer coisa, atribuindo sentidos de forma arbitrária aos textos'".[51]

Quando se diz que o princípio da capacidade contributiva apenas poderia ser aplicado aos impostos e apenas àqueles que possam ser classificados como pessoais, está-se evidentemente negando as possibilidades de que o texto do Estado Democrático de Direito, constituído em 1988, possa "dizer algo" e, portanto, se está arbitrariamente atribuindo um sentido próprio ao texto.

Esse intérprete, na obscuridade de seus preconceitos inautênticos, labora a partir dos paradigmas do modelo de Estado liberal-individualista, os quais ainda conduzem o seu modo de ser no mundo, muito embora tudo isso seja, para ele, imperceptível. Tais preconceitos o impedem de perceber/descobrir/desvelar o novo modelo de Estado ora vigente no plano formal. Enfim, eles são ilegítimos, porque estão vinculados a uma "real-idade" já superada e numa tradição inautêntica.

Isso se dá, porque o princípio da capacidade contributiva não está fundamentado no enunciado linguístico contido no § 1° do art. 145 da CF/88. Ao contrário, é esse princípio que fundamenta o referido dispositivo, pois, se assim não fosse, a regra em questão estaria destituída de uma de suas condições de validade, qual seja: não haveria, em relação a ela, um princípio que desempenhasse a insubstituível função normogenética.

O princípio da capacidade contributiva, diferentemente do que sustentam muitos, não está fundamentado no § 1° do art. 145 da CF/88. Ele decorre do caráter do modelo de Estado constituído pela Carta brasileira de 1988 (Estado Democrático de Direito), o qual está alicerçado nos prin-

---

[51] STRECK, Lenio Luiz. In: ROCHA; Leonel Severo; STRECK; Lenio Luiz; BOLZAN DE MORAIS; José Luis et al. (orgs.). *Constituição, Sistemas Sociais e Hermenêutica*: programa de pós-graduação em Direito da UNISINOS: mestrado e doutorado. Porto Alegre: Livraria do Advogado; São Leopoldo: UNISINOS, 2005, p. 167.

cípios da dignidade da pessoa humana, da igualdade substancial e da solidariedade. Isto é, não há de se falar em Estado Democrático de Direito, se esse não tiver como objetivo a redução das desigualdades sociais, a construção de uma sociedade solidária, que esteja apta a assegurar igual dignidade a todos os seus membros.

Os princípios basilares e os objetivos fundamentais mencionados pela Carta de 1988 (arts. 1º e 3º) só poderão ser alcançados se a carga tributária for dividida de uma forma proporcional à efetiva capacidade contributiva do cidadão, tendo em vista que, se isso não ocorrer, as desigualdades sociais, ao invés de serem reduzidas, serão ampliadas, a miséria continuará aviltando a dignidade humana, e a meta da solidariedade social permanecerá como mera utopia acadêmica.

A regra do § 1º do art. 145 não entra em choque, portanto, com os referidos princípios e objetivos fundamentais, tendo em vista que, conforme examinado, não há de se falar em conflito entre regra e princípio, pois o sentido daquela só pode ser validamente construído de acordo com este princípio.

Da mesma forma, não é possível interpretar-se literalmente a regra contida no § 1º do art. 145 da CF/88, pois isso levaria a contrariar e negar eficácia jurídica aos princípios que a fundamentam (capacidade contributiva, dignidade da pessoa humana, igualdade substancial e solidariedade), ao mesmo tempo em que se desconsideraria a diferença ontológica.

Dizer, por exemplo, que o princípio (na verdade a regra do mencionado dispositivo constitucional) impede a graduação progressiva das alíquotas dos impostos ditos "reais" corresponde a esquecer a diferença ontológica entre ser e ente, no caso específico, entre texto e norma. Por isso, a interpretação, que alguns entendem correta do dito dispositivo – a Suprema Corte, por exemplo – implica desconsiderar os princípios basilares que fundamentam a Constituição para privilegiar exclusivamente o denominado "método literal" de interpretação, a partir de conceitos metafísicos acerca dos termos contidos no texto da Constituição.

Tudo isso é feito a partir de preconceitos fundados numa tradição inautêntica, numa tradição forjada num momento histórico superado, o qual, infelizmente, colaborou (e ainda colabora) para que a "Constituição Cidadã" continuasse a ser um monumento em homenagem à inefetividade. Para que isso seja superado, faz-se necessário repensar o que se compreende por Constituição, bem como é fundamental romper com os paradigmas objetivista e subjetivista, em relação aos quais ainda se está aprisionado.[52]

---

[52] No entanto, relativamente a esta questão um novo horizonte se descortina na Suprema Corte. Isso pode ser constatado no julgamento da questão envolvendo o Imposto de Transmissão *Causa Mortis* e Doação – ITCD, (RE nº 562.045, interposto pelo Estado do Rio Grande do Sul, em razão de acórdão do Tribunal de Justiça gaúcho que declarou inconstitucional a lei que estabelecia a progressividade do

4. Considerações finais

A densificação do princípio da dignidade da pessoa humana, no campo tributário, passa, necessariamente, pela adequação da carga fiscal à efetiva capacidade econômica do cidadão. Para tanto, faz-se necessário compreender e adequadamente interpretar os dispositivos constitucionais que estejam aptos a concretizar tal fim, especialmente, o denominado princípio da capacidade contributiva. Tal intento, pode ser alcançado utilizando-se dos aportes teóricos da hermenêutica filosófica.

Nessa linha, compreender é não é um modo de conhecer, mas, sim, um modo de ser, determinante do processo de interpretação. A pré-compreensão trata-se do seu pressuposto, sendo que essa será adequada, se estiver embasada em preconceitos legítimos, fundados na autoridade da tradição. O ato interpretar, nessa perspectiva, sempre corresponderá a um processo de construção de sentidos, a partir de uma tradição existente.

Muito embora se diga que a interpretação não significa a reprodução do sentido original, isso não implica que o intérprete esteja liberado para agir arbitrariamente. A compreensão e, por decorrência, todo processo de interpretação, apenas será adequado, se as opiniões prévias estejam destituídas de arbitrariedade, isto é, se os preconceitos sejam legítimos e, portanto, validamente fundados na autoridade da tradição.

Por decorrência, não será mediante o emprego de um método que se obterá a verdade, motivo pelo qual, no plano jurídico, não há de se falar na utilização dos métodos (gramatical, sistemático, teleológico, histórico etc.), com vistas a se interpretar, adequadamente, um determinado texto jurídico.

Constata-se, assim, que o disposto no § 1º do artigo 145 da Constituição brasileira vem sendo interpretado – por uma significativa parcela da doutrina e da jurisprudência – de uma forma hermeneuticamente inadequada, haja vista que não é levada em consideração a diferença entre texto e norma (diferença ontológica), restringindo-se ao mero exame da literalidade do texto e desconsiderando-se os princípios que fundamentam tal regra.

Uma vez que se passou a admitir que os princípios estão impregnados de normatividade, tem-se que o gênero "norma" contempla duas espécies: as regras e os princípios, sendo que, a partir de uma adequada

Imposto de Transmissão *Causa Mortis* e Doação – ITCD. Até o momento, os Ministros Eros Grau, Menezes Direito, Cármen Lúcia, Joaquim Barbosa, Ayres Britto e Ellen Gracie, votaram pelo provimento do recurso, havendo forte tendência à revisão do entendimento fundado em juízos inautênticos. Não obstante ter sido construída a maioria necessária, o Ministro Marco Aurélio – que havia votado pela inconstitucionalidade da lei do Rio Grande do Sul – pediu vista dos autos tendo sido noticiado que a razão para tal pedido decorre da suposição de que, com a progressividade do ITCD, estar-se-ia instituindo indiretamente o Imposto sobre Grandes Fortunas!

compreensão da diferença entre regra e princípio, pode-se afirmar que o elemento principal que os distingue trata-se da denominada função normogenética exercida pelos princípios, relativamente às regras. Isto é, os princípios desempenham função de alicerce das regras.

Pode-se afirmar que as regras operam a concreção dos princípios, razão pela qual, a interpretação ou aplicação das regras, não obstante sejam de ordem constitucional, deve estar em consonância com os princípios que as fundamentam.

Mostra-se insubsistente o entendimento, segundo o qual, aos princípios estaria reservada, tão somente, a função de resolver de casos difíceis, enquanto a aplicação de regras solucionaria os casos ditos fáceis. No momento que se constata a função de alicerce que os princípios desempenham, percebe-se que esses serão, direta ou indiretamente, sempre considerados.

Na medida em que se reconhece a função normogenética dos princípios, resta também inaceitável admitir que possa haver conflito entre regra e princípio jurídico, e, com muito mais razão, mostra-se inadmissível pensar que, em uma inimaginável hipótese de conflito, pudesse prevalecer a regra, em detrimento do princípio.

Não é hermeneuticamente aceitável restringir a discussão acerca da interpretação do disposto no § 1° do art. 145 da Constituição do Brasil, à análise dos termos contidos no referido dispositivo, pois isso implicaria reduzir o processo interpretativo à mera tradução dos termos contidos no texto, o que é incompatível com o modelo hermenêutico, uma vez que seria desprezada a diferença ontológica do ente (texto) em relação ao ser (norma), optando-se pelo mergulho no fosso da anacrônica metafísica.

Além disso, não é possível interpretar literalmente a regra contida no § 1° do art. 145 da CF/88, porque isso levaria a contrariar e negar eficácia jurídica aos princípios que a fundamentam (capacidade contributiva, dignidade da pessoa humana, igualdade substancial e solidariedade).

Dessa forma, a expressão contida na primeira parte do § 1° do art. 145 da Constituição: "sempre que possível os impostos terão caráter pessoal e serão graduados segundo a capacidade econômica do sujeito passível", em absoluto, pode ser entendida no sentido de que, apenas os impostos classificados como pessoais, poderiam estar adstritos à efetiva capacidade econômica do sujeito passivo.

Para se compreender adequadamente a Constituição, faz-se necessário livrar-se dos prejuízos inautênticos, isto é, romper com os preconceitos concebidos a partir de uma realidade superada, para que o texto possa dizer algo. Isso só ocorrerá se a autoridade da tradição – de uma constituição dirigente e compromissária do (modelo) Estado Social e Democrático de Direito – for reconhecida.

Assim, devem-se suspender os preconceitos ilegítimos para que possa compreender, interpretar e aplicar o texto da Constituição do Brasil de 1988, deixando-se que esse diga algo, pois só assim se poderá perceber/descobrir o novo contido no referido texto (que não se confunde com mero enunciado linguístico) para que, com isso, se possa laborar no seu, embora tardio, imprescindível processo de desvelamento e descoberta.

Referências

ALEXY, Robert. *Teoria de Los Derechos Fundamentales*. Madri: Centro de Estúdios Políticos y Constitucionales, 2003.

ARAGON, Manuel. *Constituición Y Democracia*. Madrid: Tecnos, 1990. p. 91. Em vista disso, para fins deste trabalho, tal classificação não será utilizada.

ATIENZA, Manuel. Argumentación Jurídica. In: *Derecho e Y la Justicia*. Madrid: Trota, 2000.

ÁVILA, Humberto. Teoria dos Princípios e o Direito Tributário. *Revista Dialética de Direito Tributário*, São Paulo, n. 125, fev. 2006.

BONAVIDES, Paulo. *Curso de Direito Constitucional*. 11. ed. São Paulo: Malheiros, 2001.

CARRIÓ, Genaro R. *Notas Sobre Derecho Y Lenguaje*. 3. ed. Buenos Aires: Abeledo-Perrot, 1986.

CARVALHO, Paulo de Barros. *Curso de Direito Tributário*, São Paulo: Saraiva, 1993.

COMPARATO, Fábio Konder. *Ética*: direito moral e religião no mundo moderno. São Paulo: Companhia das Letras, 2006.

COPETTI, André; STRECK, Lenio Luiz; ROCHA, Leonel Severo; PEPE, Albano Marcos Bastos *et al.* (orgs.). *Constituição, Sistemas Sociais e Hermenêutica*: programa de pós-graduação em Direito da UNISINOS: mestrado e doutorado. Porto Alegre: Livraria do Advogado; São Leopoldo: UNISINOS, 2006.

DUBOIS, Christian. *Heidegger*: introdução a uma leitura. Trad.: Bernardo Barros Coelho de Oliveira. Rio de Janeiro: Jorge Zahar, 2004.

DWORKIN, Ronald. *Los Derechos en Serio*. Trad.: Marta Gustavino. Barcelona: Planeta Agostini, 1993.

GADAMER, Hans-Georg. *Verdade e Método*: traços fundamentais de uma hermenêutica filosófica. Trad.: Flávio Paulo Meurer. Petrópolis: Vozes, 1997.

GOMES CANOTILHO José J. *Direito Constitucional e Teoria da Constituição*. 4. ed. Coimbra: Almedina, 2000.

GRAU, Eros Roberto. *A Ordem Econômica na Constituição de 1988*: interpretação e crítica. 3. ed. São Paulo: Malheiros, 1997.

HEIDEGGER, Martin. *Introdução à Metafísica*: apresentação e tradução Emanuel Carneiro Leão. 4. ed. Rio de Janeiro: Tempo Brasileiro, 1987.

——. *Ontologia*: hermenêutica de la facticidad. Versión de Jaime Aspiunza. Madrid: Alianza, 2000.

——. *Ser e Tempo*. Parte I. Trad.: Márcia de Sá Cavalcante. Petrópolis: Vozes, 1995.

HOUAISS, Antônio; VILLAR, Mauro de Salles. *Dicionário Houaiss da Língua Portuguesa*. Rio de Janeiro: Objetiva. 2001.

MACDOWELL, João Augusto A. Amazonas. *A Gênese de Ontologia Fundamental de Martin Heidegger*: ensaio de caracterização do modo de pensar de Sein und Zeit. São Paulo: Loyola, 1993. (Coleção Filosofia).

ROCHA, Leonel Severo; STRECK, Lenio Luiz; BOLZAN DE MORAIS; José Luis *et al.* (orgs.). *Constituição, Sistemas Sociais e Hermenêutica*: programa de pós-graduação em Direito da UNISINOS: mestrado e doutorado. Porto Alegre: Livraria do Advogado; São Leopoldo: UNISINOS, 2005.

STEIN, Ernildo. *Diferença e Metafísica*: ensaios sobre a desconstrução. Porto Alegre: EDIPUC, 2000. (Coleção Filosofia n° 114).

STRECK, Lenio Luiz. A Hermenêutica Filosófica e a Teoria da Argumentação na Ambiência do Debate Positivismo (neo) Constitucionalismo. In: *Diálogos Constitucionais*: direito, neoliberalismo e desenvolvimento em países periféricos. Rio de Janeiro: Renovar, 2006.

——. Da Interpretação de Textos à Concretização de Direitos. In: COPETTI, André; STRECK, Lenio Luiz; ROCHA, Leonel Severo; PEPE, Albano Marcos Bastos *et al.* (orgs.). *Constituição, Sistemas Sociais e Hermenêutica*: programa de pós-graduação em Direito da UNISINOS: mestrado e doutorado. Porto Alegre: Livraria do Advogado; São Leopoldo: UNISINOS, 2006.

——. *Jurisdição Constitucional e Hermenêutica*: uma nova crítica do direito. 2. ed. Rio de Janeiro: Forense, 2004.

——. *Verdade e Consenso*: constituição, hermenêutica e teorias discusivas. Rio de Janeiro: Lúmen Júris, 2006.

— XI —

Direito à saúde na sociedade cosmopolita e suas implicações no processo de transformação social

SANDRA REGINA MARTINI VIAL[1]

Sumário: 1. Introdução: pressupostos da metateoria do direito fraterno; 2. Sociedade de fronteiras e fronteiras da sociedade cosmopolita; 3. Migrantes e saúde; 4. A saúde nas fronteiras: limites e possibilidades ; 4.1. O quadro de referência normativa: tratados e acordos binacionais na área do Mercosul; 4.2. Quadro jurídico-institucional na Europa; 5. Conclusão: a fraternidade é possível!

1. Introdução: pressupostos da metateoria do direito fraterno

[...] è necessario allargare i confini dello sguardo e cominciare a ragionare di populazione in chiavi di planeta.[2]

A necessidade de alargar o nosso território com o olhar sobre o próprio território nos permite ver que é possível superar fronteiras sem criar novas fronteiras. Este é o grande desafio dos dias atuais: a superação de confins que discriminam, que excluem os tradicionalmente e os novos excluídos. Ver a sociedade como planeta implica assumir uma nova postura diante da

---

[1] Possui graduação em Ciências Sociais pela Universidade do Vale do Rio dos Sinos (1983), mestrado em Educação pela Pontifícia Universidade Católica do Rio Grande do Sul (1997) e doutorado em Evoluzione dei Sistemi Giuridici e Nuovi Diritti pela Università Degli Studi di Lecce (2001) e Pós-doutorado em Direito (Roma Tre, 2006) e em políticas públicas (Universidade de Salerno, 2008). Atualmente é professora titular da Universidade do Vale do Rio dos Sinos, da Fundação do Ministério Público, da Scuola Dottorale Internazionale Tullio Ascarelli e professora visitante da Universita Degli Studi Di Salerno. Foi diretora da Escola de Saúde Pública do Rio Grande do Sul (janeiro de 2007 a fevereiro de 2011), é membro do Conselho Superior da Fundação de Amparo à Pesquisa do Estado do Rio Grande do Sul (FAPERGS). Integra o conselho editorial da Revista Brasileira de Direito (Passo Fundo), da Revista Estudo & Debate (Lajeado), é Membro do Conselho Nacional Externo da Revista Direitos Fundamentais, da Revista do Programa de Pós-Graduação, Mestrado e Doutorado em Direito da PUCRS, do Conselho Editorial da Revista do Direito da Unisc, Universidade de Santa Cruz do Sul e da Revista Estudos Legislativos. É avaliadora do Basis do Ministério da Educação e Cultura e do Basis do Instituto Nacional de Estudos e Pesquisas Educacionais Anísio Teixeira.

[2] RESTA, Eligio. *La infanzia ferita*. Laterza. Roma- Bari, 1998, p. 102. [Tradução livre: É necessário alargar os confins do olhar e começar a raciocinar sobre a população em termos de planeta.]

complexidade social e a possibilidade da efetivação do necessário processo de transformação social. Propomos o resgate do conceito de fraternidade e sua relação com o direito à saúde como forma de superar o egoísmo vigente nesta sociedade cosmopolita, na qual a possibilidade de transformação social é concreta, assim como são concretos os desafios para a construção de uma sociedade fundada no respeito ao outro como um outro EU.

Neste artigo, temos como foco a relação do direito à saúde com a contínua e indispensável necessidade de ultrapassar fronteiras, especialmente as fronteiras não visíveis. Por isso, fundaremos nossa reflexão na metateoria do direito fraterno, pois através dela podemos ver que é possível romper barreiras sem criar novas. Assim, apresentaremos o texto subdividido em tópicos: iniciaremos questionando a construção de fronteiras, mesmo sabendo que *só existem duas Nações;* a seguir trataremos da população migrante e seu direito ao direito à saúde; no ponto seguinte, trataremos de mostrar como o direito à saúde pode ultrapassar barreiras na sociedade cosmopolita, para isso utilizaremos dois exemplos: um que se refere ao Mercosul e outro à União Europeia; por fim, apresentaremos nossas conclusões, mostrando que fraternidade é uma possibilidade, um desafio e uma aposta.

A metodologia que utilizamos está diretamente relacionada com o processo de transformação social, já que *metá*, etimologicamente, significa transformação e sucessão no tempo, e *theoría*, a ação de observar.[3] Ou seja, ao mesmo tempo em que a metateoria é objeto, também é produto de pesquisa. Ademais, ao utilizar a metateoria do direito fraterno, o sujeito se coloca na própria análise; por isso, a não separação entre sujeito e objeto (tese discutida profundamente por N.L.).[4] Eligio Resta, quando afirma que a sua teoria é uma metateoria, mostra a necessidade de agregar vários pressupostos para a análise da complexidade social. Assim como utiliza muitos pres-

---

[3] Oportuno ver a definição apresentada em: André-Jean ARNAUD et al. *Dicionário enciclopédico de teoria e sociologia do direito.* Tradução Patrice Charles, F.X Willaume. Rio de Janeiro: Renovar, 1999, p. 493, 494, 495. Importante observar que o conceito de metateoria é apresentado através de: Filosofia das Ciências; Filosofia do Direito, Raízes culturais da locução; Metateoria e teorias científicas e teorias jurídicas.

[4] Sobre isso, ver LUHMANN, Niklas e DE GIORGI, Raffaele. *Teoria della Società.* Milano: Franco Angeli, 1996, especialmente o primeiro capítulo, no qual os autores mostram a dificuldade de realizar o próprio projeto teórico, já que objeto da pesquisa é o sistema social da sociedade moderna, no qual a relação com o objeto é circular. Além disso: "[...]comunque si voglia definire l´oggetto, la definizione stessa é già una delle operazione dell´oggetto. La descrizione compie cio Che viene descritto: la descrizione, nel momento in cui si effettua, deve descrivere se stesso", p. 09. Em outros termos, a teoria sistêmica afirma que não tem mais sentido falar nesta separação, mas sim em uma distinção: "Il rifiuto Del concetto di oggetto ci permette non solo di rimarcare la distanza rispetto alle implicazioni connesse all´uso di schemi correlati a quel concetto, ma anche di evitare, negando a essi fin dall´inizio qualsiasi spazio concettuale, quei presupposti di tipo sostanzialistico sui quali si è sorretta l´analisi sociologiaca, anche quando si sai svolta a livelli altamente formali". p. 16 [Tradução livre: A rejeição do conceito de objeto que permite não somente remarcar a distância em relação às implicações conectadas ao uso de esquemas correlatos àquele conceito, mas também evitar, negando a este, desde o início, qualquer espaço conceitual aos pressupostos de tipo substancialista nos quais se apoia a análise sociológica, também quando se sabe ter se desenvolvido a níveis altamente formais.]

supostos da teoria sistêmica, também trabalha com a teoria habermasiana, com os pressupostos da psicanálise, da filosofia, entre outros.

Os principais pontos desta metateoria que nos interessam para este artigo são os seguintes: a fraternidade como possibilidade e necessidade de ver o outro como um outro eu; os pactos que são estabelecidos entre pares, nos quais não existe lugar para um soberano; a necessidade de superar o dogma da soberania dos Estados; a não violência e a inclusão sem limites, mesmo sabendo que muitas vezes temos uma inclusão que se dá através da exclusão. Por isso, a metateoria do direito fraterno apresenta-se como anacrônica e, ao mesmo tempo, como uma aposta no processo de transformação social. Neste processo, o direito à saúde é um tema que ultrapassa as fronteiras de todos os tipos, pois a ideia do outro como irmão não suporta delimitações territoriais, nem outras delimitações. Para Resta, a fraternidade referida na revolução iluminista continua inédita e não resolvida em relação à igualdade e à liberdade, e retorna agora vinculada à ideia de globalização e à necessária ruptura de fronteiras, na qual a condição de dependência de tudo e de todos é cada dia mais evidente. Assim, ao mesmo tempo em que cresce o sentimento de que tudo poderia ser diferente do que ocorre, mas se pode fazer pouco para que este diferente efetivamente ocorra, temos também o pensamento na ligação *uni-versali* capaz de interpretar o presente, onde o nosso tempo, como afirma Resta, vive uma rearticulação decisiva na ideia de *spazi politici*, e exatamente por isso impõe um repensar no léxico dos nossos conceitos, como o de fraternidade, que se *manteve em silêncio* por muito tempo, mas se apresenta agora com mais força, ainda que de modo anacrônico.

A metateoria do direito fraterno pressupõe o desvelamento de paradoxos, ou seja, como é possível, em uma sociedade cosmopolita, termos fronteiras ainda *intransponíveis?* E, de fato, elas são instransponíveis? Qual a função da fraternidade neste jogo? Sobre estas indagações, temos muito ainda a refletir, mas é fundamental entender o que significa o direito fraterno, suas possibilidades e suas limitações.[5]

Para aprofundar a discussão que ora propomos, teremos como focos explicativos duas situações: a primeira se refere à situação transfronteiriça no Mercosul, e a segunda diz respeito à situação dos imigrantes na União Europeia; ambos tratam do direito à saúde ou da falta dele. No caso Mercosul, apresentaremos a situação do fechamento do único hospital em Santana do Livramento e a solução encontrada pelas comunidades de zonas de fronteira; no caso da União Europeia, falaremos do acesso aos serviços de saúde para a população migrante e do controle *policial* de quem acessa o serviço de saúde.

---

[5] Oportuno lembrar Luhmann sobre a função das teorias. Para isso, ver especialmente o texto: Oragnizzazione e decisione. Tradução Ginacarlo Corsi. Milano: Bruno Mondadori, 2005, p. 387, 388

Abordaremos os pressupostos desta metateoria relacionando-os, durante toda nossa reflexão, com o sistema da saúde e com a aposta que fazemos na construção de uma sociedade em que o direito efetivamente possa contribuir para a ruptura de fronteiras que impedem uma cidadania cosmopolita. Acreditamos que a fraternidade se apresenta como um caminho para a consolidação dos direitos fundamentais, pois o resgate deste pressuposto iluminista, ao mesmo tempo em que traz novos desafios, recupera a velha ideia de ver o outro como um outro EU; mais do que isso, a fraternidade está fundada na lei da amizade, no compartilhar, no pactuar. Talvez por isso ela tenha ficado *escondida nas masmorras* da Revolução Francesa, mas é preciso resgatá-la, e a saúde é, sem dúvida, um bom lugar para desvelar este pressuposto.

Retomaremos o *esquecimento/lembrança* da fraternidade, já que seu lugar não foi preenchido por outros pressupostos; ele ficou vago, mas agora retorna com força, já que os demais pressupostos da revolução iluminista não conseguiram efetivar políticas públicas capazes de incluir sem excluir. Entretanto, eles só fazem sentido em uma sociedade disposta a apostar! O sentido desta aposta está na percepção e na inclusão do outro.

Através dos casos que relataremos, veremos que a vida nestes lugares tem muitas dificuldades, bem como muitas facilidades ou, como tradicionalmente estamos falando, temos muitas possibilidades aliadas a muitas limitações. Estas limitações são cotidianamente superadas através das "invenções" das populações transfronteiriças, bem como com o envolvimento dos trabalhadores da saúde, mostrando que é possível e necessário ultrapassar as barreiras daquilo que *está escrito na lei*, ou, ainda, entender este *nascimento de um direito difuso:*

> Sta forse nascendo um diritto diffuso e mobile, che disegna una terra di tutti e di nessuno, e che puo paradossalmente divenire strumento di liberazione da una regola obbligante che pretende di chuidere la vita in una gabbia giuridica.[6]

Na sociedade atual, podemos identificar constantemente os limites de um direito fundado na ideia de Estado-nação e ver suas maiores possibilidades. Temos, como diz Rodotà, um direito difuso que ao mesmo tempo desenha a terra de todos e de ninguém; entretanto, quais as implicações desta concepção de sociedade e direito para a efetivação do direito à saúde como um bem da comunidade?

É interessante observar que os habitantes destas zonas criam suas próprias regras de convivência,[7] as quais funcionam muito mais que o direito de

---

[6] RODOTA, Stefano. La vita e le regole. *Tra diritto e non diritto*. Feltrineli, Milano, 2006. Pg.62 [Tradução livre: Está talvez nascendo um direito difuso e móvel, que desenha uma terra de todos e de nenhum, e que pode paradoxalmente tornar-se instrumento de liberação de uma regra coativa que pretende fechar a vida em uma gaiola jurídica.]

[7] Como bem observa Victor Leonardi: "A vida nas fronteiras do Brasil, tem muitas peculiaridades. Embora os habitantes dos municípios brasileiros da faixa de fronteira vivam sob as mesmas leis que

cada Estado-Nação, sem excluir a importância das legislações internas que conseguem criar e recriar[8] e, muitas vezes, o sistema do direito apresenta fortemente suas limitações e impedimentos para o processo de um direito efetivamente fraterno. Note-se que recentemente o sindicato médico do RS, mais uma vez, "venceu" (o que não é uma vitoria; é, muito pelo contrário, um grande retrocesso) a questão da possibilidade de os médicos uruguaios trabalharem na fronteira Rio Grande do Sul-Uruguai.[9] A possibilidade de os médicos, assim como outros profissionais da saúde, trabalharem fora do país onde foram titulados muda a cada dia, em função da judicialização da questão. Note-se que não é apenas um problema de revalidação do título, pois esta situação já está regulamentada, o problema é o que *foge da lei*.Esta é uma *fronteira* para a efetivação da fraternidade.

Esta situação nos faz refletir sobre o limite do direito centrado na delimitação geográfica ou territorial. É oportuno recordar que Kant (autor importante na construção da metateoria do direito fraterno) já trazia a ideia de uma República Mundial, ou seja, ele pretendia a constitucionalização do direito internacional. Este ponto é retomado com muita ênfase por Habermas, especialmente no texto "Ocidente Diviso", no qual há um capítulo sobre " Dal diritto degli Stati al diritto dei cittadini del mondo". Habermas nos mostra que pensar nesta perspectiva inviabiliza as guerras como forma de resolver os conflitos, exatamente porque em uma sociedade cosmopolita não existe o externo, mas o interno, a inclusão, mesmo que esta inclusão possa ser geradora de exclusão, mas não parte do pressuposto excludente. Como observa:

> L´idea della condizione cosmopolitica è più ambiziosa, perchè traspone dal piano nazionale a quello Internazionale la positivizzazione dei diritti civili e di quelle umani. Il núcleo innovativo di quest´idea sta nella conseguenza rappresentata dalla conversione del diritto internazionale, in quanto diritto degli Stati, in un diritto cosmopolitico in quanto diritto di individui; ora questi sono soggetti giuridici non più soltanto come cittadini dei loro rispettivi Stati, ma egualmente come membri di una comunità cosmopolitica de un único sovrano.[10]

---

vigoram nas demais áreas do território nacional, tenham a mesma moeda e o mesmo governo federal, existe também, nesses limites extremos do país, para além desta unidade jurídica e institucional, uma extraordinária diversidade social, étnica, lingüística e cultural que confere aos fronteiriços um perfil próprio". LEONARDI, Victor Paes de Barros. *Violência e direitos humanos nas fronteiras do Brasil*. Coleção "Violência e Direitos Humanos", I Brasília: paralelo 15, 2007, p.11

[8] Aqui também podemos pensar nos vários significados do pluralismo jurídico e seu impacto na vida cotidiana. Tradicionalmente o pluralismo jurídico é entendido como "corrente doutrinária que insiste no fato de que à pluralidade de grupos sociais correspondem sistemas jurídicos múltiplos compostos que seguem relações de colaboração, coexistência ou negação [...]" p. 589: André-Jean ARNAUD *et al*. *Dicionário enciclopédico de teoria e sociologia do direito*. Tradução Patrice Charles, F.X Willaume. Rio de Janeiro: Renovar, 1999. Sobre pluralismo jurídico, muito oportunas são as pesquisas desenvolvidas por Antônio Carlos Wolkmer.

[9] Sobre isso, ver: <http://www.conjur.com.br/2011-dez-13/juiz-federal-autoriza-trabalho-medicos-uruguaios-fronteira-gaucha>.

[10] HABERMAS, Jurgen. L´occidente diviso. Traduzione: Mario Carpitella. Editori Laterza. Roma-Bari, 2005, p. 117. [Tradução Livre: A ideia da condição cosmopolita é mais ambiciosa porque transpõe do nível nacional para o internacional a positivação dos direitos civis e dos direitos humanos. O núcleo

Note-se que, com a metatoria do direito fraterno, esta perspectiva aparece criticada, pois a ideia de um único soberano pode ser complexa. Eligio Resta fala em uma constituição sem Estado; além disso, é um direito que abandona os confins fechados de cidadania e observa uma nova forma de cosmopolitismo. Esta nova forma de observar não é a mercadológica, mas é centrada na afirmação da inderrogabilidade universal dos direitos humanos.

Oportunas também são as reflexões de Sabino Cassese, o qual questiona a relação entre globalização, Estado democrático de direito e democracia. O problema fundamental e sem resposta é: existem limites para a democratização produzida pela globalização? Quão universal e *universalizantes* são os princípios da democracia? Ou nas palavras do autor:

[...] la democrazia globale sviluppa o sustituisce le democrazie nacionali? E non potrebbero gli ordini giuridici globali abusare, a loro volta, dei poteri di cui dispongono, sai pure a fini giusti?[11]

O questionamento do autor é fundamental, pois uma sociedade além do Estado existe e tem regras muito claras (alguns chamam inclusive de neoliberal), mas realmente é possível uma ordem jurídica além ou acima do Estado? A União Europeia que lição nos dá? E o Mercosul, pode ser uma ordem jurídica além dos Estados? Qual transformação queremos?

A estas observações, podemos agregar o atual e oportuno modo que temos de ver o outro, de ver o diferente, pois o outro só deixará de ser "o diferente" quando o "eu" não apenas andar com ele, mas quando se dispuser a viver entre e com o outro. Evitamos cotidianamente este outro porque não estamos dispostos a enfrentar e afrontar as consequências desta aproximação, porém somente ela será capaz de efetivar uma "outra" civilização, o que já foi advertido por Levinás, quando nos diz que a possibilidade de superar a crise da civilização ocidental pode ser observada na relação (ou não) do outro com o eu, ou ainda, para o autor, não basta encontrar o outro, acolhê-lo, falar: é necessário assumir responsabilidade. Observamos ainda que ele (Levinás) propõe a aceitação do outro ainda que diverso, considerando-o uma riqueza, um bem e um valor próprio desta sua alteridade, uma diferença que não impede de identificar no outro um outro eu. Sinteticamente, este aspecto interessa muito para nosso estudo; Levinás busca constantemente o outro, quer eliminar o egoísmo e a indiferença, mostrando uma nova dimensão do eu, não um indivíduo

---

inovador desta ideia está na consequência representada pela conversão do direito internacional como direito dos Estados, em um direito cosmopolita como direitos de um indivíduo; esses são sujeitos jurídicos, não somente como cidadãos de seus respectivos Estados, mas igualmente como membros de uma comunidade cosmopolita de um único soberano.]

[11] CASSESE, Sabino. *Il diritto Globale. Giustizia e democrazia oltre lo satto*. Enaudi, Torino, 2009. Pg. 166-167. [Tradução livre: A democracia global desenvolve ou substitui as democracias nacionais? E não poderiam as ordens jurídicas globais abusarem, por sua vez, dos poderes aos quais dispõem, para os ditos fins justos?]

isolado, mas um indivíduo que compreenda em si também o outro e em tal modo de vida um novo gênero de pessoa e de existir.

2. Sociedade de fronteiras e fronteiras da sociedade cosmopolita

> *Encheram a terra de fronteiras, carregaram o céu de bandeiras.*
> *Mas só há duas nações – a dos vivos e dos mortos.*
> (Juca Sabão)[12]

Nesta sociedade, precisamos continuamente construir e desconstruir fronteiras,[13] que foram construídas com muitas lutas, com muito *sangue, suor e lágrimas*. Sabemos que esta construção nem sempre se deu atendendo o desejo da população que vivia nestas zonas fronteiriças e/ou como migrantes; entretanto, era preciso definir quem era o proprietário da terra, para assim explorá-la até onde fosse possível. Hoje, vemos a necessidade constante de ultrapassar as fronteiras que, muitas vezes, não estão demarcadas pela natureza, mas pelas nossas formas históricas de discriminação e produção constante de desigualdade social. As fronteiras, durante muito tempo, serviram para separar, para dividir; agora, é hora de pensar na unificação: os eventos sociais requerem a superação destes limites. Na busca constante dessa superação, construímos, muitas vezes, outros limites, como, por exemplo, os da burocracia, que impedem a livre circulação de ideias e de solidariedade. É esta transformação social que queremos, que constantemente buscamos, por isso a necessária luta por esta utopia possível.

A aposta no pressuposto da fraternidade acontece porque, através dele, é possível superar a inimizade e as diversas formas de guerra que se mascaram na sociedade global. Assim, a fraternidade retorna com força diante da crise do Estado-Nação[14] e da necessidade de solidificar uma sociedade cosmopolita, na qual a humanidade é ameaçada somente pela própria humanidade, como observamos com diversos autores: Resta, Fer-

---

[12] COUTO, Mia. *Os sete sapatos sujos*. Disponível em < http://www.macua.org/miacouto/MiaCoutoISCTEM2005.htm> Acessado em: 20 abril de 2011, p. 14.

[13] Conforme OLIVEN, Ruben. In: *Fronteiras; arte e pensamento na época do multiculturalismo*. Fernando Schuler e Marília de Araujo Barcellos (orgs). Porto Alegre: Sulina, 2006, p. 157: Embora as noções de territórios e de fronteira tenham existido em diferentes momentos históricos, seus significados variam no tempo e no espaço "[...] Desterritorialização é um termo utilizado para designar fenômenos que se originam num espaço e que acabam migrando para outros".

[14] Ainda, segundo OLIVEN, *Op cit*, p. 165: "Nos últimos duzentos, presenciou-se a formação dos Estados-nação baseados na ideia de uma comunidade de sentimentos e de interesses que ocupa um determinado território delimitado e cujas fronteiras geográficas e simbólicas precisam ser cuidadosamente preservadas. O Estado-nação tende a ser contrário à manutenção de diferenças regionais e culturais, exigindo uma lealdade à ideia do país. O conceito de Estado-nação está sendo afetado pela compreensão do tempo e do espaço, na medida em que a velocidade da informação e dos deslocamentos se intensifica e faz com que as mudanças se acelerem cada vez mais".

rajoli, Arenth, entre outros. Vale recordar que os pressupostos do direito fraterno não servem apenas para grandes dimensões, conforme Resta:

> Vi è da aggiungere che il diritto fraterno non vive soltanto nella dimensione dei grandi spazi cosmopoliti dove agiscono geopolitiche e mondializzazioni sempre sospette: si riferisce ai piccoli problemi dei conflitti quotidiani e alle "lotte" individuali, esattamente come ne parlava Jhering. Per questo bisogna soffermarsi su quella singolare esperienza della giurisdizione e sulla sapienza giudiciaria del conflitto che ha bisogno di un redimensionamento ecologico: meno legato allo Stato e più presente nelle relazioni sovranazionali.[15]

O tema do direito à saúde é propício para mostrar a fraternidade e solidariedade como possíveis no plano concreto. Esta humanidade que ameaça constantemente a própria humanidade pode também produzir uma não ameaça. Mesmo sabendo que a sociedade cosmopolita é também o *logos* da ambivalência, vemos que através da busca da saúde – como bem da comunidade – esta ambivalência pode refletir-se na cooperação entre estados e povos. Trataremos deste aspecto quando relatarmos o caso de Santana do Livramento, onde esta *singolare esperienza della giurisdizione* efetivamente ocorreu. Ainda assim, é importante assinalar que o pressuposto da fraternidade não está apenas no campo teórico: temos práticas cotidianas em fronteiras que mostram as possibilidades concretas da efetivação de um dos pressupostos da revolução iluminista que ficou "guardado"; assim, a transformação social sai do plano utópico para o concreto, criando, obviamente, novas utopias, porém efetivando uma nova forma de relação social.

Somente na identificação deste paradoxo da ambivalência da fraternidade que nos damos conta de que a oportunidade de *regular* o mundo só é possível estando no próprio mundo,[16] ou ainda, cada determinação de mundo apenas pode ser realizada na sociedade e só por meio desta. Do mesmo modo, a indeterminação do mundo significa que este pode ser determinado, sempre de modo diverso: historicamente, o mundo vem sendo delimitado, medido, dividido e apropriado. Esta história pode ser alterada; é preciso entender a sociedade como um local possível de transformação social. As fronteiras fazem parte desta sociedade em que os eventos ocorrem de modo simultâneo, independentes das vontades

---

[15] RESTA, *Op cit*, p. 116 [Tradução livre: É de ser acrescentado que o direito fraterno não vive somente na dimensão dos grandes espaços cosmopolitas, onde agem a geopolítica e a mundialização sempre suspeitas: refere-se aos pequenos problemas dos conflitos cotidianos e às 'lutas' individuais, exatamente como nos falava Jhering. Por isso é preciso firmar-se sobre aquela única experiência da jurisdição sobre a sabedoria jurídica do conflito que necessita de um redimensionamento ecológico: menos ligado ao Estado e mais presente nas relações supranacionais].

[16] OLIVEN, *Op cit*, p. 166. Veja-se o que o autor diz a respeito: "[...] À medida que o mundo fica menor, torna-se cada vez mais difícil se identificar com categorias tão genéricas como Europa, mundo etc. É natural, portanto, que os atores sociais procurem objetos de identificação mais próximos. Somos todos cidadãos do mundo na medida em que pertencemos à espécie humana, mas necessitamos de marcos de referência que estejam próximos de nós. Experimentamos a mesma dificuldade que tem uma criança em entender o que é um mapa do mundo e por que sua casa não está representada nele". (OLIVEN, *Op cit*).

individuais e locais, mas influenciando diretamente as nossas vidas cotidianas. Assim, as *ameaças* fronteiriças podem ser resolvidas no próprio espaço, pois, fora dele, qualquer solução será inadequada. Não temos dúvidas sobre a ambivalência da vida em territórios que confinam. Por isso, a política pública deverá superar esta situação buscando novos caminhos. Não basta reafirmarmos a impotência dos mecanismos estabelecidos; é necessário transformar esta ambivalência em algo positivo. Tendo presente que no processo evolutivo desvelamos paradoxos criando novos, também resolvemos ambivalências criando novas ambivalências. O conceito de fronteiras é muito propício para esta discussão, como podemos observar através desta definição:

> As zonas fronteiriças são zonas de empréstimos e apropriações culturais e, por isso, um lugar privilegiado para a compreensão do fenômeno migratório internacional. Essas fronteiras tanto podem se configurar como lugar de controle como de transgressão, seja das fronteiras geopolíticas, seja das fronteiras culturais e da subjetividade.[17]

Esta definição nos remete à reflexão sobre os aspectos positivos que podemos identificar nestes espaços de *empréstimos e apropriações* culturais. É frequente encontrarmos, nas cidades que fazem fronteira com o Brasil, um *terceiro* idioma: o portunhol, ou ainda uma cidadania mista "os brasiguayos", são formas de apropriação encontrada pelos habitantes dessas regiões, revelando que, de fato, a fronteira é um lugar onde as subjetividades se apresentam. A saúde assume, diante da sociedade de mundo, um *status* de "internacionalidade". É a partir disso que se pode pensar em um novo modelo de saúde pública internacional e, diante desses novos desafios, pode-se refletir, também, sobre um novo paradigma com pilares na solidariedade, na justiça social e na fraternidade, ou seja, na saúde como um bem comum público global baseado em uma ideia de governança da saúde, pois é inviável imaginar que os países integrantes do bloco Mercosul ainda ajam de modo isolado nas questões de saúde, levando em conta tão somente os seus sistemas internos de saúde, e não a dimensão social das doenças.

Evidentemente, quando tratamos de fronteiras, podemos buscar várias definições,[18] mas é fundamental retornar à ideia originária: a lei da terra é a lei da guerra, o sentido no *nomos* é de apropriação, da produção e da distribuição, que:

> [...] pone ogni sovranità statale come oggetto di un'apprensione violenta e sottoposta quindi a una rivalità mimetica e concorrente di ogni altro Stato. E si tratta di Stato, non di popolo, che vive di apprensione violenta di un teritorio, che transforma ogni idea di com-fine in frontiera, che include

---

[17] RODRIGUES, Francilene. *Migração transfronteiriça na Venezuela. Estud.* 2006, vol.20, n.57, p . 197-207. Disponível em: <http://www.scielo.br/scielo.php?pid=S010340142006000200015&script=sci_arttext>. Acesso em 14 de abril de 2011.

[18] Uma nova percepção do conceito de fronteira é dada por Bauman, quando mostra que o evento de 11 de setembro de 2001 agrega à ideia de fronteira a questão do terrorismo; mais do que isso, o autor afirma que: "o espaço global assumiu o caráter de uma terra de fronteiras". (BAUMAN, Zygmunt. *La società sotto assedio*. Tradução. Sergio Minucci. Editori Iaterza, Roma- Bari, 2005, p. 86.)

qualcosa prechè esclude, che riproduce al interno ed sporta all'esterno la forma dell' opposizione tra amici e nemice.[19]

Se, originariamente, as fronteiras representavam este espaço de luta entre amigos e inimigos, hoje podemos ver outras dimensões não violentas da fronteira. Ou melhor, ela não pode ser mais o *locus* de disputa entre nações, ou ainda algo que divide e limita, conforme observa Carvalho:[20]

> A ideia de fronteira estabelece uma relação entre duas realidades: de um lado, aquela que reconhecemos e que nos faz sentir protegidos [...] e, de outro lado, a realidade muitas vezes ignorada, não controlada pela intelecção, com componentes maiores de aleatoriedade e que, por esta razão, nos transmite uma sensação de insegurança. A fronteira instala o 'outro' no nosso imaginário. Ao delimitar, ela permite a organização e a identificação de tudo o que divide. E, com isso, define o que nos é próprio e o que não o é, torna-se um ponto de referência para a determinação do que é pertencer a "nós" e a "eles".

Analisaremos alguns dos tratados e acordos entre o Brasil e os países fronteiriços e, para isto, buscamos as legislações disponíveis no Ministério das Relações Internacionais (http://www2.mre.gov.br/dai/Home.htm) prioritariamente. Trataremos da questão dos Migrantes, onde destacaremos situações vivenciadas tanto no nosso Continente como na União Europeia.

3. Migrantes e saúde

> *Para a discriminação a resposta certa é combinar políticas de crescimento econômico*
> *com políticas de emprego, proteção social e direitos no trabalho,*
> *permitindo aos governos, aos parceiros sociais e à sociedade civil*
> *que trabalhem juntos incluindo mudanças de atitudes [...]*[21]

Lemos na declaração final Migrações e direitos humanos na X Cúpula Social do Mercosul o seguinte enunciado: *Por um Mercosul livre de xenofobia, racismo e toda forma de discriminação.*[22]

---

[19] FISTETTI, R. Finelli; LUCIANI, F. R.; VITTORIO, P. *Globalizzaione e diritti futuri*. Roma: Manifestolibri, 2004, p. 31. [Tradução livre:] Coloca cada soberania estatal como objeto de uma apreensão violenta e submissa, então, sobreposta a uma rivalidade mimética e concorrente de cada outro Estado. E se trata de Estado, não de povo, que vive de apreensão violenta de um território, que transforma cada ideia de confim em fronteira, que inclui qualquer coisa porque exclui, que reproduz no interior e exporta para o exterior a forma de oposição entre amigo e inimigo.

[20] CARVALHO, *Op cit.*, 2006, p. 58.

[21] OIT, Organização Internacional do Trabalho. *Relatório Global sobre a Igualdade no Trabalho de 2011*, Genebra, na Suíça, 2011. O documento foi elaborado com base em informações de 169 dos 183 países que integram a OIT, e é um alerta sobre os diversos tipos de discriminação enfrentados por imigrantes que buscam oportunidades de trabalho em países desenvolvidos. As diferenças de tratamento, segundo especialistas, incluem salários mais baixos para as mulheres, exigências de testes de HIV/aids e dificuldades para o ingresso de idosos. Disponível em: http://www.cartacapital.com.br/internacional/oit-alerta-sobre-discriminacao-de-imigrantes-mulheres-e-idosos-no-mercado. Acesso em 13/06/2011.

[22] Declaração final Migrações e direitos humanos na X Cúpula Social do Mercosul. Disponível em: <http://www.migrante.org.br/IMDH/fckeditor/editor/filemanager/connectors/aspx/userfiles/file/Migrantes/DECLARAO%20FINAL%20Foz%20do%20Iguau%20dez2010.pdf>. Acesso em 12/04/2011.

Esta declaração é importante, pois, pela primeira vez, a cúpula do Mercosul enfrenta a questão da migração como uma questão de direitos humanos. O Mercosul, para ser efetivado, precisa de muitas reflexões na área dos direitos humanos, e o que temos até agora é uma distância muito grande entre o que é apresentado nos tratados, acordos, convênios e a realidade das populações migrantes e fronteiriças. Embora saibamos que há muito a ser feito para a efetivação destes direitos, a positivação deles é importante na medida em que se apresenta como um instrumento de luta, um direito que já existe na rua, pois esta é um espaço público.

Ora, pensar um Mercosul *livre de xenofobia, racismo e toda forma de discriminação* significa a necessidade de retomarmos o pressuposto anacrônico da *fraternidade*.[23]

A referida declaração fala da humanização das políticas migratórias através de quinze pontos, todos referindo sempre a importância de reforçar as convenções internacionais, a inclusão, a defesa de uma política comum, entre outros aspectos. Já no ponto quatro lemos: *Propomos a criação de um conselho de políticas migratórias e integração dos povos no âmbito da UNASUL, como instância política e decisória.*[24]

Interessante observar que, sempre que as cúpulas se reúnem, transferem decisões que poderiam tomar e criam "conselhos ou comissões", desconsiderando toda experiência já vivenciada e denunciada pela população migrante. O ponto cinco também interessa para a nossa reflexão: *Exigimos que o direito à saúde seja garantido a todas e a todos sem discriminação, com ações que impliquem em acesso tanto a medidas preventivas como a ações de tratamento, sempre levando em conta o contexto migratório das pessoas e os aspectos culturais específicos.*[25]

Note-se que este ponto reforça a ideia de saúde como bem comum da comunidade, e que o respeito à cultura está implicado o direito à saúde. Quando buscamos no cotidiano, dificilmente encontramos práticas em saúde que respeitem aspectos sanitários culturais de populações indígenas ou afrodescendentes. Novamente observamos que a efetivação de qualquer legislação depende da luta do povo.

A luta pelo direito à saúde no Brasil vem ganhando espaço graças à importância do controle social, que tem tido uma função imprescindível

---

[23] RESTA, *Op cit.*, p. 7.
[24] Declaração final Migrações e direitos humanos na X Cúpula Social do Mercosul. Disponível em:< http://www.migrante.org.br/IMDH/fckeditor/editor/filemanager/connectors/aspx/userfiles/file/Migrantes/DECLARAO%20FINAL%20Foz%20do%20Iguau%20dez2010.pdf>. Acesso em 12/04/2011.
[25] Idem.

para definição dos rumos da saúde como um direito humano fundamental, como afirma Ferrajoli.[26]

A declaração continua afirmando os direitos humanos, como podemos observar:

> 6 – Exigimos que o direito à educação seja garantido a todas e a todos sem discriminação independentemente de sua situação migratória. Nenhuma criança, adolescente ou adulto migrante pode ter seu acesso à educação negado. Para o pleno acesso a este direito, deve-se considerar o contexto migratório das pessoas, aspectos culturais específicos e o reconhecimento da validade dos títulos acadêmicos regionais.[27]

Ora, o que temos, na prática, é o completo desrespeito a esta situação, na medida em que, para garantir este direito e outros, muitas vezes os profissionais formados no âmbito do Mercosul precisam recorrer ao Judiciário, como é, por exemplo, o caso da Fundação Hospital de Caridade de Quaraí (RS), que pôde manter em seus quadros cinco médicos uruguaios que já atuavam na instituição e contratar outros, caso seja necessário.

A decisão – em antecipação de tutela – é decorrência do indeferimento de liminar nos autos de ação civil pública ajuizada pelo Cremers contra o nosocômio e os profissionais, na qual o conselho de classe pretende a imediata suspensão do exercício das atividades dos médicos no Hospital de Caridade, sob a alegação da inexistência de revalidação dos diplomas em universidades brasileiras e de inscrição na entidade. O Cremers quer, ainda, a imposição ao hospital do dever de rescindir os contratos e de não mais contratar médicos uruguaios em tais circunstâncias e a imposição aos médicos da proibição de exercer a medicina em território brasileiro.[28]

---

[26] FERRAJOLI, Luigi. *Principia iuris*. Teoria del diritto e della democaracia.Teoria della democrazia. v. 1. Editori Laterza: Roma-Bari, 2007, p. 725-726.

[27] Declaração final Migrações e direitos humanos na X Cúpula Social do Mercosul. Disponível em:< http://www.migrante.org.br/IMDH/fckeditor/editor/filemanager/connectors/aspx/userfiles/file/Migrantes/DECLARAO%20FINAL%20Foz%20do%20Iguau%20dez2010.pdf>. Acesso em 12/04/2011.

[28] Apesar de o Ministério Público Federal haver opinado pela concessão da liminar, a medida foi indeferida pelo juiz Belmiro Tadeu Nascimento Krieger, substituto da Vara Federal de Santana do Livramento. O magistrado lembrou que, em 2004, entrou em vigor um acordo entre Brasil e Uruguai para permissão de residência, estudo e trabalho a nacionais fronteiriços na respectiva localidade alienígena vinculada. As cidades envolvidas no acordo são: Chuí, Santa Vitória do Palmar/Balneário do Hermenegildo e Barra do Chuí (Brasil) a Chuy, 18 de Julho, Barra de Chuy e La Coronilla (Uruguai); Jaguarão (Brasil) a Rio Branco (Uruguai); Aceguá (Brasil) a Aceguá (Uruguai); Santana do Livramento (Brasil) a Rivera (Uruguai); Quaraí (Brasil) a Artigas (Uruguai); Barra do Quaraí (Brasil) a Bella Unión (Uruguai). Desse modo, conforme a decisão, a prestação de serviços de saúde humana por uruguaio fronteiriço, nas localidades vinculadas, não se regula pela Lei n° 3.268/57, nem pela Lei n° 8.615/80, mas pelo novel ajuste internacional entre os dois países. A decisão esclarece que a situação apresentada é nova e difere da regra geral, segundo a qual o exercício das profissões regulamentadas pelos conselhos profissionais somente é possível mediante inscrição em seus quadros. Nas palavras do magistrado, o acordo deve ser cumprido pelo Brasil, *"sob pena de assentamento e consagração da pecha, até certo ponto adequada, de país leviano no trato das questões internacionais, pelo fato de seguidamente aderir ou firmar tratados no âmbito da comunidade internacional e, recorrentemente, no âmbito interno, negar--lhe vigência ou dificultar-lhe sobremaneira a necessária efetividade"*. O Hospital de Caridade de Quaraí

Interessante também acompanhar a página do Sindicato Médico do Rio Grande do Sul, na qual esta notícia é informada, concluindo com as palavras do presidente:

> O juiz que autoriza médico estrangeiro a trabalhar no Estado, mesmo sem diploma revalidado, será responsabilizado no caso de um erro que esse profissional venha a praticar?[29]

Esta situação está longe de ser resolvida. Enquanto isso, continuamos não efetivando o direito à saúde dos migrantes e não migrantes e sofrendo as consequências deste processo no dia a dia.

Retornando para a declaração, observamos que ela, como não poderia ser diferente, embora devesse, termina propondo a criação de mais um "Conselho": *15 – Propomos a criação de um Conselho Consultivo de Migrações do Mercosul integrado por organizações de migrantes.*[30]

Mais uma vez, transferimos para o futuro aquilo que não "desejamos" resolver. Quem efetivamente podemos definir como migrante? Uma das possíveis respostas é dada pela página inicial do Instituto de Migrações e Direitos Humanos:

> Migrante é, pois, toda a pessoa que se transfere de seu lugar habitual, de sua residência comum, ou de seu local de nascimento, para outro lugar, região ou país. "Migrante" é o termo freqüentemente usado para definir as migrações em geral, tanto de entrada quanto de saída de um país, região ou lugar. Há, contudo, termos específicos para a entrada de migrantes – Imigração – e para a saída – Emigração. Há, também, "migrações internas", para referir os migrantes que se movem dentro do país, e "migrações internacionais", referindo-se aos movimentos de migrantes entre países, além de suas fronteiras.[31]

A situação dos migrantes no mundo todo não acompanhou o processo de globalização, isto pode ser identificado com as situações diárias que ocorrem nos países da União Europeia, os reflexos disso são percebidos também na saúde, por exemplo a tuberculose, doença quase inexistente em países europeus, passa a reaparecer causando muitos danos à população geral. Não temos dificuldades de globalizar a economia e flexibilizar as relações de trabalho, porém a efetivação dos direitos sociais ainda está

---

sustenta ter *"enorme dificuldade"* em contratar médicos para atender à população, uma vez que estes não estariam dispostos a trabalhar naquela cidade e, quando o aceitam, estariam cobrando honorários exorbitantes. O Cremers interpôs agravo de instrumento no TRF-4, que ainda aguarda decisão. Atuam em nome do Cremers os advogados Jorge Alcibíades Perrone de Oliveira, Carla Bello Fialho Cirne Lima, Guilherme Brust Brun, Gustavo Moreira Pestana e Priscila Lopes da Silveira. Na defesa dos médicos demandados, atuam os advogados Fabio Adriano Stürmel Kinsel, Jacimar Luciano Valar e Rafael Arruda Broll. (Proc. Nº 5001429-38.2010.404.7106).

[29] Disponível em: http://www.cremers.org.br/index.php?indice=24&&noticiaTremo=646. Acesso em 19.06.2011.

[30] Declaração final Migrações e direitos humanos na X Cúpula Social do Mercosul. Disponível em:< http://www.migrante.org.br/IMDH/fckeditor/editor/filemanager/connectors/aspx/userfiles/file/Migrantes/DECLARAO%20FINAL%20Foz%20do%20Iguau%20dez2010.pdf>. Acesso em 12/04/2011.

[31] Instituto de Migrações e Direitos Humanos. Disponível em: < http://www.migrante.org.br/IMDH/ControlConteudo.aspx?area=8d00b920-e735-4147-87a6-c1caa8feb528>. Acesso em: 10 de abril de 2011

longe de ser alcançada. O modelo econômico dominante, conforme Negri e Hard, segue necessitando dos pobres, pois estes expressam uma enorme força vital e mais do que isso, segundo os autores:

> Os migrantes constituem uma categoria especial dos pobres que demonstra essa riqueza e produtividade [...] Muitas vezes os migrantes podem viajar de mãos vazias em condições de extrema pobreza, mas ainda assim estão cheios de conhecimento, linguagens, habilidades e capacidades criativas: cada migrante traz consigo todo um mundo [...] A riqueza dos migrantes está em parte em seu desejo de algo mais, em sua recusa de aceitar as coisas como são.[32]

Os migrantes que chegam e permanecem no Brasil têm confirmado estas observações de Negri e Hard, pois de fato são categorias especiais. Mesmo com muitas limitações financeiras (somente estes migrantes têm dificuldades), contribuem para a formação do que hoje conhecemos como cidadão transfronteiriço, e isso fica evidente nos aspectos culturais, religiosos, políticos, culinários. Temos, hoje, nas longas fronteiras, diversos exemplos de uma convivência sociocultural fundada na fraternidade. Porém, a situação se apresenta de outro modo quando se trata de igualdade de direitos: muitas vezes, estes cidadãos tranfronteiriços ficam à margem de direitos e somente através do Judiciário têm o direito à saúde, por exemplo, assegurado, como podemos observar através dos seguintes mandados de segurança.

Decisão importante,[33] em mandado de segurança, contra o Estado do Mato Grosso, decidiu acolher o pedido de autora, de nacionalidade boliviana, para retirada de tumor cerebral com riscos de morte, cuja decisão foi a seguinte:

> A saúde constitui direito social fundamental que deve ser garantido indistintamente aos brasileiros e aos estrangeiros residentes no país, nos termos dos arts. 5º, caput, e 196, da Constituição Federal. A viabilização e real efetivação do direito à saúde é obrigação primordial do ente público, a quem compete realizar o procedimento cirúrgico, que se mostra essencial para a preservação da vida, e o cidadão não detém condições financeiras de arcar com seu custeio. (Reexame Necessário da 5ª Vara Especializada da Fazenda Pública de Cuiabá – MT, nos autos do MS nº 157/2003 – Rel. Rubens de Oliveira Santos Filho)

Esta decisão cita outro importante precedente de 2006, vejamos:

> SISTEMA ÚNICO DE SAÚDE, TRANSPLANTE DE MEDULA. TRATAMENTO GRATUITO PARA ESTRANGEIRO, ART. 5º DA CF. O art. 5º da Constituição Federal, quando assegura os direitos e garantias fundamentais a brasileiros e estrangeiros residentes no País, não está a exigir domicílio do estrangeiro. O significado do dispositivo constitucional, que consagra a igualdade de tratamento entre brasileiro que esteja sob a ordem jurídico-constitucional brasileira, não importa em que condição. Até

---

[32] NEGRI e HARD, p. 180-181.
[33] SISTEMA ÚNICO DE SAÚDE. TRANSPLANTE DE MEDULA. TRATAMENTO GRATUITO PARA ESTRANGEIRO. ART. 5º DA CF. O art. 5º da Constituição Federal, quando assegura os direitos e garantias fundamentais a brasileiros e estrangeiros residente no País, não está a exigir o domicílio do estrangeiro. O significado do dispositivo constitucional, que consagra a igualdade de tratamento entre brasileiros e estrangeiros, exige que o estrangeiro esteja sob a ordem jurídico-constitucional brasileira, não importa em que condição. Até mesmo o estrangeiro em situação irregular no País, encontra-se protegido e a ele são assegurados os direitos e garantias fundamentais. Agravo improvido. AGRAVO DE INSTRUMENTO Nº 2005.04.01.032610-6/PR RELATORA: Juíza VÂNIA HACK DE ALMEIDA.

mesmo o estrangeiro em situação irregular no País, encontra-se protegido e a ele são assegurados os direitos e garantias fundamentais. (Agravo Provido). (TRF 4ª Região – AI 2005.04.01.032610-6/PR, 3ª T., Rel. Juíza Federal Vânia Hack de Almeida, Julgado em 05.10.2006).

Ou seja, estes dois mandados reforçam a ideia de que saúde é um direito fundamental, e que o acesso a este direito precisa ultrapassar os limites geográficos e políticos. Em outros termos: a saúde é um bem da comunidade; no caso das regiões de fronteira e com a população migrante, é preciso que o sistema do direito possa decidir conforme o direito vivo daquela comunidade. Como já afirmava Ehrlich, o centro da gravidade do direito não está na legislação, nem na ciência do direito, nem na jurisprudência, mas na própria sociedade. Assim, faz sentido a abordagem atual de Eligio Resta para o direito *vivente:*

> Il diritto vivente comincia a essere qualcosa che racchiude e acumuna tutte le dimensione e pretende, quindi, di non poter essere ridoto a território <disciplinato>> dalle partizioni scientifica [...] il diritto non abita nei conceti ma nella comunità, nei gruppi, nell`esercizio concreto del potere e dell´influenza, nella religione, nella vita economica, nell´opinione pubblica.[34]

Assim, utilizando o conceito anacrônico de fraternidade e o direito vivente, podemos ver que o direito, assim como apresenta suas limitações, também nos dá possibilidades concretas de efetivar a transformação social. Através destes dois mandados, vemos que o papel do direito é fundamental para que tenhamos o direito ao direito à saúde como um bem da comunidade.

4. A saúde nas fronteiras: limites e possibilidades

> *La solidarietà avvicina mondi mentre la solitudine vive di separazioni e di distanze.*[35]

A solidariedade coloca em discussão as possibilidades que temos de unificar e reduzir as distâncias. O direito à saúde é um tema que ultrapassa várias fronteiras; quando estas não são superadas e ultrapassadas pelos Estados, deixamos a iniciativa privada determinar os rumos da atenção e da promoção da saúde nestes espaços, não mais locais, mas globais:

> [...] que a globalização da vida social tem impactos constitutivos no conceito de saúde que os Estados contemporâneos estão obrigados juridicamente a garantir para seus povos. E – importante notar – tais impactos decorrem não apenas das regras de direito adotados em foros internacionais, cada vez mais incontornáveis, mas também de exigências técnicas, igualmente inafastáveis. É o próprio conceito de

---

[34] RESTA, Eligio. *Diritto vivente.* Eiditori Laterza, Bari, 2008, p. 29-30. [Tradução Livre:] O direito vivo começa a ser alguma coisa que fecha, acumula todas as dimensões e pretende, então, não permitir ser reduzido ao território <<disciplinado>> pelas repartições científicas... o direito não habita nos conceitos, mas na comunidade, nos grupos, no exercício concreto do poder e da influencia, na religião, na vida econômica, na opinião pública.

[35] RESTA, *Op cit.,* 2002, p. 09. [Tradução livre:] A solidariedade aproxima mundos, enquanto a solidão vive de separação e de distância.

saúde que não pode ser compreendido sem o recurso aos direitos de liberdade, de igualdade e de solidariedade entre os povos e gerações.[36]

O conceito de saúde deve ser compreendido, desde uma perspectiva global e democrática. O problema que enfrentamos hoje – um deles – é que a democracia representativa foi privada da democracia econômica. Democracia e agenda econômica deveriam coincidir; não é possível que o *futuro da humanidade* continue sendo decidido pelo FMI ou pelo Banco Mundial (que de *banco mundial* pouco tem...). Como superar este problema? Com os tratados? Com os acordos? Quem sabe pensar, como sugere Giovana Ricoveri, em uma democracia da terra capaz de colocar os humanos como membros da família da terra. A autora coloca como objetivo de um movimento para a democracia da terra a ideia da indivisibilidade da liberdade e de todas as espécies:

> [...] la Democrazia della Terra é la democrazia di ogni vita, e non solo quella per gli umani privilegiati in ragione della classe, della razza, del genero e della religione. La Democrazia della Terra pone la responsabilitá e i doveri al centro del nostro sistema di relazioni; e i diritti derivano dalla responsabilitá invece che dal paradigma dominante di diritti senza responsabilità e responsabilità senza diritti.[37]

Vemos que um dos lugares ou canteiros do direito fraterno pode ser exatamente o espaço da fronteira, onde os cidadãos vivem e convivem a partir de construções próprias, identificando aquele lugar como seu, onde a democracia, em que pese suas dificuldades, torna-se possível. A Europa, ao seu modo, não conhece este espaço de fronteira, e o processo de construção de uma área político/institucional comum parece representar um primeiro e significativo passo em direção a uma ideia de cidadania que se libera da dependência dos confins. E também aqui, que não menos dramático é o problema de um direito que se afasta da dimensão da fraternidade e da solidariedade, a análise das políticas migratórias é tão significativa porque as reivindicações e os obstáculos postos pelos Estados-membros mostram a incapacidade de imaginar uma dimensão inclusiva em que o espaço comum seja a Europa.

A despeito de uma normativa comunitária que se ocupa de reconstrução (reencontro) familiar, acesso ao trabalho, tutela das mulheres e, em geral, reserva amplo espaço à tutela dos direitos da pessoa, o tema da imigração continua a ser guardado na perspectiva da contraposição amigo-inimigo. A questão do migrante se torna assim uma questão completamente política, que se carrega de uma forte valentia ideológica. A

---

[36] DALLARI, Sueli Gandolfi e VIDAL, Serrano Nunes Junior. *Direito Sanitário*. São Paulo: Editora Verbatim, 2010, p. 29.

[37] RICOVERI, Giovana (org). *Capitalismo Natura e Socialismo*. Milano: Jaca Book, 2006, p. 280. [Tradução livre:] A Democracia da Terra é a democracia de cada vida, e não somente aquela para os homens privilegiados em razão da classe, da raça, do gênero e da religião. A Democracia da Terra põe a responsabilidade e os deveres no centro do nosso sistema de relações, e os direitos derivam da responsabilidade ao invés de derivar do paradigma dominante dos direitos sem responsabilidade e responsabilidade sem direitos.

distinção entre estrangeiro regular e estrangeiro irregular parece reafirmar por que fixa as condições de "convivência", define as coordenadas de "pertencimento". Em realidade, essa divide, contrapõe, exclui e, enfim, esquece a pessoa. Sobre o fundo de tais políticas, está a ligação da questão da imigração aos temas da crise econômica, da segurança e da luta contra o terrorismo, medo do qual a Europa não parece liberar-se.[38] Não por acaso a França introduziu limites ao exercício do trabalho por parte dos estrangeiros, enquanto na Espanha foi criada uma exceção *ad hoc* a respeito do princípio do direito ao trabalho para com os cidadãos da Romênia.[39]

O local de verificação desta lógica excludente é o direito à saúde que – não obstante as declarações – parece não conseguir liberar-se completamente da condição espacial da cidadania. Diversas políticas sanitárias, diversos medos de entender o processo de integração, diferentes contextos culturais impõem mais de um obstáculo à realização de uma fraternidade, que se liberando dos vínculos da cidadania, coloque em "jogo um novo modelo de comunidade política".[40]

4.1. *O quadro de referencia normativa: tratados e acordos binacionais na área do Mercosul*

Entender a complexidade do tema do direito à saúde nas fronteiras passa necessariamente pelo conhecimento dos instrumentos jurídico-normativos que temos. Embora exista uma grande distância entre a criação de uma lei e sua efetivação, ela é fundamental para que se possa concretizar o direito ao direito à saúde.

Os acordos que citaremos a seguir expressam claramente a necessidade de entender o *locus* fronteiriço desde uma perspectiva de efetivação da fraternidade e da solidariedade entre a população. Por exemplo, destacaremos dois acordos entre Brasil e Argentina. O primeiro, firmado em

---

[38] Um exemplo de tal senso vem da Itália. O texto único sobre imigração, dlgs., 286/1998 prevê regras muito rigorosas para o ingresso e a permanência do estrangeiro extracomunitário. A CGCE condenou a Itália pelo atraso que tem dado a sua atualização a Direttiva 2008/115 em matéria de repatriados. A Corte Europeia (sent. El Didri, 28 aprile 2011 C-61/11 PPU El Didri, in http://www.curia.europa.eu) censurou o artigo 14 da T.U. sobre imigração na parte em que previa que o imigrante irregular que não obedecer à ordem do chefe de polícia de deixar o país deva ser preso. A sentença da CGCE foi rapidamente seguida pelos juízes da Corte de Cassação (Cass., 29 aprile 2011, n. 1590 e n. 1594 in www.penale.contemporaneo.it) e pelo Conselho de Estado. Nesta se argumenta que o legislador italiano deve fazer o quanto é possível para aplicar retroativamente a lei penal que prevê um tratamento mais favorável ao réu.

[39] Sobre a situação francesa, consultar *Les quatorze mèties ouverts en France aux travailleurs étrangers*, in http://www.latribune.fr/ e, para a isenção na Espanha, Decisão da Comissão 11 de agosto de 2011, em GUUE 12 agosto de 2012 que autoriza a Espanha a suspender temporariamente os artigos 1 e 6 Reg. (UE) 492/2011 do Conselho Europeu relativo a liberdade de circulação de trabalhadores no interior da União, no que diz respeito aos trabalhadores romenos.

[40] RESTA, *Op. Cit.*

30.11.2005, (http://www2.mre.gov.br/dai/b_argt_402_5639.htm) propõe, entre outros aspectos, os seguintes:

> [...] criar instrumentos que promovam a maior integração das comunidades fronteiriças, buscando melhorar a qualidade de vida de suas populações [...] facilitar a convivência das localidades fronteiriças vinculadas e impulsar sua integração através de um tratamento diferenciado à população em matéria econômica, de trânsito, de regime trabalhista e de aceso aos serviços públicos e de educação.[41]

Quando falamos em qualidade de vida, tratamos de saúde. Basta observarmos o que é apresentado no relatório de determinantes sociais em saúde (http://www.cndss.fiocruz.br/pdf/home/relatorio.pdf), especificamente no capítulo "Condições de vida, ambiente e trabalho".

O acordo também trata de aspectos diretamente relacionados com a saúde:

> Atendimento médico nos serviços públicos de saúde em condições de gratuidade e reciprocidade. [...] As Instituições Públicas responsáveis pela prevenção e o combate a enfermidades, assim como pela vigilância epidemiológica e sanitária das Partes deverão colaborar com seus homólogos nas localidades fronteiriças vinculadas para a realização de trabalhos conjuntos nessas áreas. Este trabalho será efetuado conforme as normas e procedimentos harmonizados entre as Partes ou, em sua ausência, com as respectivas legislações nacionais.

Observamos que do ponto de vista legislativo-jurídico, a proteção dos cidadãos tanto brasileiros quanto argentinos está assegurada através das instituições públicas. Porém, as informações das populações que moram nas fronteiras são que nem sempre ocorre esse intercâmbio entre os países, ficando o cidadão muitas vezes desprotegido e buscando, com isso, soluções alternativas e muitas vezes *ilegais*. Por exemplo, conhecem-se casos de cidadãos que apresentam nas unidades de saúde endereços que não os seus para terem acesso a um atendimento básico de saúde. Obviamente, esta não é uma particularidade Brasil-Argentina, mas ela diz respeito a praticamente todos os outros países.

O trabalho conjunto que acontece em localidades fronteiriças muitas vezes ocorre, ou melhor, somente ocorre quando os operadores da saúde superam as fronteiras rígidas da burocracia. Para isto, basta ver como se dá a relação entre São Borja (Brasil) e Santo Tomé (Argentina) no que diz respeito à leishmaniose. No caso desta doença específica que atinge fortemente os dois municípios, o rio Uruguai se transformou num oceano. Exames realizados na Argentina para detectar a doença levam 24 horas. No Brasil, mais especificamente em São Borja, os exames encaminhados para os laboratórios oficiais levam por volta de 30 dias. Embora os trabalhadores dos dois municípios tenham ações conjuntas, ainda não conseguiram superar esta fronteira.

O segundo acordo, datado de 22.08.2005 (http://www2.mre.gov.br/dai/b_argt_392_5561.htm), trata do protocolo de intenções entre Ministério da Saúde do Brasil e Ministério da Saúde e Ambiente da Argentina so-

---

[41] BRASIL. Divisão de Atos Internacionais. *Op cit.*

bre cooperação na área da saúde relacionada a medicamentos. Ainda que não seja restrito à situação dos fronteiriços, o acordo aborda importantes aspectos relacionados à união entre os países em prol da saúde, como:

> [...] buscar uma desejável integração e coordenação nessa área, que permita o melhor aproveitamento de suas capacidades científicas, técnicas e tecnológicas, bem como de seus recursos [...] garantir o abastecimento de insumos para a produção em seus países de medicamentos essenciais e estratégicos incluindo os do Programa de HIV-AIDS, bem como aqueles para as doenças emergentes, re-emergentes e as doenças de baixa incidência e de alto custo [...] intensificar e ampliar as relações de suas respectivas agências reguladoras – Agência Nacional de Vigilância Sanitária (ANVISA), pelo lado do Brasil e, pelo lado da Argentina, a Administración de Medicamentos, Alimentos y Tecnologia Médica (ANMAT) – à luz da potencialidade da construção de uma agenda de trabalho compartilhada [...] estimular a cooperação e o intercâmbio entre os dois países no que se refere ao acesso a medicamentos e de conformidade com o Acordo de Cooperação Científica e Tecnológica, celebrado entre o Governo da República Federativa do Brasil e o Governo da República Argentina, em 17 de maio de 1980 e o Ajuste Complementar ao Acordo de Cooperação Científica e Tecnológica entre o Governo da República Federativa do Brasil e o Governo da República Argentina sobre Biotecnologia, em 30 de novembro de 1985.[42]

Um dos grandes sonhos de muitos trabalhadores de saúde é criar na América Latina uma soberania da saúde, iniciando pela produção de medicamentos, não somente a produção de medicamentos alopáticos, mas, sobretudo, o fortalecimento e o resgate das medicinas tradicionais. Este sonho vem sendo construído nem sempre com ações integradas, porém importante citar o PLAMSUR (http://www.plamsur.com.br/). Este projeto tem como objetivo geral "melhorar a renda dos agricultores familiares, por meio da diversificação da produção com cultivo de plantas medicinais e sua inserção em cadeias de produção de fitoterápicos".

É de suma relevância uma efetiva participação das populações para que sejam ampliadas as condições de saúde. A conscientização, por exemplo, sobre os cuidados para prevenção de casos epidemiológicos como a dengue pressupõe o envolvimento de todos os habitantes das regiões afetadas e seus respectivos governos, independentemente de divisões territoriais. Somente é possível minimizar os prejuízos em tais casos com ações que ocorram de forma aliada. O Acordo entre Brasil e Paraguai, de 21.05.2007, trata da cooperação entre os países "cuja finalidade é colaborar com o Ministério da Saúde Pública e Bem-Estar Social do Paraguai para o fortalecimento da vigilância epidemiológica no país, tendo o combate à dengue e o Regulamento Sanitário Internacional (2005) como eixos principais para a priorização das atividades" (http://www2.mre.gov.br/dai/b_218_5984.htm).

O Ajuste ao Acordo Sanitário relativo à Cooperação e Intercâmbio de Tecnologia de Saúde entre Brasil e Paraguai (http://www2.mre.gov.br/dai/b_parg_154_3269.htm) mostra a preocupação desses países em con-

---

[42] Protocolo de intenções entre Ministério da Saúde do Brasil e Ministério da Saúde e Ambiente da Argentina, sobre cooperação na área da Saúde relacionada a medicamentos, de 22.08.2005. Disponível em:< http://www2.mre.gov.br/dai/b_argt_392_5561.htm>. Acesso em 10/042011.

trolar epidemias e agir no sentido da prevenção de doenças que afetam ambos os territórios, como consta no texto:

> [...] intensificação das atividades de prevenção de situações de risco identificadas pelos dois países, como: malária, febre amarela, cólera, dengue, AIDS, raiva e outros males que afetem a saúde da população [...] fortalecimento dos sistemas de vigilância sanitária e epidemiológica em todos os níveis, em especial no controle de migrantes e problemas de saúde de fronteira.

A necessidade da união entre países visando fortalecer a saúde, especialmente nas fronteiras, apresenta-se no Ajuste Complementar ao Acordo para Permissão de Residência Estudo e Trabalho a Nacionais e Fronteiriços Brasileiros e Uruguaios para prestação de Serviços de Saúde (http://www2.mre.gov.br/dai/b_urug_297.htm). Este acordo tem como objetivos principais *consolidar soluções por meio de instrumentos jurídicos que facilitem o acesso dos cidadãos fronteiriços aos serviços de saúde, nos dois lados da fronteira e [...] amparar o intercâmbio que já existe na prestação de serviços de saúde humana na região fronteiriça.* É fundamental que se busque a simplificação da burocracia com vistas ao favorecimento desta relação entre os países. Desta forma, otimiza-se a concretização de tais objetivos.

Entre Brasil e Uruguai, há também o Acordo de Cooperação Sanitária (http://www2.mre.gov.br/dai/b_urug_170_4027.htm), promulgado no ano de 1981. Este é mais um exemplo do reconhecimento da importância dos esforços coletivos entre países vizinhos para o controle de enfermidades que inevitavelmente cruzam suas fronteiras. Consta no acordo: *fatores de natureza epidemiológica, no âmbito do país vizinho, podem produzir repercussões indesejáveis, além-fronteiras, comprometendo a saúde da população em áreas densamente povoadas.* O acordo aqui citado refere-se às consequências da facilidade dos fluxos entre os países: *o desenvolvimento dos meios de transporte e trânsito de pessoas e de bens, de um para outro país, proporciona maiores facilidades para o ingresso de vetores e de agentes patogênicos capazes de produzir situações de agravo à saúde coletiva.*

A alarmante questão HIV/AIDS atinge a população mundial em sua totalidade, tendo transposto limites geográficos. No Brasil, os soropositivos têm direito a tratamento gratuito (http://www.aids.gov.br/). Neste aspecto o Brasil tem cooperado com outros países da América Latina; é o caso do Projeto Assistência e tratamento a pessoas vivendo com HIV e AIDS na Colômbia (http://www2.mre.gov.br/dai/b_colo_101_5622.htm), o qual define as incumbências de cada país, proporcionando conjuntamente as condições para atendimento e tratamento. Desde 1989, Brasil e Guiana têm um Protocolo de Intenções na área da Saúde (http://www2.mre.gov.br/dai/b_guia_40_2599.htm), que define o atendimento de guianenses em hospitais brasileiros.

Com a Bolívia, o Brasil tem um projeto para o fortalecimento da vigilância sanitária, implementado em 2009 pelo ajuste complementar ao

Acordo Básico de Cooperação Técnica, Científica e Tecnológica (http://www2.mre.gov.br/dai/b_boli_261.htm).

Os laços internacionais em favor da saúde pública e consequentemente a efetivação do direito à saúde, realizados a partir desses instrumentos, possibilitam atender às necessidades das populações fronteiriças. Entretanto, não só estas porções populacionais são beneficiadas; cada país envolvido é favorecido como um todo.

4.2. Quadro jurídico-institucional na Europa

Na Europa, além das declarações dos textos constitucionais, tratados, convenções, o direito à saúde parece ligar-se a um espaço político que deixa os Estados nacionais livres para fazerem escolhas, que muitas vezes se apresentam como excludentes. Obviamente, ninguém, em nível teórico, imagina-se negando o direito absoluto à saúde. Todavia, a ausência de políticas de integração conscientemente elaboradas torna a atuação difícil, perpetuando uma situação de exclusão e segregação social do estrangeiro, muitas vezes irregular.

Este quadro não é novo. Na Europa, o desenvolvimento de uma estratégia de políticas comuns a todos os Estados membros no tema da imigração desabrocha nos dias atuais. O problema da imigração parece não interessar ao constituinte europeu dos anos 1957, diferente do que aconteceu em relação à livre circulação das pessoas e do mercado. O Tratado de Roma reconhecia entre os seus princípios fundamentais o direito à livre circulação das pessoas, no artigo 3, mas os condicionava ao desenvolvimento de uma atividade laboral e ao pertencimento a um dos estados da comunidade (Art. 48-66).[43] A dimensão na qual se move o legislador comunitário é exclusivamente econômica. Somente com o Tratado di Maastricht (de 1992, Tratado da União Europeia que modifica os tratados institutivos da comunidade), a questão da imigração se torna objeto de atenção do legislador europeu. A mudança, na Europa, do cenário econômico e social impõe uma nova reflexão a respeito da questão migratória dos cidadãos vindos de outros países.[44]

O Tratado de Maastricht foi, porém, importante por outro motivo, aparentemente não coligado com as políticas em matéria de imigração.

---

[43] O Tratado de Roma de 1957 institui a Comunidade Europeia. O tratado foi depois modificado com o Ato Único Europeu, que entrou em vigor em 1987. Este documento logo recebeu ulterior modificação com o Tratado de Maastricht.

[44] A outra novidade que resguarda a imigração é a inserção no Tratado CE do art. 100 C (e do correlacionado 100 D), que confia à Comunidade o dever de determinar países terceiros aos quais o cidadão necessita de um visto para ingresso na União. U. Morcavallo, *I diritti degli immigrati nell'Europa sopranazionale*, in *Diritto, Immigrazione e Cittadinanza*, n. 2/2001, p. 22 ss.; C. Curti Gialdino, *Schengen e il terzo pilastro: il controllo giurisdizionale secondo il Trattato di Amsterdam*, in *Rivista di Diritto Europeo*, 1998, p. 54 ss.

Trata-se, na verdade, de um perfil que coloca as condições para a superação daquela visão excludente da cidadania entendida como aquela de pertencer. O tratado induz, de fato, significativamente a um conceito de cidadania europeia no novo capítulo do Tratado da Comunidade Europeia (art. 8 – 8E) relativo, justamente, à "cidadania da União".[45] A cidadania europeia deve ser considerada como o primeiro passo concreto para a superação da ideia de soberania nacional e da dimensão e do significado atuais do direito de cidadania. O desalinhamento entre cidadania e nacionalidade seguramente é uma inovação de conceito e deixa transparecer a possibilidade de um direito dialogado e compartilhado que, superando a dimensão exclusiva, parece querer liberar-se da lógica amigo/inimigo.

O reconhecimento a cada cidadão da titularidade de direitos universais abre, mais do que tudo, um processo de identificação da cidadania com a "participação" da pessoa ao destino da comunidade em que vive.[46] Assim, em discussão estão todos os instrumentos da democracia participativa: direito de voto, direito de participar das eleições do país em que o cidadão reside, direito de petição, tutela diplomática e assim por diante, e são estas as coordenadas através das quais se desenvolve a participação democrática.[47]

Apesar das abstratas declamações, a ligação entre imigração e soberania nunca foi interrompida, com a consequência de deixar a cargo dos Estados Singulares Membros a dupla gestão da população e do governo do território, segundo a tradicional lógica inclusão/exclusão que distingue cidadãos e estrangeiros e, entre estes, distingue ainda entre regulares e irregulares.

A situação não mudou com a aprovação do Tratado de Lisboa.[48] Isoladas análises mais específicas que investem na questão da "gestão"

---

[45] O Tratado de Maastricht coloca em prática outro fragmento da integração. Isso, na verdade, fixa os critérios políticos e parâmetros econômicos para o ingresso na União. Entrou em vigor em 1º de novembro de 1993 e é conhecido também como Tratado sobre a União Europeia (TUE). U. Morcavallo, *I diritti degli immigrati nell'Europa sopranazionale*, cit., p. 22 ss.

[46] S. Angioi, *Cittadino, straniero e immigrato: evoluzione del concetto e del rapporto di cittadinanza tra norme internazionali e diritto interno*, em *La Comunità Internazionale*, n. 2/2000, pg.183 ss.; L. S. Rossi, *Costituzionalizzazione" dell'UE e dei diritti fondamentali*, em *Carta dei diritti fondamentali e Costituzione europea*, pela mesma autora, Milano, 2002, p. 249 ss.; A. Saggio, *La protezione dei diritti fondamentali nell'ordinamento comunitario, in Documenti Giustizia*, n. 3, 1993, p. 276 ss.; L. Scudiero, *Comunità europea e diritti fondamentali: un rapporto ancora da definire?*, em *Rivista di diritto europeo*, 1996, p. 263 ss.; F. Pocar, *Dignità – giustizia, in Carta dei diritti fondamentali e Costituzione europea*, por L. S. Rossi, Milano, 2002, p. 83 ss.

[47] PEPINO, L. *Legalità e diritti di cittadinanza nella democrazia maggioritaria, Relazione al decimo congresso nazionale di Magistratura democratica*, em *Questione giustizia*, 1993, p. 250.

[48] "A versão consolidada provisória do Tratado que institui uma Constituição pela Europa", considera a matéria imigração como um dos elementos do "espaço de liberdade, segurança e justiça", previsto na parte III ("As políticas e o funcionamento da União"). Em particular, a política da imigração vem contemplada entre as políticas (e ações) internas, unicamente as políticas que resguardam os controles das fronteiras e do asilo (título III, sessão II do capítulo IV). A respeito da normativa pré-vigente, as disposições que dizem respeito à "política comum de imigração" (art. III- 168, par. 1) fazem emergir um maior interesse sobre a normativa vigente. São especificadas algumas prioridades, como

dos fluxos migratórios, é interessante levar em consideração como a dimensão social do problema da imigração na Europa foi influenciada pelo desenvolvimento de uma política de ampla e pensada, sobretudo, para melhorar a situação geral dos cidadãos extracomunitários "legalmente residentes" na União, seja sobre o local de trabalho, seja nas relações sociais. Se uma crítica é possível, está no fato de que na Europa as tutelas se diferenciam segundo a regularidade de permanência da pessoa imigrada.

A necessidade de um seguro aos imigrados extracomunitários "regulares" e aos seus descendentes ressurgiu em termos de conhecimento da língua, habitação, instrução, formação profissional, saúde, porém sempre acompanhada por um debate em que a questão da boa integração dos imigrantes tenha sido tratada na perspectiva da adaptação destes últimos ao estilo de vida dos países que os abrigam, garantindo a preservação da própria identidade cultural. O discurso sobre a igualdade foi fundado sobre a reflexão de que a igualdade de direitos implica sempre paridade de deveres.

Teoricamente, então, se prestarmos atenção ao perfil de escolhas normativas feitas pelo legislador comunitário não caberia nenhuma desaprovação, pois efetivamente parece mover-se na perspectiva de integração mesmo quando precisou adotar medidas para "deter" o fenômeno dos fluxos migratórios.[49] Concretamente, porém, a integração permaneceu presa a uma lógica econômica que em presença de qualificações insuficientes, interesses do mercado e das indústrias que ocupassem mão de obra a baixo custo, lacunas linguísticas, limitadas perspectivas de trabalho e carreira facilitariam condutas discriminatórias em dano ao imigrado extracomunitário em maior razão se irregular.[50] Neste caso a possibilidade de ocupar mão de obra irregular a baixo custo abre a possibilidade do fenômeno de trabalho em condições análogas à de escravo.

Interessante observar que nenhum Estado da União ratificou a Convenção internacional sobre a proteção dos direitos de todos os trabalhadores imigrados e dos membros das suas famílias – ONU, 18 dezembro 1990.[51]

---

as definidas pelo Conselho Europeu Extraordinário de Tampere (15-16 de outubro de 1999) como, por exemplo, a prevenção e o contraste da imigração clandestina em uma gestão mais eficaz dos fluxos migratórios, cfr., neste sentido: NASCIMBENE, B. *Politica sull'immigrazione e progetto di Costituzione europea, in Studi Emigrazione/Migration Studies*, XLI, n. 153, 2004, p. 71.

[49] O referimento é a recente diretiva sobre repatriados 2008/115.

[50] Na verdade campanhas contra a xenofobia, contra o racismo e para favorecer a educação são periodicamente lançadas pela Comissão, cfr., A. Saggio, *La protezione dei diritti fondamentali nell'ordinamento comunitario*, cit., p. 281 ss.

[51] Assembleia Geral, Resolução 45/158 de 18 dezembro 1990. Não há dúvidas de que a falta de retificação da referida convenção, que constitui o quadro jurídico internacional mais extenso no âmbito da proteção dos direitos dos trabalhadores, parece remeter à causa de valores essenciais da UE.

O paradoxo da inclusão/exclusão, na realidade dos fatos, depara-se com lógicas de um mercado que não observa o indivíduo e se distancia de qualquer possibilidade solidária e fraterna. O sentido da fraternidade que inclui desaparece nos meandros dos interesses de mercado que muitas vezes esquecem e ignoram as pessoas. A saúde, neste contexto, pode ser considerada como um tema indicativo de como a dimensão da inclusão, sempre proclamada, pode naufragar nas dificuldades econômicas ou mesmo nas questões normativas que enxergam o estrangeiro como "estranho" sem se colocar na perspectiva dialógica do outro. A dialética exclusão/inclusão, a prova dos fatos se encontra com a lógica de um mercado que não olha para a pessoa e se afasta da dimensão solidária.

O senso de uma fraternidade que inclui desaparece entre os ramos de interesse do mercado que muito frequentemente esquece a pessoa, o cidadão. A saúde, neste contexto, pode ser considerada tema indicativo de como a dimensão inclusiva, sempre proclamada, pode naufragar com os *icebergs* de dificuldade econômica ou de medidas normativas que veem o estrangeiro como um "estanho" e não se propõe na perspectiva dialógica "do outro".

5. Conclusão: a fraternidade é possível!

Il diritto fraterno, dunque, mette in evidenza tutta la determinatezza storica del diritto chiuso nell'angustia dei confini statale e coincide con lo spazio riflezione legato al tema dei diritti umani.[52]

Neste artigo, procuramos focar a necessidade de efetivar o direito ao direito à saúde ultrapassando fronteiras, sem criar novas! Para isso, estudamos alguns acordos binacionais do Mercosul e entre países do Mercosul, bem como apresentamos alguns aspectos da realidade europeia. Com isso, identificamos que temos muito mais direitos do que efetivamente podemos realizar, mas vimos também que leis e legislações – as mais variadas – não nos faltam. Continuamos com algumas indagações: como o fenômeno da globalização reflete nos fundamentos do Estado-nação? Quais são as relações entre os poderes públicos e a globalização jurídica? É possível transportar justiça e democracia para além das fronteiras do Estado? Qual justiça estamos ultrapassando, se é que ultrapassamos? Qual democracia?[53]

---

[52] [Tradução livre:] "O direito fraterno, então, coloca em evidência toda a determinação histórica do direito fechado na angústia dos confins estatais e coincide com o espaço de reflexão ligado ao tema dos direitos humanos".

[53] Para aprofundar estas reflexões, ver: CASSESE, Sabino. *Il Diritto Globale* – Giustizia e Democrazia oltre lo Stato. Torino: Einaudi, 2009, especialmente o capítulo final. Verso una giustizia e una democrazia globali? p. 156-167.

Ora, o questionamento sobre a possibilidade de uma justiça e de um direito global capazes de efetivar todos os direitos fundamentais – não podemos mais ser cidadãos pela metade, ou cidadãos servos[54] – passa necessariamente pela forma como lidamos com os diferentes. Seguindo os pressupostos teóricos deste artigo, retomamos a fraternidade, que nos leva a ver o outro – inclusive e, sobretudo, o diferente, como um irmão, como um outro EU. Nesta sociedade cosmopolita, precisamos refletir sobre a situação da migração, fenômeno antigo, mas que, na contemporaneidade, assume um novo patamar de exclusão.[55]

A Constituição Federal Brasileira, assim como de vários Estados da União Europeia, ao dar tratamento igualitário aos cidadão natos e estrangeiros residentes no país, assegurou a estes a possibilidade de acesso às políticas públicas existentes. A Lei brasileira 9.474/97, por sua vez, expressão do compromisso do Brasil com a causa humanitária do refúgio, chamou o país à efetivação destes direitos quando sinalizou para a implementação de políticas públicas para a integração dos refugiados e refugiadas.

A fraternidade se concretiza, quando transformamos a utopia em realidade. Foi exatamente esta aposta que fizeram os operadores do direito e da saúde na divisa entre Brasil e Uruguai em 2009, nas cidades Rivera (Uruguai) e Santana do Livramento (Brasil). Relatamos brevemente esta experiência para demonstrar que a fraternidade pode aproximar nações, resolver problemas, ultrapassar os limites de um direito positivista, buscar um direito achado na rua, construído a partir das necessidades de agrupamentos sociais cujas fronteiras podem ser um local de vida, de felicidade e de ousadia.

A história desta integração transfroteiriça pode ser demarcada no ano de 2006, quando foi criado o primeiro comitê binacional de saúde. Todo este processo tem como marco o *Acuerdo de asistencia gineco-obstétrica de emergencia entre comisión de apoyo al hospital de Rivera, hospital santa casa de misericordia y secretaría de saúde de Livramento*.[56] Este acordo foi estabelecido em função da greve de médicos em Santana do Livramento; a população ficou desassistida, e o hospital de referência obstétrica estava distante aproximadamente 150 km. Então, o prefeito e o secretário municipal de saúde buscaram uma alternativa: este acordo, que permitiu a ruptura de várias fronteiras. Assinado em 07.11.2006, prevê a atenção às gestantes brasileiras usuárias do SUS e diz:

---

[54] CAPELA, Juan Ramón. *Os cidadãos servos*. Porto Alegre: Sergio Antonio Fabris Editor, 1998.

[55] Sobre isso, consultar: RESTA, Eligio. In: *Globalizzazione e diritti futuri*. A cura di R. Finelli, F. Fistetti, F.R. Recchia Luciani, P. Di Vittorio. Ministero dell'Istruzione. Roma: Università e Ricerca scientifica, 2004, p. 367

[56] Livramento é o outro modo como o município de Santana do Livramento é habitualmente chamado/conhecido.

La paciente deberá presentar toda la documentación individual y aquella que pueda acreditar y aportar datos sobre controles prenatales, exámenes previos, así como cualquier otra documentación que facilite su correcta asistencia.

O que podemos observar é efetivamente um pacto estabelecido na solidariedade de ambos os lados, pois, embora tenha existido uma contrapartida da Santa Casa de Santana do Livramento, o país vizinho auxiliou de modo significativo na redução da mortalidade infantil e da própria gestante, garantiu uma boa qualidade de atenção neste momento peculiar da vida da mulher.

Esta situação concreta evidenciou a possibilidade de solução conjunta de problemas das duas cidades, como acidentes de trânsito, combate ao mosquito da dengue, campanhas de prevenção da AIDS.

Novas situações fronteiriças obrigam as autoridades brasileiras a fazer um ajuste complementar ao acordo para permissão de residência, estudo e trabalho a nacionais fronteiriços brasileiros e uruguaios para prestação de serviços de saúde. Este acordo é originariamente de 21.08.2002, e o ajuste foi publicado em 14.12.2009. No ajuste, encontra-se a seguinte frase: "reafirmando o desejo de encontrar soluções comuns para o bem-estar e a saúde das populações dos dois países;" ou ainda "destacando a importância de consolidar soluções por meio de instrumentos jurídicos que facilitem o acesso dos cidadãos fronteiriços aos serviços de saúde, nos dois lados da fronteira". Estas indicações permitiram os avanços nas relações entre as fronteiras. Fundada no referido acordo, a Escola de Saúde Pública – Secretaria Estadual de Saúde –, inicia, em março de 2010, o *I Curso Binacional de Saúde Pública* em Santana do Livramento. As vagas deste curso foram distribuídas igualmente entre os dois países e destinavam-se aos trabalhadores de fronteiras.

Eligio Resta[57] constantemente aborda a possibilidade de mudar *a humanidade da humanidade.* Ele tem razão, pois esta situação, ainda que pouco frequente, existe, e é o que podemos observar com a situação que vem ocorrendo na fronteira Brasil – Uruguai.

Em 15.10.2009, uma nova situação desafia os gestores da saúde de Santana do Livramento: o fechamento do único hospital da cidade – a Santa Casa. Naquele momento, a Prefeitura decide decretar "emergência na área de saúde pública". As tentativas de reabertura só se efetivaram em abril de 2010. Mais uma vez, foram reforçados os acordos já existentes e se estabeleceu um novo convênio entre os hospitais das duas cidades. No período em que a Santa Casa esteve fechada, por determinação do Sindicato Médico do Rio Grande do Sul, nasceram no Uruguai 181 crianças. Os registros de nascimento destes brasileiros nascidos no Uruguai foram realizados no Consulado Brasileiro em Rivera.

---

[57] RESTA, *Op cti.*, 2002.

Ainda sobre essa questão de Rivera, é válido destacar que com relação à política de cooperação, integração e desenvolvimento da fronteira do Brasil com a República Oriental do Uruguai, em 14 de junho de 2004, foi promulgado o Acordo para Permissão de Ingresso, Residência, Estudo e Trabalho, Previdência Social e Concessão de Documento Especial de Fronteiriço a nacionais fronteiriços brasileiros e uruguaios, celebrado em 21 de agosto de 2002 em Montevidéu, Uruguai (disponível em http://www2.mre.gov.br/dai/b_urug_255_5003.htm).

Interessa-nos, especialmente, os artigos I e VI, que tratam sobre a permissão de residência, estudo e trabalho aos nacionais de uma das partes envolvidas residentes nas localidades de fronteira com o objetivo de fortalecer ainda mais a dimensão social de integração entre os países. Nota-se, pois, que esse acordo ultrapassa as fronteiras de cunho comercial e econômico.

Sobre a permissão de residência, estudo e trabalho, pode-se dizer que os nacionais de um dos dois países, residentes nas localidades fronteiriças listadas no anexo de "Localidades Vinculadas", terão permissão para: a) residência na localidade vizinha, situada no território da outra parte, à qual fica vinculada na forma deste acordo; b) exercício de trabalho, ofício ou profissão, com os efeitos advindos das obrigações e direitos previdenciários deles decorrentes; c) frequência a estabelecimentos de ensino públicos ou privados. O artigo I faz menção à condição de fronteiriço, onde aparece, inicialmente, a possibilidade de autorização por cinco (05) anos, prorrogáveis por igual prazo. Ao final desse prazo, o cidadão poderá ter concedida essa condição por prazo indeterminado que valerá, em qualquer caso, exclusivamente nos limites da localidade para a qual foi concedida.

Também, sobre a situação dos *migrantes*, os exemplos na Europa são numerosos e diferem segundo o país. Na Itália, de modo particular, uma lei no quadro de um pacote de provimentos relativos à segurança elegeu a "imigração clandestina" como uma contravenção penal.[58] Os médicos que tivessem conhecimento, em função de sua atividade, de pessoas irregulares presentes no território deveriam denunciar à autoridade judiciária a presença destas pessoas (art. 361 e 362 Código Penal Italiano. E se pensarmos que, para o médico, a obrigação de denunciar a autoridade judiciária supera o limite do segredo profissional, qual, neste contexto, seria o espaço para a tutela do direito à saúde e para o significado que isso atribui ao Art. 32 da Constituição da Itália para fins de tutela da pessoa?

A doutrina prontamente evidenciou o risco da criação de um "sistema paralelo de saúde", subtraído de qualquer forma de controle e que

---

[58] A referência é ao art. 45 do Tratado de Segurança C2180 aprovado pelo Senado e não pela Câmara dos Deputados. A norma se fundiu no dlg. em 15 de julho 2009/94, "pacote de segurança".

marginalizasse ainda mais os pobres e imigrantes, sem considerar os efeitos negativos que um sistema deste tipo pudesse determinar a saúde coletiva.

No novo texto do decreto lei de 23 de junho de 2001, n. 89, convertido em lei em 2 de agosto de 2011, n. 129 a previsão não aparece mais. O problema da imigração, porém, permanece com a falta de uma política sanitária que leve em conta a relevância que a saúde assume no papel da inclusão.

A sociedade cosmopolita está em permanente transformação: a fraternidade, como pressuposto, acelera este processo no sentido da efetivação de direitos escritos e pouco efetivados; ela também permite uma ruptura de fronteiras, na vida cosmopolítica. Por fim, as fronteiras precisam e podem ser lugares de apropriação.

— XII —

O humano entre o direito e a genética: pressupostos para o debate legislativo acerca das implicações jurídicas concernentes à criação de bancos de perfis genéticos para fins de persecução criminal no Brasil[1]

TAYSA SCHIOCCHET

Sumário: Considerações iniciais; 1. Contexto do desenvolvimento das novas tecnologias genéticas: nem cientificismo, nem reducionismo; 2. Informação genética humana: pressupostos conceituais e terminológicos; 3. Natureza jurídica da informação genética humana e finalidades de acesso; 4. Reflexos jurídicos concernentes à criação de bancos de perfis genéticos para fins de persecução criminal: algumas proposições para o debate; Referências bibliográficas.

Considerações iniciais

As descobertas na área da genética humana são consideravelmente amplas, e sua aplicação técnica, cada vez mais diversificada, não apenas na área da identificação civil e penal, mas também no contexto da pesquisa e da medicina. Os resultados obtidos no campo do diagnóstico genético são significativos, e seu principal benefício consiste na possibilidade de prevenir doenças ou evitar o seu desenvolvimento, já que é possível descobrir precocemente a presença de genes e cromossomos alterados, os quais são responsáveis por inúmeras enfermidades genéticas.

Com os avanços das biotecnologias nos últimos anos, mais precisamente com a possibilidade de estabelecer a função e regulação dos genes, a pesquisa e a medicina são efetivamente as áreas que contam com um arcabouço normativo mais avançado que outras, como a área do Direito Penal. Ainda que a criação de bancos genéticos ocorra para finalidades

---

[1] Os resultados parciais desta pesquisa são fruto de pesquisas anteriores realizadas com o financiamento da CAPES (2007-2008 – *Université Paris I – Panthéon Sorbonne*), bem como do *National Institutes of Health* (NIH/USA) e da *Facultad Latinoamericana de Ciencias Sociales* (FLACSO-Argentina – Programa de Bioética e de Capacitação em ética da pesquisa, em 2010). Alguns destes resultados também podem ser lidos em: Schiocchet (2009, p. 354 *et. seq.*).

distintas, é preciso considerar a complexidade e o necessário imbricamento desses campos, inclusive, na criação e gestão dos biobancos. O fato é que categorias jurídicas são postas em discussão pelas novas tecnologias aplicadas às ciências da vida, o que acaba por revelar o impacto produzido nas mais diversas áreas do saber humano e, especialmente, nos fundamentos sobre os quais se assentam o sistema jurídico, enquanto regulador das ações humanas.

Nesse contexto, em que pese a avançada normativa constitucional, notadamente a consolidação de princípios e direitos fundamentais, que o país conquistou a partir de 1988, diversos são os desafios a serem enfrentados nesse campo. Em uma sociedade marcada pela profunda desigualdade socioeconômica, pelas pressões supranacionais sofridas em virtude de interesses econômicos do mercado globalizado e pelos altos índices de criminalidade, a efetiva concretização dos direitos fundamentais, ainda que regulamentados, resta profundamente prejudicada.

Outro aspecto relevante é a constatação de que "os discursos biotecnológicos são uma composição de fatos biotecnológicos e de discursos justificativos que os apresentam como necessários, ou mesmo fatais" (SFEZ, 2001, p. 3).[2] Diante disso, qualquer estudo que tenha por objeto a biotecnologia ou um tema a ela relacionado deve estar atento a sua dupla composição, de modo a identificar, além das descobertas científicas e inovações tecnológicas, os discursos, as representações e as ideologias que estão por detrás delas, mascarando seus antagonismos e dominações. Nesse aspecto, os estudos antropológicos e, mais amplamente, os interdisciplinares são uma eficaz ferramenta para a adequada e complexa compreensão desse fenômeno. Portanto, a análise das implicações jurídicas do acesso e da exploração de material e informação genéticos humanos deve ser feita a partir de uma perspectiva interdisciplinar, que auxilie a demonstrar a insuficiência dessas categorias jurídicas clássicas, como: liberdade, dignidade, justiça individual e social, autonomia, autodeterminação informacional, presunção de inocência, direitos coletivos, pessoa, privacidade, intimidade, segredo, discriminação, doação e outras. Daí a necessidade de repensar as categorias existentes, a partir de um enquadramento normativo fundamentado em pilares que não se restrinjam mais àqueles concebidos classicamente no interior do Estado soberano, ainda que nele contextualizados (Foucault, 2004; Andorno, 2010; Schiocchet, 2009).

A América Latina e, em especial, o Brasil[3] não estão alheios a essa realidade biotecnológica que necessita acessar o "humano" em nome da ciência, da saúde ou da segurança. O Brasil, por exemplo, está na rota

---

[2] Tradução livre de : *"Les discours biotechnologiques sont un mixte de faits biotechnologiques et de discours justificatifs qui les présentent comme nécessaires, voire fatals"*.

[3] Sobre o tema ver, exemplificativamente: Kidd (1991), Vander Velden (2005) e Diniz (2007).

internacional da realização de estudos genéticos multicêntricos para as indústrias farmacêuticas. A oferta de testes genéticos no país é um fato ordinário, e o acesso, irrestrito, a menos que a condição econômica seja um impeditivo. A biopirataria também já chegou em terras tupiniquins. As suas denúncias retomam ciclicamente espaço na mídia. Depois das plantas exóticas e dos animais em extinção, chegou a vez do ser humano ser biopirateado. Os noticiários reportam a coleta irregular de material genético de povos indígenas brasileiros e denunciam a sua comercialização por repositórios norte-americanos. Entre uma notícia e outra, entre um caso e outro, os discursos em torno do genoma humano ganham espaço, e as representações acerca das implicações genéticas são cada vez mais assimiladas pelos indivíduos (Schiocchet, 2009).

A força e os interesses presentes nos discursos biotecnológicos são reveladores da união entre ciência e tecnologia na área da genética humana. Os produtores e reprodutores desses discursos são diversos, de acordo com o interesse visado: o mercado, representado majoritariamente pelas indústrias, buscando novas fontes de lucro; os pesquisadores, em nome da ciência e da liberdade de pesquisa, buscando novas descobertas, prestígio e financiamento para a continuidade das investigações; os indivíduos, preocupados com os riscos à privacidade ou discriminação, mas, sobretudo, ansiosos por benefícios à sua saúde em termos de prolongamento e qualidade de vida, o Estado e alguns setores da sociedade em geral preocupada com a segurança pública[4] e, finalmente, o sistema jurídico, tendo que conciliar os interesses aparentemente inconciliáveis ou, por vezes, nem cogitados pelos referidos atores.

Os anseios em termos de segurança pública e as preocupações em termos de ameaças à privacidade tornam-se realidades palpáveis. Nesse pacote de riscos e benefícios estão incluídos temas de diversas ordens. O que eles têm em comum é provocar o questionamento constante das verdades sobre as quais os seres humanos fundam suas ciências, suas economias, suas políticas e seus sistemas de normas. Nunca, talvez, problemas tão microscópicos, como aqueles vinculados à genética molecular, exigiram soluções tão macroscópicas do ponto de vista político-econômico e, porque não, jurídico.

Na América Latina, em geral, torna-se imprescindível que a análise sobre os reflexos da conjunção entre direito, tecnociência e genética seja realizada, levando em consideração o perfil de uma sociedade que está em *desenvolvimento* e que é fortemente marcada pela diversidade étnica e

---

[4] Como exemplo, podemos mencionar que foi identificada uma quantidade expressiva de textos (científicos, técnicos, jornalísticos e de opinião) que advogam fortemente pela utilização dessa tecnologia genética para fins de persecução criminal e para tanto se sustentam na certeza e robustez probatória, no uso da tecnologia como algo necessariamente benéfico e disponível, na expressiva diminuição de casos arquivados e de erros para inocentar ou condenar. Em geral, tal biotecnologia é apresentada como a arma mais poderosa no combate ao crime.

cultural. É preciso ter em mente que o problema de alguns países latino-americanos como o Brasil e o fato de ainda estarem em desenvolvimento não é a pobreza, mas a má distribuição das riquezas. É preciso lembrar que o Brasil não é apenas uma potência econômica, mas é também fonte de recursos naturais valiosos e cada vez mais cobiçados. É preciso lembrar que a diversidade brasileira não é apenas genética, é étnica e também cultural. É preciso lembrar que o país é referência tecnológica em diversas áreas. Enfim, é preciso lembrar que a reflexão teórica deve estar cravada nessa realidade da sociedade brasileira.

De fato, vive-se num país cujo acesso às biotecnologias de ponta em centros de excelência dissemina rapidamente essas novas tecnologias, sob a forma de produtos no mercado; ao mesmo tempo em que possui um enorme déficit social no que se refere ao acesso universal aos serviços básicos (educação, saúde, segurança, lazer). Diante disso, é inegável que o desenvolvimento tecnocientífico afeta de maneira peculiar o país, onde é possível perceber uma tendência em assimilar, cada vez mais, as soluções jurídicas elaboradas no plano internacional e de países desenvolvidos tecnologicamente. Para tanto, porém, é preciso harmonizar tais referências externas às experiências, dificuldades e características da realidade brasileira.

O presente artigo parte da constatação de que a despeito da presença maciça das biotecnologias e pesquisas genéticas no país, inclusive forense, bem como da proliferação de documentos normativos no plano internacional, a população brasileira é particularmente afetada pela criminalidade e pelos reflexos de um sistema jurídico debilitado e titubeante. A porosidade jurídica sobre o tema no Brasil, tanto na literatura quanto na regulamentação do Direito estatal positivo, deve-se ao impacto recente das biotecnologias na temporalidade e na espacialidade do Direito, bem como nas categorias jurídicas clássicas. Diante disso, o artigo pretende apresentar algumas questões acerca do tema, as quais são consideradas condições, ou mesmo pressupostos, para debater uma eventual regulamentação acerca da criação de bancos de perfis genéticos para fins de persecução criminal. Dentre as questões apresentadas, cita-se o contexto tecnologias genéticas, aspectos terminológicos, a natureza da informação genética humana e suas diferentes finalidades de acesso, bem como as implicações jurídico-penais que devem ser enfrentadas abertamente pelo debate legislativo efetivamente comprometido com os ditames constitucionais.

1. Contexto do desenvolvimento das novas tecnologias genéticas: nem cientificismo, nem reducionismo

As investigações e descobertas da chamada "ciência pós-genômica" (Simpson; Caballero, 2000, p. 90) afetam diretamente a vida do indivíduo e de toda a coletividade. Além disso, tal "ciência" tornou-se um referencial teórico e epistemológico para conhecer a própria natureza da vida humana. Esse fenômeno perpassa todas as sociedades e é representado pela incorporação de uma concepção, a genômica reducionista, para explicar a natureza do ser humano. O que se observa, então, é a entronização da vida concebida, informada e significada pelos genes, os quais, "nem sequer são parte da vida, porque são ela própria" (Cardoso; Castiel, 2003, p. 654).[5]

A questão nuclear que surge na avaliação das relações entre a ciência e as técnicas de controle da natureza (inclusive humana), através da racionalidade empírico-matemática,[6] é o encobrimento de diferentes níveis de dominação. O primeiro nível consiste na institucionalização do controle e domínio da natureza. O segundo, por sua vez, consiste no controle e no domínio do próprio ser humano, individual e coletivamente considerado.

Nesse sentido, é possível perceber que a ciência moderna acaba por projetar um universo em que a dominação da natureza se encontra umbilicalmente ligada à submissão da pessoa humana a valores e critérios, os quais se encontram estabelecidos no próprio paradigma científico dominante. Em outras palavras, a natureza e inclusive a natureza humana, compreendida e dominada pela ciência, mantém e melhora a vida dos indivíduos, mas, ao mesmo tempo, submete-os a uma intensa dominação.[7]

Com Barreto já tivemos a oportunidade de mencionar que a introdução da dimensão da vida como categoria biopolítica, independente do seu significado social, teve profundas repercussões na sociedade e no Estado, assumindo importância significativa no espaço público com os processos de medicalização da vida. A biotecnologia, neste sentido, represen-

---

[5] Citelli (2001, *passim*), inclusive, refere que os genes passaram a ser responsáveis, também, pelos nossos comportamentos, a ponto de se afirmar que são eles que fazem com que não tenhamos limites em nossos desejos, havendo inclusive explicações naturalistas ou biologizadas para a infidelidade, criminalidade, perversão, violência, homossexualidade etc.

[6] O paradigma científico dominante, que se deslocou do campo das ciências físicas e naturais para as ciências sociais, justifica-se pela concepção ideológica do progresso contínuo, o qual é sustentado por uma ciência calcada em modelos matemáticos e por uma correspondente técnica construída sob modelos mecanicistas. A natureza torna-se compreendida e explicada por processos mecânicos, que somente terão validade se puderem ser expressos matematicamente. Com isso, termina a natureza, inclusive a natureza humana, por ser domada e manipulada segundo interesses particulares e tratada como um objeto, no sentido jurídico e mercadológico do termo (EDELMAN, 1999, p. 353; MORIN, 2000, p. 98).

[7] O desenvolvimento tecnocientífico estimulou processos de racionalização mediante o incremento das forças produtivas. Mas a dependência das forças produtivas ao progresso técnico-científico fez com que as mesmas exercessem "funções legitimadoras da dominação". Não mais uma dominação opressora, mas uma dominação racional, sustentada pela ideologia desenvolvimentista que, ao mesmo tempo em que proporciona um maior conforto a todos, reduz a liberdade e a autonomia ante a impossibilidade técnica da pessoa determinar sua própria vida (HABERMAS, 1968, p. 46-83).

ta a manipulação da vida, mediante técnicas altamente sofisticadas, no âmbito global (Barretto e Schiocchet, 2005, p. 259). As novas descobertas biotecnológicas são permeadas e movidas por interesses econômicos e, principalmente, pelo que Agamben (2004, p. 125) chama de "politização da vida". Esse processo consiste em considerar a vida natural como fator determinante nos mecanismos e cálculos do poder. O conhecimento e o poder gerados pelas descobertas biotecnológicas não se restringem mais à apropriação e manipulação de corpos. Eles ultrapassam esses limites e passam a exercer um biopoder em nível celular, molecular e mesmo genético.

Nesse contexto, a medicina irá representar, no argumento de Foucault (1997, p. 221), o instrumento de ponta, que fará com que o poder se torne cada vez menos representante do direito de matar e passe a intervir para fazer viver, estabelecer o modo de viver e como viver. Trata-se daquilo que o autor denominou de "biopolítica", a qual redundará, posteriormente, na medicalização da população e na regulação da espécie humana, mediante um biopoder superior a todas as formas de soberania até então encontradas nas sociedades humanas.

Tal situação pode ser constatada na utilização e aplicação das técnicas de reprodução medicamente assistida, no diagnóstico genético preimplantatório (DPI) ou pré-natal (DPN), nas pesquisas com células-tronco (embrionárias ou adultas) e mesmo no acesso e uso dos testes genéticos por e em seres humanos. Percebe-se uma dominação racional da sociedade, representada pelo consumismo individualista em torno da vida, em que tudo é determinado pela satisfação de "necessidades privatizadas" (Habermas, 1968, p. 81).

A questão ética central, encontrada na sociedade tecnocientífica, explicita-se no paradoxo da técnica moderna, quando não é o fracasso, mas o seu sucesso, que pode levar a uma catástrofe global. Nesse campo dos avanços biotecnológicos, subverteram-se as relações entre o que é dado ou natural e o que é possível desejar e manipular.

As implicações relacionadas às tecnologias genéticas são de diversas naturezas, tais como social, econômica, científica, sanitária, ética e mesmo jurídica, incluindo temas como privacidade, confidencialidade, proteção das identidades, garantia de não discriminação, pesquisa e avanço da ciência, livre circulação de bens ou ainda temas como coleta e armazenamento de material genético, acesso e uso de informação genética, biobancos, aconselhamento genético, universalidade de acesso a tais tecnologias etc. Diante disso, atualmente diversos países, e mesmo a sociedade internacional através de seus órgãos representativos, mobilizam-se no sentido de avaliar o impacto das aplicações desse novo conhecimento para então regulamentá-las.

2. Informação genética humana: pressupostos conceituais e terminológicos

Preliminarmente, convém explicitar a terminologia recorrentemente utilizada pela literatura pertinente e pelo Direito, mais especificamente pelos documentos normativos internacionais, para fazer referência à informação genética humana. Isso porque há uma diversidade de palavras utilizadas, às vezes como sinônimos, outras não, além das variáveis técnicas que envolvem o acesso à informação genética. Nesse sentido, é oportuno citar a Declaração Internacional sobre Dados Genéticos Humanos, da Organização das Nações Unidas para a Educação, Ciência e Cultura[8] (Unesco, 2003) a qual permite identificar uma espécie de acordo em torno do significado de algumas categorias, ainda que de modo um tanto aproximativo.

Segundo a Declaração (Unesco, 2003), **material genético** seria a **amostra biológica**, a qual consiste em "qualquer amostra de material biológico (por exemplo células do sangue, da pele e dos ossos ou plasma sanguíneo) em que estejam presentes ácidos nucleicos e que contenha a constituição genética característica de um indivíduo".

Os **testes genéticos**,[9] instrumentos utilizados sobre esse material biológico para extrair as informações e dados genéticos, são definidos pela Declaração (Unesco, 2003) como um "método que permite detectar a presença, ausência ou modificação de um gene ou cromossomo, incluindo um teste indireto para um produto genético ou outro metabólito específico essencialmente indicativo de uma variação genética específica".

Por fim, a Declaração (Unesco, 2003) define os **dados genéticos**[10] **humanos** como "informações sobre características hereditárias dos indivíduos obtidos por análise de ácidos nucleicos ou por outras análises científicas". Quanto à definição de informação genética, a Declaração silenciou.[11]

---

[8] UNITED NATIONS EDUCATIONAL, SCIENTIFIC AND CULTURAL ORGANIZATION (UNESCO). *Declaração internacional sobre dados genéticos humanos*. Paris: Unesco, 2003. Disponível em: <http://portal.unesco.org/shs/en/files/9193/11387255151DECLARATION_PORTUGAL.pdf/DECLARATION%2BPORTUGAL.pdf>. Acesso em: 2 set. 2009.

[9] A Declaração traz a distinção entre teste genético e rastreamento genéticos, ao definir esse último como "teste genético sistemático em grande escala proposto, no âmbito de um programa, para uma população ou uma fração desta, a fim de detectar características genéticas em indivíduos assintomáticos" (UNESCO, 2003). Sobre o rastreamento genético, ver o conjunto de regras proposto em 1972, pelo *Hasting Center* nos EUA; o relatório elaborado em 1983 nos EUA pela *President's Commission For the Study of Ethical Problems in Medicine and Biomedical and Behavioral Research* (que trata da confidencialidade, autonomia, informação, bem-estar, equidade); o relatório sobre as questões éticas dos testes genéticos, publicado pelo *Nuffield Council in Bioethics* (Grã-Bretanha, 1993), bem como o relatório do Comitê Internacional de Bioética (UNESCO, 1995).

[10] A Declaração (UNESCO, 2003) traz a distinção entre dados genéticos e proteicos. "*Dados protéicos humanos*: informações sobre as proteínas de um indivíduo, incluindo a sua expressão, modificação e interação".

[11] Sobre os dados genéticos, sua proteção e sua publicização, ver o panorama de: Trudel (1992, p. 357 *et seq.*).

Ao tratar da definição de informação genética, Hottois e Missa (2001. p. 520 *et seq.*) dizem que ela pode ser entendida sob dois aspectos. Primeiro, como aquela informação constituída pelos genes e que existe e opera somente sob a forma molecular (DNA). Segundo, como o conhecimento relativo ás suas determinações hereditárias vinculadas aos seres, considerados individual ou coletivamente.

Diante disso, é possível perceber que a expressão "informação genética" é ambígua na medida em que o seu significado oscila entre a designação de estruturas e de processos moleculares, por um lado, e a designação do saber científico a eles concernente, por outro. É esse segundo aspecto que interessa neste momento, isto é, o conhecimento genético, enquanto um "conjunto de representações simbólicas, ditas 'científicas', que, com o auxílio de técnicas, permitem o acesso e a apropriação da informação genética molecular"[12] (Hottois; Missa, 2001, p. 520). Mais do que a possibilidade técnica de desenvolver determinada terapia genética a partir de uma informação genética estrutural especifica, importa para a presente pesquisa os diferentes usos que se faz da informação genética em relação às pessoas, seja no âmbito sociopolítico, judicial, econômico e, notadamente, no âmbito médico e da pesquisa.

Contudo, importa enfatizar a fragilidade dessas aproximações. Nesse sentido, é imperioso mencionar que, ao mesmo tempo em que as estruturas e processos moleculares são relativamente caóticos, pois dependentes de inúmeras variáveis e causas (muitas delas desconhecidas) e extremamente complexos, o saber genético não se resume exclusivamente ao conhecimento do genoma humano ou aos dados originários de uma análise de DNA, mas ele compreende também fatores ambientais, comportamentais, dados estatísticos, histórico familiar e individual, entre outros.

De fato, o paradigma determinista em relação às informações genéticas é dominante, ainda que haja vozes teóricas em sentido contrário. Esse aspecto é extremamente importante, sobretudo, quando se percebe que as informações genéticas têm uma amplitude que ultrapassa o espectro individual.

3. Natureza jurídica da informação genética humana e finalidades de acesso

Além dessas definições técnicas e científicas, existe uma discussão a respeito da natureza da informação genética humana, o que, dependendo do posicionamento a respeito, pode refletir diretamente na forma de

---

[12] Tradução livre de: *"l'ensemble des représentations symboliques dites 'scientifiques' qui, à l'aide de techniques, donnent accès à et prise sur l'information génétique moléculaire"*.

regulamentação das mesmas. A definição da natureza da informação genética humana normalmente é baseada nas características e na utilização de tais informações genéticas.

Alguns autores, como Manson e O'Neill, entendem que a informação genética deve ser tratada de uma maneira distinta, pois ela é *suis generis*, "altamente pessoal" e possui um estatuto especial. Um dos primeiros trabalhos nesse sentido foi realizado no início da década de 90 no âmbito do PGH, que resultou numa proposta de legislação federal para os EUA sobre bancos de dados genéticos, conhecida como *Draft Genetic Privacy Act* (Manson; O'Neill, 2007, p. 133).

Tal entendimento baseia-se nos seguintes argumentos: 1) a informação genética humana afeta a própria essência daquilo que nos constitui enquanto seres humanos, 2) ela revela, ao mesmo tempo, características comuns aos membros de uma família ou de um grupo como um todo e mais amplamente de toda a população, 3) os resultados provenientes do acesso à informação genética é ambíguo, isto é, eles podem dar uma grande certeza, em alguns casos, mas em outros será uma simples probabilidade associada a outras questões ambientais, tão ou mais importantes, 4) a origem desta informação é, acima de tudo, humana, ou seja, o material genético que a contém é humano, seja ele uma amostra de sangue, de pele, de cabelo, de unhas etc. e 5) tal informação pode ser utilizada para discriminação genética.[13]

No entanto, existe outra corrente de autores, segundo a qual a informação genética não é excepcional. Os adeptos desta corrente refutam a tese do "excepcionalismo genético" e afirma que a informação genética estaria compreendida pelo conceito de informação pessoal sensível.[14] De modo que, como qualquer outra informação pessoal sensível, ela deveria ser tratada, inclusive para fins de regulamentação. Dentre eles estão Cambon-Thomsen, Mekki-Dauriac (2009) e Manson e O'Neill (2007).

Manson e O'Neill (2007) afirmam que essa suposta singularidade da informação genética é utilizada para legitimar a existência de direitos e obrigações igualmente singulares, excepcionais. O mais destacado deles seria o "amplo direito à privacidade genética individual". Para os autores, os debates sobre aquisição, uso e comunicação de informação genética humana são particularmente propensos a distorções, porque o sentido do termo informação foi cooptado pelos biologistas moleculares para denotar outra coisa, num sentido metafórico, além de "conhecimento".

A postura que pretende atribuir à informação genética um caráter singular, visando a reforçar a proteção da privacidade individual ou im-

---

[13] Nesse sentido, ver: Luna e Salles (2008), O'Neill (2005) e Manson; O'Neill (2007).

[14] Sobre a distinção entre direito subjetivo de propriedade e direito fundamental da personalidade, ver: Kosseim, Letendre e Knoppers (2004) e Cadiet (1992, p. 41 *et seq.*).

pedir a discriminação genética, acaba por reforçar também a ideologia do "reducionismo genético", visto anteriormente. Ela superestima fatores genéticos em detrimento dos ambientais, sociais etc., e, ainda, legitima direitos especiais em razão desses fatores. Na verdade, qualquer informação pessoal sensível pode ser utilizada em desrespeito à privacidade ou de modo discriminatório, dependendo da finalidade do seu uso.

O aspecto fundamental da informação genética reside na sua finalidade, ou seja, na razão que justifica o acesso. Em relação a esse aspecto, a Declaração Internacional sobre Dados Genéticos Humanos (UNESCO, 2003) restringe o uso da informação genética unicamente aos seguintes casos: a) para o diagnóstico e os cuidados de saúde; b) para a investigação médica e científica; c) para os procedimentos civis (investigação de paternidade) e penais (vinculados à medicina legal, investigação policial); d) quaisquer outras finalidades compatíveis com a referida Declaração.

Os itens *a*, *b* e *c* representam, efetivamente, restrições ao uso das informações e testes genéticos. No entanto, a abertura dada pelo item *d*, torna-o extremamente amplo e suscetível a inúmeras interpretações. Em outras palavras, fragiliza o próprio dispositivo geral de restrição.

O instrumento de acesso à informação genética – o teste ou exame genético – está bastante difundido. No entanto, é necessário distinguir entre os diferentes tipos de testes genéticos, ou melhor, suas distintas finalidades. Os testes genéticos podem ser utilizados em diversas áreas e para finalidades distintas, quais sejam: a) no âmbito da pesquisa;[15] b) no âmbito da medicina (fins diagnósticos); c) na busca por desaparecidos (caso clássico argentino); d) no âmbito do direito de família, com o intuito de confirmar vínculos parentais; e) no âmbito da política nacional de imigração; f) no âmbito criminal, para fins persecução criminal.

a) **Pesquisa**

É notadamente no campo da pesquisa que o material genético manifesta quão amplo é o seu potencial. Pois com uma única amostra de material genético humano é possível ter o acesso a toda e qualquer informação genética acerca de um indivíduo. Não apenas àquela informação que a ciência é capaz de processar hoje, mas também outras que ela poderá processar no futuro. Um problema importante que pode surgir a partir desta situação diz respeito à extensão do consentimento, se apenas para

---

[15] Conforme já mencionado, *a priori*, a distinção entre pesquisa e medicina mostra-se nítida. Entretanto, a pesquisa deixou de ser meramente teórica ou de observação. Atualmente ela pode implicar, desde logo, uma aplicação ou experimentação direta sobre o ser humano, fato este, que impõe um diálogo mais estreito ou mesmo a interposição de questões jurídicas entre estes dois campos práticos. Todavia, no contexto da pesquisa, é preciso perceber que com apenas uma amostra de material genético humano, é possível ter toda e qualquer informação genética acerca de um indivíduo. Não apenas aquilo que a medicina é capaz de captar hoje, mas também aquilo que ela poderá captar no futuro. Um dos problemas que podem surgir a partir desta situação diz respeito ao consentimento para situações futuras esperadas ou mesmo para descobertas inesperadas.

situações previstas ou se para situações futuras esperadas e mesmo para descobertas futuras, porém inesperadas.

Cumpre salientar que há várias questões jurídicas com respeito ao acesso e à exploração de informações genéticas humanas no contexto da pesquisa. Grosso modo, elas podem ser divididas em quatro grandes grupos. O primeiro refere-se aos temas relacionados ao consentimento informado. O segundo grupo de questões abrange a privacidade e confidencialidade decorrentes do acesso. Num terceiro grupo, é possível inserir as reflexões vinculadas ao estatuto jurídico das amostras e informações, isto é, ao tema da propriedade. Por fim, no quarto grupo estariam incluídos os temas referentes à valorização das amostras, informações e pesquisas. Todos esses temas são importantes e estão, de alguma maneira, interligados. De todo modo, interessa particularmente para este momento o tema clássico do consentimento informado que ganha, contudo, novos contornos diante das pesquisas biomédicas na contemporaneidade.

b) **Medicina**

Resta analisar os testes genéticos com finalidade médica ou clínica. Os denominados "testes genéticos para fins da medicina"[16] servem, via de regra, para indicar se um ser humano (já nascido ou não) tem uma característica genética que explica determinada doença ou que influencia no seu desenvolvimento, além dos fatores ambientais. Esses testes, portanto, podem ser utilizados em seres nascidos ou não nascidos. Neste último caso, aplica-se o teste em embriões, para realizar o DPI ou em fetos, para realizar o DPN. No primeiro caso, de seres nascidos, os testes são aplicados em crianças ou adultos. Esses são os testes genéticos que mais interessam para o presente estudo.

Na medicina os referidos testes genéticos podem ser classificados, de acordo com a sua finalidade específica, da seguinte maneira:

a) **testes genéticos pré-sintomáticos** são aqueles que identificam uma anomalia genética antes mesmo do indivíduo apresentar manifestações clínicas. Estes diagnósticos referem-se às doenças genéticas em portadores da mutação em que a possibilidade de manifestação da doença é muito elevada. Elas podem ser feitas no pré-natal, neonatal ou durante a vida.

b) **testes genéticos de identificação de portador** são aqueles diagnósticos genéticos concebidos para avaliar o risco para a descendência do indivíduo testado. Esses testes são usados, quer em estudos familiares, quer para rastreamento de toda uma população.

c) **testes genéticos de predisposição** são aqueles que buscam determinar mera probabilidade de, ou seja, um risco ou uma predisposição para desenvolver determinada doença, em comparação com o risco na população em geral. Nesses casos, é preciso distinguir as situações em que haverá ou não possibilidade de prevenção. Embora seja evidente que em uma doença monogenética a mutação de um único gene é a causa do problema, em uma doença multifatorial, diferentes fatores de risco, genéticos ou ambientais, pertencem a uma cadeia mais ou menos longa de acontecimentos.

---

[16] Também denominado de *"l'examen des caractéristiques génétiques d'une personne"* (no *Code de Santé Publique*) ou *"l'étude génétique des caractéristiques d'une personne"* (no artigo16-10 do *Code Civil* francês).

d) **testes genéticos sintomáticos** são aqueles destinados à confirmação de um diagnóstico anterior, devido a manifestações clínicas apresentadas pelo indivíduo testado.

c) **Desaparecidos**

Durante a ditadura militar argentina, a repressão política afetou 30.000 pessoas de todas as idades e classes sociais submetidas à privação de liberdade e tortura, incluindo centenas de crianças raptadas com seus pais ou nascidas em centros de detenção clandestinos, onde as meninas grávidas foram levadas.

A partir de 1997, as Avós da Praça de Maio começaram a dedicar parte do seu trabalho realizando diversas campanhas de difusão, a fim de convocar aos jovens que têm dúvidas sobre sua identidade e envolvê-los na sua própria busca, através da pergunta "Você sabe quem você é?".

Amostras de DNA de familiares de pessoas desaparecidas foram estocadas para garantir no futuro a validade dos exames de sangue, foi implementado um banco de dados genéticos criado pela Lei Nacional n° 23.511, contendo os mapas genéticos de todas as famílias que têm crianças desaparecidas ou que foram sequestradas de suas mães e entregues a famílias de militares e simpatizantes do regime da época.[17]

d) **Direito de Família**

No contexto judicial, tanto em procedimentos de natureza criminal, quanto de natureza civil há a possibilidade de acesso à informação genética, ainda que de natureza denominada "não codante" ou meramente formal. Nesse caso, o acesso à informação genética pode ser utilizado para fins de reconhecimento de vínculos de filiação, como soe acontecer no Brasil, ou ainda para fins de política de imigração, a exemplo do ocorrido na França.

Quanto aos testes genéticos aplicados no âmbito do **direito de família**, é possível afirmar que eles constituem a modalidade mais disseminada no Brasil. Os testes genéticos aplicados com o intuito de reconhecer vínculos familiares e, mais precisamente, parentais, são comumente denominados de "exame de DNA" no contexto da "investigação de paternidade", de acordo com a lei n. 8.560 de 1992. A referida Lei silencia, no entanto, acerca dos testes genéticos com finalidade médica. Assim, como não há proibição na legislação brasileira, a sua utilização é permitida, independentemente de autorização judicial,[18] ao contrário do que ocorre na França, onde o acesso a tais exames é bem mais restrito e somente pode ser realizado se devidamente autorizado pelo juiz.

---

[17] http://www.abuelas.org.ar/portugues/historia.htm

[18] No contexto da medicina brasileira, por exemplo, testes genéticos estão disponíveis, mas são comercializados fundamentalmente por laboratórios privados. Com efeito, só em janeiro de 2008, através da Resolução Normativa 167, a Agência Nacional de Saúde (ANS, 2008) ampliou a lista acerca dos serviços mínimos e obrigatórios que os planos de saúde devem observar, incluindo então os testes genéticos.

e) Políticas de Imigração

No que se refere à *política nacional de imigração*, houve uma grande discussão recentemente na França, em virtude da aprovação da Lei nº 2007-1631, de 20 de novembro de 2007, sobre o controle da imigração, integração e asilo. Inicialmente, a Assembleia Nacional havia proposto que os imigrantes legais interessados em trazer seus familiares à França fossem obrigados a comprovar o parentesco por meio de teste genético, caso as autoridades expressassem dúvida neste sentido. A proposta original previa que os requerentes arcassem com os custos dos exames de DNA. Após protestos, inclusive um parecer do Comitê Consultivo Nacional de Ética[19] (CCNE, em francês *Comité Consultatif National d'Éthique*) contra a medida, levou o Senado francês a aprovar uma versão atenuada do projeto original.

No contexto econômico, podem-se citar inquietudes no que tange as relações de trabalho, aos contratos de seguro ou de planos de saúde, bem como aos contratos de empréstimo financeiro. O resultado dos testes genéticos poderá constituir-se um obstáculo à contratação de pessoas com determinado diagnóstico, gerando a estigmatização ou discriminação[20] dos indivíduos, grupos ou populações em virtude do seu perfil genético.[21]

4. Reflexos jurídicos concernentes à criação de bancos de perfis genéticos para fins de persecução criminal: algumas proposições para o debate

Os testes que visam a determinar as "impressões genéticas" são destinados também à identificação de uma pessoa no **âmbito criminal** em função da distribuição de marcadores genéticos polimórficos. As ca-

---

[19] Ver, nesse sentido, o Parecer nº 100 (CCNE, 2007), que trata da imigração, filiação e testes genéticos.

[20] A Constituição Federal de 1988, em seu artigo 5º, refere que "Todos são iguais perante a lei, sem distinção de qualquer natureza, garantindo-se aos brasileiros e aos estrangeiros residentes no País a inviolabilidade do direito à vida, à igualdade, à segurança e à propriedade [...]".

[21] Nesse sentido, existem algumas sutilezas que merecem um tratamento específico, em que pese a Constituição, assim como outros documentos internacionais, proibir expressamente a discriminação genética individual ou de grupo étnicos e populações. A Declaração Universal sobre o genoma humano e os direitos humanos (UNESCO, 1997), em seu artigo 6º, afirma que "Ninguém poderá ser discriminado com base nas suas características genéticas de forma que viole ou tenha o efeito violar os direitos humanos, as liberdades fundamentais e a dignidade humana". Já o artigo 7º da Declaração Internacional sobre dados genéticos humanos (UNESCO, 2004) que diz o seguinte: "A) Deverão ser feitos todos os esforços no sentido de impedir que os dados genéticos e os dados proteômicos humanos sejam utilizados de modo discriminatório que tenha por finalidade ou por efeito infringir os direitos humanos, as liberdades fundamentais ou a dignidade humana de um indivíduo, ou para fins que conduzam à estigmatização de um indivíduo, de uma família, de um grupo ou de comunidades. B) A esse respeito, será necessário prestar a devida atenção às conclusões dos estudos de genética de populações e dos estudos de genética do comportamento, bem como às respectivas interpretações".

racterísticas genéticas nas regiões codificantes são conservadas e utilizadas apenas para fins médicos ou de investigação científica, enquanto as "impressões genéticas" utilizadas pela polícia e pela Justiça identificam, segundo os cientistas, apenas os marcadores sexuais e sequências teoricamente não codantes.

Os dados apurados e anonimizados pelos arquivos genéticos para fins criminais se limitam ao âmbito não codificado do DNA, que possibilita aos biólogos moleculares determinar a identidade da pessoa e possíveis relações de parentesco. De todo modo, convém lembrar que a amostra armazenada (material genético) contém todas as demais informações genéticas do indivíduo.

A União Europeia possui regulamentação sobre o tema. Além disso, países como EUA, Inglaterra, Espanha e Portugal estão com seus bancos de perfis genéticos para fins de persecução criminal regulamentados, embora diversas questões sigam em discussão.

Países como a França e a Alemanha possuem esses bancos de dados genéticos. Na França, as "digitais genéticas" (*empreintes génétiques*) são utilizadas em matéria de polícia criminal, por meio do "Arquivo Nacional Automatizado de Digitais Genéticas" (FNAEG, em francês *Fichier National Automatisé des Empreintes Génétiques*), o qual foi criado pela Lei nº 98-468 (1998), também denominada *Loi Guigou*, referente à prevenção e à repressão das infrações sexuais, bem como à proteção das crianças e adolescentes e cujo campo de aplicação foi estendido para outros delitos em virtude de leis posteriores.

Na Alemanha, houve a criação do Banco de Dados Genéticos em abril de 1998. O arquivo alemão é o terceiro maior do mundo, após o britânico e o norte-americano. A sua criação dividiu posições. Para alguns foi vista como algo positivo e benéfico, para outros não. Os primeiros afirmavam que as informações nele armazenadas eram um eficiente auxílio nas investigações criminais. Por outro lado, o que se considera mais grave é a ameaça de uma justiça preventiva, disposta a armazenar informações pessoais genéticas a fim de dispor de parâmetros de acareação para o esclarecimento de eventual crime.

Muitas questões suscitadas dizem respeito, em síntese, aos reflexos da existência de um arquivo de informações sensíveis (identidades genéticas) de grupos de pessoas ou de toda uma nação em poder do Estado ou de entidades privadas e empresas. O material genético, se armazenado, poderia ser utilizado para outros fins: proibidos, não declarados ou não previstos.

Em síntese, com base no sistema jurídico brasileiro e no direito comparado é condição *sine qua non* analisar os possíveis riscos/benefícios, bem como os limites/possibilidades à realização de pesquisas e construção de banco de perfis genéticos para fins de persecução criminal, de forma a promover e respeitar os direitos e as garantias fundamentais do cidadão. Dentre as questões a serem enfrentadas pelo legislador, cita-se: a) considerar a imbricação com os diferentes biobancos ou bancos de perfis genéticos existentes (inclusive em outros países), levando em consideração a natureza sensível e a situação de vulnerabilidade do conteúdo depositado nos biobancos em termos de riscos e benefícios; b) identificar e analisar criticamente os impactos sobre a investigação criminal (ex.: redução da taxa de inocentes condenados).

É fundamental examinar as condições constitucionais à construção de banco de perfis genéticos tanto para fins de identificação civil como para fins de investigação criminal, enfrentando temas como: i) a construção de rede integrada de perfis genéticos com bancos de dados; ii) os direitos e garantias do cidadão nos procedimentos de investigação criminal e a extensão do princípio constitucional da não autoincriminação; iii) os mecanismos de coleta e períodos de armazenamento juridicamente admissíveis para a construção de banco de perfis genéticos para fins de persecução criminal; iv) a possibilidade jurídica e os critérios de seletividade do público que se submeterá à coleta compulsória de material genético; v) a pertinência e adequação de estratégias político-sociais complementares ou alternativas à utilização dos bancos de perfis genéticos no combate à criminalidade.

Por outro lado, além da identificação genética formal viabilizada pelo referido banco de perfis genéticos, é de fundamental importância considerar, permanentemente, as consequências da existência deste tipo de banco para as outras áreas do Direito, seja em termos de privacidade, intimidade, discriminação, reparação civil, relação contratual (depósito, doação, trabalho, planos de saúde), autodeterminação informacional etc., pois o acesso à informação genética torna permanente a possibilidade de uso indevido ou discriminatório da mesma.

É preciso reconhecer os benefícios que um banco de perfis genéticos pode trazer no âmbito da persecução criminal, mas também é preciso levar em consideração a variabilidade da normativa jurídica de cada país, assim como os direitos fundamentais previamente assegurados. A crescente utilização de amostras biológicas humanas e informações genéticas, viabilizadas pelos biobancos, faz emergir novos questionamentos éticos, sobretudo, em função da ampliação e aceleração da investigação a partir da conservação e replicação das amostras biológicas. São recorrentes os temas como privacidade, confidencialidade, discriminação etc. Do mesmo modo, a categoria clássica do consentimento informado, ainda que amplamente discutida, sofre novos impactos.

Os avanços e descobertas provenientes da área biomédica e, notadamente, da genética humana, são portadores de esperanças reais em termos de prevenção e assistência, mas também de preocupação diante do seu uso ilimitado, da possível discriminação genética. Como testemunho destas preocupações, surge um grande número de documentos nacionais e internacionais de bioética e ética da pesquisa tentando regulamentar essas situações.

A importância e mesmo necessidade de regulação na órbita internacional é visível particularmente em relação ao acesso e exploração de material e informação genéticos humanos. Ou seja, a tentativa hercúlea de compatibilização entre exploração e proteção do humano exige um aporte global dessas questões, uma vez que elas não se restringem a espaço nacional isolado pelos limites da soberania estatal. O acesso ao material e informação genéticos não seguem a mesma lógica do direito estatal clássico, ainda que dele necessite em muitos momentos.

Os bancos de perfis genéticos para fins de persecução criminal necessitam do acesso ao corpo humano ou parte dele, enquanto fonte biológica, para alcançar algum tipo de resultado. Esse acesso é, em geral, viabilizado mediante o consentimento informado da pessoa, enquanto expressão da sua vontade. A obtenção da amostra biológica é, assim, a ponte de acesso ao corpo. Nesses casos, é preciso questionar se é devido, permitido ou proibido utilizar o mesmo enquadramento normativo da disposição corporal, realizado mediante disposição gratuita e operacionalizada pelo consentimento informado, para o campo criminal.

Referências bibliográficas

AGAMBEN, Giorgio. *Homo Sacer:* o poder soberano e a vida nua I. Belo Horizonte: UFMG, 2004.

ARGENTINA. Lei 23.511, de 13 de maio de 1987. Cria o Banco Nacional de Dados Genéticos. Publicado no Boletim Oficial em 10 de julho de 1987. Disponível em: <http://www.biotech.bioetica.org/d104.htm>.

BARRETTO, Vicente de Paulo ; SCHIOCCHET, Taysa. Bioética: dimensões biopolíticas e perspectivas normativas. In: STRECK, L.L.; ROCHA, L.S. *Anuário do Programa de Pós-Graduação em Direito – UNISINOS.* Porto Alegre: Livraria do Advogado, 2005.

BELLIVIER, F.; NOIVILLE, C. *Contrats et vivant*: le droit de la circulation des ressources biologiques. Paris: LGDJ, 2006.

——. *Les biobanques.* Paris: PUF, 2009.

CADIET, Loïc. La notion d'information génétique en Droit français. In: KNOPPERS, B.M. *La génétique humaine. De l'information à l'informatisation.* Paris/Montréal: Litec/Themis, 1992.

CAMBON-THOMSEN, Anne; MEKKI-DAURIAC, Soraya. *L'information génétique humaine est-elle particulière?*: plateforme génétique et societé. Génopole: Toulouse, 2009.

CONSEIL DE L'EUROPE. Protocole additionnel à la Convention sur les Droits de l'Homme et la biomédecine relatif aux tests génétiques à des fins médicales. Strasbourg, 27.XI.2008.

CARDOSO, Maria Helena Cabral de Almeida; CASTIEL, Luis David. Saúde coletiva, nova genética e eugenia de mercado. In: *Caderno de Saúde Pública.* Mar./Abr. 2003, v. 19, n. 02.

CITELLI, Maria Tereza. Fazendo diferenças: teorias sobre corpo, gênero e comportamento. In: *Revista de Estudos Feministas.* Ano 9. n.º 1. Florianópolis: UFSC, 2001.

DINIZ, Débora; GUEDES C. Educando para a genética: anemia falciforme e políticas de saúde no Brasil. In: ——. *Admirável nova genética*: bioética e sociedade. Brasília. 2005, p. 141-180.

EDELMAN, Bernard. *La personne en danger.* Paris: Presses Universitaires de France, 1999.

EUROPA. Conselho da Europa. Convenção para a protecção dos direitos do homem e da dignidade do ser humano face às aplicações da biologia e da medicina: convenção sobre os direitos do homem e a biomedicina. 1997. Disponível em: <http://www.gddc.pt/direitos-humanos/textos-internacionaisdh/tidhregionais/convbiologiaNOVO.html>.

EUROPEAN COMISSION. 25 recommendations on the ethical, legal and social implications of genetic testing. Brussels: 2004.

ESTADOS UNIDOS. Fbi. *Codis*: combined dna index system. Disponível em: <http://www.fbi.gov/hq/lab/html/codisbrochure_text.htm>.

ETXEBERRIA GURIDI, José Francisco. Evolución expansiva en la francesa de los ficheros de huellas genéticas tras las recientes reformas. *Revista de Derecho y Genoma Humano*, v. 19, n. 2, 2003, p. 109-25.

FERRAJOLI, Luigi. *Derecho y razón*: teoría del garantismo penal. Madri: Editorial Trotta, 1997.

FOUCAULT, Michel. *Il Faut defendre la Société:* cours au College de France. *1976.* Paris, Gallimard, 1997.

GALLOUX, Jean-Christophe. L'utilisation des matériels biologiques humains: vers un droit de destination? *Recueil Dalloz.* Paris. 1999. p. 13 *et seq.*

GARCÍA, Oscar; ALONSO, Antonio. Las bases de datos de perfiles de adn como instrumento de investigação policial. In: Romeo Casabona, Carlos Maria (Ed.). Bases de datos de perfiles de adn y criminalidad. Bilbao- Granada: Comares, 2002, p. 27-44.

GARCIA AMEZ, Javier. La protección de los datos genéticos en España: un análisis desde los princípios generales de protección de datos de carácter personal. Revista de Derecho y Genoma Humano, v. 24, n. 1. Bilboa: Fundação BBVA, 2006, p. 29-64.

GEDIEL, J. A. P. *Le statut juridique du corps humain*: le droit brésilien. Aspect du droit de la santé: journées suisses. Association Henri Capitant. 2009. Disponível em: http://www.henricapitant.org/sites/default/files/Bresil_J_A_Peres_Gediel_.pdf. Acessado em: 27.10.2009.

GOLDIM, José Roberto. *Material biológico para pesquisa.* 2001. Disponível em: < http://www.bioetica.ufrgs.br/pesqmat. htm>. Acesso em: 28 abr. 2004.

HABERMAS, Jürgen. *Técnica e ciência como "ideologia".* Trad. Artur Morão. Lisboa: Edições 70/Biblioteca de Filosofia Contemporânea, 1968, p. 46-83.

HARMON, AMY. Indian Tribe Wins Fight to Limit Research of Its DNA. *New York Times.* 21 abr. 2010. Disponível em: http://www.nytimes.com/2010/04/22/us/22dna.html?pagewanted=1. Acesso em: 22 abr. 2010.

HENETTE-VAUCHEZ, Stéphanie. Le statut juridique du corps humain: de l'indisponibilité du corps humain à sa non-patrimonialité. In: DARMON, Muriel; DÉTREZ, Christine. *Corps e société.* n. 907, dezembro, 2004. p.13-25.

HOTTOIS, Gilbert; MISSA, Jean-Noël. *Nouvelle encyclopédie de bioéthique: médecine, environnement et biotechnologie.* Bruxelles: De Boeck Université, 2001. p. 520-529.

JOLY, Yann. Comment faire profiter les donneurs de la recherche en génétique humaine? In: BELLIVIER, Florence; NOIVILLE, Christine. *La bioéquité*: batailles autour du partage du vivant. Paris: Autrement, 2009, p. 136-154.

KOSSEIM, LETENDRE, KNOPPERS. La protection de l'information génétique: une comparaison des approches normatives, 2004, V. 2 N. 1 Disponìvel em : http://www.humgen.umontreal.ca/genconsult/editoriaux/7.pdf.

KIDD, J. R. *et al.* Studies of three amerindian populations using nuclear DNA polymorphisms. *Human Biology*, v. 63, n. 6. p. 775-797, dez. 1991.

LENOIR, Noëlle; MATHIEU, Bertrand. *Droit International de la Bioéthique.* PUF : Paris, 2004.

LUNA, Florencia; SALLES, A. L. F. *Bioética: Nuevas reflexiones sobre debates clásicos.* Buenos Aires: Fondo de Cultura Económica, 2008.

MANSON, Neil C.; O'NEILL, Onora. *Rethinking informed consent in Bioethics.* Cambridge: Cambridge University, 2007.

MORIN, Edgar. *Ciência com consciência.* Trad. Maria D. Alexandre, Maria Alice Sampaio Dória. 4ª ed. rev. e mod. Rio de Janeiro: Bertrand Brasil, 2000.

NUFFIELD COUNCIL ON BIOETHICS. *The forensic use of bioinformation.* Londres: NCB, 2007.

O'NEILL, Onora. *Autonomy and trust in Bioethics.* New York: Cambridge, 2005.

SCHIOCCHET, Taysa. A utilização de teste genéticos no contexto médico: implicações jurídicas e normatização na órbita internacional e brasileira. In: FACHIN, Luiz Edson. et. al. (orgs.). *Apontamentos críticos para o Direito Civil Brasileiro Contemporâneo II:* Anais do Projeto de Pesquisa Virada de Copérnico. Curitiba: Juruá, 2009, p. 354 *et. seq.*

———. *Acesso e exploração de informação genética humana*: da doação à repartição dos benefícios. Tese de doutorado. Curitiba: UFPR, 2010.

———. *Implicações jurídicas do acesso e exploração de materiais e informações genéticas humanas:* o caso dos povos indígenas brasileiros. I ENADIR: Encontro Nacional de Antropologia do Direito/USP: São Paulo: 2009.

———. *Informations génétiques humaines et Droit*: quelques questions sur la reglementation juridique au Brésil et en Europe. Passages de Paris (APEB-Fr). , v.Esp., p.4 – , 2008.

SÉNÉCAL, Karine; BORRY, Pascal HOWARD, Heidi C. AVARD, Denise. Les tests génétiques offerts directement aux consommateurs : vue d'ensemble des normes et politiques applicables. In: *GenEdit,* 7:1. 2009. p. 1-14.

SFEZ, Lucien. *Le revê biotechnologique.* PUF: Paris, 2001.

SIMPSON, Andrew J.G.; CABALLERO, Otávia L. Projeto Genoma Humano e suas implicações para a saúde humana: visão geral e contribuição brasileira para o projeto. In: *Bioética.* v. 8, n.º 1. 2000. Disponível em: <www.cfm.org.br/revista/bio1v8/simp4.pdf>. Acesso em: 28.04.04.

THOUVENIN, Dominique. La loi relative à la bioéthique ou comment accroître l'accès aux éléments biologiques d'origine humaine. *Recueil Dalloz.* Paris. 2005. n° 2 e 3. Chronique. p.116 *et seq.*

TRUDEL, Pierre. Des données informatiques personnelles ax données informatiques génétiques. In: KNOPPERS, B. M. (org.). *La génétique humaine*: de l'information à l'informatisation. Paris; Montréal: Litec;Themis, 1992, p. 355-367.

UNITED NATIONS EDUCATIONAL, SCIENTIFIC AND CULTURAL ORGANIZATION (UNESCO). *Declaração internacional sobre dados genéticos humanos.* Paris: Unesco, 2003. Disponível em: <http://portal.unesco.org/shs/en/files/9193/11387255151DECLARATION_PORTUGAL.pdf/DECLARATION%2BPORTUGAL.pdf>. Acesso em: 2 set. 2009.

VANDER VELDEN, Felipe Ferreira. *Corpos que sofrem: uma interpretação karitiana dos eventos de coleta de seu sangue.* Documento de Trabalho – CESIR/Unir/ENSP, Porto Velho; Rio de Janeiro, v. 1, n.12, p. 3-42, set. 2005

— XIII —

Saneamento: remédio preventivo nas políticas públicas de saúde

TÊMIS LIMBERGER[1]

Sumário: 1. Introdução; 2. A judicialização excessiva e suas consequências: o privilegiamento das ações curativas em detrimento das preventivas; 3. Revisitando o conceito de política pública; 4. A Política pública nacional dos resíduos sólidos: uma nova perspectiva; 5. A responsabilidade civil do Estado por ausência de atos preventivos; 6. A cidadania foi fortalecida pelo aumento do poder aquisitivo da população brasileira?; 7. Considerações finais; Referências bibliográficas.

1. Introdução

A vida é breve, foi uma das célebres frases do ilustre cordobês Sêneca,[2] no ano I a.C. Ora, se a passagem do homem por esta vida é curta e os recursos orçamentários do Estado são finitos, diante de múltiplas necessidades de um país de modernidade tardia,[3] há de se fazer adequadas escolhas administrativas. Isto significa, a atuação do Administrador otimizada e eficiente pautada pela Constituição Federal, num contexto de jovem democracia brasileira, em que direitos sociais básicos, tais como: educação e saúde, ainda não foram estendidos a toda população. Esta é uma dificuldade que acompanha os países, que não alcançaram um nível de desenvolvimento satisfatório.

O acesso à água potável e ao saneamento básico é um direito humano essencial, que foi aprovado pela Organização das Nações Unidas (ONU), na Assembleia Geral de julho de 2010.[4] Tal declaração deveu-se a

---

[1] Doutora em Direito pela Universidade Pompeu Fabra de Barcelona, Mestra em Direito pela UFRGS, professora do PPG em Direito da UNISINOS, Procuradora de Justiça (RS).

[2] SÊNECA, L. A. *Sobre a Brevidade da Vida* (Cartas a Paulino). Porto Alegre (RS): L&PM, 2007.

[3] STRECK, Lenio Luiz. *Jurisdição, constituição e hermenêutica: uma nova crítica do direito*. 2. ed. Rio de Janeiro: Forense, 2004, p. 122.

[4] ONU declara acesso à água um direito humano essencial. Decisão foi tomada por 122 votos a favor e 41 abstenções em Assembleia da Organização das Nações Unidas. Disponível em <http://acritica.uol.com.br/noticias/ONU-Mundo-Agua-meio_Ambiente-resolucao-direitos_humanos_0_307169373.html> Acesso em 14 set.2011.

um contexto em que 2,6 bilhões de pessoas não dispõem de coleta e tratamento de esgoto e 900 milhões de indivíduos não bebem água potável. Despiciendo dizer que a falta de saneamento básico afeta principalmente a população de baixa renda. As crianças são as grandes vítimas da diarreia, pois 84% dessas enfermidades afetam as menores de cinco anos de idade.[5] Os países em desenvolvimento são os que mais sofrem com doenças relacionadas a sistemas de água e de esgoto inadequadas. As três principais doenças associadas à falta de saneamento são: diarreias, hepatite A e febres entéricas.[6]

No Brasil, a judicialização da política[7] pública de saúde motivou a distorção dos investimentos curativos, em detrimento dos preventivos.[8] O Poder Judiciário, ao ser provocado, por vezes, destina verbas públicas elevadas para despesas individuais com medicamentos. É preocupante a evolução desses gastos, evidenciando que os custos com saúde curativa estão muito acima dos dispêndios na área preventiva.

Revela importante que a análise das demandas individuais, desvinculadas do contexto sistemático do SUS e da análise constitucional que conjuga os aspectos dos direitos sociais com os dispositivos orçamentários conduz a decisões judiciais solepsistas.[9] Neste contexto, volta-se à pergunta que não quer calar: Qual a decisão adequada constitucionalmente,[10] no tocante às políticas públicas de saúde? A resposta será desenvolvida ao longo deste trabalho.

---

[5] Dados publicados pelo Instituto TRATA BRASIL, o qual é uma OSCIP – Organização da Sociedade Civil de Interesse Público – que visa a coordenar uma ampla mobilização nacional, para que o País possa atingir a universalização do acesso à coleta e ao tratamento de esgoto. Apenas metade da população brasileira tem acesso à rede de coleta de esgoto. Diante de quase 100 milhões de pessoas que não contam com a mesma sorte. O tratamento do esgoto coletado chega a apenas 30% da população, um índice muito inferior a outros países sul-americanos, como o Chile, onde 97% dos domicílios têm coleta de esgoto Disponível em <http://tratabr.wordpress.com/2011/01/19/criancas-em-risco-falta-de-saneamento-causa-67-mil-internacoes/> Acesso em 14 set.2011.

[6] Além das três doenças nominadas, compõem a lista: esquisotomose, leptospirose, teníases, helmintíase, micoses, conjuntivites e tracoma. Disponível em <http://www.tratabrasil.org.br/novo_site/cms/templates/trata_brasil/files/esgotamento.pdf> Acesso em 14 set.2011

[7] WERNECK VIANNA, Luiz. *A judicialização da política no Brasil*, In WERNECK VIANNA, Luiz *et al.*, *A judicialização da política e das relações sociais no Brasil*. Rio de Janeiro: Editora Revan, 1999, p. 47–70.

[8] LIMBERGER, Têmis. *Políticas públicas e o direito à saúde: a busca da decisão adequada constitucionalmente* in Constituição, sistemas sociais e hermenêutica: programa de pós-graduação em Direito da UNISINOS: mestrado e doutorado. STRECK, Lenio Luiz, MORAIS, Jose Luis Bolzan de. (org.) Anuário 2008 n. 5. Porto Alegre: Livraria do Advogado, 2009, p. 53-70. A propósito, vejam-se os Anuários da UNISINOS n. 6 e 7 que dão continuidade ao tema.

[9] STRECK, Lenio Luiz. *O que é isto – decido conforme minha consciência*. Porto Alegre: Livraria do Advogado, 2010, p. 104.

[10] LIMBERGER, op. cit., p. 53-70.

2. A judicialização excessiva e suas consequências: o privilegiamento das ações curativas em detrimento das preventivas

O Conselho Nacional de Justiça procedeu a um estudo para verificar o número de ações que envolvem a saúde em todo país, de modo que totalizam 241 mil ações. O Estado do Rio Grande do Sul (TJ/RS) ostenta praticamente quase a metade de todas as demandas do país, 113.953 ações judiciais sobre saúde. Em segundo lugar, está o Estado de São Paulo (TJ/SP), que possui 44.690 ações em tramitação. Saliente-se que São Paulo tem aproximadamente o quádruplo[11] da população do Rio Grande do Sul[12] e menos de metade de ações envolvendo a matéria.

Enquanto os gastos totais com saúde aumentaram em 9,6%, aqueles com medicamentos tiveram incremento de mais de 120% no período de 2002 a 2006. Isso merece uma atenção dos gestores públicos. Em 2006, segundo dados do IBGE, o PIB brasileiro cresceu 3,7% enquanto houve aumento real de 7,5% no gasto do Ministério da Saúde e de 26% no gasto com medicamentos.[13] A diferença entre os custos com medicamentos, em relação ao orçamento da saúde, fornece uma importante reflexão. Para a execução do dispêndio com medicamentos, a União teve que ampliar o orçamento da saúde. O Ministério da Saúde, por sua vez, teve que cortar verbas em políticas públicas preventivas. No Estado do RS, nos primeiros meses do ano de 2010, gastou-se em saneamento 0,5% do valor gasto em saúde curativa.[14] Saliente-se que na última década o governo gaúcho não tem realizado os investimentos necessários obrigatórios, designados pela CF.[15]

---

[11] Dados do IBGE de 2010 demonstram que o Estado de São Paulo possui uma população de 41.262.199 de habitantes, enquanto que o Estado do Rio Grande do Sul possui população de 10.693.929 de habitantes. Disponível em < http://www.ibge.gov.br/estadosat/perfil.php?sigla=rs> Acesso em: 27 set. 2011.

[12] Os dados são de maio de 2011 e estão sendo atualizados constantemente pelo Fórum da Saúde, mas já servem para mostrar um panorama significativo da situação das demandas judiciais na área que tramitam em tribunais de todo o Brasil. São, ao todo, 240.980 processos. [...]A questão é que estas quase 241 mil ações mexem com um bem incomparável para todo ser humano: a própria vida. Disponível em <http://www.cnj.jus.br/noticias/cnj/15675-sp-rs-e-rj-sao-estados-que-mais-concentram-processos-na-area-de-saude> Acesso em 14 set.2011.

[13] Disponível em <http://portal.saude.gov.br/portal/arquivos/pdf/estudo_gasto_medicamentos.pdf>. Acesso em 10 abr. 2011.

[14] Disponível em <http://www.sefaz.rs.gov.br/AFE/DOT-DES_1.aspx>. Acesso em 12 abr. 2011.

[15] Veja-se, nesse sentido, que muitos municípios do RS investem minimamente em saúde, conforme a "Radiografia da saúde", apresentada pelo TCE/RS. Disponível em: <http://www2.tce.rs.gov.br/portal/page/portal/tcers/administracao/gerenciador_de_conteudo/noticias/Radiografia%20da%20sa%FAde%20%E9%20apresentada%20pelo%20TCE> Acesso em: 27 set. 2011.
Tome-se, exemplificativamente, a situação do Município de Canoas, localizado na Região Metropolitana de Porto Alegre, que possui 326.458 habitantes. Canoas tem o segundo maior PIB do Estado do RS, sendo de R$ 12.580.262.000,00. Em 2007, os índices de abastecimento de água da cidade beiraram 93%, sendo que o índice total de saneamento não ultrapassa 13%. O índice de esgoto tratado por água consumida é de 11%. O investimento é de R$ 15.596.000,00. Em 2008, os índices de abastecimento de água da cidade beiraram 94%, sendo que o índice total de saneamento é de 13%. O índice de esgoto

Historicamente, no Brasil, as ações curativas foram privilegiadas, em detrimento das ações preventivas menos onerosas e mais resolutivas como: o saneamento básico. É dizer do senso comum popular que: enterrar canos não dá votos, denotando uma cultura patrimonialista[16] e não emancipatória da cidadania. As ações curativas e preventivas não se opõem, mas são complementares. O sistema de saúde pública, porém, deve atentar ao preventivo, pois programas bem implantados de saúde diminuem substancialmente a parte curativa. Isto proporciona uma potencialização dos recursos a serem investidos em outras áreas de relevância social. No RS, apenas 20% de esgoto coletado é tratado. A previsão para os próximos 4 anos é de que esse percentual chegue a 30%.[17]

Em estudo realizado durante a Mostra de Iniciação Científica na UNISINOS, em 2011, fez-se o cotejo entre os dados do número de processos, a população e a acessibilidade, relacionando estas três variáveis.

Demandas Intermináveis

Total de processos judiciais que tramitam na área da saúde em nível nacional:

240.980

Tribunais dos Estados	Nº de Processos em tramitação	População	Taxa de Acesso à coleta de Esgoto
TJRS	113.953	10.693.929	14,77%
TJSP	44.690	41.262.199	84,24%
TJRJ	25.234	15.989.929	60,24%
TJCE	8.344	8.452.381	23,16%
TJMG	7.915	19.597.330	73,43%
TRF da 4ª Região	8.152	-	-

Tabela elaborada por Mariana Leão e Gabriel Fabris – UNISINOS.
Fontes: CNJ, IBGE e Instituto Trata Brasil e FGV.

---

tratado por água consumida é de 12%, com investimento de aproximadamente R$ 5.856.000,00. Dados da Prefeitura Municipal de Canoas/RS. Disponível em <http://www.canoas.rs.gov.br/Site/Canoas/Indicadores.asp>. Acesso em 10 abr. 2011.

[16] FAORO, Raymundo. *Os donos do poder: formação do patronato brasileiro*. v. 1, 15. ed., São Paulo: Globo, 2000, p. 84.

[17] Segundo dados da Secretaria de Habitação, Saneamento e Desenvolvimento Urbano – Disponível em <http://www.habitacao.rs.gov.br/portal/index.php?acao=documentos&sessao=corsan&categoria=Projetos/Programas&codsessao=2&codcategoria=1&codsubcategoria=52>. Acesso em: 13 abr. 2011.

Da leitura da tabela, extrai-se com obviedade que o número excessivo de demandas judiciais é diretamente proporcional ao pequeno investimento em políticas públicas preventivas. Diante desse quadro caótico de demandas judiciais curativas dispendiosas para o Estado e ínfimos investimentos nas alternativas de prevenção, há de se repensar esta realidade, sob pena de reprodução de um modelo falido e de que nosso país não alcance níveis adequados de desenvolvimento.

3. Revisitando o conceito de política pública

As políticas públicas e a saúde pública constituem-se numa parceria indissociável.[18] O atual conceito de saúde pública começa a se estabelecer no Renascimento, coincidindo com o desenvolvimento do Estado Moderno. A concepção de saúde pública, tal qual se conhece hoje, ganha impulso com a formação do Estado liberal burguês, que coincide com o período da Revolução Francesa, do final do século XVIII. Porém, é apenas com o início do Estado Social, na segunda metade do século XIX, que a higiene se torna uma demanda social, que envolve a população e faz da saúde uma prioridade política. Nesse momento, começa-se a vincular a saúde à economia, reforçando a utilidade do investimento em saúde.[19] Deste modo, proteger a saúde da população mais desfavorecida do ponto de vista econômico, passa a ser um objetivo do Estado-Nação, pois se estaria lutando para erradicação da miséria. A ideia de prevenção encontra ambiente fecundo para seu desenvolvimento. A doença deixa de ser algo individual para adquirir seu aspecto social e coletivo. Trata-se de encontrar sinais da doença para evitá-la. Isto coincide temporalmente com as descobertas de Pasteur para isolamento de germes e possibilidade de vacinação.

O Estado do Bem-Estar Social[20] passa a se preocupar com as condições de vida do trabalhador, reforçando o vínculo entre trabalho e saúde, comprometendo-se com a prevenção sanitária. Posteriormente, a Constituição Federal de 1988, por meio do art. 195, engloba assistência, previdência e saúde públicas.

O artigo 6º da CF é basilar com relação ao direito à saúde. Afirma que o direito à saúde é reconhecido como direito social de todos e que explicita a contrapartida do dever do Estado, art. 196 da CF. A saúde é parte da Seguridade Social, dependente de políticas públicas para sua implementação.

---

[18] DALLARI, Sueli Gandolfi. Políticas de Estado e políticas de governo: o caso da saúde pública, In políticas públicas – reflexões sobre o conceito jurídico. Maria Paula Dallari Bucci (organizadora). São Paulo: Saraiva, 2006, p . 247- 278.

[19] CHADWICK, E. Reports on the sanitary condition of the laboring population of Great Britain, Edinburgh: Edinburgh University Press, 1965.

[20] EWALD, François. *L'Etat Providence*. Paris: Bernard Grasset, 1986.

A Constituição estatuiu a competência para cuidar dos assuntos de saúde entre todos os entes da federação: artigo 23, II competências comuns, concorrentes (art.24, *caput*) e suplementares (art. 24, § § 1º e 2, c/c art. 30, II). Todos os entes federativos têm suas atribuições, o que pode parecer em um primeiro momento uma vantagem, revela-se uma dificuldade de implementação prática. Por vezes, se a responsabilidade é de todos, acaba não sendo de ninguém, havendo um eximir-se recíproco de responsabilidades.

A Constituição criou, também, o Sistema Nacional de Saúde, que deve ser descentralizado, com direção única em cada esfera do governo, com a participação da comunidade (art. 198). Ao lado do sistema público, poderão participar atividades privadas de forma complementar (art. 199, § 1º), sendo somente vedada a participação de empresas de capital estrangeiro.

O final do século XX marca um retorno à ausência de prevenção. Com o modelo econômico neoliberal, ocorreu a diminuição das atividades do Estado, em favor de grupos, associações e a responsabilidade individual. Houve, também, a privatização da saúde para parte da população brasileira, aproximadamente 26,3% da população, ou 49,1 milhões de pessoas têm planos de saúde.[21] Tal número coincide com os mais favorecidos economicamente que têm condições de pagar pela saúde. Os planos de saúde atendem aos casos de complexidade e custos médios, quando a demanda é demasiado onerosa, mesmo para os que têm planos privados, é possível recorrer ao Sistema Único de Saúde – SUS. Deste modo, pode-se extrair que todos os brasileiros são potenciais usuários do SUS.

Este modelo econômico de gestão custo-benefício e a judicialização da política, que, por vezes, faz com que sejam atendidos casos fora do protocolo, leva a que não sejam atendidas as demandas prioritárias, do ponto de vista epidemiológico. Assim, desconsidera-se a prevenção e aparta-se do sistema, o que compromete a saúde pública.

A ideia de saúde pública é imbricada com o conceito de política pública. Alguns marcos legislativos são importantes, pois resgatam a necessidade da prevenção, envolvendo a questão sanitária que é prioritária para combater doenças.

Em tempos de discussão do papel do Estado e qual o seu limite de intervenção na sociedade e no mercado, tem-se que "o Estado é o principal formulador das políticas de desenvolvimento, ao introduzir a dimensão política no cálculo econômico, em busca da constituição de um sistema

---

[21] Dados do IBGE de 2008. Disponível em
http://www.ibge.gov.br/home/presidencia/noticias/noticia_visualiza.php?id_noticia=1580&id_pagina=1 Acesso em 15 set.2011.

econômico nacional".[22] Deste conceito é possível extrair que o processo de formulação das políticas públicas é decorrência de diversos fatores econômicos, políticos e ideológicos. O Estado promove o debate com todas estas forças e nasce a lei, resultado deste embate, cabendo-lhe depois a sua implementação.

Neste diapasão, a Lei da Política Nacional dos Resíduos sólidos foi fruto do debate parlamentar por mais de 20 anos. Daí se pode constatar a multiplicidade de forças que ocorreram neste embate. Surge a lei, resultado de um consenso mínimo, cabe, agora, a sua aplicação, pois neste setor de saneamento e tratamento dos resíduos o Brasil ostenta uma realidade onde muito tem de ser feito, conforme apontam dados do trabalho.

O fundamento das políticas públicas é a concretização dos direitos sociais previstos na Carta Constitucional. Neste sentido, a Lei n° 12.305/2010 visa a implementar principalmente questões atinentes à saúde preventiva e à proteção ao meio ambiente, o denominado crescimento sustentável. A partir da promoção destes dois direitos, objetivos fundamentais da República Federativa brasileira serão atendidos, como: a garantia do desenvolvimento nacional e a erradicação da pobreza e da marginalidade e a redução das desigualdades sociais (artigo 3°, incisos II e III, CF).

O planejamento confere uma diretriz e unidade na atuação estatal. Daí por que na legislação são estabelecidos tempos em que serão cumpridas as metas e a necessidade de os municípios terem seus projetos. O plano de trabalho representa uma mudança cultural importante em termos de sociedade brasileira, pois muitas vezes tem-se o hábito de lidar com os problemas, somente após estes terem ocorrido. Veja-se o enfoque dos números gastos com saúde curativa em detrimento da preventiva, o quádruplo. A atividade de planejar e depois executar o proposto é um caminho a ser trilhado na democracia brasileira jovem. Tal implica assumir compromissos e cumpri-los e não mais navegar ao sabor dos interesses eleitoreiros.

O ato de planejar é submetido ao Princípio da Legalidade, artigo 174 da CF. A aprovação perante o Congresso Nacional confere o caráter democrático ao planejamento, que será executado pela administração, atendendo a aspectos orçamentários.

A necessidade de planificação está presente na Lei Nacional de Resíduos Sólidos, prevê a realização de planos nas distintas esferas: federal, estaduais, microrregionais, intermunicipais, municipais e individuais.

A planificação é uma experiência que vem do direito comunitário. A Diretiva 75/442/CCE, modificada pela Diretiva 91/156/CEE, dispõe

---

[22] BERCOVICCI, Gilberto. Planejamento e políticas públicas: por uma nova compreensão do papel do Estado in Políticas Públicas – Reflexões sobre o conceito jurídico – Mª Paula Dallari Bucci. SP: Saraiva, 2006, p. 143.

que os Estados-membros devem designar autoridades competentes para elaborar os planos de gestão de resíduos. No mesmo sentido, a Diretiva de 2006 e mais recentemente, a Diretiva 2008/98/CE, art. 15, § 1°, estabelecem que os Estados-Membros devem tomar medidas necessárias para que "o produtor inicial dos resíduos ou outros detentores procedam eles próprios ao tratamento dos resíduos ou confiem esse tratamento a um comerciante ou a um estabelecimento ou empresa que execute operações de tratamento de resíduos, ou a um recolhimento de resíduos público ou privado".

A ideia do planejamento determina um inventário na perspectiva de futuro dos resíduos a serem eliminados em escala escolhida, com prioridades estabelecidas na gestão dos resíduos, com vistas a sua redução e eliminação.

O Plano Nacional de Resíduos Sólidos deve contemplar programas, projetos e ações para atendimento de metas previstas, bem como normas e condicionantes técnicas para o acesso aos recursos da União, quando destinados às ações e programas de interesse dos resíduos sólidos. Tanto para os Estados quanto para os Municípios, conforme artigos 16 e 18 da Lei, a elaboração do plano passa a ser condição para ter acesso a recursos da União, benefícios via incentivos ou financiamentos.

A partir da Lei n° 11.445 de 2007 estão definidas as diretrizes nacionais para o saneamento básico, que trazem no seu conteúdo vários princípios fundamentais, dentre os quais, a universalização do acesso, abastecimento de água, esgoto sanitário, limpeza urbana e utilização dos resíduos sólidos realizados de forma adequada à saúde pública e ao meio ambiente.

A Lei da Política Nacional dos Resíduos Sólidos – Lei n° 12.305/2010 – é profícua em ir além do jurídico e traçar ações à atividade política e administrativa. Daí se extrai que "as políticas públicas são programas de ação destinados a realizar direitos os prestações, diretamente, sejam a organização, normas e procedimentos necessários para tanto. As políticas públicas não são, portanto, categoria definida e instituída pelo direito, mas arranjos complexos, típicos da atividade político-administrativa, que a ciência do direito deve estar apta a descrever, compreender e analisar, de modo a integrar à atividade política os valores e métodos próprios do universo jurídico".[23] Percebe-se, assim, que as políticas públicas de saneamento e resíduos sólidos transcendem a esfera jurídica, que é um instrumento para realização do direito à saúde, de maneira preventiva.

---

[23] BUCCI, Maria Paula Dallari. *O conceito de política pública em direito*. In Políticas Públicas – Reflexões sobre o conceito jurídico. SP: Saraiva, 2006, p. 31.

4. A política pública nacional dos resíduos sólidos: uma nova perspectiva

Algumas mudanças têm surgido para que se atente às Políticas Públicas de saúde preventiva e aí surge a questão do saneamento e do tratamento de resíduos sólidos.

A Lei Federal 11.445/2007, que estabelece diretrizes nacionais para o saneamento básico, regulamentada pelo Decreto n° 7.217/2010, prevê prazos para a implementação das ações e das políticas de saneamento, assim como a transparência dessas ações para que haja efetivamente o controle social das medidas eventualmente estabelecidas.

Além disso, o Fundo Estadual de Saneamento, instituído pela Lei 12.037/2003, que dispõe sobre a Política Estadual de Saneamento, é o instrumento institucional de caráter financeiro destinado a reunir e canalizar recursos para a execução dos programas do Plano Estadual de Saneamento no RS, revelando-se de importância fundamental para a efetivação de políticas públicas preventivas na área da saúde.

Recentemente, a Lei Federal n° 12.305/2010, regulamentada pelo Decreto n° 7.404/2010, institui a Política Nacional de Resíduos Sólidos, assim como as legislações estaduais n° 9.921/93 e n° 10.099/94, que dispõem sobre a gestão dos resíduos sólidos e dos provenientes de serviços de saúde, respectivamente.

A Lei n° 12.305 de 2010 instituiu a Política Nacional de Resíduos Sólidos e o Decreto n° 7.404 de 2010 disciplinou a matéria. Significado da gestão de responsabilidade compartilhada entre o poder público, a iniciativa privada e os cidadãos, firmando-se acordos setoriais e compromissos de ajustamento. Muda-se a ótica que não é focada na punição, mas na evolução da sociedade para busca da melhor alternativa, que não é ditada *a priori*.

Como forma coercitiva, apontou-se a perda de incentivos fiscais para aqueles municípios que não tiverem o plano municipal de gestão integrada de resíduos sólidos. A mencionada lei, nos seus artigos 18 e 55, estabelece o prazo de agosto de 2012 para elaboração do Plano de Resíduos. Nos termos da Política Nacional de Saneamento Básico, o prazo definido para recebimento de recursos da União para execução do Plano Municipal pressupõe a sua elaboração até dezembro de 2013. Diante destas divergências, tem-se como prazo razoável de dezembro de 2012 para implementação dos planos municipais, que poderão ser integrados, na forma do art. 19, §1° (Lei n° 12.305/ 2010).

A Lei da Política Nacional dos Resíduos Sólidos foi fruto de debate por 20 anos no Congresso Nacional. Esta legislação faz uma opção pelo preventivo: saneamento básico e tratamento dos resíduos sólidos. Por isso, o administrador tem balizadores constitucionais e legais para pautar a execução das tarefas, que lhes são incumbidas. É necessário que os operadores jurídicos hajam de maneira sincronizada e sistematizada, não solepsista.[24]

5. A responsabilidade civil do Estado por ausência de atos preventivos

A estrutura dos cursos e da carreira jurídica são voltados para lidar com os fatos ocorridos, ou seja, na punição ou reparação de condutas ilícitas e pretéritas. Com a velocidade da informação nos dias de hoje, é importante que se comece a antecipar os eventos e os operadores do direito trabalhem com ações que visem a prevenir e não a remediar os acontecimentos da vida.[25]

A responsabilidade civil do Estado foi estruturada, a partir da reparação dos danos ocorridos. A função preventiva, em sentido *lato*, engloba os princípios da precaução e da prevenção, pela qual haverá antecipação de riscos e de danos. O fundamento ético é a prudência e jurídico a segurança.[26]

A teoria do risco tem como ideia principal o perigo ou ameaça de dano a que estão expostas as pessoas por causa de certas atividades. O risco, portanto, ainda não é o dano ou prejuízo, mas sua possibilidade.

O risco é uma modalidade de relação com o futuro: é uma forma de determinação das indeterminações, de acordo com a diferença probabilidade/improbabilidade.[27]

A modernidade está relacionada à industrialização; a modernidade reflexiva à sociedade de risco. A estruturação social moderna está baseada na distribuição de bens e na estruturação social por meio de danos, enquanto que a sociedade de risco se caracteriza pela distribuição dos *bad* ou *dangers* e pela individualização. A sociedade de risco é uma sociedade industrial conjugada com a ciência.[28]

A sociedade industrial para Beck entrou numa fase de modernização reflexiva, na qual se tornou tema para si mesma. Daí se extrai o ques-

---

[24] STRECK, op. cit., p. 104.

[25] STRECK, Lenio Luiz. *Hermenêutica e (pos)positivismo: por que o ensino jurídico continua de(sin)formando os alunos?* In André Luís Callegari, Lenio Luiz Streck e Leonel Severo Rocha. (Orgs.). Constituição, Sistemas Sociais e Hermenêutica, – Anuário do Programa de Pós-Graduação em Direito da Unisinos n. 7. Porto Alegre: Livraria do Advogado Editora; São Leopoldo: UNISINOS, 2010, p. 163-185.

[26] A responsabilidade preventiva começou a se desenvolver na França depois do sangue contaminado pelo vírus da AIDS, na década de 80 e que dizimou centenas de hemofílicos.

[27] GIDDENS, Anthony. *Runaway World, How Globalization is Reshaping our lives*. New York: Routledge Ed., 2000, p. 21.

[28] BECK, Ulrich. *Risk Society – Towards a New Modernity*. Tradução para o inglês de Mark Ritter. Londres: SAGE Publications, 2005, p. 1-3.

tionamento a respeito da relação entre humanidade e natureza.[29] Neste aspecto, a Lei Nacional dos resíduos sólidos e saneamento está sintonizada com este pensamento, pois prevê a responsabilidade por questões ambientais e de preocupação com a saúde preventiva. O objetivo não é o ressarcimento, mas sim evitar condutas perigosas.

A análise do risco, tendo em vista sua gestão, considera inúmeros dados estatísticos. Este estudo fornece elementos para prevenção de doenças, vejam-se a propósito os estudos realizados que relacionam doenças decorrentes da falta de saneamento, como a diarreia e outras,[30] bem como o custo que daí decorre.

Desta maneira, o nexo de causalidade entre conduta e resultado, que sempre pautou a noção de responsabilidade civil, tem de ser revisto nas questões preventivas, porque o resultado muitas vezes vai ocorrer no futuro, como prejuízos à natureza – desenvolvimento sustentável e à proliferação de doenças. O dano é a previsibilidade para o futuro.

A partir da análise do censo do IBGE, do ano de 2010, tem-se que o saneamento básico é a debilidade do país na área de serviços públicos e infraestrutura: somente 55,4% dos 57,3 milhões de domicílios estão conectados à rede geral de esgoto. Nos dias de hoje, 11,6% dos brasileiros utilizam a fossa séptica. O restante da população 32,9% não tem saneamento básico, o que significa 18,9 milhões de residências. Quando se analisa a situação do tratamento de esgoto, não se tem uma perspectiva mais alvissareira. Somente 10% de esgotos produzidos recebem algum tipo de tratamento, isto significa, que 90% são despejados *in natura* nos solos, rios, córregos e nascentes, constituindo-se na maior fonte de degradação do meio ambiente e propagação de enfermidades, devidas à falta de higiene.[31]

O Ministério das Cidades revelou que 81 municípios brasileiros com mais de 300 mil habitantes e que concentram aproximadamente 72 milhões de pessoas, apontou que são despejados no meio ambiente todos os dias 5,9 bilhões de litros de esgoto sem tratamento algum, esta contaminação propicia 80% das doenças com esta causa e 65% das internações hospitalares.[32]

Para quantificar estes dados do ponto de vista orçamentário, para cada R$ 1,00 investido no setor de saneamento, economiza-se R$ 4,00 no

---

[29] BECK, op. Cit., p.28.

[30] Vide nota 2. Disponível em <http://www.tratabrasil.org.br/novo_site/cms/templates/trata_brasil/files/esgotamento.pdf> Acesso em 14 set.2011

[31] IBGE – Pesquisa Nacional de Saneamento Básico – 2008. Disponível em <http://www.ibge.gov.br/home/presidencia/noticias/noticia_visualiza.php?id_noticia=1691&id_pagina=1> Acesso em 14 set.2011.

[32] Disponível em <http://www.tratabrasil.com.br/novo_site/cms/files/copa2014_andre.pdf> Acesso em 14 set.2011.

setor de medicina curativa, ou seja, economiza-se o quádruplo. Estima-se que os gastos anuais do SUS com doenças relacionadas às precárias condições de higiene contabilizam R$ 300.000.000,00.[33]

O saneamento básico é constituído por serviços de abastecimento de água, coleta e tratamento de esgotos, coleta da drenagem pluvial, e coleta de lixo, que se constituem em condições fundamentais para saúde pública. Tais pressupostos estão diretamente associados aos problemas de poluição e/ou contaminação dos recursos hídricos e do solo, pois a deficiência no saneamento básico gera a disposição inadequada de esgotos, contaminando e poluindo rios e córregos, além de favorecer à propagação de doenças, em locais onde o lixo é colocado a céu aberto, como por exemplo, os denominados lixões.

Ao artigo 3º da Lei nº 8.080/90,[34] em seu conceito sobre saúde, dispõe sobre a necessidade de saneamento básico. Deste modo, o não agir do administrador em políticas públicas de saúde preventiva: saneamento básico e resíduos sólidos, enseja responsabilidade civil do Estado, pois os danos futuros são previsíveis em matéria de doenças.

6. A cidadania foi fortalecida pelo aumento do poder aquisitivo da população brasileira?

Dados do último censo revelam que 19 milhões de brasileiros migraram para a classe C em 2010, fazendo que esta albergue 53% da população.[35] Isto, porém, significa incremento da cidadania, ou seja, acesso à educação e saúde? A toda evidência não.

O conceito de cidadão é completamente distinto do de consumidor. Em países com a economia emergente como o Brasil, é muito festejado o ingresso de cerca de 19 milhões de brasileiros que ascenderam da classe D à classe C, que passou a ser a maior do país com 101 milhões de pessoas, representando 53% da população. Isto não significa que são cidadãos na complexidade do termo, qual seja, acesso à educação, cultura e saúde. O

---

[33] De acordo com o Instituto Trata Brasil: Apenas metade da população brasileira conta com serviço de esgoto e somente 1/3 do esgoto gerado no País recebe tratamento adequado. O que não é coletado e tratado é despejado diretamente no Meio Ambiente, em rios, lagos, mares e mananciais. E 31% da população das maiores cidades brasileiras não sabem o que é Saneamento Básico. (TRATA BRASIL e IBOPE, 2011) Disponível em <http://www.tratabrasil.org.br/novo_site/?id=16017> Acesso em 08 ago. 2011.

[34] Art. 3º. A saúde tem como fatores determinantes e condicionantes, entre outros, a alimentação, a moradia, o saneamento básico, o meio ambiente, o trabalho, a renda, a educação, o transporte, o lazer e o acesso aos bens e serviços essenciais; os níveis de saúde da população expressam a organização social e econômica do País.

[35] Disponível em <http://www1.folha.uol.com.br/mercado/892209-classe-c-ganha-19-milhoes-de-brasileiros-e-chega-a-101-milhoes.shtml> Acesso em 15 set. 2009.

Brasil possui cerca de 190.000.000 de habitantes,[36] dos quais metade integram a classe C (num abecedário de A a E), aí estando a relação dos mais abastados aos excluídos sociais.

Estes números, porém conduzem a um aumento de renda, sem que se traduza na efetividade de direitos humanos como saúde e educação. As questões atinentes à saúde já foram analisadas. Agora, consideram-se os aspectos referentes ao ensino. Com relação à educação, os números não são melhores. Denominados analfabetos funcionais,[37] que assinam o nome, mas não compreendem um texto. A educação vem se ampliando sob o aspecto quantitativo, mas perdendo em qualidade.

Daí se pode extrair que globalização da economia não significa globalização dos direitos. Há um caminho a ser trilhado para efetividade dos direitos humanos num contexto democrático.

7. Considerações finais

Diante desta realidade posta, volta-se a pergunta: qual a decisão adequada constitucionalmente?

O direito fundamental social à saúde carece de efetividade, após mais de 23 anos de promulgação da Constituição cidadã. Propõe-se o tratamento das políticas públicas como determinações constitucionais, isto é, mandatos a serem realizados pelo administrador. Estas tarefas, com previsão constitucional, devem ser realizadas de acordo com a capacidade orçamentária, uma vez que não se constituem em escolha administrativa arbitrária. Sujeitando-se, portanto, ao controle judicial e social.

Se os tempos impõem um repensar o Estado, na época de transformações e pluralidade das fontes, assiste-se a uma época de transformações em que o direito administrativo tem que se afirmar, diante de um novo contexto histórico e político. As soluções dos conflitos advêm de forma mais exitosa do equilíbrio negociado do que do apelo à força.

O grande espaço de atuação estatal ocorre por meio das políticas públicas, em que o Estado coloca seus grandes balizadores em termos de

---

[36] Disponível em: < http://www.ibge.gov.br/home/estatistica/populacao/censo2010/default.shtm> Acesso em: 09 ago. 2011.

[37] A UNESCO define analfabeto funcional como toda pessoa que sabe escrever seu próprio nome, assim como lê e escreve frases simples, efetua cálculos básicos, porém é incapaz de interpretar o que lê e de usar a leitura e a escrita em atividades cotidianas, impossibilitando seu desenvolvimento pessoal e profissional. Ou seja, o analfabeto funcional não consegue extrair o sentido das palavras, colocar ideias no papel por meio da escrita, nem fazer operações matemáticas mais elaboradas.[...] No Brasil, 75% das pessoas entre 15 e 64 anos não conseguem ler, escrever e calcular plenamente. Esse número inclui os 68% considerados analfabetos funcionais e os 7% considerados analfabetos absolutos, sem qualquer habilidade de leitura ou escrita. Apenas 1 entre 4 brasileiros consegue ler, escrever e utilizar essas habilidades para continuar aprendendo. Disponível em: <http://www.planetaeducacao.com.br/portal/artigo.asp?artigo=700> Acesso em: 09 ago.2011.

ação prospectiva. A prevenção em detrimento da judicialização excessiva, que não amenizou o problema, mas o tornou ainda mais caótico.

A preocupação com políticas públicas que vão além de um pequeno lapso temporal, mas visam a saúde pública da população para além de uma só geração, é algo que deve ser efetivado.

Neste aspecto, a Lei Nacional de Resíduos Sólidos estabelece um planejamento para o futuro importante, em termos de desenvolvimento do Estado. Não é tutelar no sentido de apontar para uma alternativa, mas permitir que a sociedade busque as alternativas, tal como ocorre com os instrumentos de logística reversa. Não impõe condutas, mas deixa que os diferentes setores da sociedade busquem um consenso.

Esta colocação de balizadores para o futuro com flexibilidade, permitem que a lei tenha sua eficácia para além do tempo presente. É necessário que o direito administrativo dialogue de maneira multidisciplinar, pois com a rapidez da informação nos tempos modernos nenhuma área do conhecimento pode sobreviver de forma isolada. É importante que essa atuação das políticas públicas seja feita de acordo com a pauta dos direitos humanos e com a articulação democrática.

Se o mundo deve conter um espaço público, não pode ser construído apenas para uma geração e planejado somente para os que estão vivos: deve transcender a duração da vida de homens mortais. O mundo comum é aquilo que adentramos ao nascer e que deixamos para trás quando morremos. [...] Transcende a duração de nossa vida tanto no passado quanto no futuro: preexistia à nossa chegada e sobreviverá a nossa breve permanência".[38] Por isso, o olhar para o preventivo significa o respeito à saúde das próximas gerações.

Referências bibliográficas

ARENDT, Hannah. A *Condição Humana*. 10ª ed., Rio de Janeiro: Forense Universitária, 2001.

BECK, Ulrich. *Risk Society – Towards a New Modernity*. Tradução para o inglês de Mark Ritter. Londres: SAGE Publications Ltda, 2005.

BERCOVICCI, Gilberto. Planejamento e políticas públicas: por uma nova compreensão do papel do Estado. In: *Políticas Públicas* – Reflexões sobre o conceito jurídico – Mª Paula Dallari Bucci. SP: Saraiva, 2006.

BUCCI, Maria Paula Dallari. O conceito de política pública em direito. In: *Políticas Públicas* – Reflexões sobre o conceito jurídico. SP: Saraiva, 2006.

CHADWICK, E. *Reports on the sanitary condition of the laboring population of Great Britain*, Edinburgh: Edinburgh University Press, 1965.

DALLARI, Sueli Gandolfi. Políticas de Estado e políticas de governo: o caso da saúde pública. In: *Políticas Públicas* – Reflexões sobre o conceito jurídico. Maria Paula Dallari Bucci (organizadora). São Paulo: Saraiva, 2006.

EWALD, François. *L'Etat Providence*. Paris: Bernard Grasset, 1986.

FAORO, Raymundo. *Os donos do poder: formação do patronato brasileiro*. v. 1, 15. ed., São Paulo: Globo, 2000

GIDDENS, Anthony. *Runaway World, How Globalization is Reshaping our lives*. New York: Routledge, 2000.

---

[38] ARENDT, Hannah. *A Condição Humana*. 10ª ed., Rio de Janeiro: Forense Universitária, 2001, p. 64.

LIMBERGER, Têmis. Políticas públicas e o direito à saúde: a busca da decisão adequada constitucionalmente. In: *Constituição, sistemas sociais e hermenêutica*: programa de pós-graduação em Direito da UNISINOS: mestrado e doutorado. STRECK, Lenio Luiz, MORAIS, José Luis Bolzan de. (org.) Anuário 2008 n. 5. Porto Alegre: Livraria do Advogado, 2009.

——. Burocratização, políticas públicas e democracia, o caminho a ser trilhado em busca dos critérios para efetivação do direito à saúde. In: Lenio Luiz Streck e Jose Luis Bolzan de Morais. (Org.). *Constituição, Sistemas Sociais e Hermenêutica*, n. 6 – Anuário do Programa de Pós-Graduação em Direito da Unisinos. 1 ed. Porto Alegre: Livraria do Advogado Editora, 2009, v., p. 217-232.

——. *Políticas públicas e o direito à saúde: a necessidade de critérios hermenêuticos para intervenção judicial*. Novos Estudos Jurídicos (UNIVALI). Cont. ISSN 2175-0491 Novos Estudos Jurídicos (Online), v. 15, p. 306-322, 2010.

——. *Direito à saúde e políticas públicas*: a necessidade de critérios judiciais, a partir dos preceitos constitucionais. Revista de Direito Administrativo, v. 251, p. 179-200, 2010.

SÊNECA, L. A. *Sobre a Brevidade da Vida* (Cartas a Paulino). Porto Alegre (RS): L&PM, 2007.

STRECK, Lenio Luiz. *O que é isto – decido conforme minha consciência*. Porto Alegre: Livraria do Advogado, 2010.

——. *Hermenêutica e (pos)positivismo: por que o ensino jurídico continua de(sin)formando os alunos?* In: André Luís Callegari, Lenio Luiz Streck e Leonel Severo Rocha. (Org.). Constituição, Sistemas Sociais e Hermenêutica, n. 7 – Anuário do Programa de Pós-Graduação em Direito da Unisinos. Porto Alegre: Livraria do Advogado Editora; São Leopoldo: UNISINOS, 2010, p. 163-185.

——. *Jurisdição, constituição e hermenêutica*: uma nova crítica do direito. 2. ed. Rio de Janeiro: Forense, 2004.

— XIV —

Entre duas escrituras: multiculturalismo e direitos humanos

VICENTE DE PAULO BARRETTO[1]
FRANCIELE WASEM[2]

Sumário: 1. Introdução; 2. Direitos humanos etnocêntricos; 3. A experiência ocidental dos direitos humanos; 4. O discurso ocidental sobre os direitos humanos; 5. Direitos humanos e a metáfora das janelas; 6. Considerações finais; Referências.

1. Introdução

Na sociedade contemporânea, na qual as fronteiras se tornam porosas devido ao fenômeno da globalização, as culturas caminham em duas direções. Em primeiro lugar, no sentido do estabelecimento de um efetivo cosmopolitismo; em segundo, especificamente nas culturas fechadas, pela exclusão de valores fundantes da civilização, entre os quais se sobressaem os direitos humanos, entendidos como categorias morais, que alicerçam a sociedade humana. Mediante uma análise superficial, poderíamos ser conduzidos a acreditar que a concepção contemporânea de direitos humanos[3] é entendida e absorvida pelas distintas culturas, em razão dos

---

[1] Prof. Dr. Vicente de Paulo Barretto. Professor do PPG em Direito da UNESA, professor visitante da UERJ e professor colaborador da UNISINOS.

[2] *Franciele Wasem*. Mestranda em Direito do Programa de Pós-Graduação em Direito da UNISINOS e bolsista CAPES/PROSUP.

[3] A referência à concepção contemporânea de direitos humanos procura identificar conceitos e ideias que, a partir do século XVI, serviram de fundamento para essa categoria de direitos na modernidade. Nas palavras de Ingo Sarlet: "De irrefutável importância para o reconhecimento posterior dos direitos fundamentais nos processos revolucionários do século XVIII, foi a influência das doutrinas jusnaturalistas, de modo especial a partir do século XVI. [...] é no nominalismo do pensador cristão Guilherme de Occam que se busca a origem o individualismo que levou ao desenvolvimento da ideia de direito subjetivo, principalmente por obra de Hugo Grócio, que, no limiar da Idade Moderna, o definiu como 'faculdade da pessoa que a torna apta para possuir ou fazer algo justamente'. [...]. Cumpre referir, neste contexto, os teólogos espanhóis do século XVI (Vitoria y las Casas, Vásquez de Menchaca, Francisco Suárez e Gabriel Vásquez), que pugnaram pelo reconhecimento de direitos naturais deduzidos do direito natural e tidos como expressão da liberdade e dignidade da pessoa humana, além de servirem de inspiração ao humanismo racionalista de H. Grócio, que divulgou seu apelo à razão como fundamento último do Direito e, neste contexto, afirmou a sua validade universal, visto que comum a todos os seres humanos, independentemente de suas crenças religiosas". (Sarlet, 2007: 37).

avanços causados pela globalização. Todavia, "não é porque, graças aos meios técnicos e midiáticos, a uniformidade dos modos de vida, dos discursos e das opiniões tende doravante a recobrir o planeta de uma ponta à outra que estes são universais" (Jullien, 2009: 30).

O processo de globalização *per se* não garante a universalização de valores e de direitos, pois a globalização tem o condão de gerar um maior recrudescimento de culturas que temem ser aviltadas por estrangeirismos, como por exemplo, a cultura islâmica. Nesse sentido, cabe a pergunta se os direitos humanos podem ser realmente incorporados em diferentes culturas – além da ocidental – ou se os diretos humanos representam a imposição de uma cultura sobre as demais. Não estaríamos procurando universalizar apenas um ponto de vista? E assim consagrar um etnocentrismo, às vezes, pela força, que afinal desmente a própria natureza dos direitos humanos?

Esse questionamento sobre a possibilidade da universalização dos direitos humanos deita as suas origens na constatação de que os direitos humanos, como têm sido normatizados no âmbito do direito internacional, refletem, preponderantemente, os valores da cultura ocidental. A codificação dos direitos humanos na contemporaneidade resultou de uma disputa ideológica, que provocou um intenso conflito entre o liberalismo ocidental e outras concepções sobre a pessoa e seus direitos e deveres dentro da comunidade (Douzinas, 2009: 134).

Ao analisar os preparativos para a formulação da Declaração Universal dos Direitos Humanos (1948), Douzinas demonstra como as cores ideológicas ocidentais e liberais foram as que se impuseram. Aconteceu que o comitê preparatório da Declaração Universal, composto por três membros: a Sra. Eleanor Roosevelt, um cristão libanês e um chinês. Este comitê solicitou que John Humphrey, diretor canadense da Divisão de Direitos Humanos da ONU, preparasse uma primeira versão da Declaração Universal. Douzinas refere que, em determinada festividade, o membro chinês sugeriu que Humphrey deveria suspender suas demais obrigações durante seis meses e estudar filosofia chinesa, período após o qual ele seria capaz de preparar um texto para o comitê. "Humphrey preparou o texto, que foi substancialmente adotado pelo comitê, porém sua resposta à sugestão indica a atitude ocidental que afinal se tornou a face universalista do debate em oposição ao relativismo cultural: 'Não fui à China nem estudei os textos de Confúcio'" (Douzinas, 2009: 134). O relatório final dos trabalhos preparatórios, que serviram a Humphrey para elaborar a primeira versão da Declaração Universal, fundamentou-se, portanto, preponderantemente, em fontes ocidentais de língua inglesa, sendo o ponto de vista do *American Law Institute* uma influência central.

Dizer que a formulação atual dos Direitos Humanos é fruto de um diálogo reducionista entre as culturas do mundo, permite que se faça uma pergunta alternativa, qual seja em que medida se pode empregar o conceito de direitos humanos, desconsiderando o contexto cultural e político em que foram pela primeira vez formulados, e considerá-los como uma noção válida globalmente? (Panikkar, 2004: 207). Essa pergunta traz à cena o problema nuclear que envolve a dificuldade sobre a possível universalização dos direitos humanos.

A pretensão universalista da Declaração Universal de 1948 – DUDH – parece ter sido posta em dúvida desde o princípio. Diante dos valores predominantemente ocidentais contidos na DUDH, alguns países – entre os quais, países islâmicos – se abstiveram durante o processo de sua votação.[4] Os países que faziam parte do bloco soviético e a Arábia Saudita se abstiveram da votação final na Assembleia Geral, e a África do Sul votou contra a Declaração (Douzinas, 2009: 135). O que demonstra, como desde a sua proclamação pela Assembleia Geral das Nações Unidas, a Declaração Universal de 1948, veio eivada de questionamentos advindos de diferentes perspectivas culturais.[5]

Verifica-se, assim, que os direitos humanos contemporâneos (internacionais, universais) carecem de uma identificação de fins e valores comungados por todos os seres humanos. A questão reside no fato de que os direitos humanos, da forma como têm sido proclamados traduzem uma aspiração paradoxalmente universal e unilateral, visto que manifestam, preponderantemente, a ótica de uma cultura. Encontram-se, assim, na retórica dos direitos humanos uma insuficiente argumentação com vistas a demonstrar a sua natureza universal e, em consequência, como os direitos consagrados nos tratados internacionais podem ser atribuídos a todos os indivíduos, independentes de suas respectivas culturas. Nesse sentido, os direitos humanos contemporâneos acabam por se perder em retórica vazia ao desacreditarem a relevância que argumentos éticos, políticos, jurídicos, teológicos, étnicos, e, principalmente, culturais, possam trazer para a conformação de fundamentos que legitimem a instituição político-jurídica desses direitos. (Möller, 2006: 16)

---

[4] "Durante os debates que antecederam à votação dos termos da DUDH, os representantes dos países muçulmanos debateram se ao aprovarem a Declaração e endossarem os direitos internacionais os povos islâmicos estariam traindo a lei islâmica e aceitando a dominação pela cultura ocidental. Ao final dos debates, a Arábia Saudita – país muçulmano – absteve-se na votação, sendo acompanhada por vários países do Bloco do Leste" (Mayer, 1997: 11).

[5] "Adotada sem consenso num foro então composto de apenas 56 Estados, ocidentais ou 'ocidentalizados', a Declaração Universal dos Direitos Humanos não foi, portanto, ao nascer 'universal' sequer para os que participaram de sua gestação. Mais razão tinham, nessas condições, os que dela não participaram – a grande maioria dos Estados hoje independentes – ao rotularem o documento como 'produto do Ocidente'" (Alves, 1999: 143).

Ao desconsiderar as demais culturas e pautar-se em valores ocidentais, o discurso dos direitos humanos enunciado sob uma perspectiva etnocêntrica parece não ser capaz de atingir o seu propósito universal. Ocorre que no processo de universalização dos direitos humanos a cultura que serviu de fundamento para esses direitos, inevitavelmente, irá permear os demais contextos culturais. Constata-se, assim, como a tensão entre esses dois tipos de argumentos provoca desconforto para pensadores não ocidentais, que receiam perder no processo de incorporação dos direitos humanos às suas culturas e sistemas político-institucionais a própria identidade cultural, esvaziada pela cultura ocidental. Explicam-se, assim, as dificuldades encontradas para a sua consagração e observância em diversos contextos culturais (Pannikar, 2004: 217).

2. Direitos humanos etnocêntricos

A objeção principal feita pela argumentação não ocidental aos direitos humanos internacionais reside, portanto, no argumento de que essa categoria de direitos representaria – por refletirem preponderantemente valores ocidentais – uma pretensão hegemônica do Ocidente diante das demais culturas. Nesse sentido, Bielefeldt (2000: 143) explica que o propósito universalista dos direitos humanos, definido como "uma missão global da civilização ocidental", entra em conflito com os fundamentos de culturas diversas e, especificamente, por significar uma forma de imperialismo cultural.

Uma perspectiva, que reflete uma escritura alternativa mais consistente dos direitos humanos, encontra-se nas críticas ocidentais às violações dos direitos humanos nesses países. Segundo Ann Mayer (1997: 06-07), as críticas articuladas pelo Ocidente em relação às instituições islâmicas têm sido historicamente associadas com tentativas de governos ocidentais em justificar a sua ingerência na política dos países do mundo muçulmano. Tais críticas, portanto, procurariam justificar atitudes ocidentais neocolonialistas.

Perpassa, por outro lado, nas nações islâmicas, a ideia de que essas críticas representariam um esforço do Ocidente em demonstrar que a dominação ocidental dos países muçulmanos, ocorrida no passado, foi justificada em função do fato de que as instituições protetoras dos direitos humanos nas sociedades islâmicas tornaram-se obsoletas após a independência destes países. Desse modo, o expansionismo ocidental sobre terras islâmicas se justificaria na atualidade, pois, em última análise, favoreceria a expansão dos direitos humanos através da cultura islâmica.

Bielefeldt (2000: 143), na mesma linha de argumentação, sustenta que em reação a esses esforços do Ocidente, e desenvolvendo uma concepção própria de direitos humanos que se contrapõe à compreensão *ocidental*, surgem concepções alternativas, que expressamente se baseiam em fontes culturais e religiosas *não ocidentais*. Assim, por exemplo, os povos islâmicos criaram uma legislação particular sobre os direitos humanos,[6] que expressa valores e um entendimento próprio desses direitos.

Ocorre que perspectivas não ocidentais dos direitos humanos contemporâneos padecem de reconhecimento pelo Ocidente, que, na qualidade de juízes (ou julgadores) das ações referentes aos direitos humanos, analisam os direitos humanos apenas sob a ótica dos valores ocidentais, o que torna problemático o diálogo intercultural. Em contrapartida, os povos islâmicos condenam as comparações críticas – feitas pelo Ocidente – relacionadas aos direitos humanos islâmicos e aos direitos internacionais, vez que consideram que haveria "sinistros objetivos políticos nas críticas ocidentais de violações de direitos relacionadas com as instituições islâmicas" (Mayer, 1997: 06).

A aceitação de direitos ideologicamente ocidentais torna-se uma ameaça para o imaginário islâmico, que receia ser subjugado pelo Ocidente. Nesse sentido, enquanto os direitos humanos forem tratados, essencialmente, como uma conquista ocidental, sua aplicação com o objetivo de um reconhecimento mundial parece ser ilusória (Bielefeldt, 2000: 142). Dentro desse quadro crítico do ponto de vista teórico, a questão dos direitos humanos como lidos em duas escrituras diferentes têm suas divergências ainda mais acentuadas por questões que reforçam – como veremos a seguir – a resistência islâmica aos propósitos universalistas dos direitos humanos.

3. A experiência ocidental dos direitos humanos

Como vimos, a universalidade dos direitos humanos acha-se questionada pela constatação de que tal aspiração está calcada em valores preponderantemente ocidentais. Sob a perspectiva islâmica, a universalidade dos direitos humanos acabaria por relativizar essa ideia, no lugar de universalizar. Ocorre que por serem os direitos humanos o reflexo de valores ocidentais, a sua universalização representaria um processo de ocidentalização, que se constitui em ameaça do ponto de vista não ocidental. Desse modo, por serem os direitos humanos manifestações etnocêntricas, o processo de universalização desses direitos terminaria por ser muito relativo – ao invés de universal, como pretende –, pois, partindo dos valores da própria sociedade ocidental, procura generalizá-los e universalizá-los, e com isto fecha o diálogo e termina por ignorar a perspec-

---

[6] "A Declaração Islâmica Universal dos Direitos Humanos foi proclamada pelo Conselho Islâmico para marcar o início do 15º século da Era Islâmica em 19 de setembro de 1981. Antes desse documento havia sido proclamada a Declaração Islâmica Universal na Conferência Internacional sobre o Profeta Muhammad, ocorrida no período de 12 a 15 de abril de 1980" (Declaração, prefácio, 1981).

tiva do outro. Nessa linha argumentativa, o processo de universalização dos direitos humanos, na realidade, representaria um monólogo ocidental potencialmente opressivo de todas as culturas que não compartilham de seus valores. Com isto, acabaria por relativizar os direitos humanos e por favorecer os particularismos, muitas vezes expressão de formas de opressão, por eles combatidas, mas que se tornam, em muitas situações, reações defensivas contra o processo de ocidentalização, imposto sob os ideais dos direitos humanos.

Nesse sentido, Boaventura de Sousa Santos (2004: 248) sustenta que o cosmopolitismo surgido na modernidade ocidental, ou seja, o cosmopolitismo no sentido moderno convencional[7] está vinculado a ideais que refutam os valores e contribuições das demais culturas. O autor explica que na modernidade ocidental, a ideia do cosmopolitismo encontra-se relacionada com a ideia de universalismo desenraizado, individualismo e de negação de fronteiras territoriais ou culturais, o que conduz à conclusão de que os valores ocidentais são içados à categoria de melhores valores, enquanto os valores dos países do resto do mundo são considerados valores inimigos.

Outra crítica tecida pelos países do Oriente Médio aos direitos humanos internacionais – além do receio da expansão da cultura ocidental e da falta de legitimidade cultural – diz respeito ao fato de o mundo ocidental ter o seu próprio histórico de violações dos direitos humanos. Ann Mayer (1997: 05) refere que o extenso registro de práticas de tortura, escravidão, genocídio, perseguição religiosa, racismo, sexismo, bem como o registro de desrespeito aos direitos dos habitantes dos países não ocidentais no processo de colonialismo, no século XIX, e de globalização nos dias atuais, desnudam a política das potências ocidentais e mostram as flagrantes violações dos direitos humanos. A famosa tríade justificadora das potências colonialistas – assegurar a civilização, a liberdade e o cristianismo – aos povos "bárbaros" das Américas, da África, da Ásia e da Oceania encobriram atrocidades que desmentiram na prática os ideais e fixaram na imaginação e lembrança desses povos um entendimento próprio dos direitos humanos universais.

Costa Douzinas lança luz sobre um aspecto desconsiderado pela teoria dos direitos humanos. Refere-se à "hipocrisia ou ao cinismo das grandes potências", (2009: 139), que se expressam quando países ocidentais exigem determinadas condutas, em respeito aos direitos humanos, mas, na prática, agem diversamente da forma que cobram. Uma teoria

---

[7] Boaventura de Sousa Santos posiciona-se de modo contrário a este cosmopolitismo no sentido moderno convencional, vejamos: "Não uso cosmopolitismo no sentido moderno convencional. [...] Para mim, cosmopolitismo é a solidariedade transnacional entre grupos explorados, oprimidos ou excluídos pela globalização hegemônica" (Sousa Santos, 2004: 248).

inocente dos direitos humanos ignora essas práticas de governos que se proclamam paladinos dessa categoria de direitos e os negam.

Os Estados Unidos, por exemplo, foram os maiores defensores da criação dos tribunais para a ex-Iugoslávia e para Ruanda. Contudo, durante as negociações para o processo de criação do Tribunal Penal Internacional (TPI), os EUA adotaram uma postura hipócrita, visto que "os norte-americanos firmaram posição, lançando mão de ameaças e recompensas a fim de evitar a jurisdição universal do TPI".[8] Na ocasião, o representante norte-americano David Scheffer "declarou que se a conferência aprovasse a jurisdição universal para o TPI, os Estados Unidos iriam 'ativamente se opor' a ele desde o princípio". Em face dessa ameaça feita pelo representante norte-americano, e "na ânsia de incluir a principal força militar internacional no tratado", a Conferência "restringiu drasticamente os poderes do TPI e enfraqueceu sua independência, mas não a garantia absoluta de que nenhum soldado norte-americano jamais fosse trazido perante ele".[9]

Esse caso elucida uma situação em que os EUA não se submeteram à pretensão universalista dos direitos humanos, sendo que a rejeição ao TPI representou uma ocorrência de relativismo cultural que adquiriu a forma de uma "cláusula de exceção imperial". Esse episódio representou também uma admissão velada de que crimes de guerra e atrocidades são também praticados por potências mundiais, e não apenas por países ou grupos "rebeldes" (Douzinas, 2009: 134). Dessa forma, o argumento subjacente seria o de que as grandes potências deveriam usufruir de um status jurídico privilegiado, onde os crimes de guerra por elas praticados seriam inimputáveis criminalmente.

A falta de êxito na experiência ocidental dos direitos humanas pode ser constatada também nas chamadas *guerras santas, guerras justas* ou *guerras contra o terror*. Douzinas (2009: 142) explica que a questão da justiça de uma guerra sempre apresenta um paradoxo interessante, pois para as partes em combate não há nada mais certo do que a moralidade da sua causa, ao passo que para observadores não há nada mais incerto – e talvez, equivocado – do que as alegações morais conflitantes dos combatentes.

Após os atentados de 11 de setembro de 2001, os EUA declararam *guerra contra o terrorismo*. Diante da suposta iminência de novos ataques terroristas, o governo norte-americano empreendeu diversas violações de direitos humanos sob a égide da necessidade de proteção seus cidadãos, entre muitos exemplos que poderiam ser citados, a autorização concedida à polícia, para a detenção incomunicável de estrangeiros, por quaisquer

---

[8] The Guardian *apud* Douzinas, 2009: 133-134.

[9] A grande preocupação dos EUA em relação à jurisdição universal do TPI era que "o organismo seria usado para acusações politicamente motivadas contra soldados norte-americanos quando, na qualidade de última superpotência mundial com interesses globais, eles invadissem ou interviessem em solo estrangeiro" (Douzinas, 2009: 133).

motivos considerados suspeitos, *por tempo indeterminado*, infringiu o art. 9º da Declaração Universal dos Direitos Humanos, que veda a detenção arbitrária (Alves, 2003: 139).

As detenções incomunicáveis de estrangeiros empreendidas pelos EUA violaram, portanto, o dispositivo contido no art. 9º da Declaração Universal dos Direitos Humanos de 1948, que prevê que "ninguém será arbitrariamente preso, detido ou exilado" (Declaração, art. 9º). O discurso da guerra contra o terror levada a efeito pelos Estados Unidos conduziu a flagrantes exceções do estado democrático de direito.

A retórica ocidental em prol dos direitos humanos foi muito questionada em face dos atos de tortura praticados pelos norte-americanos contra os detentos de Guantánamo. João Arriscado Nunes (2004: 18) refere que a prisão de Guantánamo representou "a inédita criação de uma zona 'livre de direitos humanos'", na qual "são encerrados prisioneiros de guerra a quem é negado um tratamento [...] compatível com o disposto na Declaração Universal dos Direitos do Homem e noutros documentos subscritos pelos próprios Estados Unidos".

Lindgren Alves (2003: 143) explica que em nome da *guerra contra o terror*, os EUA relegitimaram a tortura em seu território. O autor explica que a recusa norte-americana em aceitar a caracterização dos detidos em Guantánamo como prisioneiros de guerra – protegidos pela Terceira Convenção de Genebra – teria o intuito de permitir que os presos fossem interrogados, sem advogado de defesa, e sem controles externos para a obtenção de informações preventivas de outros ataques terroristas. Alves (2003: 143) esclarece que o não enquadramento na Terceira Convenção de Genebra "permitiria também que eles fossem julgados nos tribunais previstos no decreto presidencial de 13 de novembro de 2001".

No tocante à ratificação de acordos e pactos internacionais, foram necessários 40 anos para que os Estados Unidos ratificassem a Convenção contra o genocídio, 28 anos para a Convenção contra a discriminação racial e 26 anos para o Pacto pelos Direitos Civis e Políticos (Douzinas, 2009: 136). No entanto, o Pacto pelos Direitos Econômicos e Sociais ainda não foi ratificado pelos Estados Unidos. Também não foi ratificada pelo Congresso norte-americano a Convenção banindo a discriminação contra mulheres, bem como a Convenção sobre os direitos das crianças (Douzinas, 2009: 136). Esses são alguns exemplos que mostram como se processa a relativização dos direitos humanos por países do Ocidente e a ideia de sua universalidade.

4. O discurso ocidental sobre os direitos humanos

A reação ocidental para a violação de direitos no Irã é o exemplo mais citado, pelos islâmicos, sobre a dualidade do discurso ocidental em relação aos direitos humanos nos países do Oriente Médio. A atual crítica ocidental aos registros de direitos no Irã é rejeitada pelos islâmicos por causa da disparidade entre a resposta ocidental às violações de direitos humanos cometidas ao abrigo do Xá Reza Pahlevi, do Irã, e a resposta às violações praticadas pelos regimes do Aiatolá Khomeini e de seus sucessores.

Ann Mayer (1997: 05) refere que o Ocidente traz a debate questões de direitos humanos nos países muçulmanos apenas para desacreditar os regimes que desafiam a hegemonia dos regimes ocidentais e rejeitam os valores culturais ocidentais. Nesse sentido, Douzinas (2009:140) explica que, em inúmeras ocasiões, "a política externa dos governos é guiada por interesses e tão alienada de considerações éticas quanto as opções de investimento das corporações multinacionais". Desse modo, Douzinas corrobora o posicionamento de Ann Mayer no sentido de que as acusações às violações de direitos humanos muitas vezes são propagadas em razão dos interesses econômicos e políticos envolvidos, que não necessariamente estão relacionados com preocupações reais com os direitos humanos.

Ann Mayer (1997: 05) explica que em razão dos interesses econômicos, os EUA desempenharam um papel importante no forte apoio ao regime do Xá (Reza Pahlevi), sendo que demonstraram total despreocupação com as violações dos direitos humanos perpetradas sob seu domínio. Contudo, no regime do (aiatolá) Khomeini – que derrubou a monarquia de Pahlevi e adotou uma postura antiocidental – as mesmas ações que eram praticadas sob o regime de Pahlevi se tornaram repreensíveis.

Outro exemplo do interesse comercial envolvendo os direitos humanos provém das prósperas relações sino-ocidentais. Em maio de 1989, após o massacre de centenas de estudantes que faziam protestos na Praça da Paz Celestial, as relações sino-ocidentais foram afetadas. Todavia, as relações entre o Ocidente e a China foram restabelecidas em pouco tempo, tendo em vista que os interesses comerciais prevaleceram sobre qualquer clamor relacionado aos direitos humanos.[10] Douzinas (2009: 138) explica que "o país [a China] tem sido particularmente perito no uso de negociações comerciais para evitar o opróbrio internacional", uma vez que, de tempos em tempos, a China melhora a sua imagem diplomática pela liberação de um dissidente famoso, e, em consequência, nenhuma

---

[10] O Governo Chinês é acusado de restringir as liberdades de seus cidadãos e de praticar diversos atos atentatórios aos direitos humanos, tais como prisões arbitrárias, práticas de torturas, entre outros. No dia 07.10.09, a Folha Online divulgou em seu site a prática de torturas em prisioneiros chineses. Vejamos: "A ONG CHRD (Defensores dos Direitos Humanos Chineses) denunciou nesta quarta-feira as mortes de três presos chineses supostamente como resultado de torturas". E diz mais: "Em novembro passado, o Comitê da ONU contra a tortura denunciou que a situação piorou na China. A CHRD pede a Pequim que abra uma investigação independente por estas mortes e que processe os culpados". Contudo, nenhuma ação foi tomada pela comissão de Direitos Humanos da ONU até os dias de hoje. (Ong..., 2009).

resolução crítica das violações chinesas tem sido aprovada pela Comissão de Direitos Humanos da ONU.

Costa Douzinas (2009, p. 138) observa que a Inglaterra, no ano de 1997, "apesar de sua política externa 'ética', [...] foi adiante com a negociação para vender jatos Hawk ao regime indonésio do Presidente Suharto, cujo longo e repressivo reinado levou à morte meio milhão de timorenses do leste". Além disso, prossegue o autor, "o governo britânico emitiu oitenta e cinco novas licenças de exportação (de armas) para a Turquia e vinte e duas para a Indonésia", no período referente a maio de 1997 até a abril de 1998 (Douzinas, 2009: 138). E, se não bastasse o apoio na aquisição de arsenal bélico, Grã-Bretanha e Estados Unidos também comprometeram-se com o treinamento das tropas desses países (Timor Leste e Indonésia).

Nesse contexto, Douzinas (2009: 138) faz referência à postura adotada pelo governo britânico e pelo governo norte-americano, que evidencia a verdadeira natureza da intervenção em nome da defesa dos direitos humanos e confirma que o comércio e a expansão do mercado se constituem nos mecanismos que acionam a intervenção em nome da defesa dos ideais dos direitos humanos. Boaventura de Sousa Santos (2004: 252) refere que em muitos momentos da história a avaliação a respeito da intervenção sob os auspícios dos direitos humanos é realizada por meio da duplicidade de valores, o que resulta no fato de que o discurso dos direitos humanos muitas vezes serve para encobrir atrocidades (o autor traz o exemplo da manipulação da temática dos direitos humanos nos EUA – pelos meios de comunicação social – no caso da ocultação total das notícias sobre o trágico genocídio do povo maubere em Timor Leste, que caracterizaria uma "política de invisibilidade" dos direitos humanos, e que teria o propósito de facilitar a continuação do próspero comércio dos Estados Unidos e da União Europeia com a Indonésia).

5. Direitos humanos e a metáfora das janelas

A conformação atual dos direitos humanos parece inviabilizar a concretização do ideal universalista dos direitos humanos. Todavia, alguns autores (Jullien, 2009: 152; Panikkar, 2004: 217) procuram demonstrar que a argumentação sobre os direitos humanos não se esgota na constatação de que não são universais. Isto porque a natureza dos direitos humanos aponta para o seu caráter universal, pois representa um valor moral que por ser o fundamento, e não somente o princípio da ordem social, deve tornar-se universal. Mas, por outro lado, não é possível ignorar que a reivindicação de validade para os Direitos Humanos implica a crença de que a maioria dos povos do mundo esteja, hoje em dia, comprometida com esta ideia (Panikkar, 2004: 221).

Nesse sentido, João Arriscado Nunes (2004: 20) afirma que, para ser possível a extensão dos direitos humanos ao conjunto da humanidade, essa expansão deverá resultar de um processo que não poderá ignorar as diferenças culturais e de cosmologias para as quais o ser "humano" pode possuir significados diferentes. De fato, como observa Panikkar (2004: 209), os diferentes Estados e culturas efetivamente comprometer-se-ão com os direitos humanos quando forem edificadas bases comuns entre duas culturas, ou seja, quando for construída uma linguagem mutuamente compreensível entre as culturas, que assegure a convivência complementar entre essas duas escrituras. O autor sugere um paradigma, baseado em valores a serem partilhados pelas diferentes culturas, ao comparar os direitos humanos com janelas.

> Os Direitos Humanos são uma janela através da qual uma cultura determinada concebe uma ordem humana justa para seus indivíduos, mas os que vivem naquela cultura não enxergam a janela; para isso precisam da ajuda de outra cultura, que por sua vez, enxerga através de outra janela. Eu creio que a paisagem humana vista através de uma janela é, a um só tempo, semelhante e diferente da visão de outra. Se for este o caso, deveríamos estilhaçar a janela e transformar os diversos portais em uma única abertura, com o consequente risco de colapso estrutural, ou deveríamos antes ampliar os pontos de vista tanto quanto possível e, acima de tudo, tornar as pessoas cientes de que existe, e deve existir, uma pluralidade de janelas? A última opção favoreceria um pluralismo saudável (Panikkar, 2004: 210).

A partir da metáfora das janelas, Panikkar pretende demonstrar a incompletude de cada cultura, uma vez que a paisagem humana observada através de uma janela é, a um só tempo, semelhante e diferente da visão de outra janela (Panikkar, 2004: 210). O reconhecimento da incompletude das culturas não só não impede o diálogo com outras culturas, como constitui uma das condições que o tornam possível, logo, é através de uma vinculação mútua feita de tensões – e alimentada por uma dinâmica e um diálogo intercultural – que se define o humano e os direitos humanos (Arriscado Nunes, 2004: 21-22).

Arriscado Nunes (2004: 21) explica que se forem consideradas as noções de humano e de dignidade humana como concepções mais abrangentes, que existem em todas as culturas, será possível reconhecer não só os limites das diferentes concepções, como procurar os modos de mutuamente as enriquecer. É necessário, portanto, que haja um diálogo intercultural, sem sujeição ou subordinação de uma cultura à outra. É preciso que sejam traçadas linhas que interliguem os valores entre as diferentes culturas, para que haja uma correspondência de valores. O autor observa que é necessário o envolvimento mútuo entre as diferentes culturas – o que caracteriza um multiculturalismo progressista – para que possa ocorrer a ampliação do âmbito dos direitos humanos, de modo a reconhecer as diferenças e a procurar as compatibilidades e isomorfismos de preocupações e de concepções (Arriscado Nunes, 2004: 22).

A fim de superar as dificuldades impostas à universalidade dos direitos humanos, diferentes autores propõem uma política cosmopolita dos direitos humanos (Arriscado Nunes, 2004: 26). Essa política de direitos humanos calcada em um novo cosmopolitismo requer, de um lado, a ampliação das concepções desses direitos de maneira a evitar imposições e rejeições etnocêntricas. E de outro lado, impõe a necessidade de articular as exigências de liberdade, igualdade e solidariedade, de participação, reconhecimento e redistribuição. Um dos pressupostos de uma política cosmopolita dos direitos humanos deverá ser, portanto, o reconhecimento dos diferentes modos de conceber o humano a partir das suas conexões, vinculações e identificações com territórios, memórias, histórias, pertenças sociais, a fim de que seja forjado o sentido das relações entre os seres humanos e o mundo.

Sob essas bases, uma política cosmopolita necessitará identificar as diferentes formas de discriminação e opressão que acarretam violações dos direitos humanos, bem como, deverá ser capaz de assegurar o reconhecimento e a denúncia de todas as formas de opressão, exclusões, perseguições, marginalizações e discriminações fundadas na nacionalidade, na classe, na etnia, na raça, na orientação sexual, na opinião ou na religião.

Boaventura de Sousa Santos (2004: 250) argumenta que para poderem operar como forma de cosmopolitismo, os direitos humanos deverão ser nominados como multiculturais, uma vez que a concepção atual dos direitos humanos (que os caracteriza como direitos universais) tem conduzido à utilização dos direitos humanos como instrumento do "choque de civilizações", ou seja, como arma do Ocidente contra o resto do mundo.

Ainda, a formulação de bases (ou critérios) comuns a todos os povos requererá a superação da dicotomia entre práticas culturais específicas e direitos humanos. A superação dessa dicotomia entre práticas culturais diferentes e os direitos humanos somente poderá ser superada na medida em que se possam encontrar critérios lógico-racionais, comuns a todas as culturas e que sirvam de referencial universal para todas as legislações (Barretto, 2010: 239-240). Nessa linha de raciocínio, François Jullien (2009: 147) argumenta que a pretensão à universalidade dos direitos humanos precisa ser defendida a partir de um ponto de vista lógico.

Jullien vai além dos autores que propõe uma política cosmopolita, que busca homeomorfismos entre as culturas a fim de sedimentar um solo homogêneo para a expansão e o efetivo respeito aos direitos humanos, ao tratar de um patamar universal para os direitos humanos, pensado sob uma perspectiva lógica, que seja efetivamente incondicional em todas as culturas. Embora os direitos humanos tenham sido proclamados, em um primeiro momento, como um dever-se universal, condicionado a um contexto histórico particular, fruto da concepção de direito desenvolvida no Ocidente a partir do limiar da época moderna, que implicou o surgimento dos direitos subjetivos e elevou a liberdade do agir do homem à categoria de direito natural fonte dos demais direitos, não é possível sustentar que o propósito dos direitos humanos não carregue em si pressupostos inteligíveis e incorporados em todas as culturas (Jullien, 2009: 139).

Mesmo que algumas culturas, como é o caso da cultura islâmica e da indiana, não compreendam um princípio de autonomia individual e, portanto, não consigam vislumbrar o ideal de liberdade – implícito nos direitos humanos contemporaneamente configurados – como necessário para a regulação da vida social, uma vez que suas sociedades são guiadas pela ideia de harmonia – que proporciona a coesão das coisas e a ordenação coerente dessas culturas –, mesmo diante de ideias tão diferentes, estas culturas também partilham a noção de senso comum do humano (Jullien, 2009: 141).

6. Considerações finais

Os direitos humanos, ao invés de terem seu conceito atenuado por acomodações que os tornem transculturalmente aceitáveis – o que pode conduzir à diluição do conceito em noções de contornos indefinidos e à perda de seu rigor –, requerem uma justificação lógica. Essa justificação lógica, despida de qualquer fundamento ideológico, implica as ideias de operatividade e radicalidade. O *status* de abstração que envolve a teoria dos direitos humanos garante que tais direitos seja um objeto privilegiado pelo diálogo, tornando-os intelectualmente manipuláveis e comodamente identificáveis e transferíveis entre as culturas. No que concerne à radicalidade imbricada no conceito de direitos humanos, esta se encontra relacionada com o fato de que a noção de direitos humanos se apodera do humano no estágio mais elementar, mais especificamente, no momento em que o ser humano nasce. Ou seja, o que se visa não é tanto o indivíduo como construção ideológica, pois não há, nos direitos humanos, um genitivo possessivo – que busca tão somente dizer que tais direitos pertencem ao homem –, mas há, sim, um caráter partitivo envolvido no conceito de direitos humanos, pois a partir do momento em que o homem passa a existir, surge, *a priori*, um dever-ser imprescritível de protegê-lo (Jullien, 2009: 147-148).

Nesse sentido, as recentes mobilizações pela paz e pela proteção dos direitos humanos são impulsionadas por uma afirmação comum de um dos direitos mais fundamentais, o direito à vida humana (que traz em seu bojo esse senso comum do humano). Assim, as múltiplas intervenções e ações de diferentes movimentos sociais e políticos nas diferentes partes do globo contra as penas de morte, pela eliminação de armas, pela denúncia das formas mais diversas de opressão e de discriminação expressam a vontade da defesa do ser humano e da sua dignidade, sendo que esta vontade de proteção do *humano* não é vinculada a uma cultura específica, uma vez que estas forças que protagonizam um novo cosmopolitismo e que corroboram a proteção do *ser humano* estão presentes em todos os meios culturais e sociais indistintamente. A universalidade do conceito de direitos humanos decorre, portanto, da constatação de que os direitos humanos servem para proteger cada ser humano, em sua individualidade, pelo simples fato de *ter nascido*. Desse modo, o simples fato de ter nascido é o símbolo universal sobre o qual os diretos humanos estão fundamentados, e essa afirmação de sua universalidade perpassa todas as culturas (Panikkar, 2004: 227).

Essa capacidade universalizante dos direitos humanos também se relaciona com o alcance negativo destes direitos, ou seja, *contra o que* os direitos humanos se formaram historicamente. Sob o ponto de vista da extensão positiva, os direitos humanos são contestáveis, por serem incapazes de ensinar modos de vida universalmente aceitos, uma vez que estes valores jamais são despidos de uma ideologia e jamais se desvinculam do contexto no qual foram pensados. Por outro lado, da perspectiva da sua extensão negativa, os direitos humanos são uma ferramenta inigualável para dizer "não" e protestar, para dar um basta ao inaceitável e calcar-se como uma resistência às opressões de todos os gêneros (Jullien, 2009: 148 e 2001:9).

A dificuldade, portanto, de se proclamar o conceito positivo dos direitos humanos é que pode acabar se revelando como um cavalo de Troia, haja vista que sendo introduzidos de maneira positiva em outras culturas, os direitos humanos, de forma sub-reptícia, irão obrigar as demais culturas aceitarem as formas de vida e de pensamento implícitas à cultura que forjou este conceito positivo, no caso, a cultura ocidental (Panikkar, 2004: 223). Nesse sentido, verificamos que os direitos humanos têm sido cada vez mais apoiados pelas diferentes culturas e tradições, não por representarem o fruto de determinada cultura (a ocidental), mas, sim, por refletirem uma concepção (ou um ideal) de justiça que está presente em todos os povos e que expressa a sua extensão negativa. Os direitos humanos, portanto, almejam abrigar e proteger a existência e o exercício das diferentes capacidades do ser humano, em razão desse dever-ser imprescritível que decorre da simples existência do ser humano e impede que a vida deste ser, em suas diversas dimensões, seja aviltada.

O caráter universal que habita os direitos humanos, e sem o qual eles não são, carrega em seu bojo essa negatividade que, ao mesmo tempo, faz com que os direitos humanos tornem-se uma ferramenta indefinidamente reconfigurável e transculturalmente sem limites, uma vez que a noção de direitos humanos erige-se como um protesto que serve para defender o *ser nascido* em qualquer contexto cultural (Jullien, 2009: 148). Essa vertente negativa dos direitos humanos, despida de fundamentação ideológica, exprime de maneira exemplar essa universalidade da recusa que está presente nos direitos humanos e que faz com que os direitos humanos sejam invocados em distintos ambientes culturais, não por representarem uma manifestação de apoio à cultura ocidental, mas por configurarem um último argumento, ou um último instrumento, de recusa ao aviltamento do ser humano.

Logo, os direitos humanos, vistos através dessa perspectiva negativa, parecem efetivamente terem galgado o posto de *incondicional*, haja vista que, em última análise, servem para proteger esse senso comum do humano, que é partilhado, de uma maneira ou de outra, por todas as culturas e tradições (Jullien, 2009: 149). Isto pode ser constatado através de inúmeros exemplos, mas atendo-nos ao caso dos países islâmicos, verificamos que estes países têm buscado criar a sua própria legislação referente aos direitos humanos com base em seus preceitos e, não, com fundamento em valores do Ocidente. A Declaração Islâmica Universal de Direitos Humanos de 1981 (Declaração Islâmica, 1981), por exemplo, representa significativo avanço islâmico na proteção dos direitos humanos. Através das pressões exercidas por movimentos de crítica interna da própria sociedade islâmica, que se mobilizaram contra as práticas de penas degradantes – vemos aí, o alcance negativo dos direitos humanos –, os governos e os movimentos religiosos têm, de modo gradual, tomado consciência deste senso comum do humano que norteia os direitos humanos e, que, rechaça práticas que violem o ser humano e a sua dignidade (Barretto, 2010: 241).

A análise do caráter universal dos direitos humanos requer, portanto, que os direitos humanos não sejam vistos como detentores de uma universalidade existente desde sempre, como por uma espécie de imanência conceitual. Em verdade, o universal dos direitos humanos é algo que não está conceitualmente fechado e, desse modo, não pode ser exportado de uma cultura (a ocidental) para as demais; o universal precisa ser visto como em curso, em processo, e não concluído. A propósito, esta capacidade universalizante dos direitos humanos (em curso, em processo) é que incita ou expõe o universal, ou seja, põe em ação o princípio regulador dos direitos humanos, que é efetivamente transcendental. O que significa dizer que os direitos humanos não são em si mesmos universais (e o surgimento desses direitos no seio da civilização ocidental mostra isso), mas que sua falta ou ausência faz emergir claramente o universal do humano em todas as culturas, que em nome dos direitos humanos buscam proteção contra atrocidades e opressões. Resulta, então, a ideia de que os direitos humanos existem como um princípio regulador incondicional e estritamente funcional – e não nocional ou constitutivo – do universal (Jullien, 2009: 150-151).

A ideia de que os direitos humanos possuem um caráter universalizante – e não universalizável, como veremos – faz com que tais direitos sejam da ordem do operatório (ou prático), e não da ordem do saber (do teórico); desse modo, por possuírem esse caráter universalizante, os direitos humanos são convocados a intervir em toda situação dada, sendo que sua extensão não implica a existência de uma natureza ideológica na qual eles sejam obrigados a buscar os seus fundamentos, mas é entendida negativamente, através da experiência, como aquilo que apenas a sua falta desvenda inesperadamente, aquele *a priori* ou incondicionado, que é da ordem do protesto, da resistência contra as diversificadas formas de opressão (Jullien, 2009: 151). O universalizável, por sua vez, aspira à universalidade como um enunciado de verdade e se arroga na condição de um poder-ser, atribuindo-se a capacidade de ser compreendido em todas as culturas em razão de ter sido formulado sob bases puramente teóricas. Por vestir tal roupagem, o universalizável enfrenta problemas de legitimidade. O que não ocorre com o universalizante que não aspira, mas faz, e que não é formulado em um plano teórico, mas sim, surge no contexto prático como uma ferramenta negativa incondicional de defesa dos direitos humanos, e que pode ser afirmado *a priori* como transculturalmente partilhado, pois o universalizante dos direitos humanos está relacionado com aquela essência do senso comum humano (Jullien, 2009: 152).

A universalidade dos direitos humanos será possível, desse modo, se forem traçados laços comuns entre as diferentes culturas, não laços que busquem transliterar direitos etnocêntricos para as demais culturas, mas laços que almejem elevar os direitos humanos a um patamar comum moral e jurídico universal, servindo o conceito de direitos humanos, desse modo, como um último recurso às opressões e totalidades ainda existentes na sociedade multicultural.

A fundação dessa natureza comum da Razão, que complementará e tornará viável o propósito universal dos direitos humanos, não poderá recorrer à complementaridade das culturas, uma vez que há o risco desta reconciliação resultar no produto exclusivo de uma cultura e, assim, gerar um comum artificial e ilegítimo. Além disso, o comum não poderá valer-se de recortes entre as culturas, pois o comum engendrado através de recortes culturais corre o risco de ser superficial e de nunca encontrar um lugar efetivamente *comum* entre as culturas (Jullien, 2009: 161). O comum da humanidade precisará ser abordado não mais sob a perspectiva das coerções normativas, mas a título de *capacidade* derivando de um poder das faculdades, isto é, a título de um poder-ser indefinidamente partilhável, e no âmbito de uma comum inteligência. O comum necessita estar sempre aberto, pois somente assim será capaz de fornecer as bases de uma sociedade multicultural; o comum não pode residir em regras ou normas às quais aceitaríamos prontamente acatar; o comum humano constitui um fundo no sentido de possível a explorar e, por isso ele caracteriza-se por esse algo indefinidamente partilhável, que se realiza no âmbito de uma comum inteligência humana (Jullien, 2009: 172-173).

O comum, da mesma forma que o universal, precisa ser considerado em marcha, *em curso*, pois a própria Humanidade está em marcha, e sua inteligência encontra-se igualmente neste processo. Da mesma forma que o universal e o universalizante, o comum também possui este poder incessante de gerar o inteligível, mas não um inteligível do ponto de vista constitutivo, ou seja, como uma precondição, mas a título de regulador, isto é, a título de um processo jamais consumado, que busca sempre aprimorar-se a fim de efetivamente conduzir à partilha do conceito de direitos humanos por todas as culturas que fazem parte da sociedade global multicultural (Jullien, 2009: 174). A questão da *inteligibilidade das culturas* parece ser o caminho menos tortuoso para se alcançar o comum da humanidade, pois se pensarmos, por exemplo, a busca pelo comum através da relação das culturas a partir dos seus valores, constatamos, de plano, que os valores são inegociáveis, dessa forma, sempre que a discussão calcar-se nos valores que deverão ou não ser partilhados cairemos na relação de forças entre as culturas (Jullien, 2009: 177). Na realidade, não existem valores transculturais, pelo simples fato de que um valor existe como tal apenas em um dado contexto cultural, contudo, o que pode existir é uma crítica intercultural, que tentará compreender e criticar um problema humano específico com as ferramentas de compreensão das diferentes culturas envolvidas – mas este tema será discutido mais adiante – (Panikkar, 2004: 221). Além disso, há que ser considerada a defasagem das culturas a partir da análise das distintas línguas, pois conceitos arraigados em uma língua na maioria das vezes não são efetivamente compreendidos em outros contextos culturais, ou, até mesmo, são compreendidos, porém, são irrelevantes, pois na conjuntura da língua receptora aqueles signos e conceitos podem não representar algo significativo, podem, inclusive, serem despidos de qualquer significado.

É possível, então, considerar os direitos humanos como um patamar comum moral e jurídico universal se a negociação de valores entre as culturas sempre conduz a um conflito de interesses e a defasagem das culturas conduz à dificuldade de comunicação de conceitos entre as culturas? Na realidade, as defasagens entre as culturas – que desvelam a impossibilidade de sonharmos com uma cultura única – devem ser consideradas como *recursos* para o pensamento. Mas o que pode ser feito para que se tente resolver esta defasagem, uma vez que, se as culturas permanecerem em total dissonância de pensamentos, os direitos humanos não servirão como um baluarte ao mesmo tempo comum e universal à sociedade? O melhor recurso a ser utilizado parece ser o diálogo entre as culturas.

Esse diálogo entre as culturas será possível na medida em que as culturas possam estabelecer entre si uma comunicabilidade *inteligível*, que as recoloque num "canteiro de obras", incluindo a ocidental, a fim de que, através deste diálogo, possam realizar a *autorreflexão* do humano (Jullien, 2009: 202). A questão do diálogo parece trazer à cena o paradoxo das diferenças linguísticas, mas este, na realidade, não parece efetivamente constituir um dilema, pois uma cultura apenas poderá comunicar-se através de sua língua (ou como explicava Panikkar na metáfora das janelas, através de sua janela). Esse diálogo, que se fundará na inteligibilidade da comunicação das culturas, irá requerer que as culturas se *traduzam* umas às outras e busquem realizar a autorreflexão sobre o humano. Somente, assim, poderão abrir-se os caminhos para a universalidade dos direitos humanos. A tradução intercultural será o mecanismo exemplar da operatividade lógica do diálogo, pois obriga a reelaboração dos conceitos traduzidos de cada cultura, o que implica reconsiderar os seus valores implícitos, culturalmente pré-compreendidos, para tornar a cultura receptora disponível e aberta à eventualidade de outro sentido, ou pelo menos de um sentido captado em outras ramificações culturais. Portanto, através das mútuas traduções linguísticas, as culturas precisarão demonstrar a flexibilidade necessária para incorporar outras experiências humanas, sendo que apenas dessa maneira o diálogo translocal será fecundo e possibilitará o enriquecimento mútuo das culturas (Panikkar, 2004: 225).

Este diálogo entre as culturas necessitará abordar, inelutavelmente, o *senso comum do humano*, que representa a essência dos direitos humanos que, por sua vez, configuram-se, em última análise, como ferramenta última de resistência ao aviltamento do *ser nascido*. Através da autorreflexão sobre natureza do humano buscar-se-á romper com a uniformidade, que implica a concepção de que os direitos humanos refletem, tão somente, interesses e valores da cultura ocidental. A desconstrução do mito de que os direitos humanos representam direitos etnocêntricos, ou seja, direitos ideologicamente ocidentais, requer o reconhecimento das incompletudes mútuas das culturas. O reconhecimento das incompletudes mútuas das culturas – inclusive das incompletudes da cultura ocidental – é condição *sine qua* de um diálogo intercultural, sendo que este diálogo deverá calcar-se tanto na identificação local como na inteligibilidade translocal das incompletudes culturais (Sousa Santos, 2004: 260). Uma nova política cosmopolita dos direitos humanos, ou seja, um novo cosmopolitismo – que estabelecerá as bases de uma concepção multicultural dos direitos humanos – precisará, portanto, ser capaz de tornar mutuamente inteligíveis e traduzíveis as diferentes formas de proteção do humano no diálogo entre as diferentes línguas.

Portanto, para poderem operar como forma de cosmopolitismo, os direitos humanos terão que ser enxergados pelas distintas culturas como multiculturais (Sousa Santos, 2004: 250), o que só será viável através da articulação do diálogo intercultural (ou transcultural) que possibilitará o surgimento de uma "concepção mestiça de direitos humanos", que, em vez de recorrer a falsos universalismos, reunirá diversos sentidos locais, mutuamente inteligíveis, que representarão uma rede de referências normativas para todos os povos (Sousa Santos, 2004: 255; Barretto, 2010: 260). Dessa maneira, o repensar do humano através do diálogo entre as culturas ensejará a construção de um plural jamais imobilizado, o das múltiplas culturas como traços marcadores de humanidade (Jullien, 2009: 210), o que fará com que os direitos humanos possam servir como patamar comum moral e jurídico universal para a sociedade multicultural na defesa e na proteção do *ser humano* em todas as suas dimensões e no combate a todas as formas de opressão e de aviltamento da pessoa humana.

Referências

ALVES, José Augusto Lindgren. A declaração dos direitos humanos na pós-modernidade. In.: BOUCAULT, Carlos Eduardo de Abreu; ARAUJO, Nadia de (Org.). *Os direitos humanos e o direito internacional*. Rio de Janeiro: Renovar, 1999. p. 139-166.

ALVES, José Augusto Lindgren. O onze de setembro e os direitos humanos. *Impulso*, Piracicaba, v.14, n. 33, p. 135-150, 2003.

ARRISCADO NUNES, João. Um novo cosmopolitismo? Reconfigurando os direitos humanos. In.: BALDI, César Augusto (Org.). *Direitos Humanos na sociedade cosmopolita*. Rio de Janeiro: Renovar, 2004. p. 15-33.

BARRETTO, Vicente de Paulo. Multiculturalismo e direitos humanos: um conflito insolúvel? In.: BARRETTO, Vicente de Paulo, *O Fetiche dos Direitos Humanos e outros temas*. Rio de Janeiro: Lumens Juris, 2010.p. 235-261.

BIELEFELDT, Heiner. *Filosofia dos direitos humanos*: fundamentos de um ethos de liberdade universal. São Leopoldo: UNISINOS, 2000.

DECLARAÇÃO Islâmica Universal dos Direitos Humanos – 1981. Disponível em:<http://www.direitoshumanos.usp.br/index.php/Documentos-n%C3%A3o-Inseridos-nas-Delibera%C3%A7%C3%B5es-da-ONU/declaracao-islamica-universal-dos-direitos-humanos-1981.html>. Acesso em: 01 set. 2009.

DECLARAÇÃO Universal dos Direitos Humanos. Disponível em:<http://www.onu-brasil.org.br/documentos_direitoshumanos.php>. Acesso em: 5 set. 2009.

DOUZINAS, Costas. *O fim dos direitos humanos*. São Leopoldo: UNISINOS, 2009.

JULLIEN, François. O diálogo entre as culturas: Do universal ao multiculturalismo. Rio de Janeiro: Jorge Zahar, 2009.

——. Fundar a moral. Diálogo de Mêncio com um filósofo das luzes. São Paulo: Discurso Editorial. 2001

MAYER, Ann Elizabeth. *Islam Tradition and Politics Human Rights*. 2nd. ed. London: Pinter, 1997.

MÖLLER, Josué Emilio. A fundamentação ético-política dos direitos humanos. Curitiba: Juruá, 2006.

ONG denuncia três mortes por tortura em prisões da China. *Folha Online*. Disponível em: <http://www1.folha.uol.com.br/folha/mundo/ult94u634560.shtml> Acesso em: 08 out. 2009.

PANIKKAR, Raimundo. Seria a noção de direitos humanos um conceito ocidental? In.: BALDI, César Augusto (Org.). *Direitos Humanos na sociedade cosmopolita*. Rio de Janeiro: Renovar, 2004, p. 205-238.

SARLET, Ingo Wolfgang. *A eficácia dos direitos fundamentais*. 8. ed. Porto Alegre: Livraria do Advogado, 2007.

SOUSA SANTOS, Boaventura de. Por uma concepção multicultural de Direitos Humanos. In.: BALDI, César Augusto (Org.). *Direitos Humanos na sociedade cosmopolita*. Rio de Janeiro: Renovar, 2004. p. 239-277.

— XV —

Os avanços nanotecnológicos e a (necessária) revisão da Teoria do Fato Jurídico de Pontes de Miranda: compatibilizando "riscos" com o "direito à informação" por meio do alargamento da noção de "suporte fático"[1]

WILSON ENGELMANN[2]

Sumário: 1. Os desafios e as possibilidades nanotecnológicas:construindo os aspectos introdutórios; 2. A revisão da Teoria do Fato Jurídico de Pontes de Miranda: o "suporte fático", a lei e as demais Fontes do Direito; 3. Antes de consumir, o ser humano deverá ser capacitado: o "direito à informação" e o "dever de informação" como exemplos privilegiados para o exercício do diálogo (hermenêutico) entre as Fontes do Direito e a revisão da noção de "suporte fático" pontesiano; Considerações finais; Referências.

1. Os desafios e as possibilidades nanotecnológicas: construindo os aspectos introdutórios

O termo "nanotecnologia" tem despertado controvérsias acerca das medidas que devem ser consideradas para a categorização de um produto ou processo que esteja sendo trabalhado na nanoescala. Adota-

---

[1] Resultado parcial relacionado aos seguintes projetos de pesquisa coordenados pelo autor: a) "Nanotecnologias aplicadas aos alimentos e aos biocombustíveis: reconhecendo os elementos essenciais para o desenvolvimento de indicadores de risco e de marcos regulatórios que resguardem a saúde e o ambiente (Rede Nanobiotec-Brasil/CAPES)"; b) "As Nanotecnologias e o Direito: os Direitos Humanos como condição de possibilidade à regulamentação jurídica dentro de um cenário marcado pelo (novo) conceito de inovação (CNPq – Edital 014/2010 – Universal)" e c) Os Direitos Humanos e o "fascínio da criatividade": em busca de justificativas éticas para a regulamentação das pesquisas e dos resultados com o emprego das nanotecnologias (UNISINOS).

[2] Doutor e Mestre em Direito Público pelo Programa de Pós-Graduação em Direito (Mestrado e Doutorado) da UNISINOS/RS/Brasil; Professor deste mesmo Programa das atividades: "Transformações Jurídicas das Relações Privadas" (Mestrado) e "Os Desafios das Transformações Contemporâneas do Direito Privado" (Doutorado); Professor do Mestrado Profissional em Gestão e Negócios da UNISINOS; Professor de Metodologia da Pesquisa Jurídica em diversos Cursos de Especialização em Direito da UNISINOS; Professor de Teoria Geral do Direito e Introdução ao Estudo do Direito do Curso de Graduação em Direito da UNISINOS; Líder do Grupo de Pesquisa *JUSNANO* (CNPq); Advogado. e-mail: wengelmann@unisinos.br

se, para os fins deste artigo, a definição desenvolvida pelo ISO TC 229,[3] onde se verificam duas características fundamentais:[4] a) produtos ou processos que estejam tipicamente, mas não exclusivamente, abaixo de 100nm (cem nanômetros); b) nesta escala, as propriedades físico-químicas são diferentes dos produtos ou processos que estejam em escalas maiores.[5]

Aí se tem um aspecto muito interessante: na escala nano, o comportamento dos átomos e moléculas diferem, produzindo reações muitas vezes desconhecidas. Portanto, a criatividade humana, ao trabalhar nesta escala, deverá observar e controlar uma advertência de Richard Feynman, o que acaba sendo um limite para a atividade do cientista: não se deverá combinar átomos e moléculas de modo que eles fiquem quimicamente instáveis.[6] Com isso, se tem um limite para a criatividade humana.

No mercado já existem diversos produtos fabricados a partir das nanotecnologias, como nos protetores solares, calçados esportivos, telefones celulares, tecidos, cosméticos, automóveis e medicamentos, entre outros. Além desses produtos, a nanoescala também se encontra presente em diversos setores, como: energia, agropecuária, tratamento e remediação de água, cerâmica e revestimentos, materiais compostos, plásticos e polímeros, cosméticos, aeroespacial, naval e automotivo, siderurgia, odontológico, têxtil, cimento e concreto, microeletrônica, diagnóstico e prevenção de

---

[3] "Nanotechnology Standardization in the field of nanotechnologies that includes either or both of the following: 1.Understanding and control of matter and processes at the nanoscale, *typically, but not exclusively, below 100 nanometers* in one or more dimensions where the onset of size-dependent phenomena usually enables novel application; 2.Utilizing *the properties of nanoscale materials that differ from the properties* of individual atoms, molecules, and bulk matter, to create improved materials, devices, and systems that exploit these new properties". Disponível em: http://www.iso.org/iso/standards_development/technical_committees/list_of_iso_technical_committees/iso_technical_committee.htm?commid=381983 Acesso em 03/09/2011. O grifo não está no original.

[4] Este conceito também é adotado pelo Fórum de Competitividade em Nanotecnologia, organizado pelo Ministério do Desenvolvimento, Indústria e Comércio Exterior, nos termos do material disponível em: http://www.mdic.gov.br//sitio/interna/interna.php?area=3&menu=2469 Acesso em 04/09/2011.

[5] a) *Nanoescala:* tamanho que compreende aproximadamente as medidas de 1 a 100 nanômetros. § 1°: "coisas" que não extrapolarem o tamanho máximo da nanoescala estarão muito provavelmente, mas não exclusivamente, compreendidas nessa escala. Para elas os limites de tamanho são considerados aproximados. § 2°: o limite mínimo nessa definição é introduzido para evitar com que grupos pequenos e únicos de átomos sejam designados como "nano-objetos" ou elementos nanoestruturados, o que poderia ocorrer com a ausência de um limite mínimo para a nanoescala. Estas definições integram um dos Grupos de Trabalho da TC 229, ou seja, ISO/TC229/JWG 1e Committee. Disponívelem: http://www.iso.org/iso/standards_development/technical_committees/list_of_iso_technical_committees/iso_technical_committee.htm?commid=381983 Acesso em 10/09/2011.

[6] FEYNMAN, Richard P. *There's Plenty of Room at the Bottom*: an Invitation to Enter a New Field of Physics. Palestra proferida em 29 de dezembro de 1959, por ocasião da Reunião Anual da Sociedade Americana de Física, no California Institute of Technology (Caltech). Disponível em: http://www.zyvex.com/nanotech/feynman.html Acesso em 08/09/2011.

doenças e sistemas para direcionamento de medicamentos.[7] Verifica-se, portanto, a justificativa da utilização do plural "nanotecnologias", pois são diversos setores, empregando variadas tecnologias, a partir da escala nanométrica.[8]

No setor automotivo, ganha destaque o biocombustível[9] que se mostra como uma alternativa para a crise mundial da energia vinculada ao petróleo. Estudos experimentais com nanopartículas de alumínio misturadas ao biocombustível têm aumentado o rendimento e reduzido a emissão de gases prejudiciais à saúde.[10]

Outro ramo muito interessante para as nanotecnologias é o setor de alimentos, incluindo embalagens inteligentes. Um estudo, cujo resultado ainda não disponível no mercado, relaciona-se às comprovações de biossensores encontradas na literatura para detectar a bactéria *Escherichia coli* e também a *Salmonella*, inseridos em embalagens de leite, naquelas que contenham salada pronta para comer e alertas para produtos que não podem ser armazenados por muito tempo. Além disso, as nanotecnologias aplicadas aos alimentos apresentam outras possibilidades promissoras tanto para a economia quanto à sociedade em geral, especialmente no controle de doenças e contaminações por bactérias, a geração de produtos com maior qualidade nutricional, entre outros aspectos.[11]

No gráfico a seguir reproduzido,[12] podem-se verificar as principais linhas de produtos que trazem alguma relação com a nanotecnologia:

---

[7] AGÊNCIA BRASILEIRA DE DESENVOLVIMENTO INDUSTRIAL – ABDI. *Estudo Prospectivo Nanotecnologia*. Brasília: ABDI, 2010. Série Cadernos da Indústria ABDI, vol. XX, p. 31.

[8] Sobre o tema, consultar: ENGELMANN, Wilson; FLORES, André Stringhi; WEYERMÜLLER, André Rafael. *Nanotecnologias, Marcos Regulatórios e Direito Ambiental*. Curitiba: Honoris Causa, 2010.

[9] As nanotecnologias poderão ser uma alternativa para impulsionar a produção de biocombustíveis que, apesar de muitas pesquisas, ainda não são comercialmente competitivos e os avanços necessários podem ser mais difíceis do que se pensava. BIELLO, David. A frágil promessa dos biocombustíveis. IN: *Scientific American Brasil*, São Paulo: Ediouro Duetto Editorial, n. 112, p. 51-7, set. 2011.

[10] BASHA, J. Sadhik e ANAND, R. B. Role of nanoadditive blended biodiesel emulsion fuel on the working characteristics of a diesel engine. IN: *Journal of Renewable and Sustainable Energy* 3, 023106, 2011.

[11] BUZBY, Jean C. Nanotechnology for Food Applications: more questions than answers. IN: *The Journal of Consumer Affairs*, vol. 44, n° 3, p. 528-45, 2010, p. 531 *et seq*.

[12] Fonte: PEN – The Project on Emerging Nanotechnologies. Disponível em: http://www.nanotech-project.org/inventories/consumer Acesso em 04/09/2011.

Gráfico 2: Produtos nanotecnológicos por setor

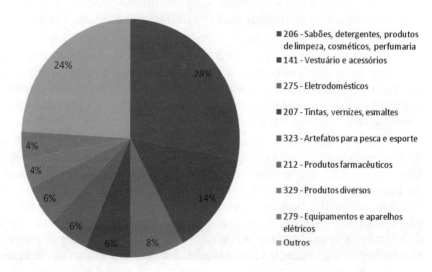

- 206 - Sabões, detergentes, produtos de limpeza, cosméticos, perfumaria
- 141 - Vestuário e acessórios
- 275 - Eletrodomésticos
- 207 - Tintas, vernizes, esmaltes
- 323 - Artefatos para pesca e esporte
- 212 - Produtos farmacêuticos
- 329 - Produtos diversos
- 279 - Equipamentos e aparelhos elétricos
- Outros

Os dados revelam que 28% dos produtos com nanotecnologia que estão disponíveis no mercado compreendem o grupo que será objeto de análise deste projeto: produtos de higiene pessoal, perfumarias e cosméticos. Este grupo representa, portanto, a principal fatia de produtos produzidos a partir das nanotecnologias no mercado. Como consequência, por meio deles, um maior número de consumidores está em contato com a escala nanométrica. Esses números apontam para a importância do direito à informação. Será que os consumidores sabem as propriedades nanotecnológicas dos produtos que estão consumindo? Tal aspecto será investigado mais adiante.

A quantidade de produtos está em ritmo crescente, assim como as tecnologias que operam na bilionésima parte do metro.[13] Paralelo a esse desenvolvimento, também crescem as preocupações sobre os riscos que as nanotecnologias poderão provocar, especialmente em relação aos trabalhadores, pela exposição a que são submetidos em seus ambientes operacionais. Por isso, o principal foco de preocupação deverá ser desenvolvido em relação ao meio ambiente, saúde e segurança: "os impactos nocivos e riscos potenciais à saúde humana e animal, ao meio ambiente e até em relação ao comportamento humano são ainda pouco conhecidos".[14] Para a avaliação desses aspectos, deverão ser aperfeiçoados e desenvolvidos

---

[13] Sobre o tema das nanotecnologias, consultar: ENGELMANN, Wilson. *Nanotechnology, Law and Innovation*. Saarbrücken, Deutschland: LAP Lambert Academic Publishing, 2011.

[14] AGÊNCIA BRASILEIRA DE DESENVOLVIMENTO INDUSTRIAL – ABDI. *Panorama Nanotecnologia*. Brasília: ABDI, 2010. Série Cadernos da Indústria ABDI, vol. XIX, p. 40.

testes, buscando identificar: "(i) suas propriedades físico-químicas; (ii) seu potencial de degradação e de acumulação no meio ambiente; (iii) sua toxicidade ambiental: e (iv) sua toxicidade com relação aos mamíferos".[15]

Tais aspectos estão relacionados à nanotoxicologia, cujos estudos ainda precisam avançar, a fim de trazer conclusões mais seguras e confiáveis. A incipiência destes estudos prejudica o exercício do direito à informação por parte do consumidor.[16] Neste particular, existe uma dificuldade que impossibilita a geração de informações adequadas: não há consenso na comunidade científica no tocante à metodologia. Para ilustrar, um grupo de pesquisadores da Universidade da Califórnia, dos Estados Unidos, em recente estudo sobre artigos científicos relacionados à nanotoxicologia confirma a precariedade dos estudos:[17] chama a atenção o número reduzido de publicações investigando os efeitos nanotoxicológicos dos produtos que são colocados no mercado, que representa a estreita faixa em vermelho, conforme mostra o quadro a seguir:

---

[15] AGÊNCIA BRASILEIRA DE DESENVOLVIMENTO INDUSTRIAL – ABDI. *Panorama Nanotecnologia*. Brasília: ABDI, 2010. Série Cadernos da Indústria ABDI, vol. XIX, p. 41.

[16] É necessário fazer a seguinte distinção: a) nanopartículas não engenheiradas ou material nanocópico: é a existência da nanoescala na natureza, por exemplo: a poeira vulcânica, o sal marinho e as gotículas de água; b) nanomateriais manufaturados: representam a criação/produção de objetos na escala que varia de 1 a 100 nanômetros. Neles é que deverá estar o foco de atenção. Alguns nanomateriais manufaturados e seus possíveis efeitos: *Nanopartículas* – podem provocar reações de inflamação nos tecidos do corpo; *Nanopartículas de carbono* – podem penetrar no cérebro pela mucosa do nariz; *Nanopartículas de prata, de dióxido de titânio, de zinco e de óxido de zinco* – usadas em suplementos nutricionais, embalagens para alimentos e materiais que entram em contato com alimentos, apresentaram alta toxicidade para células em estudos feitos em tubos de ensaio. Testes de laboratório também mostraram que nanopartículas de óxidos de metais podem penetrar nas células e danificar o DNA; *Nanocompostos* – podem chegar à corrente sanguínea por inalação ou ingestão, e alguns podem penetrar pela pele. São capazes de atravessar membranas biológicas e atingir células, tecidos e órgãos que partículas maiores não conseguem. Podem flutuar no ar, viajando por grandes distâncias. Como na sua maioria são novos compostos, que não existem na natureza, os danos ainda não podem ser avaliados. É possível que eles se acumulem na cadeia alimentar da mesma forma que os metais pesados; *Fulerenos de carbono* – podem, rapidamente, causar danos cerebrais em peixes; interferem na coagulação do sangue em coelhos; um teste com ratos mostrou comportamento de amnésia nos animais expostos. Em testes *in vitro*, mostrou que apenas 1 hora depois, os fulerenos foram capazes de aumentar a oxidação em tecidos expostos. Por apresentarem grande área superficial, são altamente reativos e podem formar radicais livres; *Nanotubos de carbono* – são solúveis na água e, portanto, podem ser ingeridos. Estudos mostram que eles se comportam como as fibras de asbesto (ou amianto). Na Austrália, Reino Unido e Suíça há solicitação de cientistas e seguradoras para aplicar o princípio da precaução no manejo desses nanotubos, devido aos riscos à saúde. CENTRO ECOLÓGICO. *Nanotecnologia: a manipulação do invisível*. Disponível em: http://www.boell-latinoamerica.org/downloads/RevistaNanotecnologia.pdf Acesso em 11/09/2011. Apesar da existência do princípio da precaução e de todos estes prováveis efeitos negativos e perigosos, os consumidores estão recebendo um crescente número de itens para o consumo. Mais do que em nenhum outro momento, o direito à informação e o dever de informação ganham importância, além da revisão dos institutos tradicionais do Direito, dado o ineditismo das situações que estão sendo geradas, as quais implicam no nascimento de direitos e deveres dificilmente enquadráveis no suporte fático dos institutos regulamentados atualmente.

[17] OSTROWSKI, Alexis D.; MARTIN, Tyronne; CONTI, Joseph; HURT, Indy; HARTHORN, Barbara Herr. Nanotoxicology: characterizing the scientific literature, 2000–2007. *J Nanopart Res* (2009) 11:251–257, DOI 10.1007/s11051-008-9579-5.

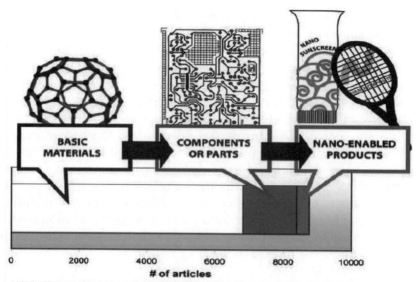

* Basic material research is assigned to categories like "inorganic materials" and "particle phenomena".
Components are articles that are categoriezed as substances in a specific environment or processes.
Products are those categories such as "food" and "materials and products".
Some articles are placed in multiple categories.

A maior parte das publicações científicas circunscreve-se aos estudos nanotoxicológicos das partes utilizadas na fabricação dos produtos. Já as investigações relacionadas aos produtos acabados são muito restritas. E isso é um sinal de alerta e preocupação, pois a partir do momento em que o processo produtivo é concluído, e o produto colocado à venda no mercado sofre processos de interação totalmente novos daqueles a que estava submetido até o momento. Além disso, é a partir desse momento que o direito e o dever à/de informação ganha projeção fundamental. É justamente neste momento em que o consumidor é colocado em contato com os efeitos – positivos e negativos – dos produtos nanotecnológicos, isto é, nanomateriais manufaturados. Apesar disso, é o momento que ainda ganha menos importância das investigações científicas. Por isso, verifica-se que o "direito à informação" e o "dever de prestar a informação" estão sendo negligenciados, inclusive pelo Direito. Aí se abre um espaço decisivo para a área jurídica, desdobrada em dois caminhos: a regulamentação dessas novidades científicas, fazendo valer o princípio da precaução de modo criativo e responsável; ou a revisão dos institutos tradicionais do Direito, dentre eles, como se verá, a noção e a abrangência do "suporte fático", a fim de permitir a juridicização das novidades e a eficácia às cláusulas gerais e os conceitos jurídicos indeterminados que estão dispersas em diversos textos legais.

Ao lado desses aspectos, pode-se constatar segundo o panorama desenhado pela ABDI, que as nanotecnologias tornarão "processos de produção mais baratos, menos agressivos ao meio ambiente e de menor consumo de energia, além de oferecer produtos mais funcionais e de maior valor agregado".[18]

No entanto, estudos recentes apresentam gargalos a serem vencidos. No Brasil, podem ser apontados os seguintes condicionantes para que as nanotecnologias efetivamente venham a promover o crescimento e o desenvolvimento, alguns deles relacionados ao tema do projeto, isto é, o "direito à informação" e o "dever de informação": educação em todos os níveis e informação; infraestrutura laboratorial; insumos básicos para pesquisa e desenvolvimento; lançamento de produtos com características únicas impulsionando novas indústrias; regulamentação técnica e metrologia vinculadas às nanotecnologias; nanoética (legislação, avaliação do risco institucionalizado, valores em relação ao uso das nanotecnologias); difusão científica; parcerias público-privadas; percepção da sociedade quanto ao valor das nanotecnologias; entre outros fatores.[19] É nesse cenário que se projetará a inovação no/do Direito, objetivando a sua manutenção enquanto área de conhecimento e evitando a concretização do prognóstico de Paolo Grossi, ou seja, "o processo de involução do Direito":

> A lei é um comando, um comando com autoridade e autoritário, um comando geral, um comando indiscutível, com sua vocação essencial de ser silenciosamente obedecido; [...] a sua propensão é a de se consolidar em um texto, a encerrar-se num texto escrito em que qualquer um possa lê-lo para depois obedecê-lo, em um texto que é pela sua natureza fechado e imóvel, que logo se tornará empoeirado e, com relação à vida que continua a fluir rapidamente em volta, também envelhecido. Mas o poder persistirá em se fazer forte naquele texto com o auxílio dos juristas servis que persistirão na sua liturgia sobre o texto.[20]

O positivismo jurídico, especialmente na sua vertente legalista, ainda perpassa a estruturação do jurídico, dando os sinais de involução, pois inadequado para dar conta dos direitos e deveres produzidos no mundo onde a escala nanométrica começa a mostrar os seus resultados. Alguns ajustes no arcabouço do ordenamento jurídico, aliados à coragem de substituir a forma pelo conteúdo, produzirão um salto qualitativo de inovação. Um deles é desmi(s)tificar o poder da lei de resolver qualquer problema, percepção ainda muito presente na sociedade, responsável pelo processo de permanência do Direito num espaço histórico em que as condições sociais eram muito diferentes das atuais. Embora esse espaço seja o horizonte histórico de aprendizagem para a produção das mudanças, ele é apenas a condição de possibilidade e de faticidade para acessar novos horizontes de produção do jurídico.

---

[18] AGÊNCIA BRASILEIRA DE DESENVOLVIMENTO INDUSTRIAL – ABDI. *Panorama Nanotecnologia*. Brasília: ABDI, 2010. Série Cadernos da Indústria ABDI, vol. XIX, p. 47.

[19] Idem, vol. XX, p. 125.

[20] GROSSI, Paolo. *Primeira Lição sobre Direito*. Tradução de Ricardo Marcelo Fonseca. Rio de Janeiro: Forense, 2006, p. 5.

Tais aspectos serão desenvolvidos a seguir, buscando responder ao seguinte problema desta pesquisa: a reordenação da construção do jurídico, por meio de um efetivo diálogo entre todas as fontes do Direito será uma condição de possibilidade para a releitura da noção de "suporte fático pontesiano, a fim de albergar o exemplo privilegiado do "direito/dever à/de informação"? Para a resolução desta questão, serão necessários os aspectos vistos sobre as nanotecnologias, com destaque para os seus riscos, e as interações seguintes com algumas questões jurídicas. Portanto, o principal objetivo é a aproximação de categorias próprias das Ciências Exatas com algumas noções das Ciências Humanas, no caso do Direito.

2. A revisão da Teoria do Fato Jurídico de Pontes de Miranda: o "suporte fático", a lei e as demais Fontes do Direito

Há uma passagem, logo no início, do *Tratado de Direito Privado*, que situa a questão relativa ao suporte fático: "a regra jurídica é norma com que o homem, ao querer subordinar os fatos a certa ordem e a certa previsibilidade, procurou distribuir os bens da vida; há o fato de legislar, que é editar a regra jurídica; há o fato de incidir, sempre que ocorra o que ela prevê e regula".[21] A regra jurídica está no coração da teoria pontesiana, prevendo os comportamentos humanos e os acontecimentos naturais que são relevantes para o Direito. A previsibilidade existe em dois momentos: quando a regra pretende circunscrever os fatos jurídicos (no plano teórico) e, num segundo momento, quando ocorre a incidência, pois a previsão abstrata ganhou vida – com ou sem a intervenção da vontade humana. Entretanto, a vida humana e tudo o que a criatividade do ser humano pode produzir e desencadear é cada vez menos previsível, como exemplo são as criações nanotecnológicas. Por isso, a previsão desse conteúdo pela norma é cada vez menos provável, pois "o Direito do Estado exige a escritura, deve se converter em texto: por ser autoritário, por se concretizar em um comando (com previsões precisas nas hipóteses de desobediência), por ser comando deve ser obedecido e o pode ser unicamente se é claro e certo".[22] Aí se tem o cenário onde se insere a Teoria do Fato Jurídico de Pontes de Miranda, o qual produz o seguinte resultado: a incidência, dentro da mecânica descrita por Pontes de Miranda, tem cada vez mais dificuldades. Para tanto, é preciso destacar que não se pretende edificar a crítica por isso, mas reler, atualizar e adequar a proposta do mestre, a fim de continuar sendo a estrutura jurídica que serve para compreender o fenômeno jurídico. Esse cuidado se deve a partir de um velho princípio

---

[21] PONTES DE MIRANDA. *Tratado de Direito Privado*. 4. ed. 2ª tiragem. São Paulo: RT, 1983, tomo I, p. 3.
[22] GROSSI, Paolo. *O Direito entre Poder e Ordenamento*. Tradução de Arno Dal Ri Júnior. Belo Horizonte: Del Rey, 2010, p. 80.

hermenêutico, "segundo o qual se tem de compreender cada época a partir de si própria e de não medi-la com o padrão de um presente estranho a ela".[23] Portanto, a Teoria do Fato Jurídico está atrelada a determinado contexto histórico que lhe é subjacente. Se for o caso, aí é que deverá ser criticada. Entretanto, este não é o caso deste artigo, pois se busca um realinhamento de seus pressupostos, considerando as grandes mudanças que ocorreram no contexto social, onde a teoria pontesiana continua sendo ensinada e aplicada.

No tocante ao suporte fático, Pontes de Miranda entendia: "o que é por ela previsto e sobre o qual ela incide é o suporte fático, conceito da mais alta relevância para as exposições e as investigações científicas".[24] A regra jurídica prevê os fatos e quando eles ocorrem, da maneira como foram previamente caracterizados, ocorre a incidência. Assim, o suporte fático deverá estar previsto, descrito e caracterizado na regra. Se o fato da vida ou da natureza preencher estes pré-requisitos (suporte fático) a regra incide e produz os efeitos contemplados teórica e previamente. Aí se verifica a necessidade da revisão: a) no cenário das nanotecnologias, não haverá condições prévias de se escrever na regra o que ocorrerá. Não se sabe exatamente quais as possibilidades e os riscos; b) a estrutura de Pontes de Miranda inscreve-se naquilo que Lenio Streck chama de "fontes sociais", ou seja, é preciso que os fatos ocorram primeiro para depois se criar a regra. Segundo Streck é preciso superar essa noção, "em face daquilo que podemos chamar de prospectividade, isto é, o Direito não vem a reboque dos 'fatos sociais' e, sim, aponta para a reconstrução da sociedade";[25] c) a noção de "suporte fático" e de "regra jurídica" ainda permanecem ligados ao Direito que "se converteu em uma realidade duríssima e rigidíssima; reduzido a um admirável sistema, é lógico, certo, claro, portanto inevitável".[26] É no cruzamento destas três insuficiências da Teoria do Fato Jurídico de Pontes de Miranda que se deverá inscrever uma nova Teoria das Fontes do Direito. Embora ela tenha sido adequada ao período histórico onde surgiu, se mostra incapaz de dar conta dos novos direitos e deveres decorrentes dos avanços nanotecnológicos. Esses aspectos serão fundamentais para a avaliação da abrangência e o modo de exercício do "direito à informação" e do "dever de informar".

---

[23] GADAMER, Hans-Georg. *Verdade e Método:* traços fundamentais de uma hermenêutica filosófica. Tradução de Flávio Paulo Meurer. 4. ed. Petrópolis: Vozes, 2002, vol. I, p. 353, § 235.

[24] PONTES DE MIRANDA. *Tratado de Direito Privado.* 4. ed. 2ª tiragem. São Paulo: RT, 1983, tomo I, p. 3.

[25] STRECK, Lenio Luiz. *Verdade e Consenso:* Constituição, Hermenêutica e Teorias Discursivas: da possibilidade à necessidade de respostas corretas em Direito. 3. ed. rev., ampl. e com posfácio. Rio de Janeiro: Lumen Juris, 2009, p. 467.

[26] GROSSI, Paolo. *O Direito entre Poder e Ordenamento.* Tradução de Arno Dal Ri Júnior. Belo Horizonte: Del Rey, 2010, p. 81.

Os contornos relativos às nanotecnologias revelam a necessidade da revisão da estrutura do "suporte fático" e da Teoria das Fontes do Direito, por meio do "diálogo entre as Fontes do Direito".[27] No caso da Teoria do Fato Jurídico de Pontes de Miranda, a expressão "regra jurídica" tem um traço marcante: a intenção de subordinar (= a subsunção dos fatos à norma jurídica) os fatos à regra e ordená-los. Permeando essa pretensão, está a questão relativa à previsibilidade. Quer dizer é preciso regrar, subordinar, com o intuito de controlar, de prever. No entanto, pelos contornos vistos, o grau de previsibilidade – resultante dos processos de inovação nanotecnológica – é cada vez menor e a possibilidade desse controle da subordinação dos fatos tendo em vista a proteção dos bens da vida joga com graus crescentes de imprevisibilidade. A prova disso é que as categorias encontradas em Pontes de Miranda representam os próprios dogmas da Escola Histórica alemã, especificamente na sua vertente formalista ou conceitualista, que sustentam a "jurisprudência dos conceitos" ou "Pandectística", como a teoria da subsunção, o dogma da plenitude lógica do ordenamento jurídico e a interpretação "objetivista".[28]

As interfaces entre "regra jurídica" e "suporte fático" vêm acompanhadas de uma característica peculiar e típica do positivismo jurídico: a vinculação da regra jurídica à lei, conforme se pode constatar em algumas das seguintes passagens:[29] (a) "há o fato de legislar, que é editar a regra jurídica"; (b) "para que os fatos sejam jurídicos, é preciso que regras jurídicas – isto é, normas abstratas – incidam sobre eles, desçam e encontrem os fatos, colorindo-os, fazendo-os, 'jurídicos'"; (c) "só excepcionalmente a lei cogita de um só caso, sem que esse caso seja, sozinho, a sua classe. A generalidade não é, pois, essencial à lei; é exigência que, através da evolução humana, se vem fazendo à lei: a regra jurídica há de ser igual para todos os fatos da mesma classe"; (d) "à lei é essencial colorir fatos, tornando-os fatos do mundo jurídico e determinando-lhes os efeitos"; (e) "a regra jurídica lá está, despregado o cordão umbilical ao órgão legislativo, se o houve; se o não houve, o mecanismo foi mais rudimentar: fatos passados realizavam a norma, ao mesmo tempo em que ela os regia (costume)"; (f) "a eficácia da regra jurídica, que é a de incidir, eficácia 'legal' (da lei), eficácia nomológica (= da regra jurídica); e a eficácia jurídica, mera irradiação de efeitos dos fatos jurídicos"; (g) "todo efeito tem de ser efeito

---

[27] Deve ser observado que a pretensão aqui apresentada, no sentido de promover o "diálogo entre (todas) as Fontes do Direito" difere do "diálogo das Fontes" formulado pela Professora Cláudia Lima Marques. Por todas as suas publicações relativas a este tema, consultar: MARQUES, Cláudia Lima. *Diálogo das Fontes:* do conflito à coordenação de normas no direito brasileiro. São Paulo: Rvista dos Tribunais, 2012.

[28] HESPANHA, António Manuel. *Panorama Histórico da Cultura Jurídica Europeia.* 2. ed. Portugal: Publicações Europa-América, 1998, p. 185 *et seq.*

[29] PONTES DE MIRANDA, Francisco Cavalcante. *Tratado de Direito Privado.* 4. ed. 2ª tiragem. São Paulo: Revista dos Tribunais, 1983, tomo I, p. 3-22.

após a incidência e o conceito de incidência exige lei e fato. Toda eficácia jurídica é eficácia jurídica é eficácia de fato jurídico; portanto da lei *e* do fato, e não da lei *ou* fato"; (h) "o que caracteriza a regra jurídica, como lei, é a incidência. O fato, em si mesmo, não surte eficácia; é preciso que a lei incida sobre ele, que o faça jurídico: do fato jurídico é que ela dimana".

Essa pequena amostra de passagens permite concluir que existe uma aproximação entre Hans Kelsen, na sua caracterização do positivismo jurídico,[30] e Pontes de Miranda, na estruturação da Teoria do Fato Jurídico. Embora se deva reconhecer que a proposta de Pontes de Miranda "não comungava da ideia de reduzir a ciência do Direito à norma jurídica, expurgando-se do campo de investigação todos os elementos que fossem próprios de outras ciências". Apesar disso, a sua proposta não conseguiu ficar imune à influência normativista, pois "[...] o Sistema também comporta uma dimensão normativa: a teoria do fato jurídico [...]. Segundo tal concepção, [...] existe uma relação de causalidade entre regra jurídica e suporte fático com o nascimento do fato jurídico e das relações jurídicas".[31] É nesta parte, que Pontes de Miranda se aproxima de Hans Kelsen, justificando-se, apenas por isso, a revisão da Teoria do Fato Jurídico. A relação de causalidade, própria dos estudos realizados pelas Ciências da Natureza, é trazida para o campo do Direito por Pontes de Miranda: "no terreno jurídico, regra jurídica e suporte fático devem concorrer como causas do fato jurídico, ou das relações jurídicas". Destarte, "[...] o fato jurídico é o que fica do suporte fático suficiente, quando a regra jurídica incide e porque incide. Tal precisão é indispensável ao conceito de fato jurídico. [...]".[32] A exata relação (como se fosse causa e efeito) é necessária à incidência da regra jurídica sobre o suporte fático previamente definido pela própria norma. Esse núcleo de "certeza" não se coaduna com a "era das incertezas", que se caracteriza pelo "fim da razão prática universal", ou uma "crise generalizada da razão prática", motivada pelo progresso científico, que cria novos valores, "engendrando novas e acesas controvérsias jurídicas", a partir da impossibilidade de dominar os efeitos das tecnologias criadas, gerando uma contradição provocante: "[...] a acumulação de tão profundos conhecimentos *sobre* o mundo não

---

[30] Para aprofundar: ENGELMANN, Wilson. A (re)leitura da Teoria do Fato Jurídico à luz do "diálogo entre as fontes do Direito": abrindo espaços no direito privado constitucionalizado para o ingresso de novos direitos provenientes das nanotecnologias. IN: CALLEGARI, André Luís; STRECK, Lenio Luiz e ROCHA, Leonel Severo (Orgs.) *Constituição, Sistemas Sociais e Hermenêutica*: Anuário do Programa de Pós-Graduação em Direito da UNISINOS. Porto Alegre: Livraria do Advogado Editora, 2010, n. 7, p. 289-308.

[31] SARMENTO, George. Direitos Fundamentais e Técnica Constitucional: reflexões sobre o positivismo científico de Pontes de Miranda. IN: DIDIER JR., Fredie e EHRHARDT JR., Marcos. *Revisitando a Teoria do Fato Jurídico*: homenagem a Marcos Bernardes de Mello. São Paulo: Saraiva, 2010, p. 259-60.

[32] PONTES DE MIRANDA, Francisco Cavalcante. *Tratado de Direito Privado*. 4. ed. 2ª tiragem. São Paulo: Revista dos Tribunais, 1983, tomo I, p. 77.

aumentou a sabedoria *do* mundo, da pessoa em relação a si própria, aos demais, à natureza".[33] O paradigma de sustentação do jurídico – a certeza – é substituída a partir do Século XX, com uma expressão vertiginosa, neste início do Século XXI, pela incerteza, imprevisibilidade e insegurança. Estas características deverão ser absorvidas pelo Direito, transformando os pressupostos do jurídico até então aceitos e praticados.

Além dos aspectos vistos, chama atenção a construção relativa às fontes do Direito desenvolvida por Pontes de Miranda, onde emerge a quase exclusividade dada ao texto da lei, que busca nos fatos produzidos na sociedade e o seu ponto de incidência para, juridicizando-os, trazê-los para o mundo do Direito. Há uma clara cisão entre o "mundo dos fatos" e o "mundo do Direito". A presença do Estado, por meio da atividade do Poder Legislativo, também é um elemento fundamental à construção do jurídico (letras "a" e "e"). O costume aparece na análise realizada a partir de Pontes de Miranda, mas como uma fonte rudimentar, já que produzido por fatos do passado e não sujeito à intervenção do Estado.

A transformação do fato social em fato jurídico pressupõe a prévia existência da regra jurídica abstrata: ela deverá "incidir", portanto, subordinar aquele. Para isso, a regra jurídica deverá descer, a fim de encontrar "os fatos, colorindo-os, fazendo-os, 'jurídicos.'" (letras "b" e "d"). Fica nítida a cisão entre o "mundo dos fatos" e o "mundo do Direito" e certa hierarquia deste em relação àquele, já que a regra jurídica deverá "descer". Num outro momento, Pontes de Miranda é mais explícito ao dizer que quem colore é a lei: "à lei é essencial colorir fatos, tornando-os fatos do mundo jurídico e determinando-lhes os efeitos".

Na letra "f" verificam-se duas categorias de eficácia: a legal e a normológica; a primeira relacionada à lei e a segunda, vinculada à regra jurídica, dando a impressão de a lei e a regra serem categorias distintas. No entanto, nas letras "g" e "h" essa distinção não se mantém, pois a eficácia da regra jurídica pressupõe dois elementos: a lei e o fato. Marcos Bernardes de Mello faz uma retificação nesta classificação pontesiano, quando observa: "até a 11ª edição usávamos a expressão *eficácia legal*, criada e usada por Pontes de Miranda. A partir da 12ª edição passamos a empregar a expressão *eficácia normativa*, que nos parece mais adequada, considerando-se que todas as normas jurídicas, [...] e não apenas a lei, têm por característica essencial o incidir".[34] Não parece ser o caso de troca de nomenclatura, pois substituir o "legal" pelo "normativo" tem diversas consequências estruturais, afetando a proposta original da Teoria do Fato Jurídico. Talvez não fosse esta a intenção de Pontes de Miranda, consi-

---

[33] MORAES, Maria Celina Bodin de. *Danos à Pessoa Humana:* uma leitura civil-constitucional dos danos morais. 4ª tiragem. Rio de Janeiro: Renovar, 2009, p. 59-68.

[34] MELLO, Marcos Bernardes de. *Teoria do Fato Jurídico:* plano da existência. 16. ed. São Paulo: Saraiva, 2010, p. 77.

derando que "eficácia normativa" é muito mais ampla do que a "eficácia legal".

Para a compreensão desses aspectos, que não confortam a simples substituição operada por Marcos Bernardes de Mello, é relevante que se saiba a dimensão do "fato jurídico": ele é "o fato ou complexo de fatos sobre o qual incidiu a regra jurídica; portanto, o fato de que dimana, agora, ou mais tarde, talvez condicionalmente, ou talvez não dimane, eficácia jurídica".[35] Como examinado, aqui também fica clara a subsunção[36] do fato à regra, que será a lei,[37] ou seja, cabe a ela transformar as categorias dos fatos: de fatos sociais para fatos jurídicos. Pelo delineamento da previsibilidade, pode-se concluir que esta transmutação categorial está na dependência da previsão abstrata na lei dos contornos do fato social – o que gera a noção de suporte fático. Ausente a previsão, não ocorrerá a incidência e o consequente ingresso no "mundo do Direito". Aqui se tem um grave problema: a lei terá cada vez menos condições de previsibilidade – especialmente pelo fato de sempre olhar para trás e transformar em jurídicos fatos do passado e dentro de um compasso de tempo incompatível com o tempo da inovação das nanotecnologias.

Ao lado desses detalhes, o suporte fático se situa na seguinte ordenação, que integra qualquer "estudo sério do Direito", como rotulado pelo próprio Pontes de Miranda: i) "a elaboração da regra jurídica (fato político); ii) a regra jurídica (fato criador do mundo jurídico); iii) o suporte fático (abstrato), a que ela se refere; iv) a incidência quando o suporte fático (concreto) ocorre; v) o fato jurídico, que daí resulta; vi) a eficácia do fato jurídico, isto é, as relações jurídicas e mais os efeitos dos fatos jurídicos".[38] A previsão em abstrato, em caráter prévio, do fato da vida, como se ela

---

[35] PONTES DE MIRANDA, Francisco Cavalcante. *Tratado de Direito Privado*. 4. ed. 2ª tiragem. São Paulo: Revista dos Tribunais, 1983, tomo I, p. 77.

[36] Com as novidades trazidas pela Era Nanotecnológica, verifica-se o "ocaso da subsunção". Ela parte de duas premissas equivocadas: (i) a separação do mundo abstrato das normas e o mundo real dos fatos, no qual aquelas devem incidir; (ii) a separação entre o momento da interpretação da norma abstrata (premissa maior) e o momento da aplicação ao suporte fático concreto (premissa menor). Como consequência, admite-se que, em tese e de antemão (em relação ao momento da incidência da norma), haveria valorações legítimas efetuadas pelo legislador, normas de conduta às quais deve se moldar, em abstrato, a sociedade. [...] Evita-se toda essa perversa trajetória, na esteira da lição do Ministro Eros Grau, superando-se a subsunção: se o ordenamento é unitário, moldado na tensão dialética da argamassa única dos fatos e das normas, cada regra deve ser interpretada e aplicada a um só tempo, refletindo o conjunto das normas em vigor. A norma do caso concreto é definida pelas circunstâncias fáticas na qual incide, sendo extraída do conjunto normativo em que se constitui o ordenamento como um todo". TEPEDINO, Gustavo. *Temas de Direito Civil*. Rio de Janeiro: Renovar, 2009, tomo III, p. 443-4.

[37] Sobre a análise crítica da subsunção, é interessante o acórdão lavrado nos autos da Ação Declaratória de Inconstitucionalidade nº 3.689-1, Relator Ministro Eros Roberto Grau, Tribunal Pleno do Supremo Tribunal Federal, julgada em 10/05/2007. Disponível em: www.stf.jus.br Acesso em 06/09/2011.

[38] PONTES DE MIRANDA, Francisco Cavalcante. *Tratado de Direito Privado*. 4. ed. 2ª tiragem. São Paulo: Revista dos Tribunais, 1983, tomo I, p. 4.

viesse com um manual de instruções, e as pessoas se comportassem sempre da mesma maneira, caracterizam o suporte fático.

Aceitando-se essa dinâmica, resta evidenciado que a produção do Direito sempre estará atrás dos fatos sociais: "(...) a juridicização é o processo peculiar ao direito; noutros termos: o direito adjetiva os fatos para que sejam jurídicos (= para que entrem no mundo jurídico)".[39] Estes alguns detalhes da revisão e releitura pretendida, com o intuito de adequar a noção de "suporte fático" e de "regra jurídica" a âmbitos adequados e consistentes para a produção de respostas jurídicas à Era das Nanotecnologias. Além disso, sinaliza a chamada "crise da certeza do Direito", que se tem dúvida se é algo positivo ou não. Por meio do diálogo entre todas as fontes do Direito se construirá a noção de "suporte fático", flexível e especificado a partir do caso concreto, por meio dos direitos e deveres mínimos consagrados na Constituição da República. Com isso, se verifica que ganham importância, enquanto fontes do Direito, a doutrina[40] e a jurisprudência[41]. Nesse mesmo movimento, a noção de regra jurídica passa a ser construída a partir de "norma jurídica" onde caibam todas as manifestações do jurídico – nacionais e internacionais, como já explicitado em outro texto.[42]

Tudo isso será necessário para que se assegure a função social do Direito promovendo "um renascimento da defesa da liberdade de contratar, da liberdade de escolha do parceiro contratual, através do novo dever de

---

[39] PONTES DE MIRANDA, Francisco Cavalcante. *Tratado de Direito Privado*. 4. ed. 2ª tiragem. São Paulo: Revista dos Tribunais, 1983, tomo I, p. 6.

[40] Na proposta de diálogo entre as fontes do Direito, a doutrina é considerada efetiva fonte do Direito: "Se a norma jurídica [melhor dizer, se o texto] não está pronta [pronto] na fonte para ser conhecida e aplicada antes da atividade do intérprete, é este quem atribui significado àquela. Nesta linha de raciocínio, a doutrina se apresenta como fonte do Direito não porque os doutrinadores tenham poder para a tomada de decisões a serem impostas coativamente [coercitivamente] à sociedade, mas sim porque essas decisões tomadas por quem detém o poder só são inteligíveis após o processo de compreensão/interpretação/aplicação, que é feito, entre outros, pelos cientistas do Direito". ANDRADE, Paulo José Cabana de Queiroz. Considerações sobre a Doutrina como Fonte do Direito: a heresia jurídica do art. 28 do Código de Defesa do Consumidor. IN: *Revista Ciências Sociais*. Revista do Programa de Pós-Graduação em Direito da Universidade Gama Filho, Rio de Janeiro, v. 15, n. 2, p. 93-115, dez. 2009, p. 105.

[41] Ainda no contexto do diálogo entre as fontes do Direito, parece acertado afirmar que "o legislador deve resignar-se a ver suas leis tratadas como 'partes' do Direito, e não como 'todo o Direito'. [...] Hoje, certamente, os juízes tem uma grande responsabilidade na vida do Direito desconhecida nos ordenamentos do Estado de Direito legislativo. Porém, os juízes não são os senhores do Direito no mesmo sentido em que o era o legislador no século passado. São mais exatamente os garantes da complexidade estrutural do Direito no Estado Constitucional, quer dizer, os garantes da necessária e felxível coexistência entre lei, direitos e justiça. [...] O Direito não é um objeto de propriedade de alguém, senão que deve ser objeto do cuidado de todos". ZAGREBELSKY, Gustavo. *El Derecho Dúctil: ley, derechos, justicia*. Tradução de Marina Gascón. 3. ed. Madrid: Editorial Trotta, 1999, p. 153.

[42] ENGELMANN, Wilson. A (re)leitura da Teoria do Fato Jurídico à luz do "diálogo entre as fontes do Direito": abrindo espaços no direito privado constitucionalizado para o ingresso de novos direitos provenientes das nanotecnologias. IN: CALLEGARI, André Luís; STRECK, Lenio Luiz e ROCHA, Leonel Severo (Orgs.) *Constituição, Sistemas Sociais e Hermenêutica: Anuário do Programa de Pós-Graduação em Direito da UNISINOS*. Porto Alegre: Livraria do Advogado, 2010, n. 7, p. 289-308.

informação imposto ao fornecedor, para que o consumidor possa escolher o parceiro que melhor lhe convier".[43] Esta novidade precisa ser trazida para o mercado do consumo de produtos nanotecnológicos e inoculada na construção do jurídico, a fim de adequá-lo à produção de respostas adequadas temporalmente e alinhadas aos novos contornos da vida na sociedade onde eclodem as novas(nano)tecnologias.

3. Antes de consumir, o ser humano deverá ser capacitado: o "direito à informação" e o "dever de informação" como exemplos privilegiados para o exercício do diálogo (hermenêutico) entre as Fontes do Direito e a revisão da noção de "suporte fático" pontesiano

Nos termos do art. 31, do CDC,[44] a comercialização de qualquer produto que tenha sido desenvolvido a partir das nanotecnologias deverá ter informações claras e precisas sobre essa qualidade, além de eventuais riscos que poderão surgir do consumo. Vale destacar que as nanotecnologias não estão na construção do suporte fático deste artigo e nem as diversas categorias em que se desdobra o direito à informação, notadamente a "informação-conteúdo" e a "informação-advertência".[45]

No caso dos produtos à base de nanotecnologias revela-se o direito à informação como um pressuposto para a concretização de outros princípios, como da transparência, da confiança e da boa-fé.[46] Além desses, pode se mencionar que o princípio da solidariedade exigirá da empresa produtora de nanoprodutos a promoção da informação, para possibilitar o exercício da liberdade. Vale dizer, é preciso esclarecer o consumidor sobre as possibilidades e os riscos para que ele possa exercer conscientemente (com liberdade) o direito de escolha do tipo de produto para ser consumido. A empresa fabricante não deve/pode ter medo de viabilizar o exercício do direito à informação. Em fazendo isto, estará mostrando a seriedade do seu empreendimento, o compromisso com a qualidade dos seus produtos e, eventualmente, minorando os efeitos de uma eventual

---

[43] MARQUES, Cláudia Lima. A Lei 8.078/90 e os Direitos Básicos do Consumidor. IN: BENJAMIN, Antônio Herman V.; MARQUES, Cláudia Lima; BESSA, Leonardo Roscoe. *Manual de Direito do Consumidor*. 2. ed. rev., atual. e ampl. 2ª tiragem. São Paulo: RT, 2009, p. 58.

[44] "A oferta e a apresentação de produtos ou serviços devem assegurar informações corretas, claras, precisas, ostensivas e em língua portuguesa sobre suas características, qualidades, quantidade, composição, preço, garantia, prazos de validade e origem, entre outros dados, bem como sobre os riscos que apresentam à saúde e segurança dos consumidores".

[45] MARQUES, Cláudia Lima. *Contratos no Código de Defesa do Consumidor:* o novo regime das relações contratuais. 5. ed. São Paulo: RT, 2006, p. 772.

[46] Recurso Especial nº 586.316-MG, Segunda Turma do Superior Tribunal de Justiça, Relator Ministro Herman Benjamin, julgado em 17/04/2007. Disponível em: http://www.stj.jus.br/SCON/jurisprudencia/toc.jsp?tipo_visualizacao=null&processo=586316&b=ACOR Acesso em 04/08/2011.

responsabilidade atual ou futura. Nesse cenário, cabe trazer o aspecto da "causalidade jurídica" considerada por Pontes de Miranda:

> [...] a causação, que o mundo jurídico prevê, é infalível, enquanto a regra jurídica existe: não é possível obstar-se à realização das suas consequências; e a aplicação injusta da regra jurídica, ou porque se não haja aplicado a regra jurídica, com a interpretação que se esperava, ou porque não se tenha bem classificado o suporte fático, não desfaz aquele determinismo: é o resultado da necessidade prática de se resolverem os litígios, ou as dúvidas, ainda que falivelmente; isto é, da necessidade de se julgarem os desatendimentos à incidência.[47]

O mundo jurídico não tem condições de prever tudo. Não previu nada acerca das nanotecnologias. Elas, no entanto, já estão no mundo social produzindo diversos efeitos sociais e, provavelmente, jurídicos, embora indiretamente e à margem da sua inclusão na caracterização do suporte fático de qualquer norma jurídica. Portanto, a infalibilidade parece não ser mais a nota adequada para a realização dos efeitos jurídicos. A questão do exercício do "direito ou dever à/de informação" não poderá ser avaliada e consagrada previamente, e muito menos a incidência da "regra jurídica", pois "[...] são justamente as condições e pressupostos desta incidência os pontos mais comuns de análise e investigação". Para tanto, cabe indagar: "[...] qual seria a instância – real ou fictícia, situada no mundo real ou do pensamento – capaz de responder à decisiva pergunta se (já incidida) regra jurídica foi aplicada 'de forma injusta', com a 'interpretação que se esperava', ou se o seu suporte fático foi 'bem classificado'?".[48] Estas características, próprias do modelo subsuntivo, mostram o seu próprio ocaso (Gustavo Tepedino) da noção pontesiana de "suporte fático". Essa situação ficará ainda mais insustentável se for aproximada da técnica legislativa das cláusulas gerais, onde o delineamento do suporte fático, a definição do conteúdo normativo e muitas das consequências jurídicas serão precisadas a partir do caso concreto e mediante o trabalho criativo do intérprete – especialmente o juiz e o doutrinador.

A construção da Teoria do Fato Jurídico pontesiano parte da relação de causalidade, ou seja, existe uma interdependência entre e a causa e o efeito. No caso do Direito, esta não é a mais adequada forma de concatenação entre as partes que compõem o fenômeno jurídico, pois se trata de aplicar o princípio da imputação, mediada pela partícula deôntica do "dever ser". A fala hermenêutica do jurídico é que aponta a inadequação da categorização realizada por Pontes de Miranda: "[...] Compreender é compreender uma expressão. Na expressão o que é expressado está presente de uma maneira distinta do que a causa no efeito. Ele está presente

---

[47] PONTES DE MIRANDA, Francisco Cavalcante. *Tratado de Direito Privado*. 4. ed. 2ª tiragem. São Paulo: Revista dos Tribunais, 1983, tomo I, p. 18.

[48] KRELL, Andreas J. A Relevância da Teoria do Fato Jurídico no âmbito do Moderno Direito Constitucional e Administrativo. IN: DIDIER JR., Fredie e EHRHARDT JR., Marcos. *Revisitando a Teoria do Fato Jurídico:* homenagem a Marcos Bernardes de Mello. São Paulo: Saraiva, 2010, p. 80.

na expressão e é o compreendido quando se compreende esta".[49] A circularidade que se verifica na relação entre o compreender e o compreendido não permite a análise hermenêutica fora do círculo hermenêutico, onde a pré-compreensão antecipa a compreensão e, concomitante, também se opera a interpretação e a aplicação do texto interpretado. Percebe-se que a hermenêutica tradicional é que sustenta a concepção de Pontes de Miranda, onde o ato hermenêutico era fatiado. A releitura proposta se assenta na hermenêutica filosófica gadameriana, onde "[...] a interpretação não é um ato posterior e oportunamente complementar à compreensão, porém, compreender é sempre interpretar, e, por conseguinte, a interpretação é a forma explícita da compreensão". Desta forma, "[...] a aplicação é um momento do processo hermenêutico, tão essencial e integrante como a compreensão e a interpretação".[50] Dentro dessa perspectiva, o suporte fático não terá condições prévias de especificar todos os contornos que a situação fática deverá preencher.

Assim, o exercício do "direito/dever à/de informação", a partir do art. 31, do CDC, é um exemplo de que o suporte fático não tem condições de prever todas as variações fáticas que deverão ser consideradas para a sua incidência. Trata-se de uma norma de "textura aberta", uma cláusula geral de informação, que se aplica ao consumidor e ao fabricante. Portanto, se para o consumidor saber exatamente o que está comprando, com os aspectos definidos no mencionado artigo, além de especificações relativas aos riscos. O que se aplica, inegavelmente, aos produtos que contenham nanopartículas. Portanto, o exercício do conteúdo legal mencionado, poderá abranger a capacitação do consumidor, a fim de interpretar o conteúdo dos rótulos, além da necessidade do seu conteúdo ser mais preciso e claro para o leigo. De qualquer modo, caberá "[...] ao profissional – o maior conhecedor dos produtos e serviços que comercializa – oferecer informações complementares. [...] tal obrigação é estatuída, sem meias-palavras, pela Constituição de 1988, a um só tempo como direito individual e coletivo: 'é assegurado a todos o acesso à informação' (art. 5º, XIV)".[51] Com isso, estaria sendo enfrentado um dos gargalos apontados pelo estudo da ABDI, ou seja, a "educação para as nanotecnologias em todos os níveis". Parece ser claro que a educação não é apenas aquela formalmente desenvolvida, mas a educação para a cidadania, para o consumo consciente. Este custo deverá ser suportado por quem mais lucra com as nanotecnologias: os laboratórios, fabricantes e comerciantes. Esse "é um fator essencial do desenvolvimento da concorrência, pois sabe-se que, bem in-

---

[49] GADAMER, Hans-Georg. *Verdade e Método:* traços fundamentais de uma hermenêutica filosófica. Tradução de Flávio Paulo Meurer. 4. ed. Petrópolis: Vozes, 2002, vol. I, p. 344, § § 228 e 229.

[50] Ibidem, p. 459-60, § § 312 e 313.

[51] Recurso Especial nº 586.316-MG, Segunda Turma do Superior Tribunal de Justiça, Relator Ministro Herman Benjamin, julgado em 17/04/2007. Disponível em: http://www.stj.jus.br/SCON/jurisprudencia/toc.jsp?tipo_visualizacao=null&processo=586316&b=ACOR Acesso em 04/08/2011.

formados, os consumidores podem melhor adquirir produtos e serviços, ou simplesmente evitá-los, como seria o caso [dos produtos nanotecnologicamente produzidos]". Por esse aspecto, "comportamento positivo ou ativo quer dizer que o microssistema de proteção do consumidor não se coaduna com meia-informação, semi-informação, proto-informação ou informação parcial, qualquer que seja o termo que se escolha. Informação é prestada de forma completa, ou não é informação no sentido jurídico (e prático) que lhe atribui o CDC".[52] No caso das questões nanotecnológicas, a lacuna entre quem tem a informação (o fabricante) e quem não a tem (o consumidor) deverá assumir contornos inéditos. Por isso, pode-se sublinhar "que o dever de informar alude a uma conduta imposta a alguém, a fim de que esclareça a outra pessoa relacionada, ou que pode se relacionar com ele, aspectos que conhece e que diminuem, ou podem diminuir, a capacidade de discernimento, ou de previsão, se tais dados não se subministram".[53] Os produtos elaborados a partir das nanotecnologias são antecedidos de pesquisa e desenvolvimento em laboratórios específicos, onde as informações são geradas. Por isso, elas deverão ser repassadas para a sociedade consumidora de forma clara, objetiva, compreensível, dentro de um limite adequado para a tomada da decisão: consumir ou não determinado produto. Tais aspectos estão inseridos no mundo da vida onde as nanotecnologias são produzidas e comercializadas. Por conta disso, "[...] toda vivência implica os horizontes do anterior e do posterior e se funde, em última análise, com o *continuum* das vivências presentes no anterior e posterior na unidade da corrente vivencial".[54] A proposta metodológica que sustenta este trabalho está alicerçada na fenomenologia hermenêutica e se concreta no contexto social onde o seu autor está inserido desde sempre e sujeito à "corrente vivencial" e que se projeta a partir de "[...] um horizonte [que] não é uma fronteira rígida, mas algo que se desloca com a pessoa e que convida a que se continue penetrando. [...] Pois tudo o que está dado como ente está dado como mundo, e leva consigo o horizonte do mundo".[55] Desta forma, a perspectiva fenomenológica que é hermenêutica serve para sustentar, por outro caminho, a necessidade de revisar a Teoria do Fato Jurídico, pois o mundo que circunda cada pessoa não é estanque, mas está em constante movimento e transformação, decorrente de sua própria historicidade.

---

[52] Recurso Especial nº 586.316 – MG, Segunda Turma do Superior Tribunal de Justiça, Relator Ministro Herman Benjamin, julgado em 17/04/2007. Disponível em: http://www.stj.jus.br/SCON/jurisprudencia/toc.jsp?tipo_visualizacao=null&processo=586316&b=ACOR Acesso em 04/08/2011.

[53] LORENZETTI, Ricardo Luis. *Fundamentos do Direito Privado*. Tradução de Vera Maria Jacob de Fradera. São Paulo: RT, 1998, p. 514-5.

[54] GADAMER, Hans-Georg. *Verdade e Método:* traços fundamentais de uma hermenêutica filosófica. Tradução de Flávio Paulo Meurer. 4. ed. Petrópolis: Vozes, 2002, vol. I, p. 372, § 249.

[55] GADAMER, Hans-Georg. *Verdade e Método:* traços fundamentais de uma hermenêutica filosófica. Tradução de Flávio Paulo Meurer. 4. ed. Petrópolis: Vozes, 2002, vol. I, p. 372-3, § 250.

É nesse "mundo da vida" (Gadamer) onde o exercício a uma informação adequada deve sintonizar-se "[...] à tutela do consumidor como pessoa e, portanto, favorecendo a aquisição de uma bagagem cognoscitiva adequada e, portanto, uma maior consciência e capacidade crítica na realização dos atos de consumo".[56] O consumidor crítico é uma pessoa bem informada e capacitada para interpretar o mundo que está a sua volta. Aí o pressuposto fenomenológico-hermenêutico que orienta a pesquisa e a especificação prática do objeto pretendido, que não está fora do mundo e cindido do sujeito (o pesquisador e o consumidor), mas todos fazem parte do mesmo mundo, e é justamente nesse espaço onde as nanotecnologias mostram as suas potencialidades positivas e negativas (= os riscos).

A informação – seja expressa em direito ou dever – integra o conjunto de fatores que formam "[...] uma mentalidade nova, que conjugue o mercado aberto e a solidariedade em favor de áreas e sujeitos fracos e que saiba adequadamente combater o flagelo do desemprego e da irracional exploração das fontes não renováveis, investindo na formação do homem e na pesquisa".[57] O arcabouço onde se insere o direito à informação, além de enuclear a constitucionalidade em todas as relações jurídicas – sejam públicas ou privadas – pretende trazer à baila a seguinte fundamentação:

> [...] o mercado vale pelo que ele é; não é simplesmente porque existe que ele merece um elogio débil ou condicionado, não se podendo confundir as razões econômicas com os argumentos éticos: são estes últimos que merecem prioridade e fornecem à economia um fundamento ético que, na concreta realidade histórica, saiba conjugar eficiência econômica e direitos humanos, mercado e democracia.[58]

Estes quatro elementos – eficiência econômica, Direitos Humanos, mercado e democracia – são os pressupostos do Estado Democrático de Direito, onde o direito à informação se insere como um modelo principiológico fundamental. É a partir desse contexto que nasce a "dimensão ética das normas jurídicas", levando da esfera privada à esfera pública e vice-versa "a tríplice dimensão do *ser*, do *ter* e do *agir*".[59] O viés substancial começa, aos poucos, a "invadir" a área jurídica, exigindo profundas transformações estruturais na organização jurídica: um exemplo é o "direito/dever à/de informação" e o outro é a necessária revisão da estrutura que conforma o "suporte fático" para a incidência do texto, a fim de ser produzida a norma, ou seja, a resposta para o caso concreto.

---

[56] PERLINGIERI, Pietro. *O Direito Civil na Legalidade Constitucional*. Tradução de Maria Cristina De Cicco. Rio de Janeiro: Renovar, 2008, p. 544.

[57] Ibidem, p. 537.

[58] Ibidem, p. 539.

[59] MARTINS-COSTA, Judith. O Novo Código Civil Brasileiro: em busca da "ética da situação". IN: MARTINS-COSTA, Judith e BRANCO, Gerson Luiz Carlos. *Diretrizes Teóricas do Novo Código Civil Brasileiro*. São Paulo: Saraiva, 2002, p. 132.

A "incidência" da eticidade no Direito é a própria expressão do princípio da solidariedade social, alçado como um dos objetivos da República. Esse princípio corrobora o entendimento debatido há muito tempo na Teoria Geral do Direito relativo à função social do Direito. Esta última e o princípio da solidariedade social serão fundamentais para promover a renovação epistemológica do Direito, adequando-o e sintonizando-o com as novidades e os riscos decorrentes do desenvolvimento nanotecnológico. E mais do que isso: abre-se o caminho para a efetiva aplicação do princípio da dignidade da pessoa humana, renovando e confirmando os desdobramentos da eticidade no/do jurídico.

No cenário assim projetado é preciso dar-se conta, e isso o "direito/dever à/de informação" deverá carregar no seu bojo, do "caráter irreversível das ações humanas. [...] Ao mesmo tempo em que o poder da tecnologia nos confere uma grande latitude de liberdade, para transformar o planeta e para transformar a nós mesmos, ele também revela a impotência – o avesso da liberdade – para controlar e reverter as consequências do poder".[60] Essa é uma questão importante e que perpassa toda a discussão acerca das nanotecnologias, especialmente por gerar um "cenário do imprevisível, imputável, não como o antigo, a um defeito de conhecimento, mas a um excesso do nosso poder de fazer, enormemente maior do que nosso poder de prever, e portanto de avaliar e julgar".[61] Isso precisa ingressar na avaliação do "direito à informação", mas destacadamente no "dever de informação". E mais. Quando a informação é gerada, ainda nos laboratórios, muito antes dos produtos chegarem ao consumidor, torna-se necessário refletir com o foco no humano e não no econômico: os potenciais – positivos ou negativos – que a investigação científica tornam possíveis gera a sensação de que se pode fazer tudo. Os cientistas e os fabricantes deverão avaliar: será que vale à pena exercer esse amplo poder? Eis que aí nasce o efetivo risco: a perda do controle da criação, com a violação de espaços muito delicados e reservados. O alerta deve ser direcionado a um novo olhar para o passado, à tradição, tentando resgatar dela o aprendizado que permita avaliar a encruzilhada que as pessoas criaram:

> O fazer superou em muito o agir, e essa é a razão pela qual a ética, que domina o agir, não é capaz de regular a técnica, da qual procede o fazer. A humanidade, dos seus albores aos umbrais da idade da técnica, sempre elaborou éticas que faziam referência a um agir limitado no espaço e no tempo, e substancialmente inócuo em relação à natureza.[62]

Apesar da existência de certas normas éticas, por todos ou quase todos conhecidas, especialmente focadas na vida do ser humano e da

---

[60] LEOPOLDO e SILVA, Franklin. Ética e Nanotecnologia. IN: MARTINS, Paulo Roberto e DULLEY, Richard (Orgs.). *Nanotecnologia, Sociedade e Meio Ambiente.* São Paulo: Xamã, 2008, p. 132-3.
[61] GALIMBERTI, Umberto. *Psiche e Techne:* o homem na idade da técnica. Tradução de José Maria de Almeida. São Paulo: Paulus, 2006, p. 531.
[62] Idem, p. 523-4.

natureza, os avanços tecnológicos continuam sendo projetados e desenvolvidos, esquecendo-se de valorar o aprendizado gerado no horizonte histórico da humanidade. Desta forma, cabe indagar: há limites para a criatividade humana? Como proceder frente ao "ocaso do pressuposto humanista e a substituibilidade da ética pela regulação técnica dos comportamentos"?[63] É o momento de se planejar uma "Fernethik": "uma ética em que os efeitos ou resultados se repercutem no tempo distante; uma ética em que as respostas aos comportamentos moralmente relevantes se não podem medir ou ajuizar pela dimensão do imediato".[64] O alargamento do espectro do "suporte fático" para a incidência do "direito/dever à/de informação", além de tantos outros novos direitos e deveres que emergirão, no tocante aos produtos elaborados a partir das nanotecnologias, busca justamente resgatar a humanidade e a eticidade da formulação do jurídico, potencializando uma nova sintonia com o mercado e a preocupação econômica. Não se trata de uma simples regra que promova a substituição das preocupações com os riscos. Trata-se de uma efetiva preocupação centrada no presente e futuro das diversas gerações, incluindo as atuais, com responsabilidade e corresponsabilidade.

Considerações finais

Cabe destacar que a circulação da informação, seja no formato do direito ou do dever, pressupõe algumas modificações no Direito. Uma delas é a revisão dos componentes da Teoria do Fato Jurídico planejada por Pontes de Miranda, como a noção de "suporte fático". Além dos aspectos vistos, por outra justificativa produzida a partir do olhar da hermenêutica filosófica: é preciso dar-se conta e buscar a solução do problema hermenêutico da distância(temporal) entre o "sentido de um discurso fixado por aquele que escreve e o leitor que o entende". Além disso, que também é uma característica presente na proposta pontesiana: "[...] o essencial nas 'ciências do espírito' não é a objetividade senão a relação precedente ao objeto".[65] O texto da lei é escrito em determinada época para ser aplicado em outra. Isso, por si só, já representa uma distância a ser considerada. Além disso, os pressupostos do "suporte fático" não terão condições de prever tudo o que a sociedade fará dali para frente. Abre-se, naturalmente, um descompasso que deverá ser considerado. Uma alternativa é assumir a possibilidade de flexibilizar a construção do "suporte fático" de tal forma que nele possam ser incluídos fatos futuros e imprevisíveis no mo-

---

[63] Questionamento adaptado a partir de ibidem, p. 537.

[64] FARIA COSTA, José de. A Linha (Algumas reflexões sobre a responsabilidade em um tempo de "técnica" e de "bio-ética"). IN: *Linhas de Direito Penal e de Filosofia:* alguns cruzamentos reflexivos. Coimbra: Coimbra Editora, 2005, p. 36.

[65] GADAMER, Hans-Georg. *Elogio de la teoría*. Discursos y artículos. Tradução de Anna Poca Casanova. Barcelona: Ediciones Península, 1993, p. 63 e 133.

mento de sua definição. Não significa dizer que se poderá aplicar o texto a qualquer situação, mas sempre definir os novos contornos a partir do conteúdo (objeto) estabelecido de modo precedente: "[...] o horizonte de sentido da compreensão não pode ser limitado nem pelo que o autor tinha originalmente em mente, nem pelo horizonte do destinatário a que foi escrito o texto na origem".[66] Esse é o fundamento hermenêutico que sustenta a releitura da noção de "suporte fático", mostrando que o suporte fático deverá ser definido a partir do conjunto das fontes do Direito e em observância das contornos característicos de cada caso da vida. O diálogo entre todas as fontes do Direito, onde se buscará o substrato normativo para a definição dos liames de consequência que serão atribuídos ao caso concreto, parte da presunção de que "a realização do Direito é unitária: apenas em análise abstrata é possível decompô-la em várias fases que funcionam, tão só em inseparável conjunto".[67] Por analogia, o que se pretende é o trabalho conjunto das fontes do Direito, movimentando-se horizontalmente, com caminho de passagem obrigatório pelo centro, onde estará a Constituição da República. Propõe-se desmontar a pirâmide kelseniana, onde a construção do jurídico é nitidamente verticalizada, com a Constituição da República localizada no topo, por este modelo, onde as fontes estarão uma ao lado da outra, podendo conjugar contribuições para a adequada resolução do caso concreto. Uma forma de operacionalizar o diálogo pode ser por meio da figura da "rede" que promova a aproximação das fontes e faça circular as diversas possibilidades de solução: "[...] substituir a imagem piramidal potestativa autoritária pela de um sistema de regras não postas uma sobre a outra, mas no mesmo plano, ligadas, uma com a outra, por uma relação de recíproca interconexão".[68] O plano de redes será o caminho para a definição dos contornos e elementos que comporão o "suporte fático" em cada situação. O controle da discrionariedade do ator jurídico envolvido se dará pelo necessário trânsito da resposta pelo arcabouço normativo e principiológico da Constituição. Esse o cenário para a resposta positiva ao problema formulado inicialmente: a noção de "suporte fático", como categoria presente no Direito, independente do ramo abordado, por meio do diálogo em rede das fontes do Direito será uma alternativa para a construção dos pressupostos, adequados material

---

[66] GADAMER, Hans-Georg. *Verdade e Método:* traços fundamentais de uma hermenêutica filosófica. Tradução de Flávio Paulo Meurer. 4. ed. Petrópolis: Vozes, 2002, vol. I, p. 575, § 398.

[67] CORDEIRO, António Manuel da Rocha e Menezes. Introdução à Edição Portuguesa. IN: CANARIS, Claus-Wilhelm. *Pensamento Sistemático e Conceito de Sistema na Ciência do Direito.* Tradução de António Manuel da Rocha e Menezes Cordeiro. 3. ed. Lisboa: Fundação Calouste Gulbenkian, 2002, p. CIV.

[68] GROSSI, Paolo. *O Direito entre Poder e Ordenamento.* Tradução de Arno Dal Ri Júnior. Belo Horizonte: Del Rey, 2010, p. 83. Esta perspectiva de substituir a forma piramidal pela rede é proposta por OST, François e KERCHOVE, Michel van de. De la pyramide au réseau? Vers un nouveau mode de production du droit? IN: *Revue Interdisciplinaire d'Etudes Juridiques,* Bruxelles, issue 44, p. 1-82, 2000.

e substancialmente, para o exercício pleno do "direito/dever à/de informação" a partir do avanço das nanotecnologias.

Ao se desconstruir a figura da pirâmide, estará sendo promovido o "deslocamento das linhas" e a formação de "hierarquias descontínuas". Esse novo conjunto de arquitetura normativa "[...] deve-se principalmente ao recuo da lei em proveito de um direito não escrito, em particular da jurisprudência, e à superação do Estado em proveito de um Direito Internacional". Com isso, surgem "[...] novos modos de geração do Direito", indicando "[...] referências que marcam alternativamente a primazia de um, e depois do outro, graças ao instrumento privilegiado de troca interativa constituído por meio dos princípios".[69] Aí se tem o percurso de um Direito renovado, em condições de absorver as inovações nanotecnológicas que estão surgindo. E mais. Uma proposta para revitalizar um dos principais fundamentos da Teoria do Fato Jurídico, de Pontes de Miranda, ou seja, o "suporte fático" e, como decorrência, da "regra jurídica". Assim substituir-se-á o postulado da segurança e certeza do Direito pelo tratamento substancial e constitucionalmente adequado para conjugar o respeito ao ser humano e ao meio ambiente com o desenvolvimento nanotecnológico.

Referências

AGÊNCIA BRASILEIRA DE DESENVOLVIMENTO INDUSTRIAL – ABDI. *Panorama Nanotecnologia.* Brasília: ABDI, 2010. Série Cadernos da Indústria ABDI, vol. XIX.

——. *Estudo Prospectivo Nanotecnologia.* Brasília: ABDI, 2010. Série Cadernos da Indústria ABDI, vol. XX.

ANDRADE, Paulo José Cabana de Queiroz. Considerações sobre a Doutrina como Fonte do Direito: a heresia jurídica do art. 28 do Código de Defesa do Consumidor. In: *Revista Ciências Sociais.* Revista do Programa de Pós-Graduação em Direito da Universidade Gama Filho, Rio de Janeiro, v. 15, n. 2, p. 93-115, dez. 2009.

BASHA, J. Sadhik e ANAND, R. B. Role of nanoadditive blended biodiesel emulsion fuel on the working characteristics of a diesel engine. In: *Journal of Renewable and Sustainable Energy* **3**, 023106, 2011.

BIELLO, David. A frágil promessa dos biocombustíveis. In: *Scientific American Brasil*, São Paulo: Ediouro Duetto Editorial, n. 112, p. 51-7, set. 2011.

BUZBY, Jean C. Nanotechnology for Food Applications: more questions than answers. In: *The Journal of Consumer Affairs*, vol. 44, nº 3, p. 528-45, 2010.

CENTRO ECOLÓGICO. Nanotecnologia: a manipulação do invisível. Disponível em: http://www.boell-latinoamerica.org/downloads/RevistaNanotecnologia.pdf Acesso em 11/09/2011.

CORDEIRO, António Manuel da Rocha e Menezes. Introdução à Edição Portuguesa. In: CANARIS, Claus-Wilhelm. *Pensamento Sistemático e Conceito de Sistema na Ciência do Direito.* Tradução de António Manuel da Rocha e Menezes Cordeiro. 3. ed. Lisboa: Fundação Calouste Gulbenkian, 2002.

DELMAS-MARTY, Mireille. *Por um Direito Comum.* Tradução de Maria Ermantina de Almeida Prado Galvão. São Paulo: Martins Fontes, 2004.

ENGELMANN, Wilson. A (re)leitura da Teoria do Fato Jurídico à luz do "diálogo entre as fontes do Direito": abrindo espaços no direito privado constitucionalizado para o ingresso de novos direitos provenientes das nanotecnologias. In: CALLEGARI, André Luís; STRECK, Lenio Luiz e ROCHA, Leonel Severo (Orgs.) *Constituição, Sistemas Sociais e Hermenêutica:* Anuário do Programa de Pós-Graduação em Direito da UNISINOS. Porto Alegre: Livraria do Advogado Editora, 2010, n. 7.

---

[69] DELMAS-MARTY, Mireille. *Por um Direito Comum.* Tradução de Maria Ermantina de Almeida Prado Galvão. São Paulo: Martins Fontes, 2004, p. 85 *et seq.*

——; FLORES, André Stringhi; WEYERMÜLLER, André Rafael. *Nanotecnologias, Marcos Regulatórios e Direito Ambiental*. Curitiba: Honoris Causa, 2010.

——. *Nanotechnology, Law and Innovation*. Saarbrücken, Deutschland: LAP Lambert Academic Publishing, 2011.

FARIA COSTA, José de. A Linha (Algumas reflexões sobre a responsabilidade em um tempo de "técnica" e de "bio-ética"). In: *Linhas de Direito Penal e de Filosofia:* alguns cruzamentos reflexivos. Coimbra: Coimbra Editora, 2005.

FEYNMAN, Richard P. *There's Plenty of Room at the Bottom*: an Invitation to Enter a New Field of Physics. Palestra proferida em 29 de dezembro de 1959, por ocasião da Reunião Anual da Sociedade Americana de Física, no California Institute of Technology (Caltech). Disponível em: http://www.zyvex.com/nanotech/feynman.html Acesso em 28/07/2011.

GADAMER, Hans-Georg. *Verdade e Método:* traços fundamentais de uma hermenêutica filosófica. Tradução de Flávio Paulo Meurer. 4. ed. Petrópolis: Vozes, 2002, vol. I.

——. *Elogio de la teoría*. Discursos y artículos. Tradução de Anna Poca Casanova. Barcelona: Ediciones Península, 1993.

GALIMBERTI, Umberto. *Psiche e Techne:* o homem na idade da técnica. Tradução de José Maria de Almeida. São Paulo: Paulus, 2006.

GROSSI, Paolo. *Primeira Lição sobre Direito*. Tradução de Ricardo Marcelo Fonseca. Rio de Janeiro: Forense, 2006.

——. *O Direito entre Poder e Ordenamento*. Tradução de Arno Dal Ri Júnior. Belo Horizonte: Del Rey, 2010.

HESPANHA, António Manuel. *Panorama Histórico da Cultura Jurídica Europeia*. 2. ed. Portugal: Publicações Europa-América, 1998.

KRELL, Andreas J. A Relevância da Teoria do Fato Jurídico no âmbito do Moderno Direito Constitucional e Administrativo. In: DIDIER JR., Fredie e EHRHARDT JR., Marcos. *Revisitando a Teoria do Fato Jurídico:* homenagem a Marcos Bernardes de Mello. São Paulo: Saraiva, 2010.

LEOPOLDO e SILVA, Franklin. Ética e Nanotecnologia. In: MARTINS, Paulo Roberto e DULLEY, Richard (Orgs.). *Nanotecnologia, Sociedade e Meio Ambiente*. São Paulo: Xamã, 2008. p. 132-3.

LORENZETTI, Ricardo Luis. *Fundamentos do Direito Privado*. Tradução de Vera Maria Jacob de Fradera. São Paulo: RT, 1998.

MARQUES, Cláudia Lima. *Contratos no Código de Defesa do Consumidor:* o novo regime das relações contratuais. 5. ed. São Paulo: RT, 2006.

——. *Diálogo das Fontes*: do conflito à coordenação de normas do direito brasileiro. São Paulo: Revista dos Tribunais, 2012.

——. Diálogo das Fontes. In: BENJAMIN, Antônio Herman V.; MARQUES, Cláudia Lima; BESSA, Leonardo Roscoe. *Manual de Direito do Consumidor*. 2. ed. rev., atual. e ampl. 2ª tiragem. São Paulo: RT, 2009.

——. A Lei 8.078/90 e os Direitos Básicos do Consumidor. In: BENJAMIN, Antônio Herman V.; MARQUES, Cláudia Lima; BESSA, Leonardo Roscoe. *Manual de Direito do Consumidor*. 2. ed. rev., atual. e ampl. 2ª tiragem. São Paulo: RT, 2009.

MARTINS-COSTA, Judith. O Novo Código Civil Brasileiro: em busca da "ética da situação". In: MARTINS-COSTA, Judith e BRANCO, Gerson Luiz Carlos. *Diretrizes Teóricas do Novo Código Civil Brasileiro*. São Paulo: Saraiva, 2002.

MELLO, Marcos Bernardes de. *Teoria do Fato Jurídico:* plano da existência. 16. ed. São Paulo: Saraiva, 2010.

MORAES, Maria Celina Bodin de. *Danos à Pessoa Humana:* uma leitura civil-constitucional dos danos morais. 4ª tiragem. Rio de Janeiro: Renovar, 2009.

NICOLESCU, Basarab. Um novo tipo de conhecimento – Transdisciplinaridade. In: NICOLESCU, Basarab et al. *Educação e Transdisciplinaridade*. Tradução de Judite Vero, Maria F. de Mello e Américo Sommerman. Brasília: UNESCO, 2000.

OST, François e KERCHOVE, Michel van de. De la pyramide au réseau? Vers un nouveau mode de production du droit? In: *Revue Interdisciplinaire d'Etudes Juridiques*, Bruxelles, issue 44, p. 1-82, 2000.

OSTROWSKI, Alexis D.; MARTIN, Tyronne; CONTI, Joseph; HURT, Indy; HARTHORN, Barbara Herr. Nanotoxicology: characterizing the scientific literature, 2000–2007. *J Nanopart Res* (2009) 11:251–257, DOI 10.1007/s11051-008-9579-5.

PEN – The Project on Emerging Nanotechnologies. Disponível em: http://www.nanotechproject.org/inventories/consumer Acesso em 04/08/2011.

PERLINGIERI, Pietro. *O Direito Civil na Legalidade Constitucional*. Tradução de Maria Cristina De Cicco. Rio de Janeiro: Renovar, 2008.

PONTES DE MIRANDA, Francisco Cavalcante. *Tratado de Direito Privado*. 4. ed. 2ª tiragem. São Paulo: RT, 1983, t. I.

SARMENTO, George. Direitos Fundamentais e Técnica Constitucional: reflexões sobre o positivismo científico de Pontes de Miranda. In: DIDIER JR., Fredie e EHRHARDT JR., Marcos. *Revisitando a Teoria do Fato Jurídico:* homenagem a Marcos Bernardes de Mello. São Paulo: Saraiva, 2010.

STEIN, Ernildo. Introdução ao Método Fenomenológico Heideggeriano. In: *Sobre a Essência do Fundamento. Conferências e Escritos Filosóficos de Martin Heidegger.* Tradução de Ernildo Stein. São Paulo: Abril Cultural (Coleção Os Pensadores), 1979.

STRECK, Lenio Luiz. *Verdade e Consenso:* Constituição, Hermenêutica e Teorias Discursivas: da possibilidade à necessidade de respostas corretas em Direito. 3. ed. rev., ampl. e com posfácio. Rio de Janeiro: Lumen Juris, 2009.

——. *Jurisdição Constitucional e Hermenêutica:* Uma Nova Crítica do Direito. 2. ed. rev. e ampl. Rio de Janeiro: Forense, 2004.

TEPEDINO, Gustavo. *Temas de Direito Civil.* Rio de Janeiro: Renovar, 2009, tomo III.

ZAGREBELSKY, Gustavo. *El Derecho Dúctil:* ley, derechos, justicia. Tradução de Marina Gascón. 3. ed. Madrid: Editorial Trotta, 1999.

Impressão:
Evangraf
Rua Waldomiro Schapke, 77 - POA/RS
Fone: (51) 3336.2466 - (51) 3336.0422
E-mail: evangraf.adm@terra.com.br